文化行政與政策

丘昌泰 著

文化行政與政策

國家圖書館出版品預行編目（CIP）資料

文化行政與政策 / 丘昌泰著. -- 初版. -- 高雄市：巨流, 2020.03

面；　公分

ISBN 978-957-732-593-8（平裝）

1. 文化行政　2. 行政決策

541.29　　　　　　　　　　　　　109001817

著　　　　者	丘昌泰
責 任 編 輯	邱仕弘
封 面 設 計	Lucas
發　行　人	楊曉華
總　編　輯	蔡國彬
出　　　版	巨流圖書股份有限公司 80252 高雄市苓雅區五福一路 57 號 2 樓之 2 電話：07-2265267 傳眞：07-2264697 e-mail: chuliu@liwen.com.tw 網址：http://www.liwen.com.tw
編　輯　部	10045 臺北市中正區重慶南路一段 57 號 10 樓之 12 電話：02-29222396 傳眞：02-29220464
劃 撥 帳 號	01002323 巨流圖書股份有限公司
法 律 顧 問	林廷隆律師 電話：02-29658212
出 版 登 記 證	局版台業字第 1045 號

ISBN ／ 978-957-732-593-8（平裝）
初版一刷・2020 年 3 月
初版二刷・2021 年 9 月

定價：580 元

目 錄

第四篇　**文化法制篇**

圖表目次

序　言

　　這將是我的「封筆之作」，對一位學術老兵而言，可謂感觸良多。誠摯盼望：當我離開這個學術舞臺時，讀者們仍會懷念這位學術老兵的點滴貢獻。說實在的，臺灣學術界非常奇怪，主管學術發展的政府官員與知名大學教授，對於教科書竟然存有歧見，認為它是不登大雅之堂的「非學術論著」，很多老師甚至不屑於投入教科書的撰寫，難怪坊間難得見到新出版的教科書。各位讀者不妨翻翻這本書的參考文獻，本書引述文獻的深度與廣度，哪一點比學術論文差？如今的年青教授專注於TSSCI或SSCI論文的撰寫，根本無暇撰寫教科書，原因無他，因為無助於升等而已。試問：如果教育部規定「教學實務」也是教授多元升等管道之一，教科書不就是教學升等最需要驗收的作品嗎？

　　我曾撰寫過《公共政策》與《公共管理》，都是相當受到讀者歡迎的教科書。國家公務員考試中的「文化行政類科」本來是屬於「小眾人口」，隨著文化部的升格，預算快速增加，文化行政乃逐漸成為「大戶」。與其他公務員不同的是：「文化行政人」普遍具有文化涵養與藝術氣質，但卻最欠缺公務專業的能力，既然文化行政人也是服公職的公務人員，自然必須懂得文化行政與政策的知識，不因是文化人而得以豁免。

　　行政院文建會時期的文化行政業務相當單純，主要係以「非公權力」的公法行為為主，偏重於地方政府的硬體文化建設，如興建文化中心、文化館舍與設施、提供文化藝術補助等，但隨著國際追逐文創的潮流，文創產業也納入文化部管轄，基於「文化產業化，產業文化化」的雙重目標，「私經濟行政」的比重逐漸在文化行政領域中佔據一定份量，諸如行政法人的建置，國家表演藝術中心、文化內容策進院就是為了因應此種趨勢。基此，文化行政人必須具備行政、管理與政策的知識

已是基本共識，這本書的迫切性於此可見一般。

對於文創產業的關注與研究一直是我的興趣，後來有幸進入元智大學擔任人文社會學院院長，並且兼任文化產業與文化政策博士學位學程主任，有更多機會接觸許多藝文界人士，博士生當中絕大多數都是畢業於各大專院校藝術科系的同學，也慢慢瞭解他們的生涯困局；在臺灣幾乎沒有藝術市場之下，大學生、碩士生或博士生尋找未來生涯之路，考公務員變成一條可行的出路，可惜因為欠缺公共政策與行政的基礎，始終考不過其他非正科班出身的考生，這是我撰寫本書的動機，希望對他們有幫助。

我曾多次到誠品、金石堂書局，檢閱相關書籍，由於許多作者欠缺我所具備的公共政策與行政的知識基礎，無法寫出體系完整而深入的教科書。為了追求服務公職機會而堅持奮鬥的考生，我願再次貢獻心智，希望為他們投考公務員奠定知識基礎，提升高中國考的機會。

我誠懇盼望讀者不要將本書當成是考前大猜題，這只是一本教科書，目的是奠定基本觀念，當觀念清楚了，則出現任何題目都可以從容下筆。因此，與其強記本書內容，讀者應先瞭解其中概念，當你不解，千萬不要去強記，勉強記憶也容易忘記。

回想三十年前，年青帥氣、拼命三郎的「小丘」，二十年後，我依然堅定地站在學術崗位上奮鬥，但已經被同仁喊做「老丘」了；如今白髮蒼顏的我，已位列「丘公」、「丘老」，真是該到了交棒年紀了。撰寫這本書時正好是我卸任人文社會學院院長之時，利用整個暑假用心執筆完成，算是我對後進學子盡最後的一份心力。

丘昌泰

2020/1/16

本書綜觀

　　文化強調自主性、多樣性與參與性，還需要政府的干預，進行行政管理或政策分析嗎？這是許多文化藝術工作者，一看到這門課最常出現的反彈，殊不知文化藝術經費都是來自納稅人，憑什麼文化藝術經費可以不經國家法定程序，只依創作的自由意志而任意消耗國家公帑？文化藝術工作者極不習慣被稱為「廠商」，但這不是文化行政機關的錯誤。臺灣是法治國家，文化行政機關公務員必須依法行政，而《政府採購法》第八條明文規定：「本法所稱廠商，指公司、合夥或獨資之工商行號及其他得提供各機關工程、財物、勞務之自然人、法人、機構或團體。」基此，除非文化藝術經費全都來自民間基金會、文化消費市場或個人捐募，否則「文化行政與政策」這門課程，絕對是文化藝術工作者的「必要之惡」，非面對不可。

　　文化藝術工作者必須學習文化行政與政策，這是痛苦的歷程，但必須強調的是：與其他一般行政機關不同，文化行政大都屬於「柔性」行政、「服務」行政，主要是為文化藝術團體、機構、工作者、文化消費者或一般民眾，提供文化藝術服務，所以大部分的考題都是申論題，少有複雜難懂的文化法制問題。的確，文化行政很少有管制性法規，例外情形下，文化行政機關基於保障文化資產免於受到破壞，以及為了保障藝術工作者的生存權與財產權，還需另外訂定高強度的文化管制法規，如文化資產保護與智慧財產權的保護等。

　　隨著經濟情勢發展日趨嚴峻，許多先進國家政府領導者發現，文化產業、創意產業或文創產業，可以為年輕人創造就業機會，歐洲、美國、日本、韓國等，文化部門開始大力發展以文化藝術為資源，以創意為手段的「明星產業」。臺灣自2010年頒布《文化創意產業發展法》，2019年成立「文化內容策進院」以來，為了提升文化內容的應用及產業化，促進文化創意產業發展，無可避免的必須重視文創產業的投融資、

成本效益等，這也顯示「私經濟行政」的分量逐漸在文化行政中增加；這些具有企業性、專業性的文化事務，與傳統文化行政機關之業務性質不同，宜由行政法人的方式設立，讓運作更具彈性，更符合企業需求。

文化行政與政策的目標是：「積極推動各項文化建設、發揚多元文化特性，以形塑國民生活美學，充實國民精神生活。」茲將其所屬的業務職掌與主管機關（構）繪如圖1：

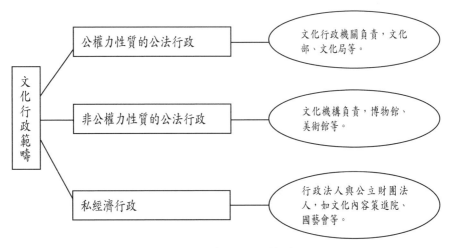

▲圖1　文化行政範疇

一、**公權力性質的公法行政：**文化部門具有管制性與規範性的公法行為，屬於文化行政機關的職掌，包括文化部與各地方政府的文化局，其職掌如：文化政策與相關法規之研擬、規劃及推動；文化設施與機構之興辦、督導、管理、輔導、獎勵及推動；《文化資產保存法》對於文化資產的保護；《文創產業發展法》對於智慧財產權的保障等。

二、**非公權力性質的公法行政：**由文化機構為人民提供的各項文化藝術展演活動，不具有規範性與強制性，文化藝術團體或民眾有權選擇是否參加，大多屬於文化藝術專業的服務行政，其職掌諸如：（一）博物館、社區營造之規劃、輔導、獎勵及推動。（二）文學、多元

文化、政府出版品之規劃、輔導、獎勵及推動。（三）視覺藝術、公共藝術、表演藝術、生活美學之規劃、輔導、獎勵及推動。（四）國際及兩岸文化交流事務之規劃、輔導、獎勵及推動。（五）文化人才培育之規劃、輔導、獎勵及推動。（六）其他有關文化事項。

三、**私經濟行政**：由行政法人或公設財團法人負責執行的專業性、企業性與成本效益性的文化專業事務，其職掌諸如：（一）文化創意產業之規劃、輔導、獎勵及推動。（二）電影、廣播、電視、流行音樂等產業之規劃、輔導、獎勵及推動。（三）出版產業等。

基於上述文化行政概念，本書之整體架構思維分為四篇。

一、**基本概念篇**：讀者必須先建立有關文化行政與政策的基本概念，這是打基礎的篇章，必須注意釐清下列概念，如：文化與文化行政的意義與特質為何？文化經濟、文化產業或文創產業？文化資本、品味或區異？各國與臺灣文化行政組織體系為何？

二、**當代思潮篇**：這是主導文化行政與政策的哲學思維，屬於比較理論的篇章，可能要花費比較長的時間閱讀，但對於思維深度的培養有幫助，介紹四種最重要的思潮。（一）文化行政的哲學基礎是多元文化主義，其發展背景為何？意義為何？後來發展出的文化公民權與國際教科文組織（UNESCO）發布的《文化多樣性公約》，都有密切關係，必須徹底關注其內涵。（二）文化行政是在政府架構下進行，政府原本是以韋伯（M. Weber）的「官僚主義」為文化行政的推動基礎，由於過於僵化與欠缺效率，備受抨擊，於是出現改革聲浪，強調必須引進市場機制與民間活力，建構出以「後官僚主義」為基礎的「新公共管理」，成為當代政府機關行政行為的主流思維；到了近代，由於大家對民主政治欠缺信心，且民主政治又暴露了許多缺點，於是去中心化、去規則性的後現代主義正處處挑戰著我們辛苦建立的秩序與規範，在後現代思維下的文化藝術表現型態更趨多元，審美價值觀也呈現多中心趨勢。（三）我們處在全球

化時代，其對文化藝術思潮的影響亦復如此，文化全球化與在地化探討許多文化異象，值得我們關注。（四）最後探討面對雲端科技與數位匯流時代的來臨，文化藝術型態與文化行政也受到劇烈衝擊，政府界與文化界應如何攜手合作，共同因應？

三、**文化政策篇**：這是屬於政府機關必須處理的原則性與方向性的重大議題。例如，文化政策的概念為何？應如何制定？有何原則可資遵循？我國文化政策發展的階段為何？這都是本篇最基本的概念。其次介紹社區總體營造、歐盟文化首都、節慶文化與創意歐洲；以及地方節慶文化活動與國際藝術節等，這些是地方首長與文化局長必須思考的文化政策議題，在公務預算日趨拮据情況下，政府該不該仿效國際節慶經驗推出地方藝術節慶？若要，該謹守哪些分寸，才不至於淪於「施放煙火、曇花一現」？本章對於地方首長制定文化政策有所助益。最後則介紹文創產業發展政策與智財權保護政策，這是文創發展法中最基本的內容，讀者不可不知。至於「文化統計與大數據」乃是反映國際組織與科技發展趨勢，實有必要發展文化統計，並運用大數據分析協助制定前瞻性的文化政策。

四、**文化法制篇**：本章介紹若干重要的文化法制，諸如《文化資產保存法》、《文化藝術獎助條例》、《公共藝術設置辦法》、「博物館機構管理與行銷」、「促進民間參與文化設施」、「文化財務管理」等。這些基本法制乃是文化行政業務的核心法律，不深入瞭解等於失去文化行政最重要的核心概念，自然對其行政運作也無法瞭解。上述文化法制中，最頭疼的是《文化資產保存法》，上百條的法律規定，由於另外有考科，本篇僅擇其要點加以介紹。

讀者若能掌握該四篇所構築的思維架構，然後深入瞭解每章內容，如此自然就能奠定深厚的基礎，應付任何考試。每章還附上歷屆考題，這些都是筆者按其性質予以初步歸類，基本上都是以該章內容就能回答的問題；有些考題因過於複雜無法完整回答，則建議讀者詢問教師正確的解法，期盼讀者能夠快速進入文化行政的天地。

Part 1
基本概念篇

1
文化的意義與內涵

本章導讀

　　本章首先界定文化的意義、重要性與類型，其次分析文化研究與文化人類學的意義，最後將重點放在文化經濟與文化資本這兩個最重要的單元。

壹、文化的意義

什麼是文化？這是非常難以回答的問題，學者提出的定義至少上百種以上，可謂百家爭鳴、莫衷一是。文化研究者雷蒙・威廉斯（Raymond Williams）[1] 曾感慨指出：或許「文化」是英語中最複雜難解的單字，它在不同學科以及思想體系中，扮演重要卻難以清楚界定的角色（Williams, 1976: 76-77）。最早期的英語用法中，文化是為了祭拜動物與植物的收成、養育而舉行的宗教儀式（乃是 culture 的字首 cult 的意義）；16 世紀到 19 世紀，文化概念才從「物質面」走向「精神面」與「心智面」，意指經過後天學習，改進人類心智與個人態度的心靈狀態。然而，該定義意味著文化是人類值得追求的「正面價值」，依此可以稱有教養的人為「文化人」，具有高尚品味的文化就是「文明」（civilization），否則就是沒有文化的野蠻，依此衍生的錯誤論點是：「歐洲是文明國家，非洲是野蠻國家」，此種帶有價值偏見的文化概念，當然不被學術界所接納。直到 19 世紀工業革命，浪漫主義學派（Romanticism）[2] 開始拋棄著重於「有形物質面」與「價值偏差面」的文化概念，由人類學家從「價值中

1　雷蒙・威廉斯（1921-1988）是英國著名的文化分析家與文學評論家，以投入常民文化的探究著名，被學術界認為是文化研究的啟蒙者之一。他是出身於英國威爾斯的工人，曾參與第二次世界大戰，後來才到劍橋大學完成學位。讓他聲名卓著的兩本著作：《文化與社會》（*Culture and Society*, 1958）與《漫長革命》（*The Long Revolution*, 1961），前者檢視工業革命後許多學者對於文化的定義歸類，如本文所說的三種概念；後者則闡述了英國工業革命以來發生在經濟、政治、文化三個領域彼此關係的變化過程，基本矛盾是資本主義解放出來的生產力和人類互動本性之間產生衝突，勞資關係的改變阻礙了民眾學習和創造文化的機會。

2　浪漫主義是在 18 世紀後期至 19 世紀中期橫掃西方文明，一種反對權威、傳統和古典模式的思想運動。它的基本精神是讚美人類的天性，並宣揚感情至上，同時極力反對啟蒙運動的理性崇拜，對 18 世紀以來盛行的古典主義素樸、客觀和平靜的美學觀點，產生自覺性的反抗，轉而追求注重個性，強調主觀性、非理性和自我表現。同時擷取歷史、文學的題材，以及民族奮鬥、壯麗的大自然作為素材，發揮自由想像，以表達個人主觀的情感。也可以說，浪漫主義蘊含的基本態度，是對自然的崇敬，以及對低下階層的人民和世界，懷抱深厚的情感及改造的熱忱。方永泉、徐宗林（2000），《雙語詞彙、學術名詞暨辭書資訊網》，國家教育研究院。請參閱：http://terms.naer.edu.tw/detail/1308466/?index=1，瀏覽日期：2020/1/5。

立」角度指出：文化是人類社會日常生活的經驗累積與傳承，文化形式有物質與精神的，文化價值也有好有壞。

威廉斯（Williams, 1976: 80）整理許多學者提出有關文化的定義，至少包括三種：

第一種概念：文化是個人、團體或社會的知識、精神與美學的發展。

第二種概念：文化是知識與藝術活動的作品與實務，如美術、音樂、雕刻、繪畫、電視、電影等。

第三種概念：文化是個人、團體或社會的整體生活方式，包括活動、信仰與習俗等。

前面第一種與第二種概念，曾廣泛運用在人文學科中的美學與文學評論領域，乃是以價值取向角度將文化視為由名家所創作的高尚藝術（high arts），是一般大眾心智無法理解的藝術層次。例如，達文西的「蒙娜麗莎微笑」是高尚藝術，至於搖滾樂、饒舌歌手則不算高尚文化。文化是一種對於精緻化的追求（refined pursuit），而文化人最重要的責任是將一般大眾教養成有文化涵養的人。

第三種概念由人類學家與社會學家加以運用，他們採取價值中立的觀點，認為文化不應以藝術、美學為範疇，而應包括不同階層的社會生活面向；同時文化也沒有高雅文化與低俗文化、教養文化與野蠻文明的差異。誠如19世紀人類學家愛德華・泰勒（Edward Tylor）指出的：「文化是非常複雜的整體，包括後天所習得的知識、信仰、藝術、道德、法律、習慣或其他。」（Tylor, 1871: 1）歐洲經濟合作發展組織（OECD, 2014）對於文化的定義是：文化是構成一個社會或社會團體精神、物質、知識與情緒的整體獨特之特徵，不僅包括藝術與文學，也包括生活模式、基本人權價值體系、傳統信仰等[3]。

3　OECD (2014). "The 'Trade and Culture' Issue, at the Origin of the Convention on the Protection and the Promotion of the Diversity of Cultural Expressions." FICDC. Archived from the original on 26 October 2014.

Smith and Riley（2009: 2）認為文化應具有下列特徵：

一、文化並不限定是物質的或科技的，文化是以社會結構形式出現於任
何地方，乃是一種整體的人類生活方式。

二、文化是理想的、精神的或非物質的領域，包括信仰、價值、符號或
對話等。

三、文化與社會團體的活動呈現出有力而複雜的關係。

四、必須重視文化自主性（autonomy of culture），文化不能受制於經濟
實力、權力分配與社會結構。

五、必須以價值中立角度看待文化內涵。

葛里斯伍德（Griswold, 2003: 17）提出一個簡單易懂的文化鑽石模
型（cultural diamond）模型，認為文化應該包括四項要素：文化的創作
者或生產者、文化的消費者或接受者、文化物件本身以及社會現實世界
（圖2）。

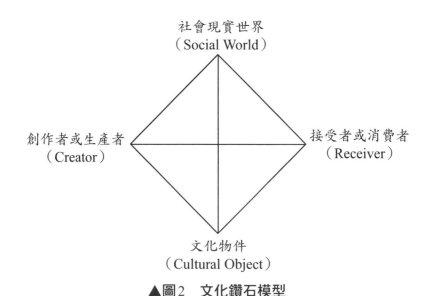

▲圖2　文化鑽石模型

由上述的文化鑽石模型可知，文化的構成要件至少有四項：

一、**文化創作者或生產者**：如藝術品、戲劇、歌曲、古蹟、小說等的原始創作者乃是文化成立的第一要件。

二、**文化接受者或消費者**：博物館、歌劇院、音樂廳聆聽或觀賞表演的聽眾或觀眾都是屬於消費者或接受者。

三、**文化物件**：文化物件類型相當多元，包括：（1）有形的物質資源：包括富有特色的文化生態環境；具有歷史文化意義的古蹟與遺址；文化設施與設備（如圖書館、博物館）等。（2）無形的精神資源：包括古聖先賢的哲學思想、風俗民情、傳統生活方式與習性、古老傳說等。

四、**文化須在人類社會中進行積累、傳承與發揚**：文化是不同時期、不同地點的社會人群共同建構出來的精神或物質產物，蘊藏著潛在的價值，足以與軍事力、武力分庭抗禮；文化資源可以透過傳播工具而流動。因此，文化不具排他性與非消耗性，任何人均可自由享用，且可以取之不盡、用之不竭。

貳、文化是國家競爭的軟實力

軟實力（soft power）是由哈佛大學教授約瑟夫‧奈伊（Joseph Nye）在國際政治領域中提出來的概念（Nye, 2004），一個國家以軍事征服或以經濟收買其他國家的能力是「硬實力」，「軟實力」則是以文化、政治價值觀與外交政策設法去說服或吸引他國服從本國的政治目標。後來，「軟實力」這一名詞被大量運用到其他各個領域。

無疑地，文化是展現國家競爭力的「軟實力」，沒有文化作基礎的國家競爭力必然無法維持其獨特的競爭地位；反之，若有了堅強的文化為基礎，搭配各項產業的競爭實力，無形中必能提升國家整體競爭力，

自然有助於推動社會繁榮與國家發展。

國力通常有兩種：「硬性」與「柔性」，前者為軍事力與經濟力，以力服人；後者為柔性力，以美服人。文化乃是柔性國力的展現，不需要武力或軍事力去征服他人，靠的是文化上的魅力與吸引力。例如，二次戰敗後的日本，固然軍事力瓦解了，但靠著強勢的文化力影響全球，餐飲文化、電玩、卡通、動漫無一不受各國矚目，日本堅持傳統文化，天皇制度至今依然受到世界領袖尊重，我們很難想像戰敗國的文化非但沒有臣服於美式速食文化，反而發展出該國的獨特風格。至今為止，該國仍是全球擁有最多發明專利的國家之一；全球二十五大品牌中，也常看得到日本品牌。總之，日本以文化力為基礎所構築的經濟實力，雖不能稱是全球龍頭地位，但絕對是前段班的國家隊伍，可見文化確實足以提升國家競爭力的柔性國力。

一般而言，文化具有下列幾項作用，足以強化國家競爭力：

一、**從經濟目的而言，文化可以創造就業機會，促進國民經濟發展**：以文化產業為基礎的文化經濟（cultural economy）已被世界各國所接納，而聯合國教科文組織（UNESCO）將文化產業視為足以創造經濟產值、就業機會的日出產業（sunrising industries）。

二、**從教育目的而言，文化可以培養國民氣質，形塑國民生活美學**：國民的氣質與氣度可以展現國家的親和力，而國民生活美學則是吸引國際背包客自助旅遊的基本要件。

三、**從社會目的而言，文化可以凝聚族群共識，穩定社會發展基礎**：臺灣是由閩南、客家、外省、原住民與近年來逐漸同化的新住民所構築的多元族群社會，有必要透過文化融合，凝聚族群情感與共識，穩定社會發展基礎。

四、**從政治目的而言，文化可以強化國家認同，厚實國家發展實力**：臺灣社會的國家認同問題一直出現爭議，藍綠陣營的統獨立場不斷割裂臺灣社會的團結力與凝聚力，透過文化藝術的薰陶可以強化國家認同感，厚植國家發展實力。

參、文化相關學科釋義

　　文化既然是如此重要的概念，學術界乃充斥著有關文化的相關學科研究，這些研究學派與本書主題——文化政策與行政之區別為何？似有必要予以闡述。

一、文化研究

　　文化研究（cultural studies）是一門以人類社會日常生活所構成的文化為中心之專門知識領域，主要探討主題包括：（1）人類如何成為文化的一部分？人類從初生到死亡，究竟如何發展、積累文化乃至於成為文化的一部分？（2）應從何種角度詮釋文化實務所代表的意義？（3）文化研究應如何瞭解人類的過去？（4）他種文化可以被外人所瞭解嗎？（5）如何瞭解文化之間的關係？（6）何以某些文化與文化形式高於其他的文化形式？（7）文化與權力的關係為何？作為權力的文化究竟應如何妥協或抗拒？（8）文化如何形塑我們人類？

　　Bennett（1998）認為文化研究學科應該涵蓋下列要素：（1）文化研究是一門跨學科的領域，不同學科觀點可以檢視文化與權力之關係。（2）文化研究關心人類被灌輸、教育的價值、信仰、核心能力、日常生活與慣習行為之相關文化實務、制度與歸類系統。（3）文化研究所探究的權力形式是多元的，包括性別、種族、階級、殖民主義等；（4）文化研究者的探討焦點是權力形式；對於文化思考方式的發展、在追求改變過程中施為者（agents）如何利用權力改變文化型態。（5）文化研究的主要研究機構是高等教育，最著名的機構是英國伯明翰大學（Birmingham University）的當代文化研究中心（The Center for Contemporary Cultural Studies）。

　　文化研究為一門獨立學科雖然被學者所認同，但後來卻發展出不同的研究路線，形成不同的學派，從帕森斯、馬克思、韋伯、涂爾幹到法

蘭克福學派、符號互動論、女性主義、後結構主義、後現代主義等，可謂莫衷一是，百家爭鳴。不少人批評文化研究欠缺嚴謹的科學方法、理論基礎也相當薄弱，許多文化研究者僅以「媒體文本」作為研究基礎，忽略文化歷史脈絡的分析。更有學者從方法論角度批評許多文化研究者將文化看成是一個客觀實體的存在，忽略了文本與語言的互動關係對於文化符號化的重要角色。

早期的文化研究強調從社會學、人類學、歷史學、文學、藝術學等分科角度進行探討，以致產生相當多元而繁複的研究觀點。近年來，有不少學者認為應該採取跨學科的整合研究途徑，但主張歸主張，始終未能形成氣候，試想：各學科都有其不同的知識邏輯、哲學思維與研究方法，如何可能整合出一個跨學科的共同觀點？

文化研究主要是由學術社群的學者專家對於工業革命後人類社會的文化現象進行理論詮釋、現象分析與問題探討，抽象層次甚高，很難在文化政策上予以實現，其所指涉的議題範疇大都屬於整體社會的發展問題，在文化政策上也很難著手，畢竟文化部門只是政府機關的一個部門，權力有限，無法扛起改造整體社會、再造文化的重責大任。文化政策制定與執行者主要是為文化藝術工作者或民眾提供各種政策扶持、行政服務或財務支持，文化研究強調過於高深的哲學思辨與理論架構，固然有助於啟發文化政策制定者的寬廣視野，但文化行政實務上卻很難應用這些高深艱澀的文化研究。

二、文化人類學

文化人類學（cultural anthropology）是人類學的一支，主要是探討人類的文化內涵、創造、習得、傳承、變異過程以及外部環境對原始文化面貌的影響。就文化人類學者而言，文化是社會成員習得的複雜整體，包括知識、信仰、藝術、道德、法律、習俗、以及其他的能力與習性（Tylor, 1871: 1）。早期對於文化的界定是為了祭拜動物與植物的收

成而舉行的宗教儀式，意味著文化與自然的對立性，但人類學者認為文化就是人類在自然狀態中的生活方式，化解文化與自然二分法的矛盾，同時人類學者與社會學者強調文化是人類後天習得的行為，乃是人類透過濡化（enculturation）與社會化（socialization）的學習過程；居住在不同地方或環境的人們，因而發展出不同的文化，無所謂好壞，必須予以尊重。文化人類學者對於文化範疇的認定採取價值中立的態度，無論是精緻文明或野蠻文化都是人類學者關切的文化議題。

　　最早期的人類學者是傳教士，為了便於傳教，他們必須對偏遠民族地區進行長期而深入的田野調查，後來探險家也紛至沓來，偏遠地區的文化現象逐漸被挖掘甚至暴露在世人眼前，原始部落文化漸漸遭到破壞；後來人類學者投入少數偏遠族群文化的探究，他們採取民族誌（ethnography）方法，針對部落文化進行長期的參與觀察，累積許多精彩的人類文化個案，可是後來竟然被政治野心家所利用，這些偏遠社會遂被殖民霸權主義佔領，甚至遭到破壞。

　　美國芝加哥大學社會學者認為田野調查不應以偏遠社會為唯一對象，應該「從你站立的地方」開始，就可以進行田野調查研究，不一定要打擾這些離群索居的偏遠少數族群，尊重文化多樣性才是學者的正確治學態度，他們結合社會學者開展出社會文化人類學（socio-cultural anthropology），而研究場域也從偏遠山區移轉到都會城市中的弱勢、有色人種、黑暗地區等，讓文化人類學的研究場域更為寬廣，不再拘限於偏遠鄉村。

　　對於文化行政與政策實務而言，可以從文化人類學的研究態度、研究方法與研究成果中學習到許多制定文化政策、推動文化行政的參考素材，但其範圍仍嫌狹隘。此外，從價值中立角度對於部落或都會地區邊陲文化的調查，僅止於客觀學術研究成果，他們在田野調查過程中所發現的機會不均等與文化資源遭到破壞，並未被政府重視，甚至採取任何積極行動予以解決。此點與文化政策的原則是相反的，文化政策是行動導向的學科專業，主張對於文化資源不平等問題，應採取行動，解決問

題。因此，文化政策是價值取向的專業，文化政策制定者面對文化資源不平等的多元社會，不可能採取價值中立的冷酷態度，應針對不公平、不平等或不正義的文化偏頗現象提出救治之策，例如。近年來不少知名藝術家，如蔣勳等，開始在臺東縣池上鄉擔任駐村藝術家，他們一再強調：豐富文化資源者如臺北市，可以隨時隨地觀賞表演藝術、歌唱戲曲、藝術鑑賞等，甚至多到「難以取捨」的地步，但到了後山的臺東、花蓮呢？則是難得一見。事實上，臺灣許多農業縣的雲林、嘉義；離島的澎湖、金馬等文化資源少得可憐，這些問題都有賴文化政策制定者研議可行的政策方案，以平衡鄉村與都會文化資源差距過大的危機。

肆、文化類型

一、精緻文化 vs. 大眾文化

有關高雅文化（high culture）與低俗文化（low culture）、精緻文化與大眾文化的二分法，一直受到爭議，其爭議根源為何？在後現代社會中，已經很難區分精緻與大眾、高雅與低俗的界限，兩者是否有流動與轉化之可能？文化政策制定者應如何面對精緻與大眾文化的糾葛？茲加以分析如下。

Gans（2008）首先提出高雅文化與低俗文化的區別，並就其與社會經濟、教育階層之關係加以討論，換言之，以社會階級為基礎的文化品味之判斷標準或以美學鑑賞角度評判文化藝術作品或活動的價值，凡是具有高度藝術性與文化氣息之文化稱為高雅文化，如國家美術館中所珍藏的國寶級大師作品、歌劇院著名聲樂家與著名古典樂團的演奏等，高雅文化乃是由自認為具有高藝術鑑賞力的文化菁英所從事的文化活動，以區別自己與其他一般大眾文化的差異。至於其他由一般大眾所欣賞的文化藝術活動則稱為低俗文化或通俗文化（popular culture），例如，電

視、電影、搖滾樂、饒舌歌曲、露天舞台表演等活動，這是一般民眾經常參與的藝術文化活動型態。

　　高雅文化又有人稱為精緻文化（refined culture），乃是由少數文化菁英所流行的文化內涵，如古典藝術、芭蕾舞、交響樂、聲樂、文學、歌劇等，此種文化大都強調文化活動本身的藝術價值之鑑賞，往往曲高和寡，若意圖使之商業化，則被認為是「庸俗」，就會貶為低俗文化。活躍於 1930 至 80 年代的德國法蘭克福學派健將 Theodor W. Adorno 與 Max Horkheimer 在《啟蒙辯證》（*The Dialectic of Enlightenment*）一書中頗推崇精緻文化（1979: 123），認為文化欣賞者必須具備深厚的藝術修養、豐富的藝術知識與高尚鑑賞能力；他們對於文化工業透過電視、電影、雜誌等大量製造出來的低俗文化表示不滿，因為表面上是支持民主的、個人主義的與多樣化的多元價值，實際上卻是販售專制獨斷、墨守陳規、高度標準化的低俗文化產品。

　　不過，法蘭克福學派的主張後來被歐洲社會文化界所批判，他們從貶抑低俗文化轉變為中立與寬容，認為低俗文化也是人類社會基於美學偏好與慾望而建構出來的在地文化產品，反映社會結構與偏好，應該予以尊重；文化藝術的高雅或低俗，不應從鑑賞者的身分是菁英或大眾來區分，而應從文化藝術的內涵與表現去區分。事實上，在後現代社會中，觀賞藝術的制式標準已經被解構了，如何區隔高雅或低俗呢？試問：一般觀眾在「電視」上觀賞古典音樂的演奏、文化精英在「電影」中欣賞藝術大師的表演等，這是高雅或低俗文化呢？顯然，以社會階級作為判斷文化藝術的美學標準是錯誤的，乃是偏頗的見解。

　　事實上，大眾文化的普遍接受性已經成為發展文化產業的關鍵，由於數位傳播媒體的迅速發達以及雲端科技時代的來臨，形成以「自媒體」為主的大眾文化，透過 Twitte, Facebook, Youtube 等影音平台，藉著手機、平板、筆電等數位載具，「只要我喜歡」都可以成為網路歌手、喜劇演員、直播名人等「網紅」，文化藝術活動大量傳播於一般民眾，美學鑑賞並非屬於菁英份子的專利品，開始轉向為以文化消費者為

中心的大眾文化、通俗文化或娛樂文化，其特徵是：群眾性、消費性、流行性、娛樂性。

美國通俗文化的典型代表是「肥皂劇」，臺灣則俗稱「八點檔」，都曾經叱吒風雲，影響深遠。2014 年美國盛行的《勇士與美人》（*The Bold and the Beautiful*）連續劇，每天超過 100 個國家觀眾的欣賞，每天一開機就是三千五百萬人（Barker & Jane, 2016: 53）。韓國知名的《大長今》是韓國文化傳播公司（Munhwa Broadcasting Corporation, MBC）於 2003 年 9 月 15 日至 2004 年 3 月 30 日播出的創社 42 週年連續劇，由李丙勳執導，金榮昡編劇，女主角由李英愛飾演，在亞洲各地播放時掀起「長今熱」，引發韓劇觀賞熱潮，全球超過 90 個國家播出，在世界各地傳播韓國傳統文化，並掀起了「韓流」。製作費約 70 億韓元，韓國國內廣告和海外出口獲得了 380 億韓元的收益，電視劇生產的附加價值高達 1,119 億韓元，拍攝地點予以保留成為大長今公園，也成為國際旅客遊韓的必遊熱點[4]。

在民主多元的消費者社會中，文化消費者具有多種的消費選擇，一般人不會僅專注於某特定類別的文化藝術節目，相反地可能雅俗共賞，並不排斥任何類型的文化藝術類型，出現文化雜食（cultural omnivores）現象；換言之，在今日社會中，文化品味的階級表現已經被當代消費者出現的文化雜食現象所取代。

文化活動是一種呈現多重美感的精神生活，它可以選擇「愛美」價值作為欣賞活動的參考，如時尚與流行服飾的設計；也可以選擇文化藝術的「感受」價值作為評判標準，如聆聽音樂會、觀賞表演藝術等；甚至也可以選擇「體驗」價值作為評判標準，如生態旅遊、文化實作等。因此，文化是社會人們共同建構（social constructivism）的心靈產物，是社會實踐的共同結晶，有好有壞，有傳統有現代，風貌甚為多元，難以

---

4 〈大長今電視劇〉，《公共百科》。請參閱：http://ppedia.org/index.php?title=%E5%A4%A7%E9%95%BF%E4%BB%8A_(%E7%94%B5%E8%A7%86%E5%89%A7)，瀏覽日期：2020/1/5。

判定優劣高低，在後現代社會中，文化藝術只要為當時的人群所接受，並且允許傳承與宣揚，這種文化仍是值得肯定與尊重。基此，大眾文化與菁英文化、通俗文化與高雅文化的區隔是沒有必要的，文化藝術工作者都必須認真面對，爭取不同顧客類型的認同與支持才是生存之道。

二、青少年次文化

　　二次大戰之後，西方文化開始產生明顯的變化，與青少年風格相關的音樂類型、時尚風格、休閒活動、舞蹈與語言如雨後春筍般的出現，形成一股獨特的青年次文化（youth subculture），明顯的與當代主流文化不同。因此，青少年次文化問題在文化研究中逐漸佔據重要地位。英國伯明翰當代文化研究中心（CCCS, Birmingham, UK）的第一代畢業生宣稱：他們是戰後嬰兒潮的「搖滾世代」，他們的共同特徵是對抗主流的精英或高尚文化，他們出版的專書——《透過儀式來反抗》（*Resistance Through Rituals*）（Hall and Jefferson, 1976），就指出青年次文化主張的叛逆服從、抵抗權威之價值觀似乎與當代社會規範的價值內涵有所不同。

　　青年次文化研究者所關切的議題大約有下列幾項（Barker & Jane, 2016: 550）：（1）青年族群文化屬性的歸類問題；（2）階級、種族與性別的界限分際問題；（3）關切空間、風格、品味、媒體、意義等議題；（4）資本主義消費社會中的消費行為問題；（5）對抗一詞的迷惘性與含糊性。

　　何謂青年？聯合國的年齡標準是 15-24 歲，但很多國家的定義並不一致，縱使年齡定義接近，若將年青族群的心理成熟度作為區隔的標準，更是難以達成共識；有鑒於此，Parsons（1962）認為不能單純地從體能、年齡等外表特徵去研判青年屬性，而應該從他們所屬的社會類別（social category）去判斷；在前資本主義社會中，家庭發揮極大的功能，將家庭成員從嬰兒、孩童、青少年到青年培育完成，無論是他們的生理、經濟與文化功能均可完整的實現，可是到了當前的資本主義社

會，家庭功能已經消失了大半功能，通常家庭僅能完成其生理、生活習慣與態度的養成，其餘的課業成就與心理成熟度則無法完成，只好交由學校繼續接棒培育，但學校的教育方式又往往無法滿足年輕世代的期望，因此，年青人只好以渾沌茫然的心情提早進入社會遊蕩，像失根蘭花、漂泊浮萍一樣，毫無人生目標；因此，年青世代是一群家庭與學校功能都保持暫停（moratorium）狀態，進入社會後出現無法適應社會價值觀的茫然。

從青年世代的正面價值而言，青年族群對於音樂、美術、體育、冒險普遍有自己的堅持與偏好，其創意性與突破性令人相當激賞，青年世代的音樂藝術有其自我的風格。從青年世代的負面價值而言，青年族群不喜歡傳統家庭堅持的教條與價值，即使是曾經扶養他至成人的父母親，他們的關心與呵護往往都被解讀為嘮叨與厭煩；因此，傳統家庭中的價值觀，對於青年族群而言都是成長的障礙。在學校中的青年人並不滿意學校所提供的教育環境，包括課程內容、授課方式、教學態度等，他們間或以自己的方式完成自己心目中的大學教育，且關心校外參與活動更甚於學校功課。基此，學校也無法發揮對青年人的教育功能。

Hebdige（1988）認為青年族群的特徵是「製造麻煩」與「刺激好玩」，他們透過足球運動、摩托車競賽、街頭遊蕩等行樂方式尋找慰藉，但同時也會製造更多的麻煩或犯罪等不法行為，雖然不是每個國家的青年人都是如此，但在美國許多城市中確實經常出現這種脫法行為的年青世代，這讓家庭、學校或政府感到頭疼，認為政府應該要訂定積極的青年輔導政策，以導正青年人走入正途。

近年來，由於數位世代的降臨，手機、平板與筆電的使用率愈來愈高，國際資訊的快速流動，更加速青年人價值觀的迷惘；在教室中，青年人盯著手機的專注度已非教師的口沫橫飛所可比擬，而年青網民的激進性格，若遇到選舉與政治抗爭事件，以數位工具就能掀起社會輿論的風暴，甚至引發激進的佔領活動。

在多元民主的資訊社會中，文化政策制定者應該要掌握青年的需

求與期望，設法營造讓青年擁有文化藝術的自由度與對社會負責的成熟度，一味地以政府觀點訂定的青年輔導政策是「以政府機關為中心」的傳統思維，根本引導不了青年的走向；在如今公民社會崛起的 E 世代，政府機關必須結合社會力量，如文化藝術團體、文化企業界、教育界、公民團體等，形成公私夥伴關係，讓青年次文化成為臺灣文化向上提升的力量。

伍、文化經濟

一、概念界定

　　Anheier & Rajisar（2008: 44）曾就文化經濟一詞提出定義，若將文化當成形容詞（*Cultural* Economy）係指經濟活動的文化面向，任何財貨或勞務的設計、行銷或生產組織的社會面向，都是屬於此種定義（Lash & Urry, 1993）。若將文化經濟看成是一個複合名詞（Cultural Economy），係指關切文化活動的特定經濟次級部門的活動，如音樂、電影、戲劇等；兩相比較，明顯地以後者定義較為適當（Pratt, 2008）；基此，學者認為有關文化經濟的概念必須注意下列兩點：第一、文化與經濟不能視為兩元論，文化經濟是過去一直被忽視的、整體經濟系統中的次級經濟活動部門；第二、文化經濟的活動包括：文化的生產與創造、文化治理與文化概念化（Wyszomirski, 2008）。

　　早期的文化工業就是文化經濟的代表，德國法蘭克福學派健將 Adorno & Horkheimer（1979）曾經批判大量生產的文化工業為低俗文化產業，但 1980 年代法國媒體與傳播學者卻持不同的看法，他們肯定文化產業對社會所作出的多元面向之貢獻（Miege, 1987），後來英國學者也加入支持行列（Gamham, 2005），他們對於文化生產過程係採取生產鍊途徑（production chain approach），強調文化生產過程中運用市

場、科技、組織與管制體制的程度，在此途徑下必須決定文化生產的廣度——電影、電視、書籍、電腦遊戲、音樂等，以及深度——為了創造文化產出必須涉及的活動，包括創作、分配或消費的過程。基此，文化經濟中若採取生產鍊過程途徑，對於文化生產廣度與深度的衡量，係採取產業別（美術產業、電影產業、表演藝術產業等），而非職業別（畫家、導演、表演家等）去計算，這種看法後來成為歐洲各國估算文化經濟的主要估計辦法，如英國創意產業繪圖文件（UK Creative Industries Mapping Document, 1998），聚焦於13種文化產業類別[5]。

根據UNDP（2010: 5）出版的《2010年創意經濟年報[6]》，他們以創意經濟（creative economy）取代文化經濟一詞，文化經濟屬於創意經濟的範疇，他們指出：拉丁美洲與歐洲文化界提出的文化經濟一詞，意指文化政策的經濟面，以經濟分析角度探討創意與表演藝術、非物質人類遺產、文化產業，關心的重點是探討文化部門中的創造者、消費者與治理者的經濟組織與經濟分析途徑，故其研究途徑相當繁複而多元，從古典經濟、新自由主義經濟、福利經濟到制度經濟學等。

UNDP & UNESCO於2013年聯名出版《創意經濟年報特定版[7]》（Creative Economy Report, 2013: 24-25），仍然沿用前述的看法，視文化經濟為創意經濟的一環，甚至將文化產業與文化經濟視為同一名詞，文化經濟包含當代資本主義下文化產業所有部門的經濟活動，包含消費者對於娛樂、裝飾、自我肯定、社會展示的所有需求以及具有高度的象徵價值之產業部門總稱。

Scott（2008: 307）認為：文化經濟是後福特主義（post-Fordism）推出的新經濟型態，正確名稱是認知文化經濟（cognitive cultural economy），意指可以產生美感的或象徵內涵的經濟活動。換言之，文

5　DCMS (1998). *UK Creative Industries Mapping Document*. London: Department of Culture, Media and Sport, UK.

6　UNDP (2010). *Creative Economy in 2010*.

7　UNDP/UNESCO (2013). *Creative Economy Report Special Edition: Widening Local Development Pathways*.

化經濟是以「文化資源」為經濟活動的核心要素，不同於實體經濟，文化主要是透過文化知識產權的生產、流通與消費構成經濟活動，乃是隨著全球氣候變遷、石化燃料日漸稀少後，人類對於社會反思的結果，期盼透過這種無煙囪的智慧產業帶來經濟效果。文化經濟凸顯隨著現代社會財富的大量增加，使多數人進入了「過剩經濟」時代，人們用於物質生活的開支所佔的比重越來越小，而更多的金錢流向非物質的方向，如休閒、放鬆、慢活等消費方向而轉移。

然而，就文化工作者而言，文化經濟「為文化而經濟」的市場思維，往往引起他們的不安、不悅與恐慌，若文化藝術的表現需要考慮市場的需求，會不會導致文化藝術價值的庸俗化與媚俗化，而形成一個以討好觀眾口味的流行文化？文化藝術工作者的專長是文化意涵的詮釋與藝術創作的自由思想，過度強調商業化與市場化的發展趨勢必然會窄化了文化藝術的範疇、甚至污衊了文化藝術工作者的創作動機與理想價值。

本書認為：政府確實必須注意文化經濟或文創產業對於文化藝術發展所產生的正面或負面的經濟效應，必須要相當留意的是：文化發展並不等同於完全的商業化，在全球資本主義潮流下，「文化被經濟化」乃是因為面對資本主義在全球盛行之時代背景下不得不迎合的世界趨勢，但各城市或各地方文化是否需要全面被商品化，仍有待進一步的辯論與審思。

文化產業的市場化，主要是強調文化藝術的經營與管理手段而言，當文化產業進入市場領域時，自然必須遵循市場的運行規律，不可能自外於市場規律。但文化的本質與內涵，不能簡單地交給市場來定奪；文化產業所呈現的文化精神與價值必須是融合知識性、感受性、歷史性、娛樂性與休閒性於一體的高層次知識活動。基此，政府扶持文化經濟，應統合文化產業的藝術價值、教育價值、社會價值與經濟價值，而不應將文化經營市場化與文化內容全盤的市場化，犧牲了文化獨特性，也扼殺了文化藝術工作者的創作空間。因此，面對文化經濟時代的來臨，產

官學民應該攜手合作，給文化藝術工作一個亮麗的旋轉舞台，讓文化魅力與市場價值齊揚，唯有如此，文化才有延續傳承的機會，唯有基於文化傳承的永續性來思考文化如何創造、流通與消費，才是文化經濟推展的目標。

二、文化輸出

目前世界各國已接受文化產業一詞，並將之視為政府重要的政策類別之一，甚至企圖對外國進行一般財貨勞務以外的文化輸出（cultural output），一方面企圖創造經濟產值與就業機會，另一方面則可提高文化藝術工作者的收入與國際知名度，提升國家文化形象。然而，最具文化輸出實力的美國，無論在電影、音樂、電玩等幾乎都超越全球其他各國，歐洲國家與日本也是文化輸出的強棒之一；值得注意的是韓國文創產業過去本來是默默無聞，遑論文化輸出實力，但透過政府大規模的政策引導與人才培育，「韓流」已蔚為風潮，李英愛、裴勇俊的文化輸出相當成功，幾乎晉升為國際級影星。

Drache & Froese（2008: 54-56）認為全球的文化輸出，具有下列幾項特質：

（一）　**全球性的文化市場**：音樂、電影、電視等文化產品面對的是跨國性的文化市場，能否掌握全球文化市場，端賴於製造出來的文化產品是否能被世界各國顧客所接納而不至於產生價值被貶低的文化折扣（cultural discount）現象。臺灣許多電影觀賞者，每逢農曆春節何以仍偏好好萊塢或歐洲國家的電影？「崇洋」的說法是刻板印象的理由，根本原因在於國際電影的拍攝手法、劇情鋪陳與演員技巧都具相當的可看性，故具全球電影市場的穿透力。

（二）　**國際文化組織**：為了破除國際文化交流的障礙，世界經貿組織（WTO）已為文化產業提供極佳的跨越國界之平台；聯

合國教科文組織（UNESCO）更是聯合國之下推動全球性文化產業最具公信力的組織。文化藝術工作者最害怕的「境外侵權」問題，可以透過世界國際智財權保護組織（World Intellectual Property Organization, WIPO）加以解決，臺灣由於屬於非聯合國會員而無法享受相同待遇，故政府應該積極爭取加入機會，以解決來自國外的智財權侵害者。

（三）　**全球新規範**：目前國際已經建立不同於傳統財貨勞務交易的準則與規範，此即是：文化交流的價值必須奠定在文化多樣性、可近性（accessibility）與創意產品的專屬權（exclusive rights over creative output）的三大基礎上，此新價值觀告訴我們：文化基本上是公共財，必須放在公共領域（public domain）上，讓全球人類去觀賞與分享才是正確的價值觀。換言之，文化共享（cultural commons）是全球的新規範，文化產出的創作不能像資訊科技產品或其他貨品一樣擁有絕對的獨占權，圖謀超額利潤以壯大文化企業的市場占有率。文化藝術創作者除了享有創意產品的專屬權外，應該獲取合理利潤，更應建立為弱勢群體分享文化的可親近性機制，亦須尊重文化的獨立性與多樣性，不以文化優勢作為掠奪其他弱勢文化的武器。

（四）　**全球公民精神（global citizenship）**：隨著網際網路的無遠弗屆、數位工具的日新月異與社群媒體平台的層出不窮，文化人的責任更加沈重，他不能從狹隘的民族主義出發，而應「立足地方，放眼全球」，以世界主義（cosmopolitanism）的公民精神展現文化人的恢弘氣度。例如，推動文化產業時必須要有全球氣候變遷的公民意識，以保護地球與人類安全前提下開展文化產業。

面對全球文化經濟崛起，臺灣應如何向國際進行文化輸出？這需要

產官學民全面營造「文化輸出」的共識，不妨訂定由文化部主導、其他部會配合的整體文化輸出政策，且由民間藝文團體、專家學者與文化業者擔任諮詢單位，長期性地培育具有國際視野、有潛力的文創青年，設法營造有利於文化輸出的國際文化經營環境。例如，舉辦國際知名藝文界人士主持的工作坊，或鼓勵文創青年赴國外遊學汲取經驗，在進行文化藝術創作時，政府與企業可聯手合作為文創青年搭建起文化產品行銷的平台，以解決文化藝術創作者最頭痛的市場問題，包括尋找願意投資的文化業者與銷售市場，只要有了好的文化產品，且呈現手法為國外人士所接納，在今日這個多元化與全球化的世代中，文化輸出是可能實現的目標。

三、文化折扣

Hoskins & Mirus（1988）首先提出「文化折扣」概念，意指：某媒體文化輸出到另一國家時，該媒體文化價值可能產生被貶低的現象；例如，臺灣導演拍的電影到美國放映時，其價格與價值很容易被貶低，對於臺灣電影界而言，就產生了文化折扣現象。何以會產生文化折扣現象？這是因為根植於當地文化語境下製作的節目，必然對當地觀眾較具吸引力，因為該節目所呈現的風格、語言，風格、價值、行為型態等都符合當地觀眾的口味，至於外國片則由於其至口味與當地觀眾格格不入，故播放節目較不具吸引力，甚至在電視轉播市場上，該節目就出現價格與價值雙雙被貶低的「文化折扣」現象。

他們針對電影產品所產生的文化折扣，提出以下的計算公式：

文化折扣＝（國內電影產品的價值－進口電影產品的價值）÷國內電影產品的價值。

換言之，文化差異性可能會影響觀眾欣賞國外媒體產品的評價與選擇，當媒體產品的內容不符合當地文化屬性時，則這種文化折扣現象就可能發生。

　　不過，Hoskins & Mirus（1988）進一步分析，美國由於具有媒體霸權（media imperialism）的特殊地位，美國影片無論輸出到任何國家，都不太會產生文化折扣現象，例如，根據統計，1983 年美國電視節目約占拉丁美洲國家的 77%，西歐約占 44%，阿拉伯國家約占 42%，加拿大則高達 70%，菲律賓甚至高達 90%，非洲占了 47%。這是因為：（1）美國使用的英語已成為世界性的溝通語言，無論是已開發、開發中與未開發國家都已將英語視為共同的溝通語言，故觀賞英語類的美國節目比較沒有文化上的障礙。（2）美國具有強大的媒體傳播市場，容易產生規模經濟效益，電視節目在他國上映都需要行銷，美國擁有實力最龐大的媒體行銷實力；基此，美國文化產品輸出到他國幾乎沒有障礙，不易產生文化折扣現象。例如，多年來美國迪斯奈集團所創造的兒童休閒文化幾乎壟斷全球兒童遊樂市場，甚至以英語呈現的「花木蘭」動畫，其創造的市場價值與文化價值都高於中國內部節目，「外來和尚會唸經」，確實反映出美國文化的侵入性已經消除了文化折扣的差異性，提升了其文化產品的價值。Schiller（1969）從媒體霸權主義去解釋何以美國電視媒體產業在世界文化貿易中居於不可搖撼地位，其文化產品往往被賦予相當高的價值。

　　不過，隨著文化產品交流的日益頻繁，此種文化折扣現象已經逐漸發生「倒轉」現象，美式影片未必呈現一面倒的絕對優勢，其折扣現象亦日漸明顯，Lee（2008）的研究顯示：最好的好萊塢美式幽默與家庭電影在西班牙語系國家中的市場表現評價甚差；在東亞市場中，若干美式影片的放映價格甚至低於本國影片；即使在美國電影電視市場中，凡是影射族裔與膚色的美式幽默節目通常其價值都有被貶低的現象。

　　以臺灣電影市場而言，過去一直是美國好萊塢電影獨占鰲頭的時代，農曆春節檔期的熱門時段的熱門影片幾乎都是以歐美片為主，國片幾乎是棄之如敝屣，文化折扣非常明顯，顯示國人對於國片欠缺信心，國產電影很難列入春節檔期。近年來，電影觀賞者的文化品味漸趨雜食性，雖然進口片或歐美片仍是主流，但已有若干反轉趨勢，值得欣慰。

以目前而言，臺灣影視產業仍無進攻歐美市場的能力，即便是像李安這樣國際級的導演，他之所以能夠殺進美國主流電影市場，實因導演手法與功力都是來自於美國電影世界的洗禮，與臺灣電影編導的水準差異太大。基此，短期間內，臺灣影視要扭轉文化折扣趨勢，恐怕有一定難度，但印度的寶萊塢電影逐漸受到歐美觀眾的青睞，韓流的國際吸引力亦日漸嶄露頭角，顯然我們的努力尚嫌不足，必須認真挖掘臺灣在地文化中最適用於全球觀眾的價值資源，並以西方藝術手法精心打造具有國際穿透力的影視文化品牌，並充分運用國際行銷策略，以降低文化折扣現象，提高影視產業國際競爭力。

四、文化例外

文化例外（cultural exception）[8] 最初是由法國於 1993 年關貿總協（the General Agreement on Tariffs and Trade）回合談判中首先提出來的主張——為了保障法國藝術家的工作權，文化財貨勞務由於具有商業價值以外的特殊價值、認同與意義，故不應該視為一般財貨勞務被列入自由貿易的清單，而應視為有助於該國國民認同感與教育水準提升的特殊項目，應該要排除於 WTO 的自由貿易規則以外。換言之，基於文化藝術保護的必要，該國可以制定排除外國藝術工作者搶奪本國藝術工作的條款，並且提高外國藝術工作者進入本國市場的門檻，以保護本國藝術工作者之生存權、工作權與財產權。保護的方法甚多，例如，訂定外國藝術工作者配額制、針對本國弱勢的地方藝術工作者提供必要的財政補貼等。後來，加拿大於 1994 年與美國協商北美自由貿易協定（North American Free Trade Agreement）就訂定了「文化例外」的條款[9]。

---

8 World Policy: https://worldpolicy.org/2014/11/03/france-ending-the-cultural-exception/, 2020/1/5 瀏覽。

9 "The 'Trade and Culture' Issue, at the Origin of the Convention on the Protection and the Promotion of the Diversity of Cultural Expressions." FICDC. Archived from the original on 26 October 2014. Retrieved 23 February 2012.

　　法國主張的文化例外，是一種貿易保護主義的思維，主要是針對美國好萊塢式的強勢文化輸出傷害了法國文創產業的發展，但美國代表認為：文化例外是另一種形式的保護主義，違反 WTO 規定，勢將傷害全球自由貿易規則，美國的影視產業反對將文化例外原則納入關貿總協回合談判。美國代表主張：電影文化藝術是營利事業，不應設置任何貿易障礙，但法國代表則認為藝術家的創作心靈不宜與營利財貨劃等號，應該要設置排除與高門檻條款。2013 年，歐美雙方在跨大西洋貿易和投資夥伴關係（the Transatlantic Trade and Investment Partnership, TTIP）會議中，法國代表揚言：若不納入文化例外原則，將有 13 個歐洲國家退出這場 TIPP 協商會議，前歐盟主席 Manuel Barroso 指出：文化例外是不能妥協的，必須放在談判桌上進行充分辯論。

　　不過，法國文化產業專家 Patrick Messerli 指出：過去數十年來，法國政府對於電影、電視業者提供許多浮濫的補貼，但至今法國電視電影仍處於蕭條狀態，並未因政府的政策扶持而強大。因此，文化例外對於藝術工作者的保護與補貼非但不是有效的藥方，反而造成更多的問題。此外，法國影視業者也因為堅持此種文化例外規定，導致失去許多影片在美國上映的機會。因此，文化例外的原則後來並未得到各國支持而胎死腹中，目前的呼聲已經逐漸降低了，特別是當大家看到韓國影視產業成功地攻入許多國家的市場，證明了文化保護主義並非萬靈丹，與其仰賴保護措施，還不如加強本國影視產品的創新性與可看性。

　　由於文化例外並未受到 WTO 會員國的全面支持，故逐漸被各國政府所淡忘，但 UNESCO 卻於此時提出文化多樣性的主張，並於 2005年 10 月通過《文化表述多樣性保護與促進公約》（Convention on the Protection and Promotion of the Diversity of Cultural Expressions），後來更進一步公布《世界文化多樣性宣言》（Universal Declaration on Cultural Diversity），該公約獲得法國與加拿大的支持，反對者為美國與以色列，最終以 148-2 票通過。

陸、文化資本

法國著名社會學家布迪厄（Pierre Bourdieu）提出有關文化資本相關概念，影響後世甚大，似有必要予以系統的介紹。

一、文化資本的意義與類型

法國著名社會學家 Bourdieu 認為社會階層的分化與其個人所擁有的經濟資本（economic capital）與社會資本（social capital）關係甚大，前者指個人及家庭財富，後者則是基於財富所累積的社會關係與社會互動網，這兩點相當容易理解，並非本書關切的範疇。

Bourdieu（1984）於 1963/1967-68 年，蒐集 1,217 受訪樣本，要求受訪者針對文化藝術活動的偏好進行評比，如音樂、藝術、戲劇、文學等，他發現對於文化藝術的偏好與其所擁有的教育水準有相當密切關係，教育水準就是文化資本（cultural capital）的一種類型，容易影響其文化品味與偏好。Bourdieu（1984）認為文化資本具有下列幾種形式，影響文化品味的高低：

（一）**內涵化文化資本（embodied cultural capital）**：這是指文化資本的主觀面，係指經由文化濡化與社會化過程，計畫性地習得與被動性傳承的文化知識。內涵化文化資本的特點是：不同於不動產資本，它是無法移轉的，但可以透過長時間的後天學習，形成一種接受某種文化價值薰陶的慣習行為。基上，內涵化文化資本乃是來自某種特定民族文化的學習結果，通常透過語言去溝通與自我表現。Smith and Riley（2009: 132）認為內涵化的文化資本乃是一種「對於藝術文化的客觀知識」與「文化品味與偏好」。

（二）**客觀化文化資本（objectified cultural capital）**：這是指文化資本的客觀面，係指個人擁有的文化藝術作品可以販售牟

利，亦可象徵性地傳達對該文化資本的擁有權，以顯示其客觀掌握該文化資本。如 Smith and Riley（2009: 132）所指陳的「文化技巧與專業鑑賞能力」與「區隔好與壞文化藝術作品的能力」。

（三） **制度化文化資本（institutionalized cultural capital）**：這是強調文化資本的制度面，意指一個機構對於個人文化資本的正式肯認，通常是以證書或專業認證方式證明。一個人的制度化文化資本通常可在勞動市場中找到相對應的薪資水準，由供需雙方根據文化資本的成就與價值賦予經濟資本上的金錢價值。如 Smith and Riley（2009: 132）所指陳的「官方的文化合格證書」，例如文化藝術類大學畢業證書、音樂才能考試及格證書等。

Bourdieu（1984）指出：法國中產階級因為擁有經濟與社會資本，故有能力接受高水準的教育進入名校就讀，在該校中被系統性地培育出某種特定的文化涵養與文化品味，因此，文化資本與經濟、社會資本同等重要，都是社會階層化的結果。依此看來，很多學校非但不能「有教無類」，傳授公平正義的價值主張，反而成為培育特殊高尚階層的文化品味再製者。

二、文化品味與文化區異

Bourdieu（1984: 259）依據文化資本的論點，他也提出文化品味（cultural taste）的概念，文化偏好與文化品味是後天的文化態度傾向，家庭與學校都可以成為特殊文化品味的製造者，如此就可以藉著文化品味去區隔不同社會團體的社會地位，形成文化區異（cultural distinction）。基此，文化品味是社會階層的製造者，文化消費是一種階級文化的消費，文化消費本身就呈現不同的文化區異。很多中級階級出身的菁英文化人，可能願意花大錢購買他自己未有足夠藝術涵養夠欣賞

的音樂劇,而不願到公園表演舞台共同與一般民眾同樂,因為到音樂廳當聽眾意味著其品味不同、身分不同、地位不同,由其不同的文化品味可以做出不同的文化區異。

Bourdieu(1984)透過文化資本研究去凸顯社會不平等與優勢階層對於文化資源的絕對性支配;故經濟資本與文化資本是同等重要,形成了文化階層體系(cultural hierarchies),例如,某些企業家擁有很高的經濟資本,但卻只有低度的文化資本。一位大學講師則相反,擁有高度文化品味與鑑賞能力,因而呈現高度文化資本,但欠缺經濟與社會資本。在不平等的資本主義社會中,企業家可以充分運用財富資本與社會資本,付出高額的學費取得該校的入學資格與畢業證書,如此一來企業家同時擁有了經濟、社會與文化資本。

三、文化品味與慣習

何以會形成文化品味? Bourdieu(1984)提出慣習(habitus)的概念加以解釋,慣習是後天習得、毋庸置疑、理所當然的文化傾向行為。人們圍繞著慣習認識與回應現實世界;人們對於文化的認知、思維與品味之形成,也都是經由慣習養成的。事實上,具有相同類似社會背景的人們,如社會階層、宗教信仰、國籍種族、教育水準與專業類別,經由符號建構與類似價值的社會化過程,讓他們對於該符號產生同屬感,因而容易形成根深蒂固的慣性行為。

慣習是經由個人的社會化過程、相互模仿而逐漸形成的文化傾向。根據 Giddens(1989)的看法:社會化過程有兩個階段:第一階段是初級社會化,主要發生於家庭,次級社會化則發生於學校,學校是由一群優勢的社會階層所控制,以確保慣性行為的優先地位,並以符號象徵賦予該行為的合法化地位,利用符號暴力壓制、貶低不同於其價值觀的反向行為,以形塑其認同感,從而刻畫出我群與他群的邊界,形成文化區異現象。因此,慣性行為是經由團體文化與個人社會化歷史,經年累月

而逐步形成；人們就以此種慣習採取有異於他人的社會行動。

四、文化品味與文化雜食

社會學者 Gans（2008）贊同 Bourdieu（1984）的文化品味與社會階級的關係，他認為不同的文化品味類型確實與社會階級有關，這種不同類型係由一群品味公眾（taste publics）各自詮釋出來的不同結果。但他認為：如今不同社會階級的文化品味有漸趨多樣化的變遷趨勢，例如，菁英社會階級為了凸顯他對文化品味具有豐富淵博的鑑賞知識，也會刻意改變態度，從不屑與低下階層認同的符號排他性（symbolic exclusion）轉變為包容不同階級品味的符號擴張性（symbolic expansiveness），因而出現文化雜食（cultural omnivore）現象，他們會附庸風雅，將欣賞各種不同文化當作是一種時尚、流行，跟得上時代，如此一來通俗與高雅文化的區別與社會階級的關係就不像是 Bourdieu（1984）所認定的單純直線關係。

Bryson（1996）認為：文化資本應該改為多元文化資本（multicultural capital），高雅文化資本應該會隨著教育程度的提高而逐漸降低，高雅人士或許因為自己的偏左立場而更欣賞饒舌、搖滾、爵士等由非裔美人或貧窮階層所創造出來的流行低俗文化，乃形成文化雜食現象。

誠如前述，Bourdieu（1984）對於文化品味與社會階級的研究，主要是針對 1960 年代法國中產階級調查研究結果，他發現：文化菁英必然會欣賞高雅文化，而一般低下階層民眾則欣賞低俗文化，後來 Peterson（1992）也運用調查研究資料作分析，不過他使用的是 1980 年代美國經驗性資料，後來的發現則推翻了 Bourdieu（1984）的制式看法，他認為高雅或普羅大眾階層的劃分並不盡然正確，無論社會階層高低都有傾向於雜食性的文化品味，因此我們要瞭解觀眾類型，與其使用高雅或低俗文化的劃分，還不如使用文化雜食或純食（cultural univore）來區分。不過，Wright（2016: 567-577）從方法論角度評論這兩篇研

究，都太信賴量化研究去推論所調查的對象，事實上，被調查的人群與文化活動都是不固定的，很難加以比較，必須以質化訪談資料加以補充，此外，兩者的抽樣對象（美、法）、調查時間也不一定（1960s、1980s），兩者很難加以比較。

國內學者陳志賢（2016）對於大高雄地區民眾參與藝術的實證調查結果指出：大高雄地區民眾最常參與的藝術活動是：音樂、電影與動畫，雖然文化資本確實可能影響民眾參與藝術活動的多寡，但同時出現了文化雜食與文化區異同時並存的現象，社會階級不能完全解釋文化藝術的鑑賞層次。莊致嘉、游騰林（2016）運用《臺灣地區社會變遷基本調查》1997-2007實證資料，結果發現：Bourdieu所強調社會群體的階級與文化品味之間具有單一對應的觀點並不適用於臺灣社會，文化雜食是1997年和2007年主要的文化消費行為特質，高階層者屬於多元文化品味的雜食類型，低階層者的文化偏好則是較為單一性的純食型態，同時也發現文化品味從雜食性轉向個人化消費型態的變遷。此外，文化活動具有多面向的特質，也會隨著時間而有時代意義的變遷；影響文化品味最主要的因素是個人的教育，客觀階級位置的重要性次之。

五、文化資本對文化政策的啟示

Bourdieu提出的文化資本理論影響相當深遠，對於文化品味與社會階級的深刻反省引起學術界相當大的反響，有人認為他企圖建構反思性社會學（reflective sociology），貢獻卓著（Smith and Riley, 2009: 130）。但批評者認為社會階級與文化資本的連結性命題，太過決定論（determinism），忽略了民主社會中一般民眾採取反撲、抗議、顛覆、對抗的可能性，不可能完全接受這種命定式的社會階級論。誠如Foucault（1980）所指陳的：權力必然引起反對與抵抗（opposition and resistance），雖然文化霸權者採取各種統合手段設法吸納、化解這種不合作態度與行動，但抵抗乃是企圖反制社會階級霸權行動的對抗權

（counter-power），抵抗形式甚多，從發布反對宣言、爭取社會支持到採取激烈的社會革命等皆是。

De Certeau（1984）認為：一般民眾可以在文化消費過程中進行不同程度的游擊戰，不斷對社會階級製造者進行顛覆與破壞行動，這種行動雖未必能夠撼動既有的社會階級結構，但當社會積怨到一定程度時，自然就會發生革命或改革行動，推倒不平等的社會階級。

Jenkins（1992）提出文本偷獵（textual poaches）的觀念，在當代文化媒介都相當開放的環境下，一般大眾會擷取文化中的某些角色、場景或故事，重新組合成廣受歡迎的文化消費。例如有些著名的電視節目，如《星際大戰》，有創意的電視粉絲可能會予以複製、重組，重新包裝成另一個受到消費者歡迎的新產品，如此一來就化解了社會階級企圖宰制文化市場的單元價值，破除文化消費的階級性而成為一種人人皆可消費的社會平等現象。

Fiske（1989）也認為：時下流行的大眾文化，已為年輕人孕育出許多豐沛的抗議或反潮流文化，社會階級所欲搭建的高尚文化品味恐怕不能如願；例如，很多年輕人到購物中心去閒逛並不到精品店消費，不到正規音樂廳演唱反而願意聆聽街頭藝人的表演，這種離經叛道的行為已經說明了階級化的文化品味很難抵擋普羅文化的穿透性。

然而，不可否認地，Bourdieu 提出的文化資本論，對於文化政策制定者具有許多有價值的啟示：

（一）　文化是公共財，必須放在公共領域讓大家自由享用，故文化政策制定者應拋開過去以社會階級為基礎的文化資本，從文化多樣性、自主性與參與性，長時期的培育、醞釀與厚實臺灣的文化資本。因此，文化資本是全民參與文化藝術活動的精神與價值的總體表現，它是發展文化產業的重要基礎，文化資本的形成與社會階級無關。

（二）　文化政策制定者應該要關心臺灣社會中是否出現文化資本階

級化現象？特別是偏鄉與都市、白領與藍領都可能出現文化區異現象，必須加以審慎檢視並提出對策予以平衡。

（三）　臺灣文化資本不是屬於某個階級，而是屬於大眾的公共財，它是發展文化產業與文化經濟的基礎。因此，政府與藝文界應該盡量舉辦各種文化藝術活動，最好能將欣賞藝文活動作為繳納個人所得稅時的扣除額，以財政手段促進文化資本的積累與形成，以活化文化市場，讓文化藝術工作者能夠在文化舞台上同時實現藝文表演滿足感與職業保障安全感。憲法第 165 條規定：「國家應保障教育、科學、藝術工作者之生活，並依國民經濟之進展，隨時提高其待遇。」此項規定有憲法保障，於法有據，不實施等同於行政怠惰。

自我評量

一、文化的意義為何？文化之構成要件為何？

二、文化研究者認為「文化即權力」（culture as power），請引用學者說法加以闡釋，您是否贊同該說法？

三、作為「軟實力」的文化，究竟對於國家競爭力的提升有何作用？

四、請簡述文化研究之內涵，對於文化政策有何啟示？

五、請簡述文化人類學的內涵，對於文化政策有何啟示？

六、高雅或低俗文化之間的區別為何？是否有必要劃分？文化政策上應如何處理此項爭議？

七、何謂青年次文化？有何特徵？如何輔導青年次文化朝向正面健康的方向發展？

八、請解釋文化經濟的意義為何？有人認為文化不能太遷就市場或經濟，談文化經濟是俗氣說法，您的意見為何？

九、何謂文化輸出？全球文化經濟的發展有何種特質？臺灣應如何制定整體文化輸出政策？

十、請解釋文化折扣的意義？臺灣文化產業走入世界文化市場，應如何避免文化折扣現象？

十一、法國曾在世界貿易組織中主張「文化例外」（cultural exception）的意義與理由為何？您的評論為何？

十二、法國著名社會學家布爾迪厄（Pierre Bourdieu）曾經提出文化資本（cultural capital）和文化品味（cultural taste）的分析概念，試就臺灣的狀況說明這兩個概念的意涵及其啟示。

十三、請解釋下列名詞：

cultural diamond	cultural taste	cultural distinction
cultural omnivores	habitus	cultural studies
cultural anthropology	cultural commons	cultural diversity

歷屆考題

1. 何謂美學（Aesthetics）？何謂文化人類學（Anthropology）？何謂文化研究（cultural studies）？其應用在文化政策研究與分析（cultural policy studies and analysis）上各有何優缺點？（107 年公務人員高等考試三級考試）

2. 請說明法國學者波迪爾（Pierre Bourdieu）所提出「文化資本」（Cultural Capital）的概念內涵，並以政府任一對應之文化政策舉例說明。（107 年特種考試地方政府公務人員考試）

3. 文化是一個國家的軟實力，國防是硬實力，面對瞬息萬變的國際局勢，政府正推動新南向政策之際，以文化部部長的角度，應如何提出一個最符合臺灣利益及對外文化交流政策？（106 年公務人員高等考試三級考試）

4. 什麼是 GATT、WTO、GATS？在上述的會議談判中各國有何利

益衝突？法國主張「文化例外」（cultural exception）的理由為何？
（106年特種考試地方政府公務人員考試）

5. 請說明「文化折扣」（Culture Discount）的概念，並舉例解釋之。
（105年公務人員高考二級考試）

6. 許多研究指出，文化資本（cultural capital）往往成為影響民眾文化藝術參與的主要因素。何謂文化資本？文化資本如何影響民眾的藝術參與？文化政策應如何強化文化資本的提升，以提高民眾對於藝術參與的意願？（102年公務人員高等考試二級考試）

7. 當代法國著名社會學家布爾迪厄（Pierre Bourdieu）曾經提出「文化資本」（cultural capital）和「文化品味」（cultural taste）的分析概念，試就臺灣的狀況說明這兩個概念的意涵及其啟示。（102年公務人員升官等考試、102年關務人員升官等考試、102年交通事業郵政、港務、公路人員升資考試）

8. 文化藝術與經濟發展的關係為何？您是否同意文化藝術的「功能」已然有所變遷？（100年公務人員高等考試三級考試）

9. 就您個人的觀點而言，臺灣應如何「輸出」文化藝術至國際市場？又如何「吸引」國際人士在臺進行文化消費？（100年公務人員普通考試）

10. 2011年8月15日行政院文化建設委員會主任委員表示，十月正式成立「臺灣書院」。請問為何成立「臺灣書院」？也請您發揮個人的文化行政想像力，為「臺灣書院」草擬「營運綱領」。（100年公務人員高等二級考試）

11. 二次大戰之後，西方世界文化產生一個明顯的標記：青少年獨特的音樂類型、時尚風格、休閒活動、舞蹈與語言發展出鮮明的次文化，不斷的出現與擴散，因此，青少年次文化問題在文化研究占有重要地位；在一些西方國家也開始出現青少年的文化政策。請問當代文化研究學者如何討論青少年文化？從這些不同的理論出發，你認為政府是否應該針對青少年文化制定相關政策？為什麼？（100年公務人員高等考試二級考試）

12. 現階段全球流行「佔領」的抗議活動，為了凸顯貧富差距及青年失業問題，讓人聯想到一個國家在「文化」紮根與發展「經濟」何者較重要，眾說紛紜，請以青年為主軸，試擬吸引青年人的「文化政策」，簡要分析說明之。（100 年公務人員升官等考試、100 年關務人員升官等考試簡任）

13. 試說明「文化行政與政策」中的「文化」之意涵，及其與經濟發展的關係。（100 年特種考試地方政府公務人員三等考試）

14. 試論在產業貿易中，何以需文化輸出先於產業輸出？（99 年公務人員高等考試三級考試）

15. 雖然有關「文化」的研究已是許多學科的主題（例如人類學、歷史學、哲學），但「文化研究」（cultural studies）成為一門獨立的顯學還是在這二、三十年間，且與文學和傳媒研究關係密切，請討論文化研究與文化政策思想的關係。（98 年高考一級暨二級考試）

16. 精緻文化與大眾文化之間，有其差異也有其流動和轉化的可能。請就臺灣本土文化的範疇，舉例說明大眾文化與精緻文化的流動與轉化。（98 年特種考試地方政府公務人員四等考試）

17. 我國憲法第 165 條規定：「國家應保障教育、科學、藝術工作者之生活，並依國民經濟之進展，隨時提高其待遇。」你／妳對這條法條的解讀與看法為何？試說明之。（96 年公務人員特種考試原住民族考試）

18. 文化經濟所指為何？從文化產業現象，闡述其要件。（96 年特種考試地方政府公務人員考試）

2
文化行政的意義與特質

壹、文化行政的界定

貳、文化行政的特質

參、幾個類似概念的比較

肆、文化行政人的核心能力

本章導讀

　　本章界定文化行政的意義與特質；此外，並就幾個類似概念進行比較，以瞭解其差異；最後針對文化行政人應具備的核心能力加以分析。

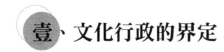 、文化行政的界定

一、行政的意義

關於行政（administration）或公共行政（public administration）的意義，學者提出的相關概念甚多，簡單加以歸類，可以從五種觀點界定其意義：

（一）從「權力分立」觀點界定

有關政府的權力分立大約有兩種說法：一是行政權、立法權與司法權的「三權分立說」；另一是「五權分立說」，另外還加上考試權與司法權。以此觀點來界定行政的意義，行政權是司法權、立法權、考試權、監察權以外的國家權力。如 Willoughby（1927: 720）的定義：「行政是行政機關所管轄的事務權限。」

（二）從「政治行政分立」觀點界定行政

Goodnow（1900: 9-13）認為三權分立說過於狹隘，且未能清楚說明誰決定或誰執行政府機關的權力作用？政府功能可以分為「國家意志的表現」與「國家意志執行」（the expression of state's will and the execution of that will），亦即「政治為國家意志之表現；行政為國家意志之執行。」政治活動係由透過政黨選舉取得執政權的民選政務官來掌握國家的大政方針或施政願景，行政職務則交給經由公務員考試取得任用資格的事務官，基於依法行政原則，實現政治所決定的施政願景與目標。這種說法也是今日劃分政務官與事務官的濫觴。

（三）從「公私分立」觀點界定行政

企業追求利潤，行政服務公眾，故代表公共性價值的政府機關與追求私益的企業，本質上並不一樣，故須嚴格劃分。Waldo（1948）認為

行政的核心價值是「公共性」，追求公共目標、堅持公共價值與實現公共意志，這才是行政的真義；Waldo 強調社會公平、正義、自由等價值理念，在《邁向新公共行政》（*Toward a New Public Administration*）一書，主張行政學者不應只強調「價值中立」，而更應主動伸張重要的公共價值，引領社會的價值認同，恪遵憲法賦予的忠實執行職務的精神，俾對民眾負起行政責任。後來行政學界出現的新公共行政（New Public Administration）基本上也是延續這種觀點。

（四）從「政企合一」觀點界定行政

這個觀點正好是前述論點的反動，他們主張政府行政與企業管理本質上都是一樣的，都必須運用管理工具以實現人民託付的施政願景與政策目標，並非截然二分；長期以來，人民對於政府機關的要求，與對企業要求一樣，追求成本效益或效率效果的目標。代表性的學派，號稱是科學管理學派之父 F. W. Taylor，於 1911 年出版《科學管理原則》（*The Principles of Scientific Management*），強調應以企業管理手段經營政府事務，稱之為管理主義（managerialism），這種管理思維一直未曾中斷過，近數十年來各國風行的新政府運動（reinventing government），期盼以企業家精神改造政府的體質，建立企業型政府，本質上也是這種觀點的延續，稱為新管理主義（New Managerialism）或新公共管理（New Public Management）（丘昌泰，2014b）。

（五）從「公共政策」觀點界定行政

政府機關的行政作用不能脫離政策指示或政策綱領，兩者密不可分；我們可以說：政策是政府機關的「上位」作用，負責政策願景、施政目標與施政方向的決定，至於行政則是「下位」的政府作用，負責規劃如何實現願景、目標的執行細節；並追蹤、評估政策執行過程中可能出現的問題，呈報上級長官後，再行調整政策方案的內容。公共政策學者如 Dye（2016）認為：公共政策是政府選擇作為或不作為的所有事項

（whatever governments choose to do or not to do），政府選擇去做的施政作為，如決定興建文化設施或增加文化部預算等，這很容易理解；但政府決定「不採取」任何行動也是政策的顯現，不容忽視；例如，幾經文化部內部協調，因預算吃緊決定不舉辦文化創意產業博覽會，這自然也是政策的決定。基此，政策與行政的區別不應僅限定是政府採取的積極作為，也適用於消極不作為的層面。

從上述五點觀點看行政的意義，本書認為最後一種觀點較為適當，本書之所以取名「文化行政與政策」，說明政策與行政的關係密切，但以現階段想要投考文化行政類科的公務員來說，絕大部分職責都是擔任「行政」工作，至於「政策決定權」則可能要經過長時期的歷練。然而，政策與行政是不可分的，不瞭解行政，如何可能訂定務實的政策呢？

二、文化行政的意義

文化行政是文化事務部門基於公共性，就其職權範圍內有關組織與業務事項所為之各種公務執行作為，善用文化治理方法，以實現文化多元目標。茲解析文化行政概念如下：

（一）文化行政主體是文化事務部門

傳統上，文化事務部門主要是指中央或地方政府的文化行政機關，如文化部與各縣市政府的文化局；在此概念下，文化行政機關就是掌握文化事務決定權與施行權的政府機關。隨著社會的繁榮發展，文化事務日趨繁雜，文化事務已非文化行政機關所能獨攬，亟須企業、學校、社區、藝文團體、公民社會的合作，基此文化行政主體有擴大化跡象。當代意義上，文化行政已經跨越政府的藩籬，非政府組織或非營利組織（NGOs or NPOs）扮演的角色日趨重要，例如，美國聯邦政府沒有設置文化事務部，絕大部分的文化事務都屬於民間基金會的事情，因此，該

國擁有全球數目最多的博物館、美術館、基金會等。在此定義下，文化行政機關＝政府機關＋非政府機關（如文化類型的 NGOs or NPOs）。

（二）文化事務部門的管轄對象為文化事務

　　文化事務範圍，通常隨著歷史演進與時代背景而有所改變，例如，臺灣於 1981 年 11 月 11 日成立行政院文化建設委員會，主要由三個業務部門組成，分別負責文化政策、文化設施、文化資產、社區營造、文學、歷史、視覺藝術、表演藝術、文化交流等工作，轄下有 19 個附屬機關。2012 年 5 月 20 日成立文化部後，文化部的業務範疇變得相當寬廣，為達成上述核心任務，文化部的業務範疇，除涵蓋原文建會之業務外，並納入行政院新聞局出版產業、流行音樂產業、電影產業、廣播電視事業等相關業務，以及教育部轄下 5 個文化類館所，包括國立歷史博物館、國立國父紀念館、國立中正紀念堂管理處、國立臺灣史前文化博物館、國立中正文化中心。另為展現臺灣多元文化內涵，2017 年 9 月 15 日納入蒙藏委員會有關蒙藏文化保存傳揚相關業務[1]。

（三）文化行政必須堅持公共性精神

　　文化是立國之本，文化權為基本人權之一，故推動文化事務的部門必須要有尊重文化公民權的公共精神：第一、每位國民都應有平等機會近用文化、享受文化之美，實現文化公民權之目標。第二、必須尊重源於土地認同所出現不同的文藝術創作形式與文化表達自由。第三、必須翻轉「由上而下」的傳統文化政策模式，積極推動「由下至上」的當代參與治理模式，讓民間聲音得以順暢地進入文化事務決策過程。第四、擴大公共課責，由專業中介組織推動藝文及文化經濟發展，打造平等參與之多元文化環境。

1　請參閱文化部「關於本部設立沿革」：https://www.moc.gov.tw/content_246.html。

（四）文化行政是多元目標導向的公務行為

文化部首要職責在於文化國力的培養與提升。將文化視為國力，在政策上有四個主要基本目標：（1）公民文化權的全面落實；（2）美學環境的創造；（3）文化價值的維護與建立；（4）文創產業競爭力的提升。從上述目標內涵可知，文化行政並非僅以提供文化活動、滿足民眾需求為限，文化是社會穩定與國家發展的基礎，同時文化也不可能只是「花錢」工作，必須要有能力創造就業機會、提升文化人的收入，這是《文化創意產業發展法》的立法宗旨之一。根據陳羚芝譯（2010）的《44個文化部：法國文化政策機制》一書，法國文化政策的目標有下列兩大類：文化目標與非文化目標，後者包括經濟目標與社會目標。可見多元性目標是文化行政的特色之一。

文化行政之目標是多元的，不可偏廢：第一、文化面向目標：如營造多元文化的環境，培養國民生活美學；第二、社會面向目標：如提升國民之文化素養與品味，培養祥和美好的美麗家園。第三、經濟面向目標：如創造就業機會，增加文化產業產值。

（五）文化行政必須善用文化治理方法

過去的文化行政係以文化行政機關的職權為中心的「行政管理」方法，如針對文化行政機關內部的人力配置、財務編制、任務分工、追蹤管考、績效評核等職權範圍內的文化事務事項進行管理。但當代文化行政則採以多元行動者為中心的「文化治理」（cultural governance）模式，由於文化事務太過複雜，文化行政機關人力、經費與時間均有限，必須吸納市場、公民社會與非營利部門的多重民間力量，以公私夥伴精神推動文化事務。

貳、文化行政的特質

文化行政的特質如下所述：

一、柔性行政

行政機關基於管轄權的行使，通常呈現兩種行政權力型態：一是硬性行政，意指以取締處罰、指揮命令、拘役罰金為行政管制工具的干預行政。如警察行政、司法行政、交通行政、金融行政等。二是柔性行政，意指以為大眾提供福利服務、促進族群福祉、培育國民氣質、給與獎補助金為行政管理工具的服務行政。如文化行政、教育行政、原住民事務行政、客家事務行政等。

以文化部職權範圍而言，絕大多數都是屬於柔性行政，如《文化部組織法》第2條對於文化部掌理事項的規定，並沒有使用「管制」一詞，可見「干預」二字在文化事務中是很忌諱的表述。相反地，在該條中呈現行政面向的字眼是「規劃、輔導、獎勵及推動」等非干預行政態樣。例如，《文化部組織法》第2條規定：「一、文化政策與相關法規之研擬、規劃及推動。二、文化設施與機構之興辦、督導、管理、輔導、獎勵及推動。三、文化資產、博物館、社區營造之規劃、輔導、獎勵及推動。四、文化創意產業之規劃、輔導、獎勵及推動。五、電影、廣播、電視、流行音樂等產業之規劃、輔導、獎勵及推動。」隨著臺灣民主愈趨進步與社會觀念的愈趨開放，柔性行政的比例將愈來愈高，因為臺灣不是警察國家，而是服務國家。

二、行政中立

文化是屬於公共財，為全民所擁有，不屬於任何黨派。依據聯合國教科文組織（UNESCO）對於文化多樣性的宣言，「尊重文化自主性」是必須遵守的價值規範。文化行政機關的預算來自於人民的荷包，故文

化行政主政者必須保持行政中立,退出政黨政治,讓文化得以實際真實面貌呈現於國人眼前,而不至於淪於為執政者塗脂抹粉的宣傳家。依《公務人員行政中立法》(2014/11/26修正)第4條:公務人員應依法公正執行職務,不得對任何團體或個人予以差別待遇。基此,不論何種業務,公務人員應本於行政中立之原則處理公務,但對於文化行政而言,對於此點之堅持似較一般行政更為迫切,甚至文化政務官也必須保持政治中立,否則很容易將文化淪為黨爭,未必對於臺灣的文化發展有利。

三、公共性格

文化行政是屬於公共財,故具有突出的公共性格。它必須以保護文化公民權為核心任務,蓋文化權為新人權。同時它必須以公共文化利益中心,文化行政所欲實現的是公共利益,相對於企業或政黨所強調的股東或黨員的私人利益,迥然不同。再者,文化行政必須恪遵憲法規範:公共行政的行動準則是必須遵循代表國家最高法律位階的憲法,如中華民國憲法第十三章基本國策第五節教育文化的規定;最後,文化行政人接受政府與人民的付託制定與執行文化政策,必須公平地配置文化資源,使國家發展目標乃得以完成。

四、包容融合

文化行政的哲學思維基礎是多元文化主義,意指文化政策制定者與執行者必須展現包容融合的氣度,充分尊重多元族群的多元文化特質,不刻意劃分高雅或低俗文化、西洋或中華文化。作為文化行政人,其最值得期待的事情是文化藝術能夠百家爭鳴、百花齊放;最醜陋的事情則是僅呈現單一性的主流價值與美感,走到哪裡都是一樣的風格。例如,臺灣的威權政治時期,對於閩南、客家歌曲等採取歧視禁播的強硬立場,如今民主政治已蔚為主流,這些歌曲無論在作曲風格、歌詞撰寫與編曲風格上已經展現不同的風貌。又如早期很多文化藝術工作者瞧不起

臺灣底層社會的神道教文化，認為並不屬於文化藝術，但後來有「電音三太子」、「通靈少女」等不同的創意形式出現，如今已經成為展現「台味文化」的另一種創作形式。

參、幾個類似概念的比較

一、文化行政 vs. 文化政策

以金字塔的關係而言，文化政策居於「上位」，負責的是文化政策的走向、路徑與願景，其表現形式是政策綱領、預算總額、立法事項或施政願景，有人說：文化政策制定者必須要作對的事（do the right thing），他要像一部電影導演或一艘輪船船長一樣，必須做出正確決定，作對了這件事，「下位」的行政人員才能操作正確，實現上位的政策意圖。

文化行政則是居於「下位」，負責的是如何研擬實現文化政策綱領與願景；有關執行所需的組織型態、人力配置、預算編制、立法條文草擬、委外事務、公共關係等，都是文化行政人員應該要注意的細節。有人說：文化行政人必須要將事情作對（do the things' right），他要像一部電影演員或一艘輪船船員一樣，在導演或船長的指揮下，演好他的戲與發揮崗位上的角色，才能實現政策願景。雖然文化政策與行政有上下位之別，但兩者關係密切不可分離，政策願景的理想狀態必須仰賴務實的行政予以貫徹實現。

二、文化行政 vs. 文化治理

文化行政是「以文化行政機關為主體」的文化事務行政行為，如文化部或各縣市政府文化局所主導的文化事務之管理即是如此，這是傳統社會下，政府預算充沛，文化事務相對單純，文化行政機關可以充分運

用其預算、人力與公權力推動文化業務。

當代社會由於文化議題愈趨複雜，涉及因素更為多元，而跨文化的議題與多元族群所產生的文化與價值衝突更形繁複，導致解決問題之對策往往涉及多元公私部門的互動。此外，當代的政府普遍出現財政赤字問題，在經費有限的前提下，政府必須借重民間力量面對問題，解決問題，此時以文化行政機關為主體的文化行政，已經無法因應變遷複雜的資訊社會，必須採用「以多元行動者為中心」的文化治理模式。此處所謂的多元行動者，除了文化行政機關以外，包括公私立的基金會、非營利藝術文化協會、市場、企業、社區等，大家一起協力合作，以跨域合作觀點推動跨域性與複雜性的文化行政業務，以實現文化多元目標。例如，如何形塑臺北市為「文化之都」，必須透過公私夥伴精神，動員多元行動者的資源，凝聚共識，以實現「文化之都」的美譽。

三、文化行政 vs. 文化觀光

（一）文化觀光的概念

觀光是世界上產值最大，且仍在繼續成長中的產業，根據世界觀光組織（The World Tourism Organization, WTO）的估計，觀光客人數持續成長中，從1950年的2,500萬，增長至2006年的8億9,800萬人，大約每年以6.5%的速度成長，至於2020年預估高達18億人次，每位遊客平均花費680美元[2]。文化觀光（cultural tourism）係屬於觀光的一環，運用文化資源進行觀光行銷，包括古蹟的歷史、人文、建築，以及觀光區域內人們的生活方式，以吸引遊客光臨。文化觀光可能包括都會區內的歷史建築或博物館，亦可能包括鄉村地區的少數民族生活型態、價值觀念、風俗信仰、節慶活動等。

2　Culture & Tourism, UNESCO: http://www.unesco.org/new/en/natural-sciences/priority-areas/sids/sids-conferences/mauritius-conference-2005/themes/culture-tourism/tourism-resources/, 2020/1/5 瀏覽。

　　一般而言，一般觀光是屬於「大鍋菜」的旅遊方式，以「到此一遊，拍照存證，網站打卡」為旅遊目標，「用餐」與「購物」則是其主要觀光活動。但文化觀光者是屬於深度型的遊覽方式，比較重視文化資產所顯示的歷史脈絡，因而受到世界各國政府的重視。文化觀光所產生的經濟、社會與文化效益都高於一般觀光，故成為當前世界各國政府主要推銷觀光的形式，例如，OECD 國家由於重視文化觀光，即便歐洲國家面臨金融風暴、歐幣貶值，但也看不到歐洲將旅費降低的現實。

　　文化觀光是一種「無期而為」的自由行觀光，它可能是參與音樂季活動、可能是漫步古街道、或是享受當地的生活方式與品嚐當地美食，乃是一種追求慢活的休閒旅遊。文化觀光同時也是一種運動，將觀光者從僅注意特殊觀光景點的文化吸引力（cultural attractions），逐漸轉變為關注一般民眾生活型態並賦予新意涵與新體驗，以滿足其對於當地文化的好奇心與認同感。

　　根據郭為藩（2009: 79）的定義：文化觀光係指吸引遊客到一個不同文化風格的地區或城市，以認識、體驗與鑑賞當地的文化資產、生活情調與文化風格的休閒旅遊事業。基此，文化觀光通常具有知識性、審美性及休閒性的特徵，係從事兼具文化歷史、教育研究及觀賞遊樂之觀光方式，並加以系統開發所形成之觀光產業。

　　文化觀光在世界各國經濟扮演重要角色，而許多文化景點與自然生態的管理則成為重要課題，觀光可以提供創造產值、就業機會，但同樣也產生許多問題，如文化資源的保護與維修、垃圾廢棄物處理問題。UNESCO 相當重視文化觀光問題，曾於 2002 年 5 月於加拿大魁北克召開世界生態旅遊高峰會（World Ecotourism Summit），希望交換各國的法制與管理經驗，使文化資源的保障與觀光旅遊的開發能夠兼顧。為了促進文化觀光的發展，聯合國世界觀光協會（UNWTO），每年都與UNESCO 聯合舉辦文化觀光會議，會議強調必須加強觀光、文化與其利害關係人之間的連結，文化觀光政策與策略必須考量地方社區差異與觀點，同時必須平衡觀光發展與遺產保護。

（二）與文化行政的差異

文化行政的活動範圍較文化觀光來得更廣，文化行政可能利用觀光行銷的手法，設法吸引民眾前來參與博物館、美術館或藝術節慶等文化活動，以增加遊客人次，創造就業機會，這是兩者相同之處。

但兩者仍有差別：第一、文化行政更重視文化資源的保護與管理，至於文化觀光的行銷與推廣，在臺灣並非屬於文化行政部門的權責；實際上，兩者很難區分，如韓國將觀光與文化、體育等業務予以合併，中國大陸實施的部會組織改革，也將文化與旅遊合併為文化旅遊部。第二、在臺灣，文化行政與觀光行政係採「分立制」，觀光業務係屬交通部觀光局的職掌，主要是因為臺灣許多觀光景點必須仰賴交通路網的興建，但文化部門經常舉辦文化觀光活動，特別是地方政府層次，故實在很難切割負責單位。《文化基本法》第18條稱：「國家應訂定文化觀光發展政策，善用臺灣豐富文化內涵，促進文化觀光發展，並積極培育跨域相關人才，營造文化觀光永續之環境。」可見兩者之區別實在沒有很大意義。

四、文化行政 vs. 藝術行政

（一）藝術管理的概念

藝術行政（arts administration）或稱藝術管理（arts management）是關切藝術組織的行政與管理事務。臺灣各大學各學系或研究所，使用藝術行政或管理的情況不一，如臺灣藝術大學藝術管理與文化政策研究所，臺北藝術大學藝術行政與管理研究所，元智大學藝術與設計管理研究所等，可見藝術行政與管理混和使用，並未有一致語法。

藝術行政必須負責藝術組織的日常作業程序與文化行政事務，並設法發揮其功能，達成藝術組織任務與目標。藝術組織通常包括：專業的非營利藝術組織，如戲劇、博物館、樂團、爵士、歌劇與芭蕾舞團等，

以及其他小型營利性的藝文行銷公司，如藝術品拍賣公司、藝術畫廊、音樂製作公司等。

　　藝術行政的任務是幕僚管理、市場行銷、預算管理、公共關係、資金募集、計畫發展與評估、董事會關係。藝術行政人員在小型藝術組織中可以擔任行銷、事件登錄管理與財務管理，大型藝術組織則可擔任建築或設施的興建或創意總監、公共關係、撰寫相關報告等。資深行政人員則可為藝術組織的中長期策略規劃提出諮詢意見。

（二）與文化行政的差異

　　藝術行政係屬於有關藝術組織的行政管理，組織型態可能是公立藝術組織，如國家文化藝術基金會、各地方政府的文化基金會等公設財團法人，或者是國家表演藝術中心、文化內容策進院等；當然也可能是私人藝術組織或非營利藝術協會從事藝術行政的工作。依上述，藝術行政的範疇遠較文化行政狹窄，係在文化行政事務領域中屬於專業性的文化藝術專門事務。

　　此外，文化行政涉及政策面及制度性文化法規，如文化政策與綜合計畫、文化資產保護、智慧財產權保護等，但藝術行政幾乎都不涉及法律面，主要仍以專業藝術事務的處理為主。

肆、文化行政人的核心能力

　　文化行政人應具備的核心能力（core competence）如下所述：

一、文化行政人必須要有專業力

　　文化行政機關服務的對象是能言善道、多才多藝的藝術文化界知名人士，可能是藝術家、聲樂家、知名導演與演員等，作為一位文化行政

人，若專業力不被認同，甚至被藝術家看破手腳，則很難邀請他們協助推動文化藝術表演。臺灣許多縣市長往往將文化局當作是安插選舉功臣的籌碼，甚至誤認為只要會演奏、唱歌、跳舞、揮毫、寫作等就夠格擔任文化局長職務，難怪每逢政黨輪替，經常看到的都是默默無聞的文化人，竟擔任如此重要的職位。

二、文化行政人必須要有同理心

文化行政人必須依法行政處理公務，如申請補助有截止期限，多一天都不可以；申請活動要有計畫書；報銷經費又需按照一定的規範等，這些瑣事對於文化藝術界的人士而言，簡直是無法忍受，如今要他們依法配合文化行政機關的制式化要求，當然會有不舒服的感覺。紙風車劇團應邀到臺中進行公益表演，竟被稱為「廠商」頗為生氣，李永豐[3]說：最大羞辱是被當成「廠商」。其實，依《政府採購法》規定，所有承包政府文化事務的民間人士，無論如何尊貴，依法稱為「廠商」，這是法律名詞，但作為文化行政人的口頭表達時則不能以廠商之名稱呼，需以同理心尊重承包文化事務的文化藝術界人士。

三、文化行政人必須要有美感力

文化行政人員與其他行政人員最不同之處在於其必須具備基本的美感力，能夠欣賞文化藝術之美，若欠缺這種藝術氣質與涵養，其所推動的藝文活動與興建的藝文設施，必然淪於追逐流行、毫無深度的低俗表演，被人諷刺甚至傳為笑話。果真如此，文化行政人就很難推出叫好叫座的文化表演活動。基此，文化行政人必須要有一本「美感存摺」，對於藝術的觸感與眾不同，如此才能獲得文化藝術界人士的認同。然而，不可否認地，文化行政人的美感不足，均不見許多地方政府舉辦的節慶

---

3 〈「一生努力倒向孩子」紙風車執行長：最大羞辱是被當成「廠商」〉。上報快訊／朱晉緯，2019 年 8 月 6 日。https://tw.news.yahoo.com，2020/1/5 瀏覽。

文化活動，絕對少不了香腸、滷味、烤地瓜等節慶攤販？也經常看到低俗的模仿玩具，如模仿 Hello kitty 公仔當作餽贈孩童的禮物。此外，嘉義縣布袋鎮的「高跟鞋」景觀、破壞環境美感的「天空步道」等都是欠缺美感的產物，不能稱為文化作品。

四、文化行政人必須要有創造力

文化行政人不同於其他行政人員，必須具備十足的創意，否則會被譏為俗氣的商業人士，一旦被定位如此，則很難推動讓文化人有感的活動。例如，有文化藝術界人士認為華山、松菸文創園區都是「假文創」，因為餐廳太多、飲料店太多，商業氣息太重，而所謂的文創商品也不過是大規模粗製濫造的工廠仿造品，毫無創意可言。如果文化行政人主辦此類促參案件，其辦理的方式就必須要有創意，打造出不一樣風格的文創園區促參案。又如，臺北市公館地區的水源市場大樓，完工於1953 年，由於年久失修，外觀老舊，一度成為台大公館的醜陋建築代表。後來，臺北市政府文化局以 5 個月邀請國際級的藝術家亞科夫亞重新設計大改造，如今整棟大樓大變身，變成了城市中的亮點。灰暗的水源市場大變身，黑壓壓的外牆不見了，醜陋的外掛冷氣機通通消失，水源市場變成一幅巨大的立體畫，從左邊看是藍白波浪，從右邊看則出現了繽紛彩虹，正面更像是彩虹倒映在水面上。

自我評量

一、請解釋文化行政的定義與範疇？

二、文化行政的特質為何？究竟與一般公共行政有何差別？

三、作為一位文化行政人，您認為應該具備何種核心能力？

四、請解釋文化行政與文化政策之異同。

五、請解釋文化行政與文化治理之異同。

六、請解釋文化行政與藝術行政之異同。

七、請解釋文化行政與文化觀光之異同。

八、請解釋下列名詞：

New Public Administration

The Principles of Scientific Management

reinventing government

do the right thing　　do the things' right

cultural tourism

arts administration

歷屆考題

1. 臺中市剛舉辦「2018年臺中世界花卉博覽會」謝幕，活動期間問題不斷，試說明花卉博覽會歷史與臺灣承辦歷程，並分析該活動辦理過程與文化行政相關之課題與解決方案。（108年公務人員高等考試三級考試）

2. 請說明文化觀光的定義與型態，並以臺灣任一項目舉例說明。（105年特種考試地方政府公務人員考試）

3. 「文化行政」從某種意義上說，是一種「社會教育」的工作，從前沒有「文化行政」類時就是由社教部門來負責。這麼說，文化行政人員也應該具有教育人員的思想和能力。請問文化行政業務的「教育」意涵在那裡？文化行政人員應該要如何培養這種能力和認知？（102年公務人員升官等考試、102年關務人員升官等考試、102年交通事業郵政、港務、公路人員升資考試）

4. 現代國家政府講究「行政」（administration）效能，而資本主義社會也很重視企業「管理」（management）技術，但是「行政」和

「管理」的本質可能和文化藝術領域的發展背道而馳，因此所謂「文化行政」或「藝術管理」的概念本身即有內在的矛盾，試論述其中道理所在。（101 年公務人員高等二級考試）

5. 一位出色的文化行政人員應至少具備那五項行為能力？試描述之。（100 年公務人員普通考試）

6. 試述我國「文化行政」的定義與範疇。（100 年特種考試地方政府公務人員考試）

7. 重要的文化研究學者 Tony Bennet 鼓勵文化研究者採取務實的層面，將政策的關懷帶進文化研究（putting policy into cultural studies），並將傅柯（M. Foucault）「治理性」（governmentality）的概念引入文化政策的研究（如博物館研究）。請說明傅柯「治理性」的概念可以如何用來分析文化政策？對臺灣的文化政策研究有何影響？（100 年公務人員高等考試二級考試）

8. 試述何謂「文化觀光」，從文化行政的角度討論如何發展文化觀光。（99 年特種考試地方政府公務人員考試）

9. 公務員經常會以「依法行政」之說詞和原則去處理涉及藝術活動和地方社區的業務，而經常引起爭議或民間的不滿，試問您如何去看待這些問題，並舉例作為說明。（97 年公務人員普通考試）

10. 文化行政與一般行政的性質有那些重要差別？試從文化藝術領域的特殊性論述文化行政工作者必要的行政思考模式。（96 年公務人員高等考試三級考試）

11. 文化行政業務在處理的對象主要是有關文化和藝術的領域，施政對象除了一般國民之外就是藝術家和文化工作者及其團隊，因此在業務性質上與一般普通行政有些差別，請問您認為關鍵性的差別和處理方式是在那裡？（96 年公務人員普通考試）

12. 早期唯美主義的思想認為「為藝術而藝術」是藝術工作者的信念，但在當代生活中，文化與政治意識形態和經濟活動是不可分的。今天的臺灣因為國家意識過於模糊，文化作為一種形塑國民意識的策略更不可或缺，您認為文化行政人員應如何看待文化與意識形態的

這種問題？（96 年公務人員、關務人員升官等考試）

13. 行政管理事務與文化藝術創作發展在本質上有一些矛盾之處，試就所學和經歷説明這種矛盾的現象。（96 年公務人員、關務人員升官等考試）

3
各國文化行政組織體系

壹、從權力劃分而言，可分為文化權集中制與分散制

貳、從文化業務歸類而言，分為單獨設部制、合併設部制

參、行政法人

肆、臂距原則

伍、文化中介

本章導讀

　　從「權力劃分」與「業務歸類」分析各國文化行政組織體系之建置，然後分析文化行政最常聽到的幾個重要觀念：行政法人、臂距原則、文化中介。

　　在探討臺灣文化行政組織前，似有必要瞭解各國文化行政組織的建置狀況。本章從兩個角度加以探討：（一）從權力劃分基礎角度而言，劃分為：文化權集中制或分權制。（二）從文化業務歸類角度而言，文化業務「單獨設部」或聯合其他業務而「合併設部」。

壹、從權力劃分而言，可分為文化權集中制與分散制

一、中央集權與地方分權

從權力劃分而言，各國大約簡略分為：中央集權制與地方分權制。中央集權的意義是指國家治權均歸於中央政府集中掌理，地方政府僅奉行中央政府命令，此時地方政府只是中央政府之下級機關。在中央集權制之下，地方政府之成立與裁撤、地方首長之任命、調派與解職均屬於中央政府之職權，地方政府不能以自己主動之意思，行使未經中央政府授權之職務。

中央集權國家大部分都屬於單一制國家，先有一個中央集權的中央政府，然後由中央透過立法權為地方政府創設限制性的自治權力，如法國、英國、中國大陸等。

由於國家政務經緯萬端，中央政府不可能獨攬國政，必須將治權的一部分，特別是屬於地方事務性質者，授權地方政府自行處理之制度，此時中央政府僅立於監督地位，對於授權之事務原則上交由地方政府自行處理，以發揮因地制宜之效。依此，中央政府固然有其既有權限，可以任命地方官吏，但地方政府亦可依自己之意思行使既有與被授權之職權，並且任命自己的官員以處理本身地域範圍內之公共事務。

地方分權制大都為聯邦制國家，先有地方自治之事實，然後地方政府聯合起來，共同授權給一個高於各地方政府的中央政府處理共同的全國性事務，地方自治權力是優先於中央權力，具有高度的自治權，如美國、加拿大、德國等。

我國究竟屬於何種制度？依憲法規定係採取「均權制」，得依「事務本質」做合理化分或因地制宜之權限劃分，事務之本質有全國一致之性質者，該權限或業務應屬於中央，事務之本質有因地制宜之性質者，應屬於地方之事權或業務。實際上，全世界並無一個國家的權限劃分是

均權制，基本上，仍偏向「中央集權制」，但又不全然是屬於中國大陸的制度型態，因為：（1）權力劃分最重要的基礎是財政權，依1999年1月25日公布的《財政收支劃分法》，第3條：「全國財政收支系統劃分如下：一、中央。二、直轄市。三、縣、市。四、鄉、鎮及縣轄市。」依此而言，財政權由中央與地方政府共享，雖然中央擁有的財源較為豐沛，地方財源則較為欠缺，仰賴中央設計一套《中央統籌分配稅款分配辦法》來彌補地方財政不足之數。（2）地方政府也有人事權與組織權，依2016年6月22日修訂公布的《地方制度法》都有明確規定，更何況地方政府首長都是民選產生，具有地方民意代表的基礎，文化部長無法完全指揮監督具有民意基礎的文化局長，除了在其撥款補助或獎助項目之外。因此，臺灣應該歸類為中央集權制，但中央集權之程度略低於中國大陸。

二、文化權的集中制與分散制

從各國中央與地方政府的權限劃分採中央集權制或地方分權制，文化權亦可分為「集中制」與「分散制」（圖3）：

（一）　**文化權集中制**：如中國大陸、臺灣、法國等，文化行政的法規制定、預算編制、經費補助或文化活動舉辦等權限絕大多數都是由中央政府的文化部所指揮監督，如中國的文化旅遊部、臺灣的文化部、法國文化傳播部。但這只是大概的歸類，其實每個文化行政組織之權限有程度不同的問題，如同屬集中制的法國與中國，雖然名為集中制，但其文化權行使之內涵與方式並不相同。

（二）　**文化權分散制**：如德國、美國等，以下將詳加說明。

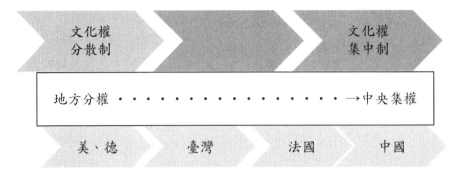

▲圖3　文化權力劃分光譜圖

三、文化權集中制

（一）中國文化和旅遊部

根據《國務院機構改革方案》規定：「組建文化和旅遊部。將文化部、國家旅遊局的職責整合，組建文化和旅遊部，作為國務院組成部門。不再保留文化部、國家旅遊局。」2018年3月17日正式成立文化和旅遊部[1]，2018年4月8日正式掛牌。

文化和旅遊部主要負責中國共產黨的宣傳文化工作方針政策，研究擬訂文化和旅遊工作政策措施，統籌規劃文化事業、文化產業、旅遊業發展，深入實施文化惠民工程，組織實施文化資源普查、挖掘和保護工作，維護各類文化市場包括旅遊市場秩序，加強對外文化交流，推動中華文化走出去等工作。

根據《文化和旅遊部職能配置、內設機構和人員編制規定》，文化和旅遊部承擔許多職能，大致可歸類如下：（1）貫徹中國共產黨的政策：落實黨的文化工作方針政策，研究擬訂文化和旅遊政策措施，起草文化和旅遊法律法規草案。（2）指導港澳台文化旅遊：指導、管理文化和旅遊對外及對港澳台交流、合作和宣傳、推廣工作，組織大型文化和

---

1 請上網，中共文化和旅遊部主要職責：https://www.mct.gov.cn/gywhb/zyzz/201705/t20170502_493564.htm，2020/1/5 瀏覽。

旅遊對外及對港澳台交流活動，推動中華文化走出去。（3）非物質遺產
保護：負責非物質文化遺產保護，推動非物質文化遺產的保護、傳承、
普及、弘揚和振興。（4）文化產業與事業的推動：統籌規劃文化事業、
文化產業和旅遊業發展，擬訂發展規劃並組織實施，推進文化和旅遊融
合發展，推進文化和旅遊體制機制改革。（5）推進文化旅遊市場：指
導、推進文化和旅遊科技創新發展，推進文化和旅遊行業信息化、標準
化建設。指導文化和旅遊市場發展，對文化和旅遊市場經營進行行業監
管，推進文化和旅遊行業信用體系建設，依法規範文化和旅遊市場，維
護市場秩序。

　　依上述職掌分析，與其他國家文化部職掌比較，扣除屬於政黨職能
外，中共的文化旅遊部承辦的業務是：（3）非物質遺產保護；（4）文化
產業與事業的推動；（5）推進文化旅遊市場，重點仍放在文化事務的推
展上。

　　文化和旅遊部的組織規模建置甚大，包括：（1）內設機構：如辦公
廳、政策法規司。（2）主管全國文物、博物館工作的國家文物局。（3）
直屬事業單位：如國家圖書館、北京故宮博物院、文化和旅遊部信息中
心、國家藝術基金管理中心等。（4）直屬企業單位：中國文化傳媒集團
有限公司、藝術市場雜誌社、中國旅遊出版社等。（5）主管社會團體：
如中國戲曲學會、中國油畫學會、中國話劇協會等。

（二）法國文化部

　　法國文化部[2]（The Ministry of Culture）主管全國博物館與紀念碑歷
史建築，其目標是透過海內外視覺、戲劇、音樂、舞蹈、建築、文學、
電視和電影等藝術活動的推廣與保護，以維護法國國民與國際人士認
同。其預算主要是用於國家檔案的維護，包括六個國家基地、上百個
典藏庫設備與區域文化中心。法國於 1997 年起設置「文化傳播部」，於

2　法國文化部：http://www.culture.gouv.fr/，2020/1/5 瀏覽。

2017 年再改回「文化部」。

　　法國由於受到文藝復興時期義大利的啟發，他們深信：國家在藝術品創造支援中扮演關鍵角色，藝術保護與國家榮譽有關，故從 16 世紀開始，法國政府就非常重視中央政府在保護國家文化藝術上的預算權與人事權，故被列入「文化權集中制」，確實有其道理。

　　法國大革命前夕，路易十四時期的巴蒂斯特科爾伯特部長（Minister Jean-Baptiste Colbert）制定文化政策，先後成立法國藝術學院、繪畫與雕塑學院及其他重要藝術機構，更奠定國家的主導角色。

　　當代法國文化部之設立，始於 1959 年 2 月，首任部長為知名作家 André Malraux，他主張應恢復法國憲法中的文化權（right to culture），並且響應聯合國於 1948 頒布的《世界人權宣言》（the Universal Declaration of Human Rights, 1948）第 27 條規定：「1. 每個人都有權利自由地參與社區文化生活，欣賞藝術與科學成果和利益。2. 每個人都有權利保護作為一位作者在科學、文學或藝術所生產的道德與物質利益。」聯合國強烈主張：每個地方人民都有接觸文化的權利，基此，法國在各地區設立大量的文化中心，並給予經費補助。臺灣於行政院文建會時期之所以在各縣市廣設文化活動中心也是基於此種政策的啟發。

　　密特朗總統時期，1981 年 5 月上任的 Jack Lang 部長，由於是政治人物出身，曾是社會主義政黨會員，故推動許多受到一般民眾歡迎的文化活動，包括爵士、卡通、搖滾、饒舌、喜劇、時尚、美食等，開啟了文化經濟的序幕。2018 年 10 月上任的 Franck Riester 也是法國政治人物，連任十一年的法國國民議會成員，雖然該部取消「傳播」這兩個字，但其涵蓋內容似仍重視傳播媒體的角色。

四、文化權分散制

（一）美國

　　美國、加拿大、德國都是聯邦分權主義國家，在這些國家中，一般

民眾普遍認為：文化是屬於人民自己生活上的事情，應該要自己管自己，政府不要干涉，因此中央政府都沒有設置主管文化事務的部會。

既然聯邦政府沒有設置相關部會，則文化事務主要是由地方政府或民間社會（成立基金會）處理，美國擁有全球數目最多的基金會、博物館、美術館等，藝文活動的門票並不便宜，但富豪遺產捐贈對象最多的往往都是藝文機構，因此，在美國民間的文化事務機構足可取代政府文化部門的角色。

在《44 個文化部：法國文化政策機制》一書中，描寫法國文化政策機制實際上係由獨立自主的 44 個藝文機構來獨立處理，宛如獨立的部會一樣，但在美國可能是上千個獨立部會，因此構成美國作為多元文化主義的代表。

例如，1965 年國會通過國家藝術與人文基金會（National Foundation on the Arts and the Humanities Act of 1965），主管美國藝術與人文的全國性政策規劃，主要目標是保障美國的文化遺產，並且以獎補助方式，對於全美各地的人文藝術計畫提供經費補助，以保護、發揚與創造美國的人文藝術資產。該基金會包括：（1）國家藝術基金會[3]（National Endowment for the Arts）：主要補助項目包括：舞蹈、設計藝術、視覺藝術、媒體藝術、推廣藝術、文學、民俗藝術、博物館、音樂、歌劇、戲劇、藝術教育等。（2）國家人文基金會[4]（National Endowment for the Humanities）：補助項目包括：一般型計畫、教育計畫、獎助金、研習會、研究計畫、州政府計畫等。（3）博物館與圖書館服務機構[5]（The Institute of Museum and Library Services）：主要任務是藉由經費補助、研究調查與政策發展，以提升、支持與強化美國博物館、圖書館與相關組織的功能。

3　National Endowment for the Arts: https://www.arts.gov/, 2020/1/5 瀏覽。

4　National Endowment for the Humanities: https://www.neh.gov/, 2020/1/5 瀏覽。

5　The Institute of Museum and Library Services: https://www.imls.gov/about/mission, 2020/1/5 瀏覽。

紐約大都會藝術博物館[6]（Metropolitan Museum of Art）位於紐約市中央公園旁，是世界上最大的藝術博物館之一。它是由一群美國公民於1870年發起構建，當時的發起人包括了商人、理財家、卓越的藝術家與思想家。他們期望博物館能夠讓美國公民接受有關藝術與藝術教育的薰陶。最後大都會藝術博物館於1872年2月20日開幕。該館主建築物面積約有8公頃，展出面積有20多公頃。館藏超過二百萬件藝術品，整個博物館被劃分為十九個館相當壯觀。在眾多永久藝術收藏品中，包括許多出眾的古典藝術品、古埃及藝術品、幾乎所有歐洲大師的油畫及大量美國視覺藝術和現代藝術作品。博物館還收藏有大量的非洲、亞洲、大洋洲、拜占庭和伊斯蘭藝術品。博物館同時也是世界樂器、服裝、飾物、武器、盔甲的大總匯。

（二）德國

文化行政屬地方政府的職掌，由各邦主管。德國由16個州組成，共同組成國家，故稱為分權制；各邦擁有邦憲法並對各邦內部事務有相當獨立的自治權限。德國各邦主管文化事務，德國境內有240座政府資助的戲院、數百個交響樂團、數千座博物館及10,361間圖書館，每年約9,100萬人次造訪德國博物館；至劇院觀賞歌劇約2,000萬人次；以及360萬人次聆聽交響樂團表演，國內有37處聯合國教科文組織認可的世界遺產。由此可見，德國文化資源與遺產豐富。

德意志博物館[7]（Deutsches Museum）是世界上最大的自然科學和科技博物館，位於慕尼黑，共有50多個展館和大約2萬8千件展品，每年約有130萬訪客。它的特點在於很多展品都是實物，且多數是可以操作的，整個博物館也展示了各科學領域的歷史發展，因而又可稱為科技歷史博物館。為了加強科技史研究的深度，特別與慕尼黑三所大學保持密切合作關係，大學提供有關科技史的素材，學生則可至該館進行參觀

6　Metropolitan Museum of Art: https://www.metmuseum.org/, 2020/1/5 瀏覽。

7　Deutsches Museum: http://www.deutsches-museum.de/, 2020/1/5 瀏覽。

訪問或參與實習。

　　館藏內容十分豐富，從機動車輛、船舶、航空器、火箭與飛彈、衛星等科技製品，到醫學、建築學、水利學、印刷學、礦冶學、光學、航空學、航海學、天文學等科學技術，無所不包；館內典藏品超過6萬種，其中展示品超過1萬6千種，展場面積超過50平方公里，乃是推廣「全民國防教育」的優良學習素材。

貳、從文化業務歸類而言，分為單獨設部制、合併設部制

一、文化事務單獨設部者

　　這是指以狹義的文化業務為職掌範疇而單獨成立的中央政府機關，如我國的文化部、早期與2017年後的法國文化部（Ministry of Culture）、俄羅斯文化部（Ministry of Culture of the Russian Federation）、紐西蘭文化遺產部（Ministry for Culture and Heritage）等。

　　法國文化及傳播部曾是法國中央政府機關之一，乃是世界上第一個中央政府設立文化部的國家，也是體制最為完整的國家，1959年戴高樂建立第五共和後，成立文化部，任命其長期戰友的前衛作家 Andre Malraux 為首任部長。該部專門負責管理國家博物館和歷史遺產，無論在法國或海外都推廣和保護各種視覺、造型、戲劇、音樂、舞蹈、建築、文藝、電視和電影攝影等各方面的藝術，管理國家檔案及各地區的文化中心。總部位於巴黎的巴黎皇家宮殿。文化部成立初期，職掌並不大，僅限於藝術文化局、建築司、國家檔案司與一般行政司。1970年增設戲劇、文化中心及文藝司。1977年，在各地設置區域文化事務辦公室，並設置區域文化主管。1978年，設立文化資產司。2017年後的文化部已如前述。

　　紐西蘭文化遺產部雖然被列入單獨設部者，但該部之職掌包括：藝術、文化、遺產、運動與休閒廣播等，實際職掌其實已超過文化部職掌，甚至與英國有些類似了。該部願景是：促進有信心與相互連結的文化（*Promoting a confident and connected culture*），簡潔有力。紐國政府深知文化的重要性，早於 1865 年就確立政府必須保障與管理文化資源，於威靈頓（Wellington）成立移民博物館（the Colonial Museum），1901 年在內政部成立移民事務秘書處（the Colonial Secretary's Office），1918 年成立亞歷山大特恩布爾圖書館（the Alexander Turnbull Library），1926 年建立國家檔案局等。後來陸續成立各種文化藝術機構逐漸重視文化事務，乃於 1991 年成立文化部。2000 年整合文化事務與內政部中的遺產保護業務而成為今日之文化遺產部。

　　優點：實務上的效益是事權集中，以一個部會統籌管理所有文化事務比較容易發揮功能，且文化行政權的作用與理論上的文化概念相符合，比較容易形成文化政策論述。

　　缺點：文化事務的定義難以明確界定，即使 2017 年後，法國從文化傳播部改為文化部，但並不意味著放棄傳播的業務，導致現在的文化部名稱反而顯得名不符實。此外，文化事務若無法獨立自成一部，必須與其他部會的業務相互重疊，容易產生灰色地帶，故許多國家的政府乾脆予以合併，以免產生業務競和上的困擾；若不合併，反而造成推動文化事務上的難題；如文化與教育、文化與觀光、文化與體育之關係為何？各國政府面對這些交互關聯的業務功能領域，往往不堪其擾，乾脆予以合併。

二、文化與傳播合併設部者

　　1979 年，法國將文化部改為文化及傳播部，包括許多重要文化機構：國立文化資產學院、國立視聽教育學院、羅浮宮學院、國立音樂城、國家圖書館、龐畢度文化中心、法國戲劇院等，規模逐漸擴大。

法國文化及傳播部具四大功能（陳羚芝譯，2010）：

（一）　法令規範：制定管制政策，如對於文化財流通的禁令、古蹟維護、保護著作財產權、歌曲播放權、限制書籍售價、保障高品質書店等。

（二）　提供服務：中央與地方館藏甚多，提供各種蒐藏、研究、展演、教育與觀光服務等。

（三）　資源分配：由中央政府編列龐大預算，對地方政府、文化協會及機構（包括各地的文化中心）等提供文化推廣活動補助，並且為推廣藝術者提供獎金等，但經常被人批評僅對巴黎及大都市文化機構進行補助，至於鄉村地區則配置較少的經費，故文化資源的分配並不平均。

（四）　帶動文化生活：鼓勵地方政府規劃以地方民眾需求為導向的文化活動；選擇優先辦理事項、提名優秀的藝文工作者名單、組織與推廣文化活動，以創造良好的文化環境。

三、文化與教育合併設部者

文化與教育事務的劃分，頗屬不易。有人認為：兩者根本難以區分，蓋教育的主要內容就是文化內涵；若不整合，教育政策將成為空中樓閣。但也有人認為：文化與教育若合併成部，則業務範圍太大，必須分工。法國文化部的前身是屬於教育部管轄，後來才逐漸獨立成部，就是基於此種理由。

如芬蘭的教育文化部[8]（Ministry of Education and Culture, Finland），主要是負責文化與教育事務的策略發展，目標是營造文化與民眾文化參與的良好環境，研擬文化相關法案與準備各種相關的文化事務預算，其職責概可分為：（1）日間照顧、教育、訓練與研究；（2）藝術、文化運

8　Ministry of Education and Culture, Finland: https://minedu.fi/en/frontpage, 2020/1/5 瀏覽。

動與青年工作；（3）檔案、博物館與公共圖書館；（4）教會及社區事務；（5）學生獎助學金與版權。

芬蘭教育文化部的文化事務單位有如下所述：（1）藝術委員會（Arts council system）：主要是教育文化部的諮詢機構，除了推廣藝術文化外，還負責審核各種藝文補助計畫之分配。（2）博物館管理機關（Museum agencies）：如國家古物委員會（The National Board of Antiquities）、芬蘭國家畫廊（Finnish National Gallery）、影片視聽部門（Film and audiovisual field）、國家視聽研究所（National Audiovisual Institute）等。

優點：文化與教育的整合，無疑地告訴我們：文化事務與教育事務是密不可分的，學校教導的知識內涵幾乎都是屬於文化內涵，兩者的整合可謂名正言順，相得益彰。

缺點：麻煩的是兩種性質看似相近，但重點又是不同的事務，若在同一部內，部長個人的思維方式可能會決定某一業務的消長，重視教育的部長給予教育業務較多的預算，重視文化的部長則給予文化業務較多的預算，如此將很難均衡發展。

另外，亞洲地區文化教育合併設部者，最著名者為日本文部科學省。二次大戰期間，日本以軍事力向全球挑戰，並向亞洲國家進軍；戰敗後，在美國扶持下，日本經濟力崛起，造就「日本第一」的發展奇蹟，但後來它的經濟力面臨美國、中國、韓國的挑戰而逐漸退卻，唯獨保持領先地位的是其文化力。日本的文化表現在各個層面，如建築、藝術、文化、美食、農業、動畫、閱讀等，無不名列前茅。近年來日本的動畫在美國、歐洲、東南亞等地，均有大量的電視台播放或在電影院放映，展現出極高的國際競爭力，乃是繼遊戲產業之外，另一個具有國際輸出能力的文化產業。日本的「神奇寶貝－皮卡丘」在全球造成一股黃色旋風，約有 68 個國家播放其電視動畫，40 個國家上映其動畫電影，全世界動畫電影所得之收入達 1 億 7 千萬美金。

日本將文化產業統稱為「娛樂觀光業」，故電影、音樂、遊戲軟

體、動畫等，從具體的創意產品到無形的創意服務都屬之。過去全球餐廳的首獎都由法國領取，如今則由日本取代，何以故？在全球化時代中，法國餐廳堅持傳統，未能適時吸收其他國家餐飲的精華，一直停留在法式料理中打轉，逐漸失去光環。日本則剛好相反，大量吸收各國精華，如歐美的浪漫氣氛與甜點、中華料理的火候、東南亞國家的色澤等。

日本有許多國際級的文化城市，如古色古香、耐人尋味，擁有 1200 年文化歷史的京都，充滿華麗的貴族皇宮氣息，日本傳統的文學、繪畫、禪、陶、茶道都發源於此，著名小說《源氏物語》即是描寫當時的京都。清水寺、平安神宮、仁和寺成了最道地的布景；秋天是京都的重頭戲，滿山遍野的楓紅映在清朗天空下，彷彿是世紀末的最後綻放；從雅樂到寺廟，從京舞到庭園，京都的色彩豐富又深奧。全球關心全球氣候變遷問題而舉辦全球會議的地點，第一個是北歐的斯德哥爾摩，第二個城市則是京都，並曾簽署著名的「京都議定書」。

日本文部科學省建置複雜，業務幾乎無所不包，將教育、文化、體育與科技都納入一個部會掌理，一般通稱為文部科學省[9]（Ministry of Education, Culture, Sports, Science and Technology）。它是中央省廳之一，統籌國家教育、科學技術、學術、文化以及非殘疾人體育運動的發展和振興。2001 年 1 月 6 日，由原文部省及科學技術廳合併而成。

文部科學省首長稱為文部科學大臣，是內閣成員，由多數黨國會議員擔任。1950 年，成立文化財保護委員會；1966 年，合併藝術課、國語課、宗教課與國際文化課成立文化局。1968 年，將文化財保護委員會納入文化局，成立文化廳，職司宗教、著作權、國語、藝術文化、國際文化交流、文化財保護等。1998 年，有鑒於文化全球化的影響，文部省提出「文化振興基本計畫」。

日本文部科學省中設立日本藝術院，這是為了表彰在藝術上取得卓

9　Ministry of Education, Culture, Sports, Science and Technology: http://www.mext.go.jp/, 2020/1/5 瀏覽。

越成就的藝術家，提供優厚待遇的榮譽性機構（依據日本藝術院令第1條規定設置）。會員名額在120人以內（上開規定第2條），實行會員終身制。該院負責進行日本藝術院獎或恩賜獎的頒獎事務；該院前身為依帝國藝術院官制而設立的帝國藝術院，目前根據文部科學省設置法，屬於文化廳轄下特別機關之一。辦公地點在東京都台東區上野公園內的日本藝術院會館。

四、文化、體育與觀光合併成部者

不少國家將文化、體育與觀光整合為一個部，主要原因是該國重視體育，認為體育是該國重要的文化傳統，例如，韓國成立文化、體育與觀光部（Ministry of Culture, Sports and Tourism）。英國也成立文化、媒體與體育部（Department for Culture, Media & Sport）。

韓國的文化體育觀光部[10]，簡稱文觀部，部長同時也是國務委員，主管文化、藝術、影視、廣告、出版、刊物、體育、觀光等相關事務。轄下的單位包括：運營支援課、企畫調整室、宗務室、文化內容產業室、文化藝術局、觀光產業局、體育局、媒體政策局。

1973 年成立國家文化藝術推動基金會，性質上與我國的國家文化藝術基金會相似，設立目的在於：補助與評鑑各類文化藝術計畫，重點則放在表演藝術、造形藝術、文學創作與出版、推動國際文化交流集人才培育的獎助等。該基金會有當代藝術展覽廳、劇院、表演藝術中心及藝文圖書館，故具相當規模。

其他重要文化機構如：大韓民國藝術院、韓國藝術聯合學校、國立中央博物館、國立中央圖書館、國立兒童青少年圖書館等，至於地方博物館則分別設於下列地方：慶州、光州、全州、扶余、大邱、清州、金海、濟州、春川、晉州、公州國立國語院等。

---

10 Ministry of Culture, Sports and Tourism: http://www.mcst.go.kr/english/index.jsp, 2020/1/5 瀏覽。

　　韓國首爾曾與東京、香港、新加坡譽為亞洲四大國際商業服務中心，區內大型商圈數量和鐵道系統密度等皆位居世界各大型都會區前茅。2008 年，首爾被《福布斯》雜誌列為世界第六大經濟城市，曾成功舉辦1988 年夏季奧林匹克運動會和2002 年世界盃足球賽。2010 年獲選為世界設計之都（World Design Capital），也是一個高度數位化的城市，其數位機會指數（Digital Opportunity Index）排名世界第一。

　　具有悠久建國歷史的英國，本來不認為文化是政府的事情，《國富論》的作者亞當史密斯是英國人，可見小政府的思維是在英國政治史上相當常見，故中央政府的文化事務向來由藝術委員會（The Arts Council）掌管，直至1990 年代，有鑒於創意經濟時代來臨，積極推動文化創意產業，1992 年成立文化資產部（Department of National Heritage）。1997 年結合傳播媒體與體育成立文化、媒體與體育部[11]（The Department for Culture, Media & Sport），職掌體育活動、藝術、文化資產、慈善事業、廣播電影、新聞雜誌、觀光旅遊等。最特殊的是於1994 年成立國家樂透彩券發行處（The National Lottery），撥出四分之一的經費從事藝文活動。

　　該部總共包含43 個文化行政機構與藝術文化館所，分設兩位次長，一位是主管文化與數位經濟，包括網路寬頻建設、資通訊政策、媒體政策、創意產業及文化活動。另一位是主管運動、奧林匹克及殘障運動會、國家樂透彩與觀光活動。

　　將創意與文化視為一項產業來經營的英國，始於1997 年的金融危機，由英國前首相湯尼布萊爾所推動。英國向有「保守紳士」之稱，近十年來，極力推動文創產業，已經成為創意先鋒。目前已創造500 多億英鎊的產值，創造就業人數達200 萬人，成為英國的金牌產業。光是在倫敦800 萬的人口中，有50 萬人是從事創意產業工作，締造出高達210 億英鎊的產值。英國所謂的文創產業是指源自於人類的創造、技能與智

11　The Department for Culture, Media & Sport: www.gov.uk/dcms, 2020/1/5 瀏覽。

慧，透過知識產權的開發，以生產可創造潛在財富與就業機會的活動。依此，英國的文創產業強調創意的重要性，包括：出版、音樂、藝術表演、電影、電視廣播、遊戲軟體、廣告、建築、設計、時裝、藝術品與古董交易、手工藝品等。

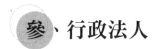 參、行政法人

一、英國經驗

臺灣文化行政部門中偏好採「行政法人」的組織建置，這種組織首創於英國的非部會公共實體（Non-departmental public body, NDPB），乃是期盼祛除公部門的官僚弊病，吸收私企業優點而組成的公私混和組織型態；由於公部門的缺點是過度強調依法行政，導致官僚主義與行政效率不彰；私部門雖然效率甚佳，但卻往往利潤導向、欠缺公共精神；於是在英國數位化、文化、傳媒和體育部（DCMS）管轄下，設立具有執行專業文化事務的非部會公共實體，如大英博物館（British Museum）、大英圖書館（British Library）等共有31的單位[12]，可見這種組織型態在英國政府相當常見，具有下列特徵：（1）主要是負責具有專業性、執行

---

12 其他單位如：(1)Arts Council England; (2)Big Lottery Fund; (3)British Film Institute; (4)British Library; (5)British Museum; (6)Gambling Commission; (7)Geffrye Museum; (8)Heritage Lottery Fund (administered by the NHMF); (9)Historic England; (10)Horniman Public Museum and Public Park Trust; (11)Horserace Betting Levy Board; (12)Imperial War Museum; (13)Information Commissioner's Office; (14)National Gallery; (15)National Heritage Memorial Fund; (16)National Museums Liverpool; (17)National Portrait Gallery; (18)Natural History Museum; (19)Royal Armouries Museum; (20)Royal Museums Greenwich; (21)Science Museum Group; (22)Sir John Soane's Museum; (23)Sport England; (24)Sports Grounds Safety Authority; (25)Tate; (26)UK Anti-Doping; (27)UK Sport; (28)Victoria and Albert Museum; (29)VisitBritain; (30)VisitEngland; (31)Wallace Collection. https://www.gov.uk/government/organisations#departments, Department for Digital, Culture, Media & Sport, 2020/1/5 瀏覽。

性、企業性的文化事務，不具有行政管制權，但須與部會保持適度的距
離，避免被行政干預。（2）必須依法設立，否則可能成為部長難以控制
的怪獸，亦有礙文化行政權的領導統御。（3）設立約聘制的執行長，不
需具備公務員資格，但必須以專業經理人身分向董事會負責。（4）執行
長擁有預算權與人事權的自主權限，以維持其獨立性與自主性。（5）大
部分預算仍是來自於部會的補助，當然亦可以想辦法以其經營手腕籌錢
辦事，如此將可減輕自給自足的財務壓力。

二、加拿大經驗

　　加拿大政府[13]的特殊運作委員會（Special operating agency），其任
務主要是為了增強管理彈性，改善行政績效而設置的特殊執行機構，如
加拿大保護研究所（Canadian Conservation Institute）是聯邦遺產部下的
特殊運作機構，該機構擁有許多對遺產保護、維修與研究專精的專家，
主要任務是提供有關文化遺產保護的研究、資訊與服務。另外一個案
例：加拿大遺產資訊網絡（Canadian Heritage Information Network）是
一個蒐集、管理與分享遺產文物或文件的平台組織，主要職責有二：第
一、為加拿大 1600 多個博物館提供有價值的蒐藏品；第二、為那些想
要接近加拿大遺產的網民提供一個網路介面，該介面約有上百萬件的線
上蒐藏品。

三、日本經驗

　　日本獨立行政法人制度之成立係始於橋本龍太郎內閣，於 1997 年
12 月 3 日依據行政改革會議最終報告書之建議，以「行政機能之減量
及效率化」為目標，提出「行政事業或事務於民營化或委託民間之同
時，有民營化或委託民間困難者，基於政策規劃立案機能與實施機能分

13　Canada Gov: https://www.canada.ca/en/government/dept.html, 2020/1/5 瀏覽。

離觀點，就實施機能部分，靈活運用外局制度及獨立行政法人制度，以使其能自律而有效率之經營」之政策建議，日後就建立獨立行政法人制度（陳錦芬，2008）。

日本獨立行政法人，主要是希望擺脫政府科層體制的拘束，有效地達成政策目標而成立的半官方半私人的混合型組織，具有以下特質：（1）獨立法律人格：該組織具有獨立的法律人格，涉及公權力行使程度較低、專業性程度較高的文化業務組織。（2）強調企業管理手腕：其業務執行有專業化需求，必須注重成本效益和經營績效，故須有企業管理手腕。（3）必須達成特定的公共行政目的：其所執行的公共任務是國家有義務確保其實行的，但其所執行的任務又不適合用民間組織處理，具有相當的公共性。

日本文部科學省文化廳轄下的獨立行政法人甚多，如成立於1877年的國立科學博物館，是專門從事自然、科技歷史的展覽館；該館的三大任務是自然科技歷史的研究、文物典藏、定期或非定期展覽與社會教育等，乃是日本最大的科學館，享有一定的國際聲譽。

國立美術館是1977年成立的獨立行政法人，目前已興建五座，第五座為知名的國立新美術館（The National Art Center, Tokyo）位於日本東京都港區，2007年1月21日開館，地點為東京大學生產研究所的舊址。國立新美術館的樓地板面積是全日本最大，其興建概念是「森林中的美術館」，設立目的為舉辦展覽會、展示收藏作品和推廣美術教育等功能。

國立文化財機構乃是非常重要的獨立行政法人，其任務是：保護日本文化遺產、加強其利用，支持文化遺產基礎設施的維護等；該機構包括四個國家博物館——東京國立博物館、京都國立博物館、奈良國立博物館、九州國立博物館；以及兩個研究機構——東京國立文化財產研究所、奈良國家文化財產研究所；以及亞太地區非物質文化遺產國際研究中心（The International Research Centre for Intangible Cultural Heritage in the Asia-Pacific Region）。

　　日本藝術文化振興會成立於 2002 年 12 月 13 日，於 2003 年 10 月 1
日轉型為獨立行政法人。該會採「一法人多館所」之營運方式，主要任
務為：（1）援助文化藝術活動；（2）傳統藝能之保存與振興；（3）現代
舞臺藝術之振興與推廣。該會下轄國立劇場、國立演藝場、國立能樂
堂、國立文樂劇場、沖繩國立劇場、新國立劇場等，共有理事長、理事
3 人、監事 2 人、職員 323 人。理事長及監事係由日本文部大臣任命，
理事由理事長任命。理事長及理事之任期為 4 年，監事則為 2 年。另該
會設有 20 位專家學者組成的評議員會，評議員係由該會理事長提名，
經文部大臣同意後任命。評議員會作為理事長之諮詢單位，當該會有重
要業務事項進行審議及業務執行之評估時，皆須向該評議會報告（文化
部綜合規劃司出國報告，2017）。

四、臺灣的行政法人

　　2011 年 4 月 27 日公布《行政法人法》，第 2 條：「本法所稱行政法
人，指國家及地方自治團體以外，由中央目的事業主管機關，為執行特
定公共事務，依法律設立之公法人。前項特定公共事務須符合下列規
定：一、具有專業需求或須強化成本效益及經營效能者。二、不適合由
政府機關推動，亦不宜交由民間辦理者。三、所涉公權力行使程度較低
者。行政法人應制定個別組織法律設立之；其目的及業務性質相近，可
歸為同一類型者，得制定該類型之通用性法律設立之。」

　　英國的非部會公共實體（ENDPB）與日本的獨立行政法人制度，
影響臺灣文化行政組織體制之建置甚深，自 2014 年 4 月 2 日起，臺灣
表演藝術發展邁入了全新的里程碑。「國家表演藝術中心」正式掛牌成
立，以「一法人多場館」方式將中心以行政法人的方式予以建置化，轄
下包含臺北、臺中、高雄三個國家級藝文場館——「國家兩廳院」、「臺
中國家歌劇院」、「衛武營國家藝術文化中心」，以及附設團隊「國家交
響樂團」。

2014 年 01 月 29 日公布的《國家表演藝術中心設置條例》，第 1
條：「為辦理國家戲劇院、國家音樂廳、衛武營國家藝術文化中心、臺
中國家歌劇院之經營管理、表演藝術文化與活動之策劃、行銷、推廣及
交流，以提升國家表演藝術水準及國際競爭力，特設國家表演藝術中
心，並制定本條例。」第 2 條：「本中心為行政法人；其監督機關為文
化部。」

「國家表演藝術中心」屬於文化類的行政法人，其設立來自於文化
部的法律授權，每年接受定額的預算補助，但並不意味必須完全聽命文
化部的指揮，而應尊重其專業自主權。這是臺灣走向民主化之後，基於
「文化解嚴、藝術獨立」的殷切盼望，藝文界期盼政府能夠尊重文化的
自主性與藝術專業性，基此，行政法人雖然其法源是來自文化部，但其
執行文化藝術專業時，應該獨立於政府控制之外。

肆、臂距原則

臂距原則（arm's length principle, ALP）來自於企業界，係指交易
雙方的交易是獨立、平等的狀態，任何一方都不受對方控制或影響的正
常交易（arm's-length transaction），這是根據契約法或合同法而設定的
商業公平交易法則。在政府稅務部門則稱為「常規交易原則」，許多企
業集團為了「逃稅」，集團內的各關係企業間進行財貨勞務交易時，經
常進行移轉訂價，左手換右手，以達到避稅目的；為了公平課稅起見，
稅務部門遂採取 OECD 國家發展出來的「常規交易規則」決定課稅基
準。賦稅機關有權檢視企業雙方的交易價格是否在正常與獨立狀態下達
成？若屬不正常的交易價格，則賦稅機關有權調整至合理價格水準作為
課稅的基準。

從文化行政而言，臂距原則係指：雖然文化中介組織的成立係來自
於文化部的法律授權，但兩者並無上下隸屬關係；為了執行文化藝術專

業事項，該文化中介組織應設置專業同儕審議機制，執行文化藝術獎勵、補助的任務，為文化藝術事務的推動與扶植，展開這道法律保障的手臂，同時提供一個藝術自由創作，不受政治與科層體制限制的自由氣氛，讓文化藝術不再受到政治或官僚的干預。以文化類行政法人或公設財團法人而言，實際提供文化表演服務時，應與文化部保持等臂距離的原則；文化部僅能就行政事務予以指導，至於文化藝術專業應尊重該文化中介組織之自主性，包括：如何使用該預算？該邀請何種表演團體？增聘專業藝術管理人才等。

劉育良、劉俊裕[14]（2017）指出：「文化行政上耳熟能詳的『臂距原則』……成為分隔官僚權力與專業機構決策的代名詞；因為體認到藝術創作與表達易受政府干預與國家政治意識型態操弄的危險，將藝術文化資源的補助與分配由藝文專業的同儕評審決策，同時賦予其在人力運用、預算編列、資源與組織營運上更多彈性的空間。」

伍、文化中介

有關文化中介的概念，文化界引用的專家學者不少，實務界更是常見，究竟其真義為何？實有必要予以系統的解釋與分析。

一、Bourdieu（1984）的文化中介

法國社會學者 Bourdieu（1984）在《區異》（*Distinction*）一書中，首先提出文化中介（cultural intermediaries）的概念，意指文化財貨勞務的工作者，如廣播、電視與電影工作者，他們透過文化產品的創作、生產或流通，將其所建構的價值與理念置入於文化創作過程中，以形塑

---

14 劉育良、劉俊裕，〈中介組織翻轉文化治理。文化部，您真的準備好了嗎？〉。國立臺灣藝術大學臺灣文化政策智庫中心（2017/04/01），http://tttcp.ntua.edu.tw/zh_tw/Reviews/Commentary，2020/1/5 瀏覽。

觀眾的文化品味，得到觀眾的認同與支持，從而使得該文化具有合法性。從這個角度而言，Bourdieu（1984）所稱的文化中介乃是一種「職業」，具有形塑大眾文化的價值、意義與理念的中介作用。依此推論，任何創意的文化職業或機構，都屬於文化中介（Maguire & Mathews, 2012: 552）。換言之，文化中介是藝術消費的協調者，是中產階級的文化專業人員，其工作主要是為從事象徵性財貨勞務生產的機構提供文化藝術的呈現與表示，這些專業人員包括行銷、公關、時尚、裝飾、廣播與電視製作與雜誌記者等。他們比一般高級人士的學歷稍低，但卻有很多的文化與社會資本。總之，Bourdieu（1984）所指出的文化中介者是負面的概念，文化工作者也是為有產階級服務的一群人，將西方式價值觀予以包裝，透過藝術文化的創作，影響觀賞大眾的文化品味，由於他們與資本主義資產階級緊密連結在一起，文化藝術的表達乃呈現資本主義價值觀下的民主文化生活，讓大眾文化變得更為膚淺無趣。

Warren & Dinnie（2018）認為在當代市場導向的社會中，文化消費係由位居文化與經濟介面工作，透過財貨勞務的象徵性手法予以加值的社會行動者所控制。換言之，文化中介是品味製作者（taste-makers），作為專業人士的文化中介者透過自主性、專業權威與傳媒設備，充分將個人經驗置入於職業資源中，使某些文化產品合法化；在文化循環中，文化中介者居於文化生產與消費的連接點，重視文化實務，探索有助於維持社會次序的人類互動，聚焦於公共場域中的人類行為，探討如何擁有對他人的影響力，如何維持其社會中的地位。

Maguire & Matthews（2012）認為：文化中介的研究可以分成兩個角度：一是文化中介者作為新中產階級的範例，涉及文化生產與消費之間的妥協，另一是文化中介作為市場行動者，涉及財貨勞務的交易，經濟與文化之間的妥協。因此，後來許多學者更指出：其實不只是廣播、電視與電影工作者是文化中介者；在當地社會中，媒體扮演重要角色，依靠媒體生存的品牌塑造更是當代文化中介的典型代表。Bookman（2016）指出：在文化經濟中，品牌（brands）是非常重要

的文化中介，它連結了文化產品與經濟行為之間的關係，品牌讓文化產品與商業經營相互融合；在後現代社會中，品牌意味著經濟文化化（culturalization of economy）、日常生活美學化（aestheticization of daily life）；品牌採取象徵途徑（symbolic approach），品牌乃是象徵性的工具，可以將理念、意義或價值，透過符號創作、視覺化、演繹關聯等手法，傳達給文化市場的觀眾；依此，品牌是象徵性文化，達成文化生產者與消費者之間的有效平台。Moor（2008）指出：品牌顧問在品牌製作過程中扮演關鍵角色，對於題材的選擇、符碼轉譯、拍攝手法、市場行銷等都有一定的影響力。更有學者進一步指出：即便是品牌公司的技術員工，其對於品牌拍攝環境與設備的安排也有一定的影響力。

　　文化中介的案例層出不窮，1935 年，德國女導演萊尼‧里芬斯塔爾拍攝的知名的《意志的勝利[15]》，記述 1934 年納粹黨在紐倫堡召開的全國黨代會，共有逾 700,000 名納粹支持者出席。希特勒委託萊尼‧里芬斯塔爾製作了這部影片，元首的名字亦在片頭出現，其在製作過程中充分發揮執行製片人的角色。在這部紀錄片中，導演享受到了舉世無人能及的特權待遇，拍攝了著名的政治宣傳影片。她在影片中使用的技法，例如移動攝影、使用長焦鏡頭製造扭曲視角、航拍以及音樂和影片的結合技巧，使這部影片在電影歷史上具有獨特地位。但後來引起很大爭議，因為她表現的是對於納粹主義的擁護，刻意神化希特勒成為國家偉大領袖，這樣成為政治人物的美麗化妝師，嚴格來說，應該不屬於正向價值的文化中介概念。

二、文化中介組織

　　文化中介組織（intermediary cultural organization）乃是臺灣藝文界的用語，主要係指行政法人與公設財團法人而言。

---

15 意志的勝利，請參閱：https://zh.wikipedia.org/wiki/%E6%84%8F%E5%BF%97%E7%9A%84%E5%8B%9D%E5%88%A9，2020/1/5 瀏覽。

2017 年全國文化會議[16] 指出：「在向來拒絕政府過度干預的藝文領域，文化中介組織扮演著重要的角色。它獨立於政府，但又是橋接各利害關係人的中介者。此一構想來自英國臂距原則（principle of arm's length），成為與主管部會間具有功能上區隔及支持體系。藝文中介組織之目的在於建構藝術自由的支持體系，推動藝術發展政策的轉型，從過去以獎補助為主，未來以催生藝術發展的生態系為主，一般性、專業性獎補助業務則過渡到中介組織（如國藝會）辦理。」依上開會議結論，有下列要點：第一、文化中介組織係來自英國臂距原則的應用，乃是「文化自主、藝術自由」的延伸。第二、文化中介組織將在文化資源的分配上扮演重要角色，不再由文化行政機關分配。

劉育良、劉俊裕（2017）[17] 亦指出：「『文化中介組織』對大眾而言是稍顯陌生的字眼，乃是一個較為統稱的詞彙。在臺灣的法律背景下，現存的文化中介組織型態包括屬公法管轄之『行政法人』如『國家表演藝術中心』、甫成立的『高雄市專業文化機構』，以及如『公共電視文化事業基金會』、『國家文化藝術基金會』、『國家電影中心』和各地縣市文化基金會在內之『公設財團法人』，由中央或地方政府出資捐助，並接受政府補助或委辦業務。」總之，文化中介組織之類別，包括：文化行政法人、公設專業文化機構、公設財團法人等。

三、表演藝術文化中介平台

這是指讓藝術表演者能夠自由創作的表演舞台，乃是一個任務性、季節性、民間媒合表演團體、表演場所觀眾的獨立平台，該平台強調中立、自由、開放，其運作很長歷史，故能得到藝術文化界的認同，如世

---

16 2017 年全國文化會議：https://nccwp.moc.gov.tw/issue_1_1，2020/1/5 瀏覽。

17 劉育良、劉俊裕，〈中介組織翻轉文化治理。文化部，您真的準備好了嗎？〉。國立臺灣藝術大學臺灣文化政策智庫中心（2017/04/01），http://tttcp.ntua.edu.tw/zh_tw/Reviews/Commentary，2020/1/5 瀏覽。

界最知名的愛丁堡藝穗節[18]（Edinburgh Festival Fringe）之所以能夠傲視世界表演藝術舞台，最引以為傲的就是其所建構的自由、獨立且無審查制度的表演藝術中介平台。

　　愛丁堡藝穗節於每年八月在蘇格蘭首府愛丁堡舉辦，乃是世界規模最大的藝術節，和該市政府所舉辦的「愛丁堡國際藝術節」在同一時期舉辦。藝穗節的出現乃是基於國際藝術節的官方作風造成的，這個由政府斥資舉辦的大型國際藝術活動擁有嚴格的藝術審查制度，且獨厚於大型、正統的表演藝術團體參與表演，其他則被排斥在外，加上表演藝術空間的租用都有層層法律與經費限制，導致一群藝術愛好者乃於國際藝術節的正式殿堂之外，靠著文化愛好者及工作者的熱心捐助，到處尋找表演場地，堅持藝穗節目表演並無任何審查制度，只要能找到場地，任何人都可進行暢快的演出，也因此使得節目領域十分多元豐富，常有大膽創新的作品出現，甚至愛丁堡國際藝穗節往往成為許多文化工作者首次演出舞台的首選。愛丁堡國際藝穗節開始於1947年，當時只有5個演出場地，至2015年已經有313個演出場地，表演人數達27,918人。2017年，在300個場館，共有3,398表演團體的演出，表演場次多達53,232場次，可見其規模之龐大。

　　在國際藝穗節官網上，最明顯的標題是：「世界最大的創意自由平台」（The world's greatest platform for creative freedom），它是地球上單一最大的藝術文化節慶。每年八月於蘇格蘭首府愛丁堡舉行，來自世界各地充滿創意能量的表演者都前來參與盛會。數以千計的表演者，從知名度甚高的表演者到剛出道的藝術家，都痛快淋漓的從事各式各樣的表演，如戲劇、默劇、舞蹈、馬戲團、兒童節目、音樂劇、音樂、脫口秀、展覽和藝術活動等。

　　為了讓此藝穗節活動能夠永續發展，特別成立愛丁堡藝穗節協會（The Edinburgh Festival Fringe Society），它是一非營利文化組織，積極

18　Edinburgh Festival Fringe: https://www.edfringe.com/, 2020/1/5 瀏覽。

與長期支持者、捐助者以及愛丁堡天使之友會（the Friends of the Fringe and Fringe Angels）保持密切合作關係，推動文化藝術活動，因此具有相當的影響力。

自我評量

一、試解釋「文化權集中制」與「分散制」的意義與區別，並各舉出一個國家的文化部會案例。

二、從世界主要國家的文化業務專屬性而言，有文化業務單獨設部者，也有文化與體育、觀光或其他合併設部者，試就所知，各舉一個國家的文化行政組織，加以申述。

三、從文化權集中程度而言，我國的文化部屬於何種制度？試說明之。

四、何謂臂距原則？此種原則之應用情況與相關問題為何？請評述之。

五、何謂行政法人？試就英國、日本文化業務之建置情形加以討論。

六、何謂行政法人？我國的文化行政法人有哪些？試說明之。

七、法國社會學者家布迪厄（Pierre Bourdieu）曾提出文化中介的概念，其意義為何？

八、目前我國所謂的文化中介組織，主要是指何種機構？請討論其與文化部之關係。

九、請解釋表演藝術的文化中介平台？並舉例以明之。

十、請解釋下列名詞：

arm's length principle

cultural intermediary

Non-departmental public body

歷屆考題

1. 在文化行政治理模式中，請分析集權式、分權式、臂距原則式（arm's length principle）三者之優缺點？（107 年公務人員高等考試一級暨二級考試）

2. 就文化部的組織架構而言，有些國家將文化、體育、觀光合而為一，稱為「文化體育觀光部」；我國則採單一方式，僅設置「文化部」，體育、觀光隸屬其他部會。兩者各有優缺點，請申論之。（106 年公務人員普通考試）

3. 法國有所謂「四十四個文化部」的說法，請問意何所指？對我國的文化制度與政策有何啟示意義？（105 年公務人員普通考試）

4. 1965 年美國聯邦政府設置國家藝術基金會（The National Endowment for the Arts, NEA）以獎助及補助型式，推展全美文化藝術活動。1996 年我國國家文化藝術基金會成立後，也扮演了類似 NEA 的角色。請試著比較我國國家文化藝術基金會與 NEA 的制度設計、成立背景、發展成效之間的異同。（104 年公務人員高考二級考試）

5. 國內的中央文化行政事務分散在那些部會？美國與法國的制度為何？此制度與美國、法國相比有何優缺點？（97 年特種考試地方政府公務人員三等考試）

6. 法國有文化部（Ministère de la Culture et de la Communication），美國有國家藝術基金會（NEA），而我國則兩者皆有（行政院文化建設委員會與國家文化藝術基金會）。依你／妳之見：行政院文化建設委員會與國家文化藝術基金會應如何分工及合作？（96 年特種考試地方政府公務人員考試）

4
臺灣文化行政組織體系

壹、文化行政組織類型（一）：行政機關

貳、文化行政組織類型（二）：文化機構

參、文化行政組織類型（三）：行政法人

肆、文化行政組織類型（四）：公設財團法人

本章導讀

　　本章分析臺灣文化行政組織的四種型態：文化行政機關、文化機構、行政法人與公設財團法人。

概說

　　從中央與地方權限的劃分而言，根據中華民國憲法第十章有關中央與地方權限劃分的規定，我國係採「均權制」，中央與地方行政組織的權力保持平衡，既不偏於中央政府，也不偏於地方政府的「折衷制」；其特點是：根據公共事務的性質進行合理的劃分，凡適合中央管轄的事務劃歸中央政府管轄，凡適合地方管轄的事務劃歸地方政府管轄，以維持中央和地方政府之間的協調合作關係。

　　根據憲法中有關中央與地方權限的相關條文，我國的文化行政組織有下列特徵：

一、**有關中央專屬權之事項**：此指由中央立法並執行之事項，係屬於國家事務，而非地方自治事項，完全屬於中央政府的權限，憲法107條規定，如外交、國防與軍事、司法制度等。

二、**中央立法與地方執行權之事項**：此係指由中央立法並執行之或交由省、縣執行之事項，第108條：「左列事項，由中央立法並執行之，或交由省縣執行之：……二十、有關文化之古籍、古物及古蹟之保存。」

三、**文化權集中制**：基上，文化行政的權限，大體上屬於中央政府的自治事項，其執行方式有兩種：一是中央立法並執行之，二是中央立法，交由省縣執行之，由此可知，我國的文化行政權係屬於「中央集權制」，地方政府具有文化執行權的前提是：需有中央政府的法律授權；由於文化業務太多，中央得以委任、委託、委辦事項方式交由省縣執行之；由於省級已經虛級化，名存實亡，文化行政業務可部分交給縣市政府辦理。

　　我國的文化行政組織體系如圖4，包含：（1）文化行政機關：這是具有公權力的行政機關，有權力充分介入文化事務，故足以主導文化政策的發展。如文化部、各直轄市、縣市政府的文化局等。（2）文化機

構：這是具有公信力的文化專業機構，專門從事專業性、公益性與特殊
性的文化藝術業務，如國立歷史博物館、國立臺灣美術館、國立臺灣
文學館、國立臺灣交響樂團等14 個機構。（3）文化行政法人：這是兼
具「文化機構」與「財團法人」雙種性質的混和型組織，如國家表演藝
術中心、文化內容策進院。（4）公設財團法人：屬於民間性質但經費來
自政府的公益文化組織，由於來自政府捐助，故其作風必須維持一定的
公正性、專業性與公共性，如國家文化藝術基金會或各縣市政府的文化
基金會。（5）民間藝文團體：這完全是民間性質的藝文團體，型態相當
多元，如各種私立基金會、民間藝文團體、社區發展協會、地方文化組
織、公益文化團體等，本章就不加以討論。

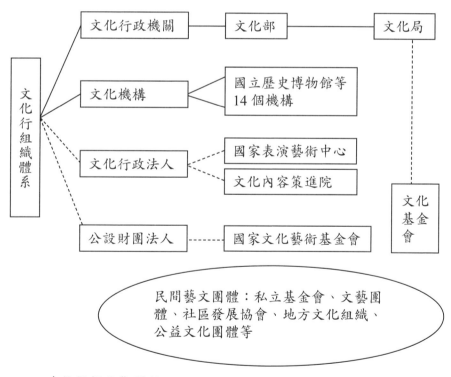

─── 直接指揮統御關係

------- 間接政策指導關係

▲圖4　臺灣文化行政組織體系

壹、文化行政組織類型（一）：行政機關

一、意義

　　將文化行政的作用權交給一個具有公權力的政府機關，可以充分介入文化事務，主導文化政策的發展。如文化部、臺北市政府或新竹縣政府文化局等。《中央行政機關組織基準法》第2條：「一、機關：就法定事務，有決定並表示國家意思於外部，而依組織法律或命令設立，行使公權力之組織。」《行政程序法》第2條：「本法所稱行政機關，係指代表國家、地方自治團體或其他行政主體表示意思，從事公共事務，具有單獨法定地位之組織。」

　　行政機關具有法定地位，具公權力，對於各地方政府文化行政機關具有相當的領導統御權，如有關《文化資產保存法》的執行事項；當然有權編列公務預算，推動文化事務，該預算須經立法院或地方議會三讀通過，故須嚴謹編列、依法執行並接受民意機關與全民之監督。正因為是公務預算，故其執行希依法令規定辦理，預算執行必須遵照政府採購相關規定辦理，如此一來就顯得沒有彈性，過於僵化，此與文化人的性格自然有別。爰此，許多文化法規乃訂定文化事務委外的規定，但少數表演藝術團體經常無法諒解文化行政關的報銷程序太過繁瑣，未能尊重文化藝術的自主性，以及文化人與藝術家的獨立人格，實因行政機關必須依法行政，不因文化價值的自主性而免受行政干預。

　　文化部為執行文化事務必須設置各種內部單位，依《中央行政機關組織基準法》第2條：「四、單位：基於組織之業務分工，於機關內部設立之組織。」第23條：「機關內部單位分類如下：一、業務單位：係指執行本機關職掌事項之單位。二、輔助單位：係指辦理秘書、總務、人事、主計、研考、資訊、法制、政風、公關等支援服務事項之單位。」依此，以文化部而言，包括（1）業務單位：如文化資源司、文創發展司、藝術發展司等。（2）輔助單位：主計處、人事處等。

二、成立沿革

　　文化部前身為 1981 年 11 月 11 日成立的文化建設委員會，任務在於統籌規劃國家文化建設施政，在全國性和地方性的文化發展工作上，扮演政策規劃與推動者的角色。

　　隨著 21 世紀亞洲華人世界的崛起，臺灣面對全球化的競爭、數位化的衝擊、產業化的壓力、亞洲區域文化板塊勢力的移動，以及中國大陸的挑戰，臺灣所具備的獨特性與環境優勢，勢必透過更具計畫性及長遠發展性的策略運用，方可在這一波的激烈競爭中，取得更有利的位置。

　　配合中央政府組織改造的啟動，2012 年 5 月 20 日文建會改制為文化部，任務在於解決文化業務長久以來面臨人力及資源的困境，將政府組織中原本分散的文化事務予以整合；更重要的是營造優質的文化生活環境，激發保存文化資產意識，提升國民人文素養，讓所有國民，不分族群、不分階級，都成為臺灣文化的創造者與享用者，展現臺灣的文化國力。

　　文化部目標在於突破以往偏狹的文化建設施政概念，打破傳統以個別業務或載體設置司處的作法，以彈性、跨界、資源整合及合作之角度進行規劃。從生活美學、在地文化形塑、文化傳播、文化產業加值等面向，厚植文化創意活力，協助民間社會與產業邁向更多元且具深度的文化發展。

　　為達成上述核心任務，文化部的業務範疇甚廣，除涵蓋原文建會之文化資產、文學、社區營造、文化設施、表演藝術、視覺藝術、文化創意產業、文化交流業務外，並納入行政院新聞局出版產業、流行音樂產業、電影產業、廣播電視事業等相關業務，以及教育部轄下 5 個文化類館所，包括國立歷史博物館、國立國父紀念館、國立中正紀念堂管理處、國立臺灣史前文化博物館、國立中正文化中心。另為展現臺灣豐富多元文化的內涵，2017 年 9 月 15 日納入蒙藏委員會有關蒙藏文化保存

傳揚相關業務[1]。

三、文化部組織職掌

（一）文化部掌理事項

2011 年 6 月 29 日公布的《文化部組織法》第 2 條：文化部掌理有下列事項：

1. 文化政策與相關法規之研擬、規劃及推動。
2. 文化設施與機構之興辦、督導、管理、輔導、獎勵及推動。
3. 文化資產、博物館、社區營造之規劃、輔導、獎勵及推動。
4. 文化創意產業之規劃、輔導、獎勵及推動。
5. 電影、廣播、電視、流行音樂等產業之規劃、輔導、獎勵及推動。
6. 文學、多元文化、出版產業、政府出版品之規劃、輔導、獎勵及推動。
7. 視覺藝術、公共藝術、表演藝術、生活美學之規劃、輔導、獎勵及推動。
8. 國際及兩岸文化交流事務之規劃、輔導、獎勵及推動。
9. 文化人才培育之規劃、輔導、獎勵及推動。
10. 其他有關文化事項。

（二）次級機關

《文化部組織法》第 5 條：本部之次級機關及其業務如下：

1. 文化資產局：辦理文化資產之保存、維護、活用、教育、推廣、研究及獎助事項。

1　文化部／關於本部／成立沿革：https://www.moc.gov.tw/content_246.html，2020/1/5 瀏覽。

2. 影視及流行音樂產業局：執行電影、廣播、電視及流行音樂產業之輔導、獎勵及管理事項。

（三）業務單位

文化部部內設置下列業務單位：

1. 綜合規劃司分四科辦事，其掌理事項如下：
   （1）本部施政方針、重要措施與政策之研擬、協調及規劃。
   （2）國內外重大文化趨勢、政策、措施與議題之蒐集、評析及研議。
   （3）本部中長程計畫、年度施政計畫、先期作業與重要會議決議事項之追蹤、管制、考核及評估。
   （4）本部綜合性法規之研擬及訂修。
   （5）本部綜合性業務資料之蒐集、彙整、建置、出版及推動。
   （6）文化法人與公益信託之設立及督導。
   （7）民間資源整合與跨領域人力發展之規劃、審議、協調、獎勵及推動。
   （8）文化志工與替代役之培訓、管理、輔導及獎勵。
   （9）本部公共關係及新聞媒體聯絡業務。
   （10）其他有關綜合規劃事項。

2. 文化資源司分四科辦事，其掌理事項如下：
   （1）文化資產、文化設施、博物館、社區營造政策與法規之規劃、研擬及推動。
   （2）文化資產、文化設施、博物館、社區營造之人才培育規劃與業務資料之蒐集及出版。
   （3）文化資產應用與展演設施產業相關事項之規劃、研議及推動。
   （4）文化設施興建、整建及相關營運管理計畫之規劃、審議、

　　　　輔導、考核及獎勵。

（5）　博物館之設立、輔導、評鑑、督導及交流。

（6）　社區營造計畫之審議、協調、輔導、考核及獎勵。

（7）　其他有關文化資源事項。

3. 文創發展司分四科辦事，其掌理事項如下：

（1）　文化創意產業政策之規劃、業務整合、協調及督導。

（2）　文化創意產業相關法規之研擬及訂修。

（3）　文化創意產業之人才培育及交流合作。

（4）　文化創意產業調查指標與資料之研擬、建置及出版。

（5）　文化創意產業獎補助、融資、投資等財務融通機制之規劃
　　　　及推動。

（6）　文化創意產業園區與產業聚落之規劃、審議、輔導、考核
　　　　及獎勵。

（7）　文化創意產業與科技應用之研擬及推動。

（8）　文化創意產業跨界加值計畫之研擬及推動。

（9）　時尚、文化科技結合等計畫之研擬及推動。

（10）財團法人文化創意產業發展研究院之監督及輔導。

（11）其他有關文化創意產業發展事項。

4. 影視及流行音樂發展司分四科辦事，其掌理事項如下：

（1）　電影產業政策之規劃及推動。

（2）　電影產業法規之研擬及訂修。

（3）　廣播、電視產業政策之規劃及推動。

（4）　廣播、電視產業法規之研擬及訂修。

（5）　流行音樂產業政策之規劃及推動。

（6）　流行音樂產業法規之研擬及訂修。

（7）　電影、廣播、電視及流行音樂類財團法人之監督及輔導。

（8）　其他有關電影、廣播、電視及流行音樂發展事項。

5. 人文及出版司分四科辦事，其掌理事項如下：

（1）人文素養之培育、規劃、協調、輔導及推動。

（2）文學創作之人才培育及交流。

（3）多元文化保存、融合與發展政策之研擬、規劃、宣導、獎勵及推動。

（4）出版產業政策及法規之規劃、研擬、輔導、獎勵及推動。

（5）出版產業交流合作及人才培育。

（6）出版產業業務資料、指標之研擬、蒐集、規劃及出版。

（7）出版產業類財團法人之監督及輔導。

（8）政府出版品政策與法規之規劃、研擬、輔導、獎勵及出版資源之調查、研究發展、資訊公開。

（9）公有文化創意資產之圖書、史料等之利用、管理與政府出版品之推廣、銷售、寄存及交流。

（10）其他有關人文及出版事項。

6. 藝術發展司分四科辦事，其掌理事項如下：

（1）視覺藝術、公共藝術、表演藝術政策之規劃、協調及推動。

（2）視覺藝術、公共藝術、表演藝術相關法規之研擬及訂修。

（3）視覺藝術、公共藝術、表演藝術人才培育之規劃、輔導、獎勵及推動。

（4）視覺與表演藝術團體、個人之獎補助機制之規劃及推動。

（5）視覺與表演藝術活動之規劃、輔導、獎勵及推動。

（6）視覺藝術、音樂及表演藝術產業之規劃、輔導、獎勵及推動。

（7）視覺與表演藝術業務資料、指標之研擬、蒐集、規劃及出版。

（8）跨界展演藝術規劃、輔導、獎勵及推動。

（9）　傳統藝術政策之規劃、協調及推動。

（10）其他有關藝術發展事項。

7. 文化交流司分五科辦事，其掌理事項如下：

（1）　國際及兩岸文化藝術交流、合作業務之規劃及推動。

（2）　國際及兩岸文化藝術交流相關法規之研擬及訂修。

（3）　國際及兩岸文化藝術交流之獎勵及輔導。

（4）　國際及兩岸文化藝術交流業務資料、指標之研擬、蒐集、規劃及出版。

（5）　其他有關文化交流事項。

8. 蒙藏文化中心分三科辦事，其掌理事項如下：

（1）　蒙藏文化事務相關法規之研擬及訂修。

（2）　蒙藏族聚居地區交流合作。

（3）　蒙藏人才培育。

（4）　蒙藏文化保存傳揚與發展政策之研擬、規劃、宣導、獎勵及推動。

（5）　蒙藏文物展覽與圖書史料之典藏維護。

（6）　蒙藏文化類財團法人之監督及輔導。

（7）　其他有關蒙藏文化事務事項。

據報載，為了強化文化的職能，上述各業務單位將整合，擬將文資局升格為文資署，各地方設置分署辦公室；新增「博物館司」；亦擬將影視局、影視司、人文及出版司部分業務整併為「文化產業署」，亦將「文創司」的部分業務移交文化內容策進院。

貳、文化行政組織類型（二）：文化機構

《中央行政機關組織基準法》第 2 條：「三、機構：機關依組織法規將其部分權限及職掌劃出，以達成其設立目的之組織。」機關與機構的差別在於前者擁有公權力訂定主導文化政策的權限，如依規定對於文創業者進行租稅優惠的優待，但機構沒有這種權限，它是文化部基於業務的公益性、專業性與公共性而必須設置有專責文化機構予以處理，由於它是公家機關，故具備相當公信力。

在文化部管轄下，有下列 14 個文化機構：

一、國立傳統藝術中心

掌理事項如下：

（一）傳統藝術之研究、展演、推廣、獎助、典藏及創新發展。
（二）傳統藝術文獻圖書視聽資料、資訊之採編、出版及管理。
（三）傳統藝術數位加值運用及教育推廣。
（四）傳統藝術之人才培育。
（五）傳統藝術之國際及兩岸交流。
（六）臺灣音樂之調查、採編、保存、研究、交流及推廣。
（七）傳統藝術園區與派出單位場館營運發展管理及督導。
（八）其他有關傳統藝術事項。

二、國立國父紀念館

掌理事項如下：

（一）國父紀念文物史料之蒐集、研究、展覽、典藏、維護及管理。
（二）國父事蹟、思想之推廣及合作交流。
（三）藝術文化之研究、交流、展示及出版。

（四）藝文教育、終身學習活動等推廣服務。

（五）文化創意商品開發運用及推廣服務。

（六）劇場活動之規劃辦理及管理事項。

（七）本館建築、機電等公共設施之規劃、維護及管理。

（八）其他有關國父紀念及藝文推廣事項。

三、國立中正紀念堂管理處

掌理事項如下：

（一）先總統蔣公紀念文物史料之蒐集、展覽、典藏、維護及管理。

（二）先總統蔣公史蹟之研究、推廣及國際合作交流。

（三）藝文之研究、交流及出版。

（四）藝文作品之蒐集、展示、典藏、維護及管理。

（五）藝文教育、文化創意產品開發、運用及推廣。

（六）本處各項公共設施之規劃、維護及管理。

（七）其他有關先總統蔣公紀念及藝文推廣事項。

四、國立歷史博物館

掌理事項如下：

（一）歷史文物與美術品之蒐集、考訂、學術研究及出版。

（二）歷史文物與美術品之展示規劃及實施。

（三）歷史文物與美術品之典藏、建檔、維護及修護。

（四）歷史文物與美術品之教育推廣、國內外交流之規劃及實施。

（五）歷史文物與美術品之文化創意加值運用、推廣行銷及企劃
　　　合作。

（六）其他有關歷史文物及美術品事項。

五、國立臺灣美術館

掌理事項如下：

（一）美術史、美術理論與美術技法之研究及發展。

（二）美術作品展覽、國際美術作品交流及展示服務管理。

（三）美術作品之徵集蒐藏、考據鑑定、分類登記、整理、保存及修護。

（四）美術教育之推廣與規劃、美育推廣專輯及書刊之編印。

（五）美術圖書資料之蒐集、整理、保存、利用及服務等相關業務。

（六）結合美術資源並推展生活美學。

（七）所屬生活美學機構之督導、協調及推動。

（八）其他有關美術業務推動事項。

六、國立臺灣工藝研究發展中心

掌理事項如下：

（一）工藝文化研究、工藝文物典藏、展覽及競賽活動。

（二）工藝文化美學教育及推廣。

（三）工藝資訊之蒐集、研究、整理、運用及諮詢服務。

（四）工藝文化國際交流。

（五）工藝產業資源調查、整合研究及創新育成。

（六）工藝技術研發應用及試驗、分析。

（七）工藝技術創意設計人才培育。

（八）工藝創意設計及加值應用。

（九）工藝產業扶植培力。

（十）其他有關臺灣工藝事項。

七、國立臺灣博物館

掌理事項如下：

（一）臺灣自然史與文化史之調查、蒐集及研究。

（二）典藏制度規劃、藏品管理維護及保存修護。

（三）展示空間發展、環境監控、展示主題之規劃、設計、執行及管理維護。

（四）教育推廣、行銷與公關、國內外館際交流合作、志工管理及公共服務。

（五）館藏史料、圖書與影音資料管理、數位加值運用及出版。

（六）其他有關臺灣自然史及文化史業務之推動事項。

八、國立臺灣史前文化博物館

掌理事項如下：

（一）臺灣與周邊地區史前文化、原住民與南島語族相關之研究、典藏、遺址現地保存及學術交流合作之推動。

（二）臺灣與周邊地區史前文化、原住民與南島語族相關之展示、教育推廣及出版。

（三）館務規劃、館區興建營運、各項公共設施建設與維護、景觀規劃之統籌及管理。

（四）委外業務監督、公共服務、志工組訓、票務管理及社教、藝文活動之企劃執行。

（五）其他有關臺灣史前文化事項。

九、國家人權博物館

掌理事項如下：

（一）辦理威權統治時期相關人權檔案、史料、文物之典藏、研

究、展示及教育推廣等業務。

（二）白色恐怖綠島紀念園區、白色恐怖景美紀念園區經營管理業務；協助威權統治時期不義遺址之保存及活化。

（三）協助當代人權理念實踐推廣之組織發展及國內外相關博物館交流合作。

（四）其他有關人權歷史、文化教育及人權出版品編纂與發行事項。

十、國立臺灣交響樂團

掌理事項如下：

（一）音樂演奏。

（二）音樂研究發展。

（三）音樂之輔導推廣及人才培育。

（四）音樂資料之蒐集及典藏。

（五）其他有關音樂演奏及推廣事項。

十一、國立臺灣歷史博物館

掌理事項如下：

（一）臺灣歷史與民俗文化有關之學術研究、史料編輯、圖書、資訊及出版。

（二）臺灣歷史與民俗文化相關文物與史料之蒐集、維護、建檔、登錄及管理。

（三）臺灣歷史與民俗文化展示之主題設計、展示製作、規劃及維護管理。

（四）臺灣歷史與民俗文化相關研究成果與知識之教育推廣、導覽解說及志工培訓。

（五）其他有關臺灣歷史及民俗文化事項。

十二、國立臺灣文學館

掌理事項如下：

（一）臺灣文學之研究、譯述、編輯及出版。
（二）臺灣文學史料與作家文物之調查蒐集及典藏。
（三）臺灣文學展示之主題設計、展示製作、規劃及維護管理。
（四）臺灣文學之教育推廣、導覽服務及國內外館際合作。
（五）其他有關臺灣文學業務之推動。

十三、國立新竹、彰化、臺南、臺東生活美學館

掌理事項如下：

（一）生活美學、文化藝術展演、文化創意產業及社區營造等業務
　　　之推廣、調查、研究、編輯及出版。
（二）社會教育之發展、研習及推廣。
（三）前二款業務之人才培育及活動輔導。
（四）其他有關區域生活美學推動事項。

十四、國家鐵道博物館籌備處

掌理事項如下：

（一）國家鐵道博物館籌設之總體規劃。
（二）鐵道技術與文化相關文物、車輛、史料之蒐集、研究、典
　　　藏、保存、維護、展示、教育推廣及交流。
（三）國家鐵道博物館園區之公共服務。
（四）國家鐵道博物館工程之規劃設計與專業設施之採購及監督。
（五）其他有關國家鐵道博物館籌設事項。

參、文化行政組織類型（三）：行政法人

　　根據2011年4月27日公布的《行政法人法》第2條規定，行政法人的要件是：一、具有專業需求或須強化成本效益及經營效能者。二、不適合由政府機關推動，亦不宜交由民間辦理者。三、所涉公權力行使程度較低者。換言之，原本由行政機關附屬機構負責執行的專業性與企業性文化事務，經執行後，被認為不適合再以政府機關繼續運作，因為它必須具有反應市場的能力，而牽涉的文化事務又具公共性的特質，不適合以企業或財團組織為之，遂有兼具公私部門特質的「行政法人」之建置。

　　與公設財團法人（如國藝會）最大的不同是，文化行政法人的資金來源大部分是國家預算補助，但為維持其能夠反應市場動態，不再任用以國家考試選拔的公務員晉用人員，以杜絕凡事依法行政，缺乏創新的官僚心態，讓領導與執行得以展現專業化與企業化，如國家表演藝術中心、文化內容策進院。讀者亦請參閱第3章有關臺灣文化行政法人的建置情況。

一、國家表演藝術中心

（一）成立沿革

　　1987年10月6日，臺北市國家戲劇院、國家音樂廳（俗稱兩廳院）正式完工啟用，教育部成立「國立中正文化中心」管理。

　　2003年，衛武營正式變更為公園用地，並以都會公園、藝術中心與特定商業區三體共構的方式重新開發，藝術中心成為新十大建設的一環。整個園區66.6公頃的土地中，衛武營藝術文化中心涵蓋其中的10公頃，10公頃作為特定商業區，其餘區域則建設為衛武營都會公園。經國際競圖後，由法蘭馨‧侯班（Francine Houben）的設計得到首獎。

　　2004年3月1日，「國立中正文化中心」改制為行政法人，為臺灣

首個行政法人機構。依《國立中正文化中心設置條例》第3條:「本中心之業務範圍如下:一、國家戲劇院、國家音樂廳之營運及管理。二、表演藝術活動之策劃、製作及推廣。三、表演藝術相關影音出版品之出版、發行、表演藝術專業技術及行政人員之培訓。四、票務系統之經營及管理。五、促進國際文化合作及交流。六、其他與表演藝術相關之業務。」依此,該中心的業務範圍幾乎都是與表演藝術有關的事務。

第4條:「本中心之經費來源如下:一、營運之收入。二、政府之補助。三、受託研究及提供服務之收入。四、國內外公私立機構、團體及個人捐贈。五、其他有關收入。前項第二款之政府補助項目,指人事費、節目費、行銷推廣費、建築物與固定設備之重要設施維修及購置費,以及其他特殊維修計畫所需經費。第一項第四款之捐贈,視同捐贈政府。」依此,該中心的經費來源除來自政府補助或機構、團體或個人捐助外,尚須靠自己的專業賺取收入,包括營運收入、受託研究及提供服務之收入,以達到自給自足的目標。

該中心亦設置董事會,置董事十一人至十五人,報請行政院院長聘任之(第6條);置藝術總監一人,由董事長提請董事會通過後聘任之(第15條)。

2005年,行政院推動新十大建設計畫,規劃在北部、中部、南部、東部興建國際演藝中心、流行音樂中心、國際展覽館等文化設施,其中的國際藝術及流行音樂中心規劃在北部,高雄計劃興建衛武營藝術文化中心。行政院並未將臺中古根漢美術館建設案預算編入新十大建設,後更名為「臺中大都會歌劇院」,並改由臺中市政府負責規劃興建;後完成國際競圖,由伊東豐雄設計圖得標。

2006年3月15日,衛武營藝術文化中心籌備處成立。

2009年4月7日,衛武營藝術文化中心正式動工,臺中大都會歌劇院建築工程正式動工,尤其後者之工程難度之高,被媒體譽為媲美「世界九大建築奇蹟」。

2011年1月21日,行政院提出《國家表演藝術中心設置條例》草

案函送立法院審議，初步擬將國立中正文化中心及衛武營藝術文化中心納入管理，監督機關為文化部。

2012 年 2 月 16 日，行政院修正《國家表演藝術中心設置條例》草案函送立法院審議。5 月 22 日，19 位立法委員另提出《衛武營藝術中心設置條例》草案，擬將衛武營藝術文化中心獨立於國家表演藝術中心外。

2013 年 4 月 3 日，立法委員提出《國家表演藝術中心設置條例》草案，主張修文增加「臺中大都會歌劇院」及「其他國家展演廳、院、設施」外，並於設置條例內明列各場館藝術總監職權。12 月 16 日，成立國家表演藝術中心籌備委員會。

（二）國家表演藝術中心行政法人化

2014 年 1 月 29 日，《國家表演藝術中心設置條例》制定公布。3 月 27 日，文化部公布首屆董監事名單，並正式成立首屆董監事會。4 月 2 日，教育部所屬的國立中正文化中心移撥文化部，並更名為「國家兩廳院」；《國家表演藝術中心設置條例》正式施行。4 月 7 日，「國家表演藝術中心」正式成立運作，並召開首次董事會議選出國家兩廳院與衛武營國家藝術文化中心兩場館的藝術總監。5 月 30 日，董事會議選出臺中國家歌劇院藝術總監。

該中心之業務範圍如下：一、國家兩廳院、衛武營國家藝文中心、臺中國家歌劇院之營運管理。二、受委託辦理展演設施之營運管理。三、表演藝術之行銷及推廣。四、表演藝術團隊及活動之策劃。五、國際表演藝術文化之合作及交流。六、其他有關本中心事項（第3條）。

該中心經費來源如下：一、政府之核撥及捐（補）助。二、受託研究及提供服務之收入。三、國內外公私立機構、團體及個人之捐贈。四、營運及產品之收入。五、其他收入（第4條）。

該中心設董事會，置董事十一人至十五人，由監督機關就下列人員遴選提請行政院院長聘任之；解聘時，亦同：一、政府相關機關代表。

二、表演藝術相關之學者、專家。 三、文化教育界人士。 四、民間企業經營、管理專家或社會公正人士。前項第一款之董事三人，第二款至第四款之董事各不得逾四人（第 6 條）。

二、文化內容策進院

2019 年 1 月 9 日公布的《文化內容策進院設置條例》，乃是回應各界要求，仿效韓國文創產業振興院而設置的行政法人，定位為促進文創產業發展與升級的火車頭。

（一） **立法宗旨**：第 1 條：「為提升文化內容之應用及產業化，促進文化創意產業發展，特設文化內容策進院，並制定本條例。」

（二） **職掌範圍**：第 3 條：「本院之業務範圍如下：一、文化內容相關產業之調查、統計及研究發展。二、文化內容相關產業專業人才之培育。三、文化內容開發及產製支持。四、文化科技之開發、技術移轉及加值應用。五、文化內容相關產業之投資及多元資金挹注服務。六、文化內容相關產業市場之拓展及國際合作。七、文化內容相關產業設施之受託營運管理。八、文化內容相關產業之著作權輔導。九、其他與提升文化內容之應用及產業化相關事項。」

（三） **經費來源**：第 4 條：「本院經費來源如下：一、政府之核撥及捐（補）助。二、國內外公私立機構、團體及個人之捐贈。三、受託研究及提供服務之收入。四、營運及產品之收入。五、其他收入。前項第二款之捐贈，視同對政府之捐贈。」

（四） **政策參與**：可分為公民參與與專家參與，前者如第 6 條：「本院應建立公民參與機制，廣納社會各界建言及意見，並回應或說明。」後者如第 7 條：「本院每年應舉行諮詢會

議，邀請文化內容相關學者專家及產業、團體、法人與機構之代表，就本院發展與業務等相關事項，提供諮詢意見；諮詢會議之過程應全程公開。前項參與會議之學者專家或代表，其組成成員應兼顧性別、族群、地域、社會階層及黨派之平衡。」

（五）　**組織編制**：該院設董事會，置董事十一人至十五人（第8條）；監事會，置監事三人至五人（第9條）；董事、監事任期為三年，期滿得續聘一次。但續聘人數不得逾總人數二分之一（第10條）。

另外，該院置院長一人，由董事長提請董事會通過後聘任之；解聘時，亦同。院長受董事會之指揮、監督，執行本院業務，並應列席董事會會議（第20條）。

肆、文化行政組織類型（四）：公設財團法人

公立財團法人，指由國家或其他公法團體為達成特定公共目的，捐助一筆錢財而設立之財團法人，其成立要件是：一、由國家機關或公法團體捐資成立的民間組織，蓋國家機關或公法團體的行政作用凡事必須依法行政，如《政府採購法》、《行政程序法》等。二、由政府全額或絕大部分捐贈成立；三、組織成立的主體是財務，故須成立董事會加以管理。

依現行民法架構，雖然它乃是政府運用公款而捐助成立的財團法人，甚至有設置條例作為其依據，但其性質仍為「私法人」，乃是學術界所稱的非營利組織（Non Profit Organizations），屬於私法人地位，故文化行政主管機關並沒有權力進行政策干預，可保持相當的獨立性與自主性，最能實現臂距原則者莫過於此類組織型態。

一、國家藝術文化基金會

　　國家文化藝術基金會是文化界非常重要的公立財團法人，其對於各種藝文團體的獎補助，具有相當的歷史，累積相當的公信力。根據1994年10月17日公布、2017年12月13日修正的《國家文化藝術基金會設置條例》，具有下列特點：

（一）　**經費來源**：第4條：「本基金會之基金以新台幣壹佰億元為目標，其來源依文化藝術獎助條例第24條規定，除鼓勵民間捐助外，並由主管機關編列預算捐助，在十年內收足全部之基金。創立基金新台幣貳拾億元，由主管機關編列預算捐助之。」第5條：「本基金會之經費來源如下：一、政府編列預算之捐贈。二、基金之孳息收入。三、國內外公私機構、團體或個人之捐贈。四、其他收入。」

（二）　**業務範圍**：第6條：「本基金會之業務範圍如下：一、輔導辦理文化藝術活動。二、贊助各項文化藝術事業。三、獎助文化藝術工作者。四、執行文化藝術獎助條例所定之任務。」

（三）　**組織編制**：該基金會設董事會，置董事二十一人，其中一人為董事長，由董事互選之；董事會每三個月開會一次，必要時得召開臨時會議。

　　設監事會，置監事三人至五人，其中一人為常務監事，由監事互選之。董事、監事之聘期為三年，期滿得續聘一次。但續聘人數不得超過各該總人數二分之一（第7條與第8條）。置執行長一人、副執行長一人或二人，由董事長提請董事會通過後聘請之，聘期均為三年，期滿得續聘之。執行長受董事會之監督，綜理會務；副執行長輔佐執行長，襄理會務（第13條）。

二、臺北市文化基金會

財團法人臺北市文化基金會[2] 成立於 1985 年 6 月，為政府捐助設立的非營利機構。自 2007 年 8 月底，改組轉型納入臺北市政府運作後，以推動臺北的城市藝文發展為使命。該會受臺北市政府文化局之委託，經營管理藝文館所包括：松山文創園區、西門紅樓、臺北市電影主題公園、剝皮寮歷史街區、臺北當代藝術館、臺北國際藝術村及寶藏巖國際藝術村、新北投車站、臺北偶戲館、臺北表演藝術中心，並策辦臺北藝術節、臺北兒童藝術節、臺北藝穗節、臺北電影節，及設置臺北市電影委員會、臺北市影視音實驗教育機構。

該會肩負以下七大任務：（1）大型藝術文化活動之策劃與執行：臺北電影節、臺北藝術節、臺北兒童藝術節、臺北藝穗節等大型活動。（2）藝文館所之營運管理：包括臺北國際藝術村、寶藏巖國際藝術村、松山文創園區、臺北當代藝術館、臺北偶戲館、西門紅樓及臺北市電影主題公園、剝皮寮歷史街區、臺北表演藝術中心、新北投車站。（3）推動文化創意產業及相關活動策劃執行。（4）辦理臺北市電影委員會相關業務，協助影視產業發展。（5）以整合行銷推廣藝術文化活動。（6）國際藝術文化交流。（7）承辦企業或政府其他藝文專案。

茲以《財團法人臺北市文化基金會捐助及組織章程》為例說明地方政府的公設財團法人狀況。

- （一）　**成立宗旨**：第 2 條：「本會以促進文化建設，推展文化藝術活動，促進文化創意產業發展，獎助文化學術事業團體，提高市民文化生活水準，增進市民身心健康，培育文化人才為宗旨。」
- （二）　**職掌範圍**：第 3 條：「本會辦理左列業務：一、推展及辦理文化藝術活動。二、促進文化創意產業發展。三、獎助文化

2　臺北市文化基金會：https://www.tcf.taipei/Content/Content.aspx?id=4403，2020/1/5 瀏覽。

學術事業團體。四、促進國際文化藝術交流。五、文化學術之研究出版。六、文化資產之維護與發揚。七、其他有關文化活動。」

（三）**組織編制**：設董事會，置董事七人至十五人，由下列人員遴聘之：一、中央或地方政府機關（構）有關業務人員。二、國內外對藝術文化富有研究之專家、學者。三、與捐助目的相關之社會公正人士。四、財團法人法第二條第二項所定捐助或捐贈之政府機關（構）、公法人、公營事業或財團法人推薦（派）之人員。五、熱心支持文化建設之企業界代表（第5條）。

（四）**基金管理**：第12條：「本會基金為新台幣伍仟陸佰伍拾參萬肆仟貳佰伍拾伍元整，由捐助人無償捐助之。」第13條：「本會辦理各項業務所需經費，以支用基金孳息及法人成立後所得捐助為原則。非經董事會之決議及主管機關之許可不得處分原有基金、不動產及法人成立後列入基金之捐助。」

自我評量

一、從文化行政權的集中或分散制而言，我國屬於何種型態？

二、試扼要簡述我國的文化行組織體系，包括政府機關與民間組織，其指揮隸屬關係為何？

三、我國文化行政組織型態的中央文化行政機關為何？職掌為何？組織結構為何？組織改造歷程為何？

四、我國文化行政組織型態的中央文化機構有哪些？有何特色？請舉兩例說明其組織職掌？

五、何謂文化行政法人？有何特徵與職掌？試舉一例以明之。

六、請說明文化內容策進院之組織屬性與職掌為何？其成立有何特殊意義？

七、我國中央與地方的公設文化類財團法人有哪些？試各舉一例以明之。

歷屆考題

1. 試述「全國文化會議」成立的目的及 2017 年「全國文化會議」撰寫文化政策白皮書的通過重點，並舉例說明文化行政系統與藝術團體間，目前可能存在的待解決議題並適當分析之。（108 年公務人員高等考試三級考試）

2. 彼得‧杜拉克（Peter Drucker）曾說管絃樂團（Symphony Orchestra）為現代化知識型組織（Knowledge-based Organization）的最佳代表，請闡釋其意涵。（107 年特種考試地方政府公務人員考試）

3. 「行政法人國家表演藝術中心」與其前身「行政法人國立中正文化中心」成立至今，請說明：代表人之產生方式（5 分）業務執掌範圍（10 分）附屬場館與組織之更迭（10 分）（107 年特種考試地方政府公務人員考試）

4. 我國政府已在中央設「文化部」，六都、縣市設「文化局（處）」，如果進而在鄉、鎮、區公所設置「文化課」推動文化相關業務，其整體的優缺點為何，請申論之。（106 年公務人員普通考試）

5. 就文化部的組織架構而言，有些國家將文化、體育、觀光合而為一，稱為「文化體育觀光部」；我國則採單一方式，僅設置「文化部」，體育、觀光隸屬其他部會。兩者各有優缺點，請申論之。（106 年公務人員普通考試）

6. 請論述我國「文化部」、「國家文化藝術基金會」與「中華文化總會」三者，現有的組織定位與任務區隔。（106 年公務、關務人員升官等考試、106 年交通事業鐵路、公路、港務人員升資薦任考試）

7. 基於「臂距原則」（arm's length principle）概念，目前國內正在積極推動各種「文化中介組織」，請以條列方式分析，有關「文化中介組織」從事文化行政工作時，其優點、缺點為何？（106 年公務、關務人員升官等考試、106 年交通事業鐵路、公路、港務人員升資薦任考試）

8. 請論述英國「臂距原則」（the arm's length principle）的產生背景？目的為何？在文化行政上如何執行？對臺灣的文化行政有何助益與侷限？（106 年特種考試地方政府公務人員考試）

9. 請說明文化部「文化科技施政計畫」的目標和內容。（105 年公務人員高等考試三級考試）

10. 今（2016）年 5 月高雄市文化局宣布將推動高雄市立美術館、高雄市電影館、高雄市歷史博物館的「三館行政法人化」，公立博物館行政法人化的議題再度引起討論。請說明你對公立博物館行政法人化的看法。（105 年公務人員高等考試三級考試）

11. 某市議會在 105 年 6 月通過「××市專業文化機構設置自治條例」，同意將該市美術館、史博館和電影圖書館設立為行政法人，請說明此自治條例所依據的中央母法法源暨其立法精神，並闡釋縣市級行政法人的設置目的與其特徵。（105 年公務人員高考二級考試）

12. 請說明文化部設立「國家表演藝術中心」的宗旨和管理主體。（104 年公務人員高考三級考試）

13. 我國文化部之下共有幾個業務司？其主要職掌為何？（104 年公務人員升官等考試、104 年關務人員升官等考試、104 年交通事業公路、港務人員升資考試薦任）

14. 請說明「故宮南院」成立目的和發展現況。（104 年公務人員普通考試）

15. 1965 年美國聯邦政府設置國家藝術基金會（The National Endowment

for the Arts, NEA）以獎助及補助型式，推展全美文化藝術活動。1996 年我國國家文化藝術基金會成立後，也扮演了類似 NEA 的角色。請試著比較我國國家文化藝術基金會與 NEA 的制度設計、成立背景、發展成效之間的異同。（104 年公務人員高考二級考試）

16. 請說明文化部推動《衛武營國家藝術文化中心》的緣起、宗旨和目前發展現況。（104 年公務人員升官等考試、104 年關務人員升官等考試、104 年交通事業公路、港務人員升資考試簡任）

17. 臺灣目前有三座國家級博物館名稱非常接近，分別是國立歷史博物館、國立臺灣博物館和國立臺灣歷史博物館，請比較說明這三座博物館的不同定位和目標。（104 年公務人員升官等考試、104 年關務人員升官等考試、104 年交通事業公路、港務人員升資考試簡任）

18. 何謂泥土化？我國文化部泥土化政策目標及預期效益為何？（104 年公務人員升官等考試、104 年關務人員升官等考試、104 年交通事業公路、港務人員升資考試薦任）

19. 請說明「國家文化藝術基金會」的組織、成立宗旨和工作內容。（104 年公務人員升官等考試、104 年關務人員升官等考試、104 年交通事業公路、港務人員升資考試薦任）

20. 「國家表演藝術中心」是國內第一個以「一法人多館所」概念而成立的行政法人機構，請問該中心目前包含了那些館所？前述這些館所該如何依據行政法人的設置目的進行資源整合以強化營運效能？請申論之。（104 年特種考試地方政府公務人員四等考試）

21. 請論述國立博物館行政法人化在準備階段，政府及博物館應進行那些基本工作及觀念改革？（103 年公務人員高考二級考試）

22. 彼得‧杜拉克（Peter Drucker）曾以西方交響樂團的治理方式談論企業管理模式，而所謂「交響樂團式的管理」近年也成為例如星巴克、紐約時報、美國銀行等機構的管理策略；請敘述這一種管理方式的內涵，並與我國政府文化部門如文化部的治理模式相比較。（103 年公務人員高等考試二級考試）

23. 我國文化部的首要職責在於文化國力的培養與提升，並將文化視為國力。試論我國文化政策的基本目標及施政方向。（102 年特種考試地方政府公務人員四等考試）

24. 請說明文化部施政的四個基本目標和四個驅動方向。（102 年特種考試地方政府公務人員三等考試）

25. 行政院文化建設委員會自民國 70 年成立以來，歷經臺灣省政府組織精簡，最終成文化部，請說明此三階段之組織架構以及其附屬機構的更迭。（102 年公務人員高等考試三級考試）

26. 本（102）年 5 月在立法院審議國家表演藝術中心設置條例草案時，經朝野協商敲定納入臺中「大都會歌劇院」並將更名為「臺中國家歌劇院」，與臺北兩廳院、高雄衛武營國家音樂廳並列。請從政治與藝術產業二面向評析。（102 年公務人員高等考試三級考試）

27. 我國文化部是何時成立的？使命為何？文化部自民國 101 年 6 月起曾召開第一階段共九場次的文化國是論壇，請問其所觸及的文化議題為何？（102 年特種考試地方政府公務人員考試）

28. 請說明文化部施政的四個基本目標和四個驅動方向。（102 年特種考試地方政府公務人員考試）

29. 什麼是「行政法人」？請分析公務機構改制為行政法人的利弊。（102 年特種考試地方政府公務人員考試）

30. 文化政策在臺灣的國家發展中一直扮演相當重要的角色，從過去的「中華文化復興運動」到今天「文化部」和「財團法人國家文化藝術基金會」的成立就是明顯的證據。請論述我們應如何正確看待可大可小的「文化政策」與國家長遠發展的關係？（102 年公務人員升官等考試、102 年關務人員升官等考試、102 年交通事業郵政、港務、公路人員升資考試）

31. 我國文化部的首要職責在於文化國力的培養與提升，並將文化視為國力。試論我國文化政策的基本目標及施政方向。（102 年特種考

試地方政府公務人員考試）

32. 文化部若成立「文創研究院」，如何與產業界、學術界、公部門相聯結，發揮效能？（101 年公務人員高等考試三級考試）

33. 文化部成立「文化資產局」，主要總攬中央的文資保存工作，如果你是文化資產局局長，請問如何將文化資產保存的理念與精神，深入到各村里，建構綿密的文資保存地圖？（101 年公務人員普通考試）

34. 臺灣新成立的「文化部」已包括了過去行政院新聞局所主管的「媒體」部門，因此媒體政策將成為我國文化政策的重要一環，但媒體是一個資本密集的「文化工業」，同時也是意識形態的生產線，它是一個橫跨經濟與政治邏輯的領域。試以最近發生的媒體事件討論文化人主持的文化部如何能面對這個龐然大物的挑戰？（101 年公務人員高等考試一級暨二級考試）

35. 試比較我國中央與地方文化行政體系的結構與職責。（100 年特種考試地方政府公務人員考試）

36. 請以行政院文化建設委員會與財團法人國家文化藝術基金會為例，分析文化行政資源採取「再分配模式」或「自由競爭模式」的異同與關係。（100 年特種考試地方政府公務人員考試）

37. 目前我國對於文化藝術活動的獎勵、補助機關，除了有行政院文化建設委員會（一般簡稱「文建會」）之外，還有財團法人國家文化藝術基金會（一般簡稱「國藝會」）。請問：國藝會是根據什麼法律所成立的基金會？其業務內容如何？其與文建會之間的法律上關係如何？（100 年公務人員升官等考試、100 年關務人員升官等考試）

38. 「行政法人法」已於民國 100 年 4 月 27 日經總統以華總一義字第 10000079421 號令，制定公布全文 42 條。試論此一「行政法人」設置法源，將可能對我國文化藝術的發展產生那些影響？（100 年公務人員高等考試三級考試）

39. 2011 年 6 月 14 日，立法院司法及法制委員會召開「司法及法制、
   教育及文化委員會第 3 次聯席會議」，三讀通過「文化部組織法」
   等相關法律草案，同時無異議通過附帶決議，要求行政院文化建設
   委員會研議辦理「原隸屬於教育部之四所國立藝術大學（國立臺灣
   藝術大學、國立臺北藝術大學、國立臺南藝術大學、國立臺灣戲
   曲學院）改隸屬於文化部」之提案。（節錄自立法院院會公報 100
   卷 49 期 3901 號五冊 1168-1170 頁）請問您對這個附帶決議有何看
   法？並代理文化部負責辦理這項公務的人員，研擬一份簡明的評估
   論述。（100 年公務人員高等考試一級暨二級考試）

40. 請說明臺灣實施「行政法人」的狀況，並請列舉其成效？（97 年
   公務人員特種考試原住民族四等考試）

41. 對於行政院文化建設委員會為因應政府組織再造之改制問題，您支
   持文建會應改制為「文化部」、「文化體育部」、「文化觀光部」，還
   是維持現制？請論述之。（97 年特種考試地方政府公務人員三等考
   試）

42. 臺灣實施「行政法人化」與日本倡導「獨立法人化」，有何異同？
   並闡述其優缺點。（96 年特種考試地方政府公務人員考試）

43. 法國有文化部（Ministère de la Culture et de la Communication），美
   國有國家藝術基金會（NEA），而我國則兩者皆有（行政院文化建
   設委員會與國家文化藝術基金會）。依你／妳之見：行政院文化建
   設委員會與國家文化藝術基金會應如何分工及合作？（96 年特種
   考試地方政府公務人員考試）

44. 國立中正文化中心（兩廳院）於 93 年 3 月 1 日正式改制，以法人
   型態開始營運，成為我國第一個施行行政法人之機構。三年多來，
   你／妳對該中心「法人化」後的觀察心得為何？你／妳是否支持其
   他的公有文化藝術機構，也陸續地「法人化」？請敘明原因。（96
   年特種考試地方政府公務人員考試）

45. 文化行政機構所處理的「文化藝術」業務，與一般所稱的文化藝術範疇有些差異，請就縣市文化局內業務編制的改變，說明政策和行政意義上的文化藝術業務內涵。（96 年公務人員、關務人員升官等考試）

Part 2
當代思潮篇

5
多元文化主義與文化公民權

本章導讀

　　文化政策必須立基於多元文化主義，其發展背景為何？有必要予以解釋。文化公民權與文化多樣性都是多元文化主義的實踐結果，最後檢討臺灣落實文化公民權的具體作法。

壹、文化多樣性與世界主義的思維

Hage（2008: 493-495）認為：多元文化主義的興起，主要得力於下列四項因素：一、文化多樣性的興起；二、民族主義的退潮（relaxed nationalism）；三、世界主義（cosmopolitanism）思維的出現；四、集體正義思維的普及化，茲加以分析如下：

一、文化多樣性的興起

二次戰後，各國人民來往日趨密切，移民歐美蔚為風潮，加上各種通訊媒體工具的發達，逐漸認識其他各族群文化的特色，乃出現尊重與分享多元族群文化的呼籲。具體行動由聯合國教科文組織所發動，2001年11月2日公布《UNESCO世界文化多樣性宣言》（UNESCO Universal Declaration on Cultural Diversity[1]）。

1980年代，許多國家非常關心「逐漸快速增加的貿易協定，固然促進了市場自由化，卻嚴重威脅文化產業的發展」，許多文化被邊緣化的國家，希望能夠執行其文化政策，讓文化產業得以順利發展，此項呼籲得到 UNESCO 的採納，並於2001年5月21日公布《文化多樣性對話發展世界日》（World Day for Cultural Diversity for Dialogue and Development）。

《UNESCO世界文化多樣性宣言》公布後，經過多年多次會議討論，終於在2005年10月20日 UNESCO 大會通過《文化表述多樣性保護與促進公約》（Convention on the Protection and Promotion of the Diversity of Cultural Expressions），並於2005年10月3～10日33次巴黎會議中簽訂通過，獲得全球145國家及歐盟支持。

---

1 UNESCO Universal Declaration on Cultural Diversity: http://portal.unesco.org/en/ ev.php-URL_ID=13179&URL_DO=DO_TOPIC&URL_SECTION=201.html, 2 November 2001, 2020/1/5 瀏覽。

該宣言共有四項重點十二條：

（一）　**認同、多樣性與多元主義**：強調文化多樣性是人類的共同遺產（第1條）；從文化多樣性走到文化多元主義（第2條）；文化多樣性是發展的基礎（第3條）。

（二）　**文化多樣性與人權**：強調重視人權是文化多樣性的保證（第4條）；文化權是促進文化多樣性的能動環境（第5條）；朝向所有人都可以接近的文化多樣性（第6條）。

（三）　**文化多樣性與創造力**：文化遺產是創造力的源泉（第7條）；文化財貨與勞務涉及許多創意工作與價值創造引導工作，乃是一種非常特殊的財貨，不能與一般財貨勞務等同視之（第8條）。文化政策是創造力的觸媒劑（第9條）。

（四）　**文化多樣性與國際連結**：必須加強國際交流合作，以強化創造力與全球傳播能力（第10條）；建立公共部門、私人部門與公民社會的夥伴關係（第11條）；UNESCO的重要角色（第12條）。

上開宣言中，最能反應文化多樣性者為第5條：「文化權是促進文化多樣性的動能環境：文化權是人權的一部分，是普及的、不可分割的與交互依賴的；創造性的多樣性之滋養需要文化權的全力執行，所有人有權利表達他們自己，選擇他們的語言或母語，創造與散播他們的作品；所有人應被賦予充分尊重文化多樣性的優質教育與訓練；所有人有權參與他們所選擇的文化生活，執行他們自己的文化實務，皆須尊重人權與基本自由。」

該宣言強調文化權是人權的一個範疇，引起各國迴響，甚至引用聯合國《世界人權宣言》第27條：（1）每個人都有權利自由地參與社群的文化生活，欣賞藝術與分享科學成就及其利益。（2）每個人都有權利保護自己創造的科學、文學或藝術產品在道德與物質上的利益。並引用《經濟、社會及文化權利國際公約》第15條：國家應讓每個人知道本公

約所認知的「文化權」：（1）有權參與文化生活；（2）可以欣賞科學成就及其應用的效益；（3）作為科學、文學或藝術產品的作者，他可以從保護道德與物質利益中得到利益。（4）國家必須採取必要步驟，得以完全實現文化權，包括科學與文化的保存、發展與融合。（5）國家必須要讓國民知道採取尊重科學研究與創造活動不可或缺的自由。（6）國家必須要讓國民認知到他們可以得到來自鼓勵與發展國際契約與合作所得到的利益。

二、民族主義的退潮

民族主義（nationalism），乃是主張自己民族文化與利益至上的政經與意識型態。民族主義者認為各民族有其自治主權，不應受他國或政府干涉。故民族主義者積極建構「我族」的語言、文化、宗教、政治、以及強化同源同根的民族身分認同。民族為「國家存續之唯一合法基礎」，民族文化的保護與宣言是民主國家的基本任務。

這樣的民族主義思維，戰後慢慢出現鬆動跡象，許多學者也批判民族國家的統治菁英，認為他們建構民族主義的目標其實是為了凝聚人民意識，鞏固自身統治權，讓權力取得合法化基礎。隨著國際相關組織對於文化多樣性的主張，國際流動的日益頻繁，民間社會逐漸發現其他各種民族文化的優點，逐漸降低以「我族」對抗「他族」的衝突與對立態勢，造成多元民族文化的蓬勃發展，乃促發了多元文化主義的發展。

三、世界主義思維的出現

世界主義（cosmopolitanism）是指「天下一家、全球一體」的全球村觀念，隨著全球化速度的加劇，科技、交通與通訊發展的日益迅速，人際間的距離愈來愈短，族群文化間的差異愈來愈少，人們經由相互瞭解而增加彼此交流情感，從而凝聚合作共識。

愈來愈多的人們願意嘗試用其他族群的文化角度從事文化藝術活

動，於是世界主義的思維慢慢形成共識。此外，由於民眾生活水準的提升，交通運輸工具的普及，國際旅遊風氣日益興盛，從旅遊中可輕易地瞭解其他各國的社會文化狀況。例如，法國亞維儂藝術節、英國愛丁堡藝穗節等都有來自各國的文化藝術表演工作者齊聚一堂，共同表演、欣賞藝術文化之美，這種全球一體化思維自然有助於多元文化主義的形成。

四、集體正義思維的普及化

立基於個人自由主義的正義觀念（individual-liberalist justice），由於前述三種趨勢也出現變化，取而代之的是集體正義（collectivist justice）的思維興起：（1）個人生活與社會經濟結構是相互影響的，並不單純是個人自由意志問題。（2）以認同為基礎的社群或團體，如亞裔、非裔、墨裔美人、女性、少數族群等雖然仍有文化差異性，但經由交流逐漸縮短差距而產生相互支持感。（3）社經結構的衝突乃是社群或團體權力關係的鬥爭，而非個人之間的鬥爭，如男性與女性、黑人與白人、本地人與外來人等，此等衝突必須透過集體正義的力量予以解決，於是出現跨社群的平等主義（inter-communal egalitarianism），此等思維有助於多元文化主義的興起。

貳、文化多元自由主義 vs. 民族熔爐論

文化多元自由主義（cultural pluralism）的興起背景主要是來自於對民族熔爐論（the melting pot）的反動。作為多元種族的美國，為了建構族群與國家認同，強化民眾對於美國的支持，長期以來美國社會就一直灌輸族群融合的重要性，希望這些來自不同國家的移民後裔，能夠放棄自我族群的性格，融入美國社會而再生（reforming）另一個優秀的新民

族,這就是著名的民族大熔爐理論（Zangwill, 1909）。然而,熔爐論在美國逐漸發酵的結果卻形成了一個以盎格魯撒克遜民族（Anglo-Saxon）為主體的美國化（Americanization）社會,要求境內所有少數民族均應放棄自我、融入以白人文化為主流的美國社會（王希,2000）。

Kallen（1915）為猶太裔籍美國哲學家,早於 1915 年就曾發表〈美式民主與民族大熔爐〉一文,雖然美國人接受新移民,但骨子裡卻是對於這些與他們有所差異的新來者頗有敵意,民族大熔爐是透過高明的民主生活方式,讓不同移民文化,慢慢地被同化而被美國化,甚至完全忘記了自己原來的母語與族群文化,逐漸融入於新英格蘭盎格魯撒克遜（The Anglo-Saxon culture of New England）主導的美式文化。因此,他主張應該要推動文化多元自由主義,讓多樣文化型態同時存在於社會中,仍維持其差異性,這才是多元自由主義國家必須遵行的路線。Kallen（1924）認為文化多元自由主義是從自由主義的角度出發,主張美國是一尊重個人自由與保護少數族群權利的多元社會,少數與多數族群文化雖有差異,但國家機器面對此差異,不僅不能在政策上主張融合,反而應尊重少數族群文化的特殊性,採取「同中求異」的態度,以貫徹以自由主義為基底的多元主義社會。

基此,文化多元自由主義與熔爐論的差異,可用簡單的數學算式加以表達:

若將多數主流族群看成是大 A,兩個少數邊緣族群分別是 b 與 c,依據熔爐論的說法,多數與少數融合的結果就形成一個新的民族為 A,少數族群的 b 與 c 則完全消失了,形成了一個以 A 為主體的新族群。

$$熔爐論:A + b + c \rightarrow A$$

但依據文化多元自由主義的說法,則是多數與少數族群彼此和平相處,共同建構一個多元族群國家,根本沒有必要融合,仍同時存在 A,b 與 c,這種多元族群的存在並不影響國家的強盛與社會的安定:

$$文化多元主義:A + b + c \rightarrow A + b + c$$

從前面的分析中可以得知:熔爐論強調的是「異中求同,去異求

同」，特別強調「同化」的重要性；但文化多元自由主義則是「同中求異、和而不同」，強調「差異」的存在價值。

參、多元文化主義的興起與信條

一、多元文化主義 vs. 文化多元自由主義

文化多元自由主義對於民族熔爐論的批判，引起社會甚大迴響；在大學校園中開始興起了多元文化教育的思潮，過去所輕忽的少數族群研究（minority study），如拉丁裔、西班牙裔、猶太裔、亞裔、印地安人、墨裔等開始受到重視，連帶地女性主義與黑人研究也成為關切焦點。影響最大的當然莫過於五、六〇年代民權運動的出現，民權法案的頒布，禁止法律與政策上的種族歧視，反歧視（anti-discrimination）與平權行動（affirmative action）的展開，要求美國應改變熔爐論的主張，形成一個多元文化主義（multi-culturalism）的民主國家（丘昌泰，2012）。

Goldberg（1994: 3-6）指出：熔爐論是為了擁護白人優勢地位的新殖民主義（neo-colonialism），也是一種美國價值觀為主流的單元文化主義（monoculturalism），他們相信市場機制，主張競爭是社會進步的原動力；政府不應投入太多社會福利資源幫助少數族群，如此將更造成其對國家福利制度的依賴；弱勢族群若要改善目前的生活困境，必須放棄「非美國化」的價值觀，徹底融入主流文化中，成為大熔爐的一環。

於是，以社群主義為基礎的多元文化主義終於興起，這是一種社會與政治哲學，它明確拒絕自由主義者所支持的市場導向與個人主義取向的文化多元自由主義的主張，要求國家機關必須明確肯認各族群的差異，從而擁有認同、保存與發揚各族群文化之權利（李佳玟，2004: 128）。換言之，多元文化主義的基本出發點是肯認各個族群的

差異性（recognition of difference），以免形成文化帝國主義（cultural imperialism）（Young, 1990）。同樣地，必須將這種尊重少數、肯認差異與寬容平等的文化公民精神概念納入於政治領域中，以建構真正平等的肯認政治（recognition of politics），少數族群權利才能真正獲得保障（Taylor, 1992）。多元文化主義挑戰以自由主義與白人為主的美國主流文化，認為這些主流文化隱含著殖民主義與種族主義的舊思維，少數民族文化則被視為邊緣族群而不被重視，甚至有意無意地被視為落伍低等而不符合美國教育精神，因而無法進入教育殿堂，成為思想教育的不可或缺之成分。在多元文化主義者的眼中，美國社會應該像是一盤沙拉、一個交響樂團、一座花園所構成的多元文化美國（Multi-cultural America）。

基上，文化自由多元主義與多元文化主義相當類似，其差異在於（簡茂熙，2000）：

（一）前者是自由主義的思潮，重視個人的自由權利與個人正義；後者則是社群主義的思潮，重視集體的權利與正義。

（二）前者支持古典自由經濟理論，主張以自由市場機制解決族群問題，後者支持社群主義則認為應從社群角度著手，以維持國家與社群幸福為優先考量，國家應該適當干預市場，以造福社群利益。

（三）前者係以美國生活方式為主體，如無論美國的任何地方都必須使用英語才能溝通；後者則以歐洲國家生活方式為主體的思維，各國政府與各種公共場合都尊重多元語言的運用。

多元文化主義者批評文化自由多元主義者，固然尊重了少數族群文化之保存與發展，卻造成了更多思想與行動的對立，對於少數族群文化採取的只是「表面正義」，實質則採取更為對立的敵視態度，例如，在教育領域中，少數族裔的核准入學比例一直不高；面對這種威脅與衝突，自由主義思潮下的國家機器卻仍強調政府不宜介入、一味採取市場

自由的競爭法則，當然容易造成另一種形式的族群不平等現象。

二、多元文化主義的信條

　　盛行於美國的多元文化主義思潮，後來被廣泛運用在各個領域，形成各種不同派別的多元文化主義（Mclaren, 1994: 47-53），葉興藝（2005: 1-3）翻譯 C. W. Watson 的著作，指出多元文化主義具下列特徵：（1）多元文化主義的核心是承認文化的多樣性，承認文化之間的平等和相互影響。（2）多元文化主義是一種歷史觀，關注少數民族與弱勢群體，強調歷史經驗的多元性，一個國家的歷史經驗與傳統是多民族的不同經歷相互滲透的結果。（3）多元文化主義是一種主張多元文化的教育模式，故學校教育必須修正過去對於非主流文化的排斥與忽視。（4）多元文化主義是一種強調所有族群在政治上、經濟上、社會上平等的公共政策。（5）多元文化主義強調的是種族平等與宗教寬容，其所追求的並不是文化上的平等，而是社會上的平等。

　　洪泉湖（2005: 7-8）對於多元文化主義的定義是：應該要將「多元」與「文化」加以拆解，前者是指尊重差異，讓各種不同聲音、看法與價值觀得以展現，後者則是意涵廣泛，包括不同世界觀、不同語言習慣與擁有不同生活風格等。他認為多元文化主義具有三項內涵：（1）破除他者的迷思，呈現多元的文化樣貌；（2）追求積極的差異性對待，而非一視同仁的消極性批評；（3）強調救濟行動的積極展開。

　　多元文化主義發展至今，內容更為多元，甚至有些走入偏峰，Hage（2008: 488）曾感慨，當前世界的多元文化主義，本質上已經改變了許多，不再強調文化多樣性與對於文化差異的肯認，它已經逐漸演變成為富有與貧窮階級對抗的理論基礎；不同種族、膚色、性別間對於爭取民主權利資源的分配正義之戰爭。近年來，同婚議題延燒到各個國家，幾乎沒有妥協餘地。在尊重多元文化的旗幟下，各式各樣的異文化正在滋生與發展，與其他異文化之間產生的衝突與日俱增，我們應如何

面對？多元文化主義的精神已經無法解決，必須另外尋找思想的出路。

肆、文化公民權的意義

在多元文化主義下的文化公民權（cultural citizenship），究竟其內涵為何？文化實務界討論不多，概念也是模糊不清。本單元說明如下：

一、傳統定義：法定地位與身分取得

傳統文化公民權的定義是將公民權視為民主國家的一種「法定權利地位」或取得「正式會員身分」的要件，焦點是放在公民身分的取得、國家公民認可制度、公民身分與公民介入、政治參與之關係，以及移民與公民身分問題（Beaman, 2016）。

基此，文化公民權是公民參與民主政治必須具備的「法定公民權利」之一，這是從法制觀點界定文化公民權，認為它是公民權的一種，強調公民權利身分之取得與保障的法定地位；任何公民擁有文化公民權的前提是他必須取得完全會員（full membership）身分，然後在該社會下行使其文化公民權利，決定一生的命運。

英國社會學家 Marshall（1950: 149）是第一位採取此類定義的學者，意指某位公民取得國家或社群完全會員身分的法定要件，意味著文化公民權乃是基於國家機關依法對於該公民授與的權利與義務。這種文化公民權的意義，始於二次戰後英國推行的福利國家時代，粗略可以分為：18 世紀強調的個人自由與法律之前人人平等的權利，19 世紀則是指政治權利，到了 20 世紀則是指社會公民權（social citizenship），意指所有人民應該享有文化權利與社會福利，凡是不具備前述三種權利內涵者則可稱為二等公民（second-class citizens），一等與二等公民雖然同要具備法律意義的公民身分，但卻有著完全不同的公民待遇。

二、當代定義：歸屬感與認可感的實現

　　許多學者開始批評 Marshall（1950: 149）的文化公民權之概念過於狹隘，美國社會學者 Du Bois（2007）質疑：完整的文化公民權並不只是擁有合法的文化權利，我們必須將文化公民權所涉及的公民道德與精神延伸至公民的日常生活中，讓公民實質上享有真正的文化公民待遇，就可以避免公民所受到的永久傷害。他以黑人靈魂音樂為例，在白人至上的樂壇中，縱使擁有法律定義的文化公民權的黑人，在美國主流音樂市場中的地位是被歧視的；美國黑人必須擁有雙重意識（double consciousness），一方面是必須意識到自己是「美國人」，另一方面則必須意識到自己是「黑人」，前者是對於公民的法律定義，後者則是歸屬感（sense of belonging）與肯認感（sense of recognition）的定義，我們應該採取後者的定義。

　　很多人指出：過去的文化公民權定義是「直線」而「表面」的單純思維，並沒有真正落實於生活方式上，真正的文化公民權是能夠讓公民享有實質公民（substantive citizenship）身分，甚至產生歸屬感與認同感。國家機關要讓取得身分的公民獲得來自其他成員的認可並產生歸屬感，這並非國家法律所能規範。公民身分是奮鬥的產物，通常必須以妥協、再妥協的方式不斷爭取，正如美國政府對於性別與種族問題的處理一樣，政府賦予法律地位並無意義，爭取實質平等需要付出長期的努力（Beaman, 2016）。美國社會中，公民身分本身往往是社會差異的製造者（citizenship is a marker of difference in society），取得法律形式上的公民身分並不代表真正能夠過著尊嚴、自主、獨立的文化生活。例如，在美國歷史上，白色人種的文化公民權與有色人種的文化公民權是不同的，其他如印度安美人、非裔、亞裔、西班牙裔、義大利裔等文化公民權利也相對受到限制。

　　基此，以美國社會而言，具不具備法律上的文化公民權可能並不重要，愈來愈多學者將公民權概念予以拓展，並不僅是對於權利的要求，

而是一種社會與政治生活方式的表現，這個階段的公民權必須爭取其他成員的認可、形塑歸屬感，必須強調公民如何被社會建構的認知與重分配過程，如此一來，公民身分不僅來自於國家機關對於合法身分的授與，必須超越立法法律與身分要件，而開始探討社會不平等，以取得實質的公民身分之社會歸屬感。

隨著全球化速度的開展，全球資本主義挾帶著西方民主政治的價值觀，襲捲全球各地或美國移民社會、弱勢地區中，西方文化與弱勢族群文化逐漸產生差異，對於這種差異的包容與處理態度乃是當代文化公民權關心的焦點，文化公民權成為保障弱勢族群文化與推動多元參與政治的重要價值規範。換言之，他們不再追求公民政治權利與文化資源分配的問題，而更關切孩童、少數族群弱勢族群文化的認可問題；在全球化浪潮下，這些邊緣族群究竟能否擁有與主流文化有所差異的權利，從而避免被主流文化所同化的危機？聯合國於 1948 年頒布的《世界人權宣言》（the Universal Declaration of Human Rights, 1948）第 27 條規定：「1. 每個人都有權利自由地參與社區文化生活，欣賞藝術與科學成果和利益。2. 每個人都有權利保護作為一位作者在科學、文學或藝術所生產的道德與物質利益。」這種尊重多元文化的精神正是當代文化公民權的真正意涵。

三、多元族群社會

臺灣社會分為河洛、客家、外省與原住民，其中「原住民」早期習慣稱為「山地同胞」，在政府官員眼中「同胞」一詞是平等親切的稱呼，但在他們眼裡則有不同看法，由於原住民在社會經濟條件相對弱勢，故山地同胞一詞含有貶抑原住民地位的意義，認為這是對於原住民的「污名化」（謝世忠，1987），此點說明了多元文化主義何以如此強調差異文化的肯認，又何以強調具有實質正義與平等的文化公民權？對於少數族群而言，多元文化主義是確保弱勢權益的哲學思維。

　　目前臺灣社會中，原住民占總人口比例甚少，不到5%，儘管如此，在臺灣邁向民主轉型過程中，原住民權益仍成為重要的選舉議題。批判執政黨利用國家霸權欺凌少數族群文化公民權的競選策略，經過三次的政黨輪替，「山地同胞」一詞已被改變為「原住民族」，行政院並成立「原住民族事務委員會」，以保障原住民的語言、文化、血統、建築等，故就臺灣社會而言，多元文化主義的真正意義主要是表現在：相對於漢文化主權的原住民文化公民權。憑心而論，臺灣在落實原住民公民權方面作得相當不錯，絕大多數民眾相當認同與肯認原住民在體育、音樂方面的突出表現。

　　繼原住民文化公民權後，客家文化公民權亦成為民主化過程的「主角」之一，該倡議運動始於1988年12月28日，臺灣客家族群走上街頭，推動「還我母語」的社會運動，引起社會迴響。2000年，民進黨取得中央執政權，實現臺灣第一次政黨輪替，為了確保客家文化公民權，行政院成立客家委員會，積極保障與推廣客家語言，並推動客家文化產業與教育，以達成文化自主權的目標，且有勝過原住民文化之趨勢（丘昌泰，2008）。

　　客家族群在臺灣人口比例約為15%-20%，是否為多元文化主義所稱的「少數弱勢」族群？是否需要成立中央政府層級的客家委員會加以保障？社會各界始終有不同的聲音。反對者認為：客家人也是漢人，他們根本不是弱勢族群，他們的教育程度高，競爭力強，故不能因為客家文化與語言的弱勢地位，就認定具有與原住民一樣的少數弱勢族群地位。贊成者認為：客家人的弱勢地位不是經濟、教育、政治地位等，而是語言與文化上的弱勢而言，由於臺灣社會是以河洛人為主，電視廣播播放的公用語言是河洛語，人群日常交際的仍然是河洛語，在這種情形下，客家人家庭的年青一代幾乎都沒有人說客語，客家文化也出現斷層危機，為了保障客家文化與語言逐漸沒落或消逝的「雙重危機」，客語應該被視為多元文化主義架構下被保護的特殊方言，因此，對於客家文化與語言的保護應該有與原住民文化相同的公民文化權保障。

　　若回到前述多元文化主義的定義，吾人可知：客家之所以成為臺灣少數族群的一環，主要在於語言與文化上的弱勢，並非是經濟與社會地位上的弱勢，因而理論上來說，客家事務機關成立的目的主要在於保障客家語言與文化的傳承，而深究客家人與河洛、外省人的差異主要在於語言與文化面向而已，至於服飾、飲食、生活習慣、建築、農業等幾與其他族群難分軒輊。基此，在漢文化領域中，客家、河洛與外省族群之間的邊界是模糊的，除了語言之外，幾乎處處都是呈現著彼此相互交疊的邊緣地帶，難以界定清晰的族群邊界。在這樣的觀察下，吾人可以發現：多元文化主義在客家與其他族群的連結關係上，主要適用於語言與文化上的差異性，至於其他領域則相當模糊。

　　的確，多元文化主義認為對於社會上存在的不同文化群體，應尊重其自主性，包容其差異性，使之並存而不相悖。因為每個不同群體所代表的文化，無論強弱興衰，均有其一定的價值，吾人若能彼此尊重、相互欣賞乃至交流學習，則人類文明必可迅速獲得擴展與提升（洪泉湖，1999：169）。

伍、落實文化公民權的具體作法

一、《文化基本法》相關規定

　　《文化基本法》第1條：「為保障人民文化權利，擴大文化參與，落實多元文化，促進文化多樣發展，並確立國家文化發展基本原則及施政方針，特制定本法。」爰此，本法之立法精神之一為「保障文化公民權」，在保障過程中，應積極推動文化參與落實文化多樣性。

　　政府應本於多元文化主義精神，肯認多元文化，以建構多元文化環境，如第2條：「國家應肯認多元文化，保障所有族群、世代與社群之自我認同，建立平等及自由參與之多元文化環境。國家於制（訂）定政

策、法律與計畫時，應保障人民文化權利及文化永續發展。國家應保障
與維護文化多樣性發展，提供多元化公共服務，鼓勵不同文化間之對
話、交流、開放及國際合作。」

　　文化公民權之內涵為何？《文化基本法》的定義似乎符合「當代定
義」，從實質正義與公民精神角度界定，如：

（一）文化公民權必須讓人民具有創作、表意與參與之自主性，如
　　　第 3 條：「人民為文化與文化權利之主體，享有創作、表意、
　　　參與之自由及自主性。」

（二）人民享有文化公民權之機會平等：第 4 條：「人民享有之文化
　　　權利，不因族群、語言、性別、性傾向、年齡、地域、宗教
　　　信仰、身心狀況、社會經濟地位及其他條件，而受歧視或不
　　　合理之差別待遇。」

（三）文化近用權的保障：第 5 條：「人民享有參與、欣賞及共享文
　　　化之近用權利。國家應建立友善平權之文化環境，落實人民
　　　參與文化生活權利。」

（四）權利受到侵害時應尋求救濟辦法：第 28 條：「人民文化權利
　　　遭受侵害，得依法律尋求救濟。」

二、當前作法

　　文化部網站[2] 上公布落實文化公民權的宣言是：「文化生活是人民的
基本權利，國家必須積極確保人民的『文化近用』，不會因為身分、年
齡、性別、地域、族群、身心障礙等原因產生落差。臺灣是個多元文化
並陳的社會，在文化上，肯認多元群體之文化差異，使臺灣各族群能互
相認識並瞭解彼此之差異，進而接納且欣賞不同文化所具有的差異，以
避免各種形式的歧視與偏見。另於資源分配上，應追求有效及均等，使

2　文化部／業務說明／文化平權：https://www.moc.gov.tw/content_413.html，
　　2020/1/5 瀏覽。

所有人都有均等的機會，也避免資源重疊而失去效用。」

（一）目標：促進各族群及不同對象平等的文化近用權利，培植藝
　　　文人口，以鼓勵平等參與文化活動為目標，致力弭平文化落
　　　差。

（二）策略：長期致力於表演藝術扶植、推廣及研究，輔導地方政
　　　府徵選及獎勵演藝團隊，展現臺灣文化多樣性特色。

（三）實施內容：

　　　1. 辦理補助民間團體、地方政府計畫，鼓勵參與友善平權、
　　　　多元文化活動。

　　　2. 推動友善平權計畫，以逐步提升本部及各館所。

　　　3. 調查研究多元文化與文化平權政策發展暨建議。

（四）具體實施步驟：

　　　1. 推動「文化平權推動會報」： 2017 年起籌組「文化平權推
　　　　動會報」，從事文化平權資源整合、協助所屬機關（構）推
　　　　動、監督並執行文化平權政策，以期能逐步落實文化平
　　　　權。下設六組專案小組，包括文化設施組、藝文展演組、
　　　　出版及閱讀推廣組、影視音推廣組、資訊服務組及法規檢
　　　　視組。

　　　2. 推動「友善平權特色化」相關計畫： 依據館所自身發展特
　　　　色，針對不同近用對象，規劃相關活動或措施，以弭平文
　　　　化參與之落差，達到友善平權之目的。

　　　**3. 補助民間團體、縣市政府辦理「文化平權」相關文化活
　　　　動：** 修訂「文化平權補助作業要點」，擴大補助對象（需含
　　　　婦女、身心障礙者、偏鄉弱勢、高、幼齡人口、新住民、
　　　　原住民、客家族群等），期能作為示範性作用，讓地方政府
　　　　正視臺灣多元文化之特色，達到政策落實之目的。

　　　4. 賡續推動「優化文化場館友善服務措施」： 持續督導所屬文

化館所檢視、改善現行軟硬體設施不足之處，逐步改善本部及所屬文化空間、藝文場館所提供之軟、硬體服務符合友善平權規範，以利各式文化活動舉行時，因應不同觀眾需求提供友善服務。

自我評量

一、請問多元文化主義興起背景為何？

二、文化多元自由主義如何批判美國的民族熔爐論？

三、請比較多元文化主義（multiculturalism）與文化多元自由主義（cultural pluralism）的區別？

四、請問多元文化主義的信條有哪些？

五、何謂文化公民權？請從傳統與當代定義加以闡釋。

六、臺灣是一個多元族群社會，請從文化公民權角度評論其落實情況。

七、何謂文化多樣性？ UNESCO 與聯合國有何相關規定？

八、我國落實文化公民權的具體作法及其得失為何？

九、《文化基本法》對於文化公民權有何規定？落實情況如何？

十、請解釋下列名詞：

cultural liberalism	multiculturalism	cultural diversity
cultural citizenship	neo-liberalism	cosmopolitanism
collectivist justice	the melting pot	recognition of difference
monoculturalism	affirmative action	

歷屆考題

1. 試論述後現代主義（post modernism）與新自由主義（neo-liberalism）產生的社會背景？其具體的訴求各為何？其對文化政策各有何影響？（107 年公務人員高等考試三級考試）

2. 提升「公民文化近用」為現階段重要文化政策之一，請依據公民群體的差異性，擬定五項不同的執行計畫，以推動本政策。（105 年公務人員高考二級考試）

3. 請以 2016 年美國總統大選後所引發「保護主義」的議論，說明對於 20 世紀後半葉以來全球「文化多元化」的影響。（105 年特種考試地方政府公務人員考試）

4. 近代學界的多元文化主義（multiculturalism）思潮影響了許多國家文化政策的發展。請說明何謂多元文化主義？多元文化主義如何影響目前我國文化政策的發展？（104 年公務人員高考二級考試）

5. 試論文化賦權的內涵、特性及作法為何？（104 年公務人員高考二級考試）

6. 文化公民權內涵為何？其對我國文化活動推動有何助益？又，公民社會運動對文化活動推動之影響為何？請闡述之。（103 年公務人員普通考試）

7. 請說明並評論「文化公民權」與「文化創意產業」之間的關係。（103 年公務人員高等考試二級考試）

8. 臺灣歷史雖短，但擁有南島族群、中國華南移民和戰後的新移民族群，也有荷蘭、日本和清代中國的歷史經驗。請問應如何將這些多元異質的元素應用在文化政策思維上？（103 年特種考試地方政府公務人員三等考試）

9. 聯合國教育科學文化組織（United Nations Educational, Scientific and Cultural Organization，簡稱 UNESCO）的 185 個會員國於 2001 年通過的「世界文化多樣性宣言」強調文化是認同、社會凝聚力，

以及知識經濟的基礎，並希望能透過國際合作，讓現有的文化多樣性能獲得保存，並進一步能推動文化的創造力。你認為「世界文化多樣性宣言」主要的意義與貢獻為何？如何在文化政策上保障文化多樣性？（102 年公務人員高等考試一級暨二級考試）

10. 文化部於 102 年 6 月推出推廣文化平權補助作業要點，請問其文化平權的基本精神、內涵及作法為何？（102 年特種考試地方政府公務人員考試）

11. 對於新移民第二代的文化公民權，政府有愈來愈重視之趨勢，尤其外籍配偶所生的第二代小孩的文化參與權益，請舉例說明應如何關照？（101 年公務人員普通考試）

12. 中華民國「文化部」成立後，對於「客家族群」、「原住民族群」、「閩南族群」、「新移民族群」等具有傳統技藝之薪傳大師、工藝大師，應如何整合傳承，請舉出辦法，簡要說明之。（100 年公務人員升官等考試、100 年關務人員升官等考試）

13. 試述文化多樣性（cultural diversity）的概念對我國文化行政與政策所產生的影響。（100 年特種考試地方政府公務人員考試）

14. 全球化已產生文化效應。試述一九八〇年代之後新自由主義的內涵，及其對臺灣文化發展的影響。（100 年特種考試地方政府公務人員考試）

15. 2009 年國際人權日（12 月 10 日）中華民國政府宣告二大國際人權公約：《公民權利和政治權利國際公約》與《經濟、社會與文化權協約》施行法正式生效，文化權的概念也將在法律、文化政策中受到更多的重視。請問何謂文化權？國家如何透過文化政策來促進文化權的落實？（100 年公務人員高等考試一級暨二級考試）

16. 何謂文化公民權？舉例說明中央與地方政府有那些相關措施？尚有那些事情可推動？（97 年特種考試地方政府公務人員四等考試）

17. 何謂新自由主義（Neo Liberalism）？其文化政策的主張為何？試分析其起因及利弊得失？（97 年特種考試地方政府公務人員三等考試）

18. 前幾年行政院文化建設委員會曾經推出「文化公民權」的觀念，試圖整合揭示未來的文化政策計畫總方向，試問您對這個課題的瞭解，為何這個觀念有如此的整合作用？（97年公務人員普通考試）

19. 文化公民權（cultural citizenship）是一種新的文化政策理念，請說明其主要意涵和目標。（96年公務人員普通考試）

20. 文化公民權運動在其他先進國家主要是強調族群差異的背景，而臺灣的國家認同一直有爭議，請問文化公民權觀念對這個問題的解決可以有什麼幫助？（96年公務人員高等考試三級考試）

6

官僚主義、新公共管理與
後現代思維

壹、政府、市場與公民社會

貳、官僚主義

參、新公共管理

肆、後現代社會的崛起

本章導讀

　　本章從政府、市場與公民社會的關係探討文化行政背後的行政管理思維，從管理主義、新公共管理到後現代主義。

壹、政府、市場與公民社會

從世界各國的發展趨勢來看，文化政策究竟是如何制定的？我們可從國家統治領域內，政府、市場與公民社會的三角關係來解釋（圖5）。在公共政策學者眼中，政府是國家統治領域的第一部門（The first sector），行使的是「政治力」；市場是第二部門（The second sector），行使的是「經濟力」；公民社會則被稱為是第三部門（The third sector），行使的是「社會力」。在一個民主國家中，第一、二與三部門應該建立命運共同體，以協力治理方式共同處理國家政務，國家才有可能發展成功。

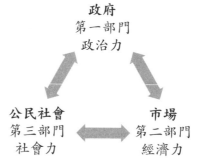

▲圖5　政府、市場與公民社會的三角關係

以文化行政與政策領域而論，政治力所代表的「政府」，主要是指中央與地方政府的文化行政機關而言；經濟所代表的「市場」，主要是指文化企業、文創公司或文化市場而言；社會力所代表的是「公民社會」，主要是指非營利文化藝術組織、文化公益團體、社區、公民等，在該社會力中，非營利組織扮演核心角色，Carothers, Barndt & Mustapha（1999/2000）明確指出「非營利組織是公民社會的心臟」；Salaman（1995: 36-40）指出：在政府、市場與簽約相繼失靈的狀況下，代表社會力的第三部門乃崛起於民間社會，扮演著拯救政府、市場與簽約失靈的藥方。Lewis（2006）亦指出：在公民社會中最重要的力量為非營利組織，它為社會提供自主的公民權，以對抗國家權力的過份

集中與市場機能的過份擴張。

　　從世界各國文化政策制定的模式而言，大約是環繞在政府、市場與公民社會之間的關係：

一、以奉行市場機制的美國而言，係採文化權分散制，聯邦政府沒有設置文化相關部會，文化事務幾乎是仰賴強而有力的文化市場與數不盡的基金會與非營利藝文協會，依此而論，美國文化政策是「大市場／大社會／小政府」的模式。

二、以實施中央集權的中國而言，係採文化權集中制，中央政府都設置文化部門，文化政策制定所需要的組織權、法案權與預算權，幾乎都掌握在中央政府機關手中，行使「大政府／小社會／小市場」的文化政策制定模式。

三、韓國、臺灣、法國等，雖然也是屬於文化權集中制，以中央政府機關為中心，但法國的市場機制與公民社會都屬於較成熟的國家，故應屬「大政府／中社會／中市場」的政策制定模式；臺灣的市場力是相當薄弱的，但社會力相當旺盛，故可稱為「大政府／中社會／小市場」的政策制定模式（讀者可依此類推）。

　　從管理思潮的演變而言，我們必須關注三種不同的管理哲學：（一）以政府機關為中心的模式，強調文官體系的獨立性，市場必須接受政府的管制與管理，其哲學基礎是官僚主義（bureaucratism）。（二）以市場為中心的模式，強調政府應採取企業管理工具，故其哲學基礎是後官僚主義（post-bureaucratism），強調解構官僚主義的權力，引進企業的管理思維。早期實施的是科學管理學派先鋒泰勒的管理主義（manageialism），後期則採新政府運動（reinventing government）所帶動的新公共管理。（三）以公民社會為中心的制定模式，強調公民社會與非營利組織的關鍵地位，其哲學基礎是一個去中心化、多中心化的後現代主義（post-modernism）。以下分別介紹三種管理哲學：官僚主義、新公共管理和後現代主義。

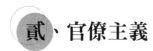貳、官僚主義

一、重要特點

運作特徵：以政府機關為中心。

基本前提：大政府。

統治信條：服務最多、管理最多的政府是最好的政府。

所處社會：農業社會。

政府財政：預算充分。

行政特徵：官僚主義。

二、概念說明

　　官僚體系[1]（bureaucracy）是社會學者 Max Weber 提出的行政組織觀念，被譽為現代行政組織之父；國家為了統治社會必須建構立基於合法理性權威（legal-rational authority）為基礎的官僚體系，具有以下特徵：（1）明確任務分工：依法律規範每位組織成員的任務與職責。（2）層級節制體系：組織成員的職務等級與權力等級呈正比發展，並且呈現金字塔型態，形成一個「上令下行、指揮統御」的關係。（3）堅持依法行政：凡事必須依據行政法規行事，不能隨心所欲。（4）非人情化（impersonality）行為：行政組織中的管理工作必須公私分明，對事不對人，形成一個非人稱化關係。（5）永業化趨向：組織成員的聘用必須依靠考試任用，且因事設職，專任專職，任職前必須進行專業培訓；一旦取得資格，則其薪俸、升遷退休、福利制度終身保障（Barzelay, 1992: 5）。基上，Weber 所稱的官僚體系就是指政府機關的公務員、文官或事務官所形成的行政組織之運作現況。

1　時下用語中的「官僚」通常含有負面貶抑的意涵，公務員若被指責為「官僚」，意指很會耍官威、擺官架子的公務員；但在學術上，官僚主義則係中性名詞，本書採一般用語習慣，官僚主義是指具有上述五種特性的當代組織型態。

　　官僚主義盛行的背景是：「大政府」時代，當時的環境中，預算資源相對充分，公共事務相對單純，政府可以充分運用資源，制定為民謀福利的公共政策——從出生到死亡，從搖籃到墳墓，都時時受到國家機關的照顧；早期歐洲許多福利國家之所以發展出如此完善的社會福利體系，就是基於此種哲學——服務最多、管理最多的政府是最好的政府。

　　立基於官僚主義的傳統公共行政典範之特點如下（Weller, 1994: 32-33）：

（一）　**永業服務**：公務員一旦進入文官體系，可依功績升遷直至退休，提供永久性服務。

（二）　**單項服務**：每位員工僅能為洽公民眾提供某部門的單一服務項目。

（三）　**專業服務**：公務員必須接受嚴格的專業考試與在職訓練，以建立專業公務行為規範。

（四）　**匿名服務**：公務員僅能以機關首長的名義對外行文，由首長負責一切的責任，公務員本身不是公眾人物，必須匿名處理所有事情。

（五）　**行政中立**：公務員必須隨時為民選官員服務，保持中立性。

（六）　**政治責任**：機關首長負一切政治責任，向國會負責。

（七）　**議會控制**：國會透過立法權與預算審議權，可以控制行政部門。

（八）　**公共行政的獨特性**：公部門的地位是獨特的，因為處理的是公共事務，實現的是公共目標，必須以公共利益為導向。

　　在官僚主義思潮下，對於文化行政與政策的意義是：文化事務是政府機關的事情，必須編列預算予以執行；文化行政權大者，如中國大陸，文化和旅遊部的權力很大，甚至大到思想控制、黨國一體。法國文化部權力也很大，預算也多，但本質上係將文化產業視為國家經濟發展戰略的一環，在文化治理表現上主要是企圖營造培植國民文化素養與創

造文化產值的良好環境，幾乎沒有管制思維，不能與中國大陸相提並論，但中央政府機關擁有較多的文化預算與分配權限則是事實。

三、批判質疑

不過，前述官僚主義的行政典範受到許多挑戰：（1）政治對行政的干預問題：官僚主義係以政治與行政的分立為基礎，為了避免官僚體系的行政濫權，由民意代表所代表的立法部門進行監督制衡，以致經常出現外行（政客）領導內行（專業行政人員）的偏頗現象。（2）行政僵化與效率不彰問題：官僚主義強調依法行政，非人稱化，照章辦事，導致行政僵化、效率不彰。（3）追求政府規模與預算極大化問題：公共選擇學派[2]（Public Choice School）質疑官僚體制與政黨與人類的自利動機一樣，無論怎麼高喊政府改革，最後都必然出現政府規模愈改愈大，預算編列愈砍愈多的假象，此說明了官僚體系經常以擴大個己組織利益為目標（Hughes, 1998: 39-51）。

Weller（1994: 34-35）質疑官僚主義的「公部門至上」思維之謬誤：（1）政府既然欠缺效率，違背人民付託，而市場則有高度效率，何以不將市場分配資源的能力應用於政府部門呢？（2）政府部門的組織規模實在太大，且毫無功能者居多，必須要加以改革與縮編，以免浪費公帑。（3）政府可以將太空人送到月球，但卻無法解決弱勢地區的犯罪、貧窮與落後問題；既然政府無力解決這些民生問題，為什麼還要擴大政府的功能？（4）為了縮小政府規模，政府部門必須解除管制，卸下更多的責任負擔，讓市場與民間社會去承擔。（5）政府所處理的公共事務最好委託民間辦理，予以民營化，以提高其效率。（6）私部門的企

2　這是相當受到矚目的批判聲浪，主要是將經濟概念應用於公共事務領域的學科；經濟的動力在於自利動機（self interest），所謂「人不為己，天誅地滅」，有了自利動機，市場機制乃得以順暢運作。公共選擇學派認為：政府機關之所以沒有效率，也是自利動機作祟的結果，例如，每逢新政府宣布要進行政府組織改革時，機關首長為了保護自己機關的權益，必然會以借屍還魂的巧妙方式，讓「表面上」改革成功，實質上公務人力與預算規模卻是有增無減。

業管理手段同樣可以適用於公部門。

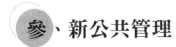、新公共管理

一、重要特點

運作特徵：以多元行動者為中心。

基本前提：小而強、小而美政府（企業型政府）。

統治信條：管理最少、效率最高的政府是最好的政府。

所處社會：網絡社會。

政府財政：預算匱乏。

行政特徵：後官僚主義（新公共管理或新管理主義）。

　　進入九〇年代後，「公部門至上」的傳統行政典範受到社會各界的批判，紛紛提出修正的看法，企圖找尋更具改革效果的理論典範。在新右派主義者的推動下，出現了以市場為導向的新公共管理學派（New Public Management School）或新管理主義（neo-managerialism），他們主張後官僚主義，企圖去官僚化（de-bureaucratization），推動解除管制（de-regulation），將政府機關的權力「下放」給地方政府、「外放」給市場或公民社會；甚至引用企業的顧客觀點，以顧客滿意與否作為衡量政府服務績效的準繩，以解構官僚體系高高在上的態勢，他們深信：私部門的管理策略可以應用於公部門，但政府體質必須徹底改頭換面，才能形成一個高效率、重服務、小而強的「企業型政府」。

　　新公共管理理論之發展主要係來自資訊科技革命，自兩百年前的第一次工業革命以來，目前進入資訊科技為主體的第三波時代（Toffler, 1981）。Bouckaert and Halachmi（1995: 6）指出人類未來面對的挑戰是來自資訊科技所引起的公共管理變遷；第三波時代中，民眾非常重視政府的服務功能，包括：研究發展、資源分配、品質控制、財務改造、資

源回收、環境控制等；這些服務功能都須透過生產者與消費者的供需機制才能完成，傳統的投入與產出思考方式已被這種新的整合關係所取代[3]。

在上述理念驅動下，管理最少、效率最高、服務最多的企業型或服務型政府才是好政府；為了達成這個目標，政府必須引進社會資源，如非政府組織、非營利協會、基金會、企業或社區，形成公私夥伴關係，形成以多元行動者為中心的政策制定模式。主要原因是：由於公共事務太過複雜，政府預算逐漸匱乏，已非政府機關所能獨治，必須整合第二（市場或企業）與第三部門（非營利組織）的力量，推動良善的公共治理，才能提供滿足人民需求的公共政策或公共服務，爭取繼續執政機會。

二、概念說明

官僚主義的典範受到各種挑戰與質疑，不少學者認為由該典範所形成的正式組織、官方目標、層級節制以及僵化領導，容易建構出限制導向（constraint-oriented）的政府組織，違背人民託付。為了改革官僚體系，應該採用企業管理觀點，將政府的核心價值從「依法行政、照章辦事」轉變為「顧客導向、企業精神」。在實際改革上，政府與私部門一樣，應該建立以競爭為基礎的准市場機制，充分運用誘因導向的市場策略，以推動公共服務，實現滿足消費者需求的目標。基此，當前的後官僚體系必須是消費者導向的、服務導向的政府組織，必須具有回應消費者需要的能力，而且成為動態性的、競爭性的價值提供者，這是新公共管理的要點。

3　因而他們創造一個新字——生產消費者（prosumer），producer 取字首 pro，consumer 則取字尾 sumer，兩者組合為 prosumer；意指當前的公共服務模式不能只是從傳統的統治者與被統治者的二分法觀念去思考，也不能從消費者與生產者的分離角度去思考，而是必須整合消費者需求於生產者的過程中，以免浪費資源。換言之，政府進行任何公共服務之前，已經對於民眾需求與期望做了完整的調查，然後納入服務提供過程中，如此才具效率與效果。

　　Hood（1991: 4-5）認為新公共管理有七項重要主張：（1）積極有為的專業管理者：公共管理者位居組織上層，是對於組織控制具有自主控制權、積極有為的管理者，以明確應負責任。（2）明確的績效標準與衡量：必須清楚界定政策目標與施政績效，以作為評鑑施政成果與責任之依據。（3）產出監測：強調政策產出或結果的監測，而非重視過程取向。（4）主張分部化：將公部門內的組織結構依產品或服務特性而劃分為若干管理單位，然後根據每一單位實施統合化的管理方式，以收各分部門的管理效果。（5）強調競爭：主張以競爭的公開透明方式進行公共服務的委外，期望以競爭提高公共服務品質、降低服務成本。（6）重視私部門管理實務經驗：從軍隊式的層級節制組織與毫無彈性的公共服務倫理管理方式轉變為顧客導向、彈性僱用與績效報酬的私企業管理方式。（7）主張資源運用的紀律性與簡潔性：主張削減直接成本、加強勞工紀律、抗拒工會不合理要求、限制對於企業的服從成本等，因而必須對公部門的資源需求進行全面性的檢視，期望以更少的資源做更多的事。

　　在後官僚主義思維下，文化行政與政策的推動必須貫徹下列原則：（1）文化行政機關應展現服務行政，而非干預行政，故應盡量減少文化法律規範，盡量以彈性的行政作為實現文化多元目標。（2）文化行政機關必須尊重公民社會所展現的社會力，善用社會資源；必須積極培養健康的文化市場，目前臺灣的文創經濟力雖無法建制完善，但文化行政機關亦應逐步加以培養。（3）文化行政機關應堅持公私夥伴精神，制定文化政策時應充分諮詢公私立財團法人、社團法人、社區、公民、學校、文化藝術團體與工作者等利害關係人之意見，以凝聚政策共識，實現文化多元目標。（4）文化行政機關應重視「文化治理」機制的建立，整合社會多元行動者之意見與資源，共同推動文化政策，文化行政組織只是文化治理體系中的一個行動者，不是唯一的行動者，文化行政組織若不結合社會力與市場力，無法順利推動實現多元目標的文化政策與產業。（5）文化行政機關必須重視以高品質的服務滿足顧客需求與期望，顧客

類型甚多，如聆聽音樂的聽眾、觀看戲劇的觀眾、閱讀文學作品的讀者、觀看線上藝文節目的網民、購買文創商品的消費者、投入參與式預算的公民等。（6）文化是公共財，不屬於任何政黨、群體與意識型態，故文化行政機關必須善用策略績效管理機制，瞭解臺灣推動文化政策的優勢與劣勢，掌握外部資源的機會與威脅，研擬兼具可行、創新與務實的文化行動策略，妥善運用每一分錢，以創造卓越績效，貫徹課責性（accountability）的原則。

三、批判質疑

新公共管理運動目前正方興未艾，逐漸被世界各國政府文化行政部門所接納並付諸實施，如臺灣目前建置的「行政法人」，就是來自英國新公共管理改革經驗的引介；在公務員核心能力的教育訓練課程中，如顧客關係管理、電子化政府管理、策略績效管理、服務品質管理、文化品牌行銷、數位匯流等都是必修的熱門課程；而競爭性機制也被應用於文化行政機關，如文創園區與文化館藏的委外、學術研究計畫的委託研究、人才培育計畫等，可見新公共管理思維的影響。然而，新公共管理也備受批判，擇其重點如下（丘昌泰，2014b：第13章）：

（一）　人民是國家主人，也是監督政府的「公民」，不是等待被滿足的「顧客」，政府也不是企業老闆。因此，我們需要強調的是「公民治理」，而非「公司治理」。

（二）　政府追求的公共利益是一種目標，而不是一種商品；政府要追求的是公民價值而非企業價值。

（三）　過份引用企業精神的結果，將使得政府失去其「公共性」，欠缺公共性的企業型政府才是真正違背人民的託付。

（四）　文化資產係屬於道德性與精神性的公共財，刻意將市場機制引入，將導致公共財的私有化。

（五）　文化政策的施政成果，需要長時期的觀察與體會其氣質與氣

氛的變化，無法以量化績效指標予以衡量。

（六）　政府應該重視民主內涵與人性品格，而非企業精神與生產效率，因此公民參與和民主涵養才是文化政策的主軸。

（七）　多元文化行動者的治理模式固然是一種趨勢，但仍應以政府機關為中心，其他行動者仍須接受政府政策的扶持與資源的投入。

肆、後現代社會的崛起

一、興起背景

　　近年來，後現代主義就像是一個幽靈，悄悄地進入人類文明的各個角落，它反對資本主義所建構的消費文化與官僚政治，它批判現代科學技術所帶來的高度成就摧毀了人類的主體性；它對現代知識分子以追求理性與規則的思考方式感到深層的憂慮；它以反文化、反科學、反理性的反叛性格凸顯當代資本主義下民主社會之內在矛盾與文化衝突，甚至宣告資本主義文化必然沒落，呼籲建立新的價值文化體系。後現代主義者拒斥認識論上的假說，駁斥方法論上的原理，抵制知識性的武斷，刻意去模糊一切真理的形式，抨擊現代民主政治的虛偽架構，使得現代社會中的學術領域陷入前所未有的「無政府狀態」，幾乎所有的學科，尤其是人文社會學科，在認識論、本體論與方法論都受其批判，必須作整體性的重新定位與思考。由於後現代主義只是一種思潮，尚未成熟，我們僅能提供若干思考方向，以供讀者參考。

　　後現代主義的興起背景有下列三項（張國清，2000: 1-27）：

（一）　**基於對資本主義所建構的現代社會之不滿**：馬克思撰寫《資本論》之時，它所企圖推翻的國家資本主義與後來的壟斷資本主義雖然都已經成為歷史陳跡，但二次世界大戰後，跨國

資本主義或晚期資本主義卻隨著全球化的腳步，日益深化到全球各個國家的角落。不幸地是，馬克思當年所批判資本主義社會的生產模式對於無產階級的強制與壓迫，仍然有增無減的存在於晚期的資本主義社會中；統治階級透過精緻的資本主義管理制度，更加深資本主義社會的全面異化。

（二）**鑒於現代社會文明中人類主體性與尊嚴性的失落：**當代科學技術的高度發展，媒體誘導的消費文化，無遠弗屆與即時傳播的資訊科技，使得現代文明愈來愈脫離了人類的主體性，人類尊嚴在機器控制的世界中慘遭踐踏。而人文社會科學也愈來愈偏離社會正義與社會良心的事業，陷入前所未有的危機，真理成為商品拍賣，道德失去肯定地位，價值失去理想色彩，文化人乃陷入邊緣化，成為這個社會中的邊緣分子，不受尊重。探究這些危機的深層原因乃是現代主義的思潮操控了整體人類社會的思考模式與制度運作，必須加以批判摧毀，才有機會重新建立一個回歸人類主體性與尊嚴性的人性社會。

（三）**後工業社會中文化工業的興起：**後工業社會中的最大特色在於文化工業的興起，左派與右派、資本主義與共產主義的意識型態都已經被新的文化工業所取代。在這個意識型態無法發揮作用的文化工業時代中，文化的商業化成為主要特色，高級的科技人才、管理專家與思想菁英可以大量生產，藝術創造受到更多外在商業條件的限制，科學活動更以滿足商業化的利益為取向。因此，文化工業成為滿足人類無止境需求的工具，而不是具有特殊道德與精神意義的精神食糧。

二、現代性與後現代性的區別

後現代主義是企圖解構現代主義所建立的思考型式與典章制度，基

此，必須瞭解現代性（modernity）與後現代性（post-modernity）之區
別。現代性與後現代性的區別並不在於歷史教科書上所說的「時間分
際」，事實上，古代、現代與後現代在時間上都是連續的、不可分割的
歷史斷續過程；將後現代社會認定是現代社會的延伸，這是沒有任何意
義的。

　　區別關鍵在於：思維方式與追求文化風格的不同，現代社會中的思
維方式與文化風格為何？簡單一句話，就是追求秩序與規則、嚮往美好
與永恆、熱衷統一與高雅。現代主義的世界觀強調人是自然的解釋者，
是宇宙的觀察者，人類可以透過科學改造自然，利用自然，控制世界，
讓人類成為宇宙的主人；現代主義為了達成這種崇高目標，必須崇尚科
學，建立可以放諸四海而皆準的定律，以追求統一性與理想性。後現代
社會則是反其道而行，反對秩序，打破常規，從凌亂與無序狀態中重新
組合出美感，從矛盾與衝突中尋求統一，從統一的中心「大我」分離成
為許多獨立的「小我」；何以要如此的顛覆性呢？這是因為自啟蒙時期
以來所建構的現代社會已成為欠缺自我、沒有主體性、人成為上帝、
神、教義主宰下的動物（鄭祥福，1999: 29-34）。簡單而言，現代性與
後現代性的區別在於（Fox and Miller, 1995: 45-46）：

（一）　從建築風格而言，現代性強調功能性與專業化的設計，以高
　　　　樓大廈為美感；後現代性則主張兼收各種不同時代的設計方
　　　　法，以折衷性與斷裂性為美感。

（二）　從生產模式而論，現代性主張大量的生產線，生產重心是工
　　　　廠；後現代性則是主張後工業社會，生產重心是資訊。

（三）　從組織型態而論，現代性強調韋伯式的層級節制體系，後現
　　　　代性則主張權力下放的特別委員會形式。

（四）　從家庭結構而言，現代性主張核心家庭，後現代性主張各自
　　　　分立的小家庭。

（五）　從科學哲學方法論而言，現代性主張邏輯實證論，後現代性

則主張方法論上的無政府主義、詮釋主義。

（六） 從哲學原則而言，現代性追求普遍性，後現代性則反對基本教義主義（anti-foundationalism）。

（七） 從自我心理而言，現代性追求整合性的純真自我，後現代性則是追求沒有中心的自我（decentered self）。

（八） 從倫理而言，現代性主張功利主義、責任中心主義等，後現代性則主張情境主義。

（九） 從媒體而言，現代性重視畫面呈現的流線型，後現代性則兼採錄影、MTV、多媒體等交錯縱橫的凌亂美感。

　　從這些不同指標的比較可以看出：要理解後現代性必須從它所呈現的反叛現代性之思考形式與文化風格加以理解。綜合而言，現代性與後現代性的對立原理是：（1）整合 vs. 反整合；（2）中心化 vs. 反中心化；（3）向心力 vs. 離心力；（4）全體化 vs. 分部化；（5）後設敘事 vs. 分裂本文；（6）單一特色餐點 vs. 什錦沙拉；（7）可共量性 vs. 不可共量性；（8）統一的衝動 vs. 超現實主義；（9）通則主義 vs. 相對主義；（10）牛頓的萬有引用定律 vs. 海森堡的測不準定理。

三、後現代主義的特徵

　　後現代主義正如它興起背景的反常規性、反向思考性、反叛性一樣，對於它的意義之界定亦十分困難。基本上，它是許多現代西方學術中各種思潮的混血或拼湊的結果，法國的結構主義、德國的浪漫主義、北美諸國的大眾文藝運動、馬克思主義、無政府主義、批判理論、現象學與詮釋學等。因此，有人說它是以德法血統為主的新思潮，雖然目前在歐洲大陸已經有衰退跡象，但它卻在北美大學校園熱賣中，成為一個相當流行的學術思潮。

　　後現代主義的特徵是（鄭祥福，1999: 29-34；張國清，2000: 59-69）：

（一） **不確定性（indeterminacy）：**係指影響知識與社會的多種模糊性、斷裂性與錯置性；這種特性主要是來自於海森堡的測不準定理、歌德爾的非完全性定理、數理統計中的非連續性現象，乃至於孔恩的新舊典範不可共量性。

（二） **片段性（fragmentation）：**反對任何整體化的趨勢，世界的存在都是片段的、碎片的；故後現代主義的藝術家喜歡組合、拼湊、黏貼等，提倡差異性、分歧性，以創造出與眾不同的作品。

（三） **非正典化（decanonization）：**一切既成的規則定律都應該加以批判，加以打破，沒有既定規則就是後現代主義的規則；後現代狀況中，只有語言是唯一可以彼此溝通與互動的工具，每個人都是語言的參賽者，語言規則由參賽者自行訂定，沒有約定俗成的法則。

（四） **無我性（selflessness）與無深度性（depthlessness）：**現代主義高揚自我的主體性旗幟，後現代主義則主張消除這種自我性與主體性，鼓動自我毀滅。後現代主義否認深度，否認現象背後還有所謂的本質，堅決排斥從非真實性的現代科學方法可以找到真實。

（五） **不可表象性（unrepresentable）：**反對藝術能夠反映現實的觀點，反對偶像崇拜、反對崇高、反對模仿，後現代主義強調要表現自我，即使卑微、平面、虛無的題材都無所謂。

（六） **反諷性（irony）：**一旦失去了原則與典範，則後現代主義者乃轉向遊戲人間，轉向以反諷的態度進行對話，以展示其多重性、多義性、散漫性，甚至是荒誕性。

（七） **種類混雜（hybridization）：**後現代主義是一個大雜燴，是一種事事拼湊的變體文學形式，它將高級文化與低級文化、古代建築與現代建築、學者專家與平民百姓結合在一起，出現一個時空混亂，對象混淆的交織體，以豐富創作的內涵。

（八）**狂歡（carnivalization）**：這是指後現代主義者所強調的喜劇式的、荒誕的精神氣質，是類似嘉年華會中所有的參與者全心投入狂歡活動一樣，參與者既是演員，也是觀眾，產生一種自己就是世界的主宰。

（九）**表現和參與（performance and participation）**：後現代主義以遊戲人間方式看待這個充滿不確定性的世界，因之，他強調所有人的參與和表演；這種行動是自我觀照、自我發現、自我陶醉的自娛方式。

（十）**建構主義（constructionism）**：後現代主義不僅是解構現代主義的一切，成為消極的解構主義，它還強調從片段的、相對的、凌亂的事物中建構一個新的思考模式，這個思考模式雖然是一種建構主義，但它必須具有不確定性的、無定型化的內涵，是一種注重創新與發明的新思潮。

（十一）**內在性（immanence）**：世界上所有事物都是人類內在性，透過語言系統投射在現實世界的結果；故人類的內在心靈應透過語言符號系統，不斷地向外擴張、發展自我、繁衍自我。

四、公民治理

　　主導後現代社會的治理機制為何呢？後現代論者反對現代主義下所建構的民主政治，認為其基本上已無法充分反映民意，甚至淪於菁英與特權份子、政治投機者與投資者的溫床，必須反璞歸真，重新回到直接民權的公民治理形式，故重視公民所扮演的積極角色。他們認為：政府所要提供的是「公民服務」，而非「顧客服務」，解決政府問題的途徑是無法仰賴新公共管理者所採取的「以少作多」（do more with less）理念，以建立企業型政府，引入市場機制，企圖以節省成本方式為人民提供更多公共服務；而應該設法提高公民的參與權與決定權，政府則是負

責建立公民介入的制度與管道，使公民能夠真正成為領導政府的主人。

作為國家與社會主人的公民面對這樣的重責大任，自然不能怠忽職責成為只享權利，不盡義務的搭便車者；而是要兼顧義務與權利、個人自由與社會安全的新公民精神（New Citizenship）。

新公民精神是林墨門（Rimmerman, 1997）所提出來的概念，它是六〇年代參與民主概念的延伸，故許多參與民主的核心價值都可以納入，如：公民介入（citizen engagement）、政治平等、社會凝聚、充分信任、對多元意見的容忍，以及鼓勵公民組織與協會的成立與運作。如果公民之間產生意見與行動的衝突，則以大家所同意的價值共識作為解決的機制，新公民所建立的社區是一個包含所有共同利益的公民組織，公民是積極的、主動的「公民介入」，而非消極的、被動的「公民參與」，新公民精神的任務是希望以實務的政治從事政治的改造。因此，新公民精神認為國家應建立在公民介入的基礎上，誠如普特南（Putnam, 1993: 172）指出的：民主國家的機構不能以從上至下的方式建立，必須建立在公民信任與道德基礎之上。普氏認為以高層次的政治利益、社會平等、人際信任與自願協會為基礎的公民社區，容易導致有效治理與民主實質實現的可能性。

參與民主政治淵源於盧騷與彌爾的古典作品，後來在新英格蘭所舉行的市鎮會議（town meeting）為其運作的雛形，這個制度曾被托克維爾（Tocqueville）所讚譽，認為是美國民主的重要內涵；六〇年代的學生運動，如學生民主會社（Students for a Democratic Society）、學生非暴力協調委員會（Students Nonviolent Coordinating Committees）等所提出的個人參與民主口號都是其重要淵源。

參與民主政治的主張是：（1）如果民眾認知到社區公民的責任與角色，強化公民的社區參與意識是非常重要的；每一位公民都必須在社區會議中學習相關的公民知識，使其不至於以個人利益為出發點，而應透過辯論與協商的決策過程作出整合社區需求的公共決策。（2）強化公民參與有助於個人的發展與個人公民精神的實踐；故個人應該參與足以影

響其生活品質的社區決策。（3）公民應包括社會中的所有階層，不分性別、種族與宗教皆可參與足以影響其利益的公共決策（Rimmerman, 1997: 18-24）。

新公民精神立基於參與民主政治，公共行政者的角色也就轉變為轉換型、促進型的公共服務者；是一位任務導向與意見平衡的會議召集者，以及一位傾聽的行政者（King and Stivers, 1998: 202-203）。新公民精神所建立的參與性政府乃是一個以整合或合作的參與為基礎的「為民所有」的政府，這是一個由積極性的公民與負責任的政治人物與公務員共同合作，相互體諒，共同認定行政制度與公民需求、設計執行方案與達成目標，以謀求人民福利。

Schachter（1997）進一步整合公民與顧客的對立觀點，並提出作為主人的公民（citizen-as-owner）與作為顧客的公民（citizen-as-customer）兩種模式加以比較，前者主要就是政府再造運動中所形塑的公民角色，後者則是來自於紐約都會研究局（Bureau of Municipal Research）的運作經驗，為了解決都市政治問題，公民以主人姿態參與社區事務，將政府視為公民所有，政客與行政官員都是成員之一，但必須聽命於公民的意見。他們的運作經驗顯示：機構的效率可透過強化公民參與而提高，服務只是機關的公民責任之一；該局扮演的角色是進行公民教育、公民與政府的資訊交流，這種方式比單純顧客模式更足以提高機關組織績效。因此，作者指出：政府再造運動其實不應是「再造政府」，而應「再造我們自己」，改革者必須捫心自問：是否已將公民觀念納入政府再造內涵中。

後現代國家的發展願景是建構以新公民為統治主體的社區公民治理模式（community citizen governance model）。巴斯（Box, 1998: 5-12）指出：21世紀的美國政治舞台，中央政府掌控的優勢將會消逝，取而代之的是社區公民的統治模式。社區公民治理係指社區公民、社區代表與社區實務工作者三者之間的密切合作所組成的社區治理系統，這個系統經過歷史的發展而來，從17、18世紀的菁英控制時期，進入到19世

紀的代議政治時期、20 世紀的專業主義時期，到21 世紀則是進入公民治理的時期。在社區公民治理系統中，其執行社區政策取向的模式，必須是一個可親近性與開放性的，而非排他性與封閉性的社區治理系統。

自我評量

一、試以國家機關、市場與公民社會的互動關係分析世界各國文化政策的走向為何？

二、傳統文化行政與政策都強調官僚主義，請問其主張為何？此種理念所形成的傳統文化行政典範有何特點？

三、當代文化行政與政策強調要應用「新公共管理」之理念推動相關事務，請問其主張為何？此種理念所形成的典範有何特點？

四、請比較官僚主義與後官僚主義之異同？對於文化行政與政策之推動有何啟示？

五、何謂後現代主義？請舉例說明其在文化藝術上的特徵？對於文化行政與政策有何啟示？

六、請比較現代性與後現代性的意義與差別？

七、後現代主義追求社區公民治理模式，請分析其內容為何？

八、請解釋下列名詞：

The first sector	The second sector	The third sector
bureaucratism	post-bureaucratism	
modernism	post-modernism	
manageialism	neo-manageialism	
impersonality	Public Choice School	

New Public Management School

community citizen governance model

歷屆考題

1. 試論述後現代主義（post modernism）與新自由主義（neo-liberalism）產生的社會背景？其具體的訴求各為何？其對文化政策各有何影響？（107 年公務人員高等考試三級考試）

2. 請以 1960 年以來「後現代主義藝術運動」觀點，評析文化創意產業之商品特徵。（107 年特種考試地方政府公務人員考試）

3. 試述衍生於 1980 年代，影響文化和藝術發展甚巨的新管理主義（New Managerialism）之核心觀念與主要意涵，並舉例說明其在臺灣所產生的衝擊。（102 年公務人員高等考試一級暨二級考試）

4. 現代國家政府講究「行政」（administration）效能，而資本主義社會也很重視企業「管理」（management）技術，但是「行政」和「管理」的本質可能和文化藝術領域的發展背道而馳，因此所謂「文化行政」或「藝術管理」的概念本身即有內在的矛盾，試論述其中道理所在。（101 年公務人員高等二級考試）

5. 各國因為其特殊的歷史背景與政治制度，而發展出不同模式的文化政策制度。請說明美國、英國與法國的文化政策制度為何？為何會有這樣的發展？你認為那一種模式比較好？為什麼？（100 年公務人員高等考試一級暨二級考試）

6. 行政管理事務與文化藝術創作發展在本質上有一些矛盾之處，試就所學和經歷說明這種矛盾的現象。（96 年公務人員、關務人員升官等考試）

7
文化全球化與在地化

本章導讀

　　本章先闡述全球化的意義與特質；其次分析文化全球化的意義及其可能帶來的傷害，最後則就「全球在地化」的解方提出說明，或許這是可以化解全球化與地方化的矛盾與對立之可行途徑。

壹、全球化的意義與特質

全球化（Globalization）是全球人類、企業與政府互動與整合的過程，它是複雜與多面向的現象，它是資本主義擴張的結果，將國家經濟與地方經濟整合為一個全球性的自由化市場，貿易交流通暢無阻。Giddens（1989）指出：全球化是世界社會逐漸增加交互依賴性的趨勢，全球化過程是一個包含經濟、政治、財務、科技與文化的複雜過程，逐漸拉近了地方與全球的關係。全球化可從兩個層面加以觀察：第一、從全球化的範圍而論，全球化係指當代世界系統，包含國家與社會都納入其範圍而形成交互依賴關係網。第二、從全球化的深度而論，全球化係指無論是政治經濟與社會等都發生縱橫交錯的密切關係，使得政治、文化與經濟穿過國家界限，緊密融合在一起。

全球化是如何發生的？早期的全球化是因為全球便利的航空網所促成的，近年來則透過網際網路，加速全球化（accelerated globalization），其影響之大更超過以往甚多（Jones, 2006）。Robertson（1992）認為全球化一方面加劇世界的壓縮感，使得天涯若比鄰，另一方面則是增強了世界意識，地球村的概念正在形成。Barker & Jane（2016: 186）認為全球化具有下列四個特徵：（1）它是全球資本主義經濟的發展結果；（2）強調全球資訊系統；（3）它是民族國家體制；（4）強調世界軍事次序。基此，全球化具有下列五項特質（McGrew and Lewis, 1992）：（1）複雜性與多元性；（2）密切的互動型態；（3）國家的可滲透性；（4）快速的社會變遷；（5）脆弱的統治秩序。

Waters（1995）認為全球化包括三個面向：（1）經濟全球化：金融市場、自由貿易區、全球財貨勞務交易、跨國公司的迅速成長。（2）政治全球化：民族國家被聯合國、歐盟等大型國際組織所取代。（3）文化全球化：環繞世界的資訊、信號、符碼之流動。儘管如此，全球化主要仍是指「經濟全球化」而言，意指各國的國際貿易、資本流動、科學技術與資訊資料等經濟資源，透過世界貿易組織（World

Trade Organization, WTO）的運作，使得各國財貨勞務的交易與流通沒有關稅障礙，故促成了經濟發展的全球化與一體化，全球社會的麥當勞化（McDonaldization of global society）乃是全球化的典型象徵之一。Giddens（1989）曾指出：全球化的本質是經濟全球化，全球至少有半數的經濟產值是由200家全球跨國公司所控制，他們至少提供世界總產量的三分之一和一半的產出，如汽車零組件、建築、化學、半導體等。

　　2000年國際貨幣基金會（International Monetary Fund, IMF）曾界定經濟全球化的四個面向：貿易與交易、資本與投資活動、移民運動以及知識散播[1]。事實上，全球化也關心其他全球化議題，如氣候變遷與全球暖化問題、跨國界水資源的保護、跨境的空氣污染、過度捕撈的海洋資源等全球議題，Held & McGrew（2007）就採取比較廣義的觀點，指出全球化的四個特點：（1）全球化涉及跨邊界、跨區域與跨國度的社會、政治與經濟活動的延展；（2）貿易、投資、財務、文化等交流的強大化、大量化、交互依賴性等；（3）觀念、財貨、人類、資訊與資本等，透過交通與通訊的雙重傳播，加速全球化交流過程，更擴展全球互聯性的廣度與深度；（4）經由上述三項特性，各地方與全球就產生連動性的蝴蝶效應。

貳、「經濟聯合國」——WTO 的關鍵地位

　　世界貿易組織[2]（WTO）是維持全球化的重要機構，前身是1948年起開始運作的關稅及貿易總協定（GATT），經過約有125個國家參與的烏拉圭回合談判（1986-1994），終於在1995年1月1日成立WTO，總部設於瑞士日內瓦，目前有164個會員國，涵蓋全球貿易額的98%，被

1　International Monetary Fund (2000). "Globalization: Threats or Opportunity." 12 April 2000, IMF Publications. 2020/1/5 瀏覽。

2　世界貿易組織官網：https://www.wto.org/，2020/1/5 瀏覽。

稱為是「經濟聯合國」，有別於聯合國所代表的「政治聯合國」。

WTO 是多邊貿易體制的法律基礎和組織基礎，乃係眾多貿易協定的管理者、各成員貿易立法的監督者，就貿易進行談判和解決爭端的場所。在 WTO 的規範下，各國可以自行透過談判簽訂區域自由貿易協定。WTO 的宗旨是追求全球貿易自由化，所有締約成員都必須遵守最惠國待遇、國民待遇、互惠、市場准許進入（包括關稅減讓、取消非關稅貿易障礙、服務貿易市場開放等）、公平競爭等規範。

WTO 多邊貿易體系之基本理念即在於創造一個自由、公平之國際貿易環境，使資源能夠作最佳之使用以提升生活水準，確保充分就業，並擴大生產與貿易開放、平等、互惠與互利，並且期待透過貿易以提升開發中與低度開發國家之經濟發展。

世貿組織的基本原則是：

一、非歧視性原則：包括「最惠國待遇」和「國民待遇」原則。
二、透明度原則：成員要向其他成員及時公開本國的貿易政策、體制和法規；貿易規則要有穩定性，成員不應隨意改變貿易條件或規章。
三、自由貿易原則：致力消除貿易障礙，促進各成員開放市場。
四、公平競爭原則：致力消除貿易障礙，促進公平、開放的競爭。
五、鼓勵發展和經濟改革的原則：給予發展中國家優惠和差別待遇，使它們有較多時間調整和適應。

參、文化全球化的意義

Jones（2006: 55）對於文化全球化的定義是：全球舞台上，各國文化實務、文化觀念上的相互整合與糾葛過程，它是全球化面向中最重要的內涵；在全球村概念下，任何一個人在任何一個地方都可以毫無障礙地製作其文化符號，透過網際網路散播到全世界各地，影響其他地方的

觀念、價值與文化。基此，全球一家、共享文化價值的世界主義乃成為文化全球化共同的價值觀，全球化導致世界融合、經濟融合，但最重要的是出現文化融合。

　　文化全球化的代表案例之一是運動競賽的全球化，例如，每四年一次的世界杯足球賽，參與國家多達兩百多個，觀賞人口數十億人，甚至超過奧林匹克運動會，據估計 2006 年的世界杯足球賽，全球約有九分之一的人口觀看足球轉播，想想看，當你在酒吧為某個球隊喝采時，全球很多角落都有很多人跟你一樣興奮地加油，球賽已經成為典型的文化全球化。此外，由於社群影音媒體的發達，音樂已經跨越國家鴻溝而深入到青年族群的腦海中；近年來海峽兩岸的流行音樂中加入很多 Rap，對於成長於鄧麗君的中老年人而言，可能會認為這到底是唱歌還是「唸歌」？東方國家較不熟悉的爵士樂和雷鬼音樂在各地普及，或許將會形成流行，這也不會令人訝異；創始於歐美國家的西方音樂，可能從開發中國家吸引更多的聽眾，因而拓展其聽眾群，形成一種「世界型音樂」，相對於特定族群聆聽的音樂，其影響力更為廣泛。

　　文化全球化主要是指全球各地的觀念、意義、價值之交流與傳輸，透過大眾傳播媒體、國際旅遊與網際網路，導致原有社會關係的擴張與強化，這種社會關係的擴大與創造不限定於物質層次，精神層次亦受其影響。在文化全球化的籠罩下，每個人、團體或族群的文化認同很容易受到其他外來文化的影響，使得不同文化與群體的文化交流愈來愈頻繁，互賴關係亦愈來愈強。文化全球化潮流下，強勢國家的優勢文化透過全球化管道進入落後國家，對於當地文化的獨特性與多樣性當然會有影響。因此，有人說：全球化會導致地方文化的西方化或美國化（Westernization or Americanization of local culture）。例如，亞洲國家充斥著西方的速食文化；星巴克咖啡滲入到世界各國城市上班族；迪斯奈卡通世界則是滲入到孩童腦海中。基此，跨文化溝通（cross-cultural communication）成為文化全球化後新興起的學科，必須要瞭解來自不同文化背景的人們究竟如何努力進行跨文化溝通，以增強彼此的瞭解。

肆、文化全球化的利弊

　　很多反全球化者對於全球化與文化全球化抱著質疑的態度，文化全球化的最大問題在於：弱勢族群文化有被消滅的危機，以及若干弱勢文化可能受到全球優勢文化的影響而失去其獨特性與原生態性。為了捍衛傳統技藝被時尚設計所掠奪、為了捍衛即將瀕臨滅絕的獨特族群文化，反全球化者每逢世貿組織開會期間，總會揚起抗議的旗幟，批判世貿組織的黑箱作業與秘密會議，企圖以不透明與不公開的決策方式傷害各地的弱勢文化。

　　反全球化論者指出：在「世界型音樂」影響下，純粹的地方傳統音樂慢慢消失了，為求生存，傳統音樂演奏者必須放棄其獨特的演奏方式與工具，而採取迎合大眾口味的表演方式，取而代之的是融合西方、傳統與其他元素的新音樂。因此，他們呼籲傳統音樂家必須為其創造歌曲的古樸性與純粹性而奮鬥，開始發起保護傳統音樂遺產的呼聲。反全球化者批評全球化造成的產品集中化與同質化，傷害了世界文化多樣性的珍貴特質，他們呼籲文化是當地社會共同建構的特殊產物，應該尊重各地的文化資產形成文化分散化（cultural fragmentation）現象，讓各種不同文化得以百花齊放、遍地芬芳，唯有這種異質（hybridity）文化態樣才能避免受到文化全球化的衝擊。

　　全球化理論學家 Jones（2006: 56-57）曾指出：全球化產生解除領域化（deterritorialization）現象，讓文化與地方脫節，弱化了地方與文化的連結性，因此對於地方文化的獨特性是有傷害的。文化全球化過程中，強勢國家孕育的全球化企業，擁有經濟規模、經營效率與品牌形象的絕對優勢，如此將形成一個以母國企業文化為中心的中央化（centralization）商業營運模式，將母國產品向世界各地販售輻射出去，如此將使得各地文化消費方式與品味的趨同性，形成文化同質性（cultural homogeneity），此對於文化多樣性所堅持的文化異質性（cultural heterogeneity）與文化分權化（cultural decentralization）自然是

大相徑庭的。Barker & Jane（2016: 190-192）指出：全球消費資本主義的橫行，透過跨國公司的文化同步化（cultural synchronization），消費者口味愈來愈近似，導致全球文化趨同化（cultural homogenization），傷害了文化自主性與多樣性。因此，全球資本主義實質上是「西方化」思維，將西方財貨勞務、倫理道德、精神價值等輸出至其他弱勢文化社會，而逐漸形成全球文化的同質化。

　　因此，文化全球化之下會形成以歐美為中心的文化帝國主義（cultural imperialism），容易破壞地方與民族國家的認同（Jones, 2006: 56-57），過去曾發生殖民國家侵略落後國家的經驗，當時列強國家挾著優勢的軍事力與經濟力，殖民化落後國家，再進行長期的文化社會化。雖然殖民帝國主義時代已經過去，但如今文化帝國主義，特別是指美國化對於開發中或未開發社會的影響，仍是無遠弗屆的，就連鄰近的歐洲國家（特別是法國）也經常抱怨美國所出現的文化帝國主義，以其絕對優勢的傳播媒體力量攻佔歐洲國家的文化藝術市場，影響其就業生存權益，因而呼籲美國政府應該節制，法國文化界乃提出著名的「文化例外原則（詳見第一章）。

　　不過，也有不少學者提出不同看法，如 Tomlinson（1999）認為：其實「解除領域化」不能只看到它的壞處，最大好處是讓欠缺文化資源的地方文化經營者可能擁有更多的表演機會，從而取得更多資源繼續生存下去，這未嘗不是好事。反全球化的論點是：文化全球化是透過航空、跨境貿易與網際網路的發達，讓資本主義的經貿強國向弱國輸入產品，導致弱國的地方化受到嚴重衝擊，逐漸被同質化，但其成立的前提條件是弱國的顧客能夠接受強國的產品，如果無法接受，強國的文化侵入未必能夠如願。Tomlinson（1999）認為：與其說是文化帝國主義還不如說是「媒體帝國主義」，事實上，文化是動態與相互流動的過程，一種優勢文化要單向地、全面性地征服另外一弱勢文化，並非如此容易，因為在地觀眾未必有能力欣賞外來文化，文化全球化的影響究竟是好是壞，實在要看情形而定。

　　總之，面對文化全球化的正確態度是以跨文化主義（Transculturalism）精神，相互瞭解、彼此融合，面對他國文化的優勢並汲取其優點，然後調整本國文化的呈現方式與內涵，形成一個能夠融合各種元素、吸引更多觀眾的新型文化。

伍、全球在地化（Glocalization）的崛起

　　全球在地化（Glocalization）是來自日本學者的用語，1980 年代成為企業界的俗語，1990 年代經過英國社會學家 Roland Robertson 引介後成為流行名詞，乃是全球化（globalization）與在地化（localization）兩字的結合，意指：面對全球化與在地化的爭議，應該要採取整合觀點——「全球化思維，在地化行動化」，如此就可以將全球與地方做有效的連結[3]。

　　這個觀點挑戰了將全球化過程視為地域尺度下線性思維擴張的單純觀點——「大陸／全球層面」的重要性與「地方／區域」的獨特性是可以同時存在的，並不絕對衝突與對立。全球化過程中出現的同質性是中央化造成的結果，而異質性則是分權化造成的結果。全球在地化論者認為：同質與異質、中央與分權都不是必然的對立與矛盾，全球與地方層面具交互連結性（interconnectedness）。例如，從文創企業的經營策略而言，不是一廂情願地研發在地化的產品而無視於國際市場的偏好，也不可能是一味地迎合全球化市場的潮流而失去了自己產品的在地特色。正確的經營策略是：文創產品的發展與流通要有全球市場的國際視野，但該產品必須依據各地消費者的在地需求與偏好做一客觀調整。因此，全球化企業一方面要有微觀的行銷策略（micro-marketing strategies），以展現文創產品的特色，另一方面則要將行銷市場放眼全球，因而要有

3　Joachim Blatter, Glocalization. https://www.britannica.com/topic/glocalization, 2020/1/5 瀏覽。

宏觀的行銷視野（macro-marketing perspectives），在這樣的全球在地化觀點下，產品設計就應該看得近、更看得遠，發展出可以兼顧國內與國際的市場。例如，麥當勞是全球化的典型代表，至今該企業仍維持其強大優勢，因為其在地化策略也很徹底；印度有許多不吃牛肉的印度教徒、不吃豬肉的穆斯林教徒，因而發展出素食麥當勞，其在地化策略頗受好評。

Robertson（1995）拒絕全球化與地方化兩極對立的本質論者（essentialist），全球在地化可以同時解決全球與地方的對立衝突；一方面可以透過在地化行動，緩和了全球化對於地方造成的傷害，而來自地方化的創造力與滲透的全球化，亦可深化全球化的扎根性，擴大地方化的視野。全球在地化鼓勵多樣性，強調全球潮流與地方偏好的整合、都市與鄉村的合作、外來移民與本國居民的融合，如此就形成一個多樣化的多元社會。

自我評量

一、何謂全球化？有何特質？ WTO 扮演何種重要角色？

二、何謂文化全球化？舉例說明之。

三、文化全球化對於臺灣未來發展的利弊得失，請加以評論。

四、全球在地化的意義究竟何所指？可否舉例說明？

五、何謂 cultural homogeneity 與 cultural heterogeneity，請加以說明其意義。

六、何謂 micro-marketing strategies 與 macro-marketing perspectives，在全球化議題上有何特殊意義？請舉例說明？

七、請解釋下列名詞：

accelerated globalization　　　WTO/GATT　　　Transculturalism

cross-cultural communication   cultural fragmentation

McDonaldization of global society   Glocalization

Westernizationor Americanization of culture

歷屆考題

1. 什麼是 GATT、WTO、GATS？在上述的會議談判中各國有何利益衝突？法國主張「文化例外」（cultural exception）的理由為何？（106 年特種考試地方政府公務人員考試）

2. 請說明「文化全球化」在 20 世紀末期以來的發展階段以及特徵。（105 年特種考試地方政府公務人員考試）

3. 在全球化的趨勢下，作為地方公務人員，面對文化同質化（cultural homogenization）與文化異質化（cultural heterogenization）的緊張關係，應如何努力以找出二者間的平衡點來凸顯當地文化的在地性（locality）？試就所知的理論觀點，結合具體的地方文化場景，任舉一例分析政策制定者達成這種文化政策的全球在地化（glocalization）的可能空間。（98 年特種考試地方政府公務人員三等考試）

8

數位媒體文化的崛起與因應

壹、從「網路革命」到「數位革命」

貳、新媒體改變文化生活型態

參、OTT 影音產業的崛起

肆、上線權為當代新人權

伍、數位落差概念的澄清

陸、當前文化部門的數位媒體政策

本章導讀

　　本章首先剖析數位革命的興起背景，其次說明新媒體的內涵及其對文化生活型態的影響；OTT 影音產業為文化政策中重要的課題，此外，上線權與數位落差問題的關懷是文化公民權的表現。

、從「網路革命」到「數位革命」

　　自從手機問世後，當代虛擬文化正發生著無遠弗屆的數位革命，「一機在手，天長地久；機不在手，魂都沒有」，手機已經成為日常生活行住坐臥必備的工具，人類無論在何時、何地都可能透過手機觸及來自世界各地的文化符號與語言，「全球村 APP」的概念不只是口號而已，如今更成為當前人類共同居住的虛擬空間。過去文化的散播與流動依賴大眾傳播媒體（mass media），如有線、無線電視頻道、廣播電台、大型平面媒體、文物出版等，但其對消費人口的經營速度甚慢，電視大約花了 13 年才達到千萬人次觀眾，廣播則花了 38 年才達到 5 千萬人次聽眾的目標，但如今的數位社群影音媒體，如 Youtube，輕易一支影片就達到數十億人次的點擊率（Barker & Jane, 2016: 456-457）。

　　大眾傳媒以高成本委託廠商自製或外製節目，採取固定時段播放觀賞；社群媒體（social media）則是完全行動化與個人化的自由媒體，採取小成本的自製（DIY）或與他人共製的媒體（do-it-with-others, DIWO），觀賞時段則任君挑選；大眾傳媒仰賴的是以中、大型電視螢幕與大眾溝通，但社群媒體則以多媒體、多平台、互動化、視覺化的小螢幕方式呈現，兩相比較，就可以知道：未能迅速轉型的大眾傳媒根本無法抵擋數位革命的浪潮而逐漸失去光環，例如，曾經揭發水門案件而著稱於世的《華盛頓郵報》（*Washington Post*），最後竟然被亞馬遜公司（Amazon.com Inc.）首席執行長貝索斯（Jeff Bezos）斥資收購，其他類似失敗案例層出不窮。

　　就資訊科技對於文化生活的影響而言，第一代是網際網路掀起的「網路革命」，網路經營者以 Web 將所有的文化活動都放在官網上，從以「讀」為主的 web1.0 時代，快速進入到「讀寫」並存的 Web2.0，從事 B2B, B2C, C2C, B2G, C2G, B2G2C（係指 Business, Consumer, Government 的簡稱）等網路交易方式，如今看起來，web 已是基本常識，其對於文化的影響還是可以預期與因應的。自從手機出現後，透過雲端科技

（cloud technology），快速地串連原有的電視、電腦、筆電與平板等螢幕（screens）後，乃掀起驚濤駭浪的數位革命（digital revolution），這個數位革命的主角是由多螢一雲（many screens/one cloud）的數位匯流工具所構成，如 APP 行動程式、數位影音、社群媒體等。在數位革命下的新世代出現許多數位原生族群（digital native），形成以多元數位媒體傳播工具所構築的多媒體社會，他們發布訊息速度之快難以想像，政府幾乎無力抵擋（Castells, 2010）。他們對於文化的偏好結構、思考方式與價值觀念完全不同於過去世代，我國文化政策制定者雖看到了這種趨勢，但目前尚未採取積極因應行動，因為數位世代的問題已非文化部門可以獨立解決，必須以跨部門治理方式共同研議對策，以避免數位革命對文化所造成的傷害，吸收其所帶來的益處。

貳、新媒體改變文化生活型態

新媒體是指將當代數位工具應用於傳播媒體所產生的新媒體傳播模式，概可分為網路新媒體（如部落格、入口網站，搜尋引擎等）、移動新媒體（如手機、平板、筆電、個人電腦或其他行動載具所建置的微網誌、APP 等）。如今我們已很難忽略這些新媒體對於文化生活型態的影響；當中老年人仍在客廳觀看電視八點檔時，手機已顛覆了所有使用者的收看習慣，數位原生族群早已不耐傳統電視頻道播放出毫無內容、千篇一律的「節目餵養」，手機族無論在任何地方、任何方式、任何時間都可能收看他想要收看的內容；在此情形下，政府花了那麼多的公務人力與經費去管理無人問津的有線電視頻道，卻對於翻天覆地的數位世界毫無作為，令人難以理解。

社群媒體對於傳統新聞業者，包括電視、廣播與報紙的影響相當深遠，不僅改變新聞採編、播報與溝通方式，而且其傳播速度之快，影響範圍之廣，幾乎難以抵擋。社群媒體的基本原則是人人都可以擔任記

者，就公共事務表達其看法，只要以手機拍攝你所想要表達的特殊現象，透過簡單的文字敘述或者只需要播放影片就可以達到主流傳統媒體所欲達到的教化目標。因此，Bowman & Wills（2003）曾於十多年前預測在數位資訊媒體時代，公民可以蒐集、報導、分析與散播新聞資訊，提供一個民主政治所需要的獨立的、可信賴的、正確的、廣泛相關的資訊，如今看起來，不僅實現了當初的預言，還出現公民自媒體主義（citizen journalism），其特徵是：（1）透明開放的發行新聞方式；（2）可能採取合作式的新聞編採方式；（3）分散式的新聞內容，發展出 RSS 訊息來源格式規範，用以統合經常發布更新資料的網站，例如部落格文章、新聞、音訊或視訊的網摘。

美國前總統歐巴馬善用社群媒體的新興力量，打贏選戰；台大醫師柯文哲以黑馬之姿輕易贏得臺北市市長寶座，兩者都展現社群媒體成功扭轉民意的威力。就以最精彩的希拉蕊與川普之戰而論，事前所有「主流平面與電子媒體」發布的民調幾乎都預測希拉蕊將輕易贏得大選，可是卻飲恨敗北，最後希拉蕊與川普的「得票率」之比為：48.2% vs. 46.1%，希拉蕊整整比川普多了 286 萬張選票，但總統選舉人得票數卻是 227 比 304，川普整整多了 77 張總統選舉人票，由於美國選舉主要是採計後者，故川普的全國民意支持度竟然少於落選者的現象，乃成為一位少數總統（minorities president）[1]。事後檢討失敗原因，主要在於：希拉蕊陣營的選戰策略太過相信電視與報紙等主流媒體的預測，重視電視螢幕與報紙所營造的美好形象，忽略了社群媒體的實質影響力，而川普陣營則拒絕甚至採取對抗主流媒體的燈光秀，透過社群媒體，密集經營與其屬性相同的中西部選民。很多學者認為：在數位媒體時代，傳統民調方法，以家庭電話號碼為抽取樣本的方式，已經落伍了，由於樣本大多數是老年人，故無法充分反映民意結構；新世代選民是手機世代，準

1　請參考 2016 美國總統選舉，維基百科：https://zh.wikipedia.org/wiki/2016%E5%B9%B4%E7%BE%8E%E5%9C%8B%E7%B8%BD%E7%B5%B1%E9%81%B8%E8%88%89，2020/1/5 瀏覽。

確民意調查應該要納入手機樣本，雖然其方法論仍有問題與困難，但必須正視這種無法避免的趨勢。

參、OTT 影音產業的崛起

OTT 服務產業（Over-the-top service）是近年來最常看到的科技名詞，由於網際網路環境的成熟，透過網路傳輸，OTT 業者可以透過各式各樣的終端機，為用戶直接提供不限時間、不限地點、不限載具、不限內容的線上服務，如 Google, Youtube, iTunes, Line 等。OTT 創新科技的興起，徹底顛覆了市場運行的規律，過去一直居於舉足輕重地位、各擁山頭的 IT 部門、電信部門、消費性電子部門和文創產業四大部門，隨著 IP 網路的整合與崛起，導致傳統四大部門彼此插足對方領域形成數位匯流（digital convergence）趨勢。例如，蘋果電腦公司出產 Iphone後，透過電信部門架設好的電信網路，設計出方便的 APP 軟體，堂而皇之的發展各種音樂產品，如 iTunes、KKBOX，對於傳統影音業者構成極大的衝擊。有鑒於此，傳統的電影業者也不好惹，開始大量運用IT 部門的軟硬體技術，大大降低場景設計的成本與難度，如賣座甚佳的《阿凡達》以及李安的《少年 PI 的奇幻漂流》，巧妙運用動畫與 3D立體視覺設計，受到年輕影迷的歡迎。基此，有人說：傳統上好萊塢（Hollywood）與矽谷（Silicon Valley）各自獨立的兩個名詞，今後將整合成為矽塢（Siliwood），明顯地這是數位匯流後的特有現象。

新媒體環境的崛起取代傳統視訊媒體幾乎是必然的發展趨勢，臺灣大哥大新創服務部的報告指出：90% 的智慧型手機用戶透過手機看影音，30% 用戶每天都用手機看影音；在全臺整體上網人口中，85% 為線上影音用戶。16-24 歲族群黃金時段看線上影音比例高達 49%，2013年首度超過電視（41%）（丘昌泰，2017a）。劉文山（2015）的調查指出：Youtube 在臺灣的使用率為 77.7%，優酷土豆為 25.8%，愛奇藝 PPS

為17.6%。事實上，臺灣網民也經常收看線上大陸視頻網站，前五名分別是：優酷土豆、愛奇藝、搜狐視頻、騰訊視頻、樂視網，此外，非法 OTT 如 ck101.com, plus28.com, eyny.com 等都是臺灣網民們相當熟悉的網站。有鑒於此，行政院於2012 年5 月訂頒《數位匯流發展方案（2010-2015 年）》，在「保障數位內容業者權益」一節中，政府相關機關擬採取的政策行動包括：（1）加強查緝網路盜版；（2）宣傳網路智慧財產權；（3）強化網路通報機制單一窗口。

肆、上線權為當代新人權

「資訊力」被視為21 世紀各國競爭力的關鍵指標，而人民的上線權（online right）被先進國家視為自由權利範疇之一（丘昌泰，2014a）。全球數位落差最嚴重的區域莫過於非洲，2012 年上網人口僅佔非洲總人口的15%，近年來由於政府與民間不斷快速增加對於資訊基礎建設的投資，降低上網成本，導致上網人口急遽增加，手機滲透率從2000年的 1% 上升至2012 年的54%，使得網路權（internet right）成為非洲人權組織關注的「新人權」之一；致力於非洲連線權的 Steven Song 曾指出：可以付得起的網路使用權已非一項奢侈，它掀起驚濤駭浪的革命潮流，從鄉村農夫到大型企業老闆都透過網際網路提高倍數效率，網際網路開啟了創新之門，為每個人提供了新概念與新機會[2]。歐洲執委會[3]（European Commission）公布《歐盟上線權法典》（*Code of Online Rights*, 2012: 4-5）規定：歐盟每位公民須以合理價格使用最基本的網路連線，並擁有公平使用與購買上線產品的自由，弱勢消費者亦應擁有與

2　Joel Macharia (2014). "Internet Access is No Longer A Luxury." *Africa Renewal*, April. http://www.un.org/africarenewal/magazine/april-2014/internet-access-no-longer-luxury.

3　European Commission (2012). *Code of EU Online Rights*.

多數消費者同樣的網路使用權與選擇權。基此，每位行動不便、視障或聽障的消費者必須確保能與大眾一樣，取得資通訊服務提供者的公平服務，稱為普遍服務原則（The Universal Service Principle）。

美國國務院將上線權視為國際人權之一，並作為外交政策指導原則之一，2012 年 11 月 20 日與 21 個會員國成立網路自由聯盟（The Freedom Online Coalition），呼籲上線權為各國政府應宣示保衛的人權範疇之一；為貫徹其理念，美國贊助由荷蘭非政府組織 HIVOS[4] 所推動的數位防衛夥伴計畫（Digital Defenders Partnership），任何國家的網民只要其網路使用權受到執政者的限制與迫害，該計畫將透過新科技予以支援以協助網民解決該項威脅[5]。2013 年美國更與國際電信聯盟（The International Telecommunication Union, ITU）積極合作，於日內瓦第五屆世界國際電信政策論壇（The Fifth World Telecommunication Policy Forum, WTPF）與其他國家達成共識，宣示成立全球的、包容的、自由的與開放的網際網路。

我國憲法並未明文規定資訊權為人民應保障之自由權利，唯數度經大法官會議做出解釋，已確認上線權為中華民國人民應享有自由權利之一，主要論點是：憲法第 11 條規定，人民之言論自由應予保障，鑑於言論自由具有實現自我、溝通意見、追求真理、滿足人民知的權利，形成公意，促進各種合理之政治及社會活動之功能，乃維持民主多元社會正常發展不可或缺之機制，國家應給予最大限度之保障（釋字第 509 號解釋參照）。前開規定所保障之言論自由，其內容尚包括通訊傳播自由之保障，亦即人民得使用無線電廣播、電視或其他通訊傳播網路等設施，以取得資訊及發表言論之自由（釋字第 613 號解釋參照）[6]。可見上

4　荷蘭 HIVOS 基金會（Hivos Foundation）成立於 1968 年，係由人道主義協會（The Humanist Association）資助成立，宗旨為推動以人權為基礎的社會變遷、數位行動與鄉村創新行動。請參官方網站：https://www.hivos.org/，2020/1/5 瀏覽。

5　U.S. Department of State, 2012-11-20, *Fact Sheet: Freedom Online Coalition.* https://freedomonlinecoalition.com/document/foc-factsheet-2019/, 2020/1/5 瀏覽。

6　大法官會議解釋文釋字第 678 號，2010 年 7 月 2 日，〈電信法就無線電頻率使用

線權也是中華民國政府應該盡心盡力保障的「新人權」。

伍、數位落差概念的澄清

早於1995年美國資訊電子主管部門就關注數位落差的情況，美國商務部國家通信及資訊管理局（National Telecommunications and Information Administration, NTIA）曾發布資訊劣勢者（information disadvantaged）的調查報告[7]；調查目的是企圖瞭解電話滲透率或電腦數據機普及率。事實上，90年代中期美國社會的個人電腦擁有量，在不同族群之間產生巨大的鴻溝；當時的電腦擁有者，大多集中於特定族群，擁有電腦科技者可以透過網路連線將資訊增值、增加個人機會與財富，但是沒有擁有電腦科技者卻繼續沿用舊有的工作方式，淪為社會邊緣，致使美國社會趨向資訊落差的兩極化。基此，當時的資訊落差係指美國社會中的兩個階層：擁有 ICTs 階層（The ICTs haves）與無法擁有 ICTs 階層（The ICTs have-nots），在個人、家庭或其他不同社經水準間，接近 ICTs 的機會，或者經由連線後，具備足夠有效操作這些電腦科技的知識與能力，嚴重地出現不平等的分布狀況[8]。這些資訊劣勢者包括：城市中心與鄉村地區的貧窮階層；鄉村與城市中心的少數族群；年

應經許可，違者處刑罰並沒收器材等規定違憲？〉；釋字第617號，2006年10月26日，〈刑法第235條違憲？〉；釋字第613號，2006年7月21日，〈通傳會組織法第4條、第16條規定是否違憲？〉；釋字第509號，2000年7月7日，〈刑法誹謗罪之規定違憲？〉。

7 當時國家通信及資訊管理局（NTIA）正開發出個人電腦透過數據機上盒連線的新穎設備，亦準備大力推行；由於該資通設備仍屬於相當昂貴的設施，故進行調查時仍以電話滲透率為調查主軸，電腦數據機連線僅作補充之用，並未成為1995年調查報告的主軸。

8 U.S. Department of Commerce, National Telecommunications and Information Administration (NTIA) (1995). Falling through the net: A survey of the "have nots" in rural and urban America. Retrieved from http://www.ntia.doc.gov/ntiahome/fallingthru.html, 2020/1/5 瀏覽。

輕人與老年人；城市中心低教育程度者；中西部與南方城市中心等（丘昌泰，2014a）。

　　1999 年 FCC 在《降低網路鴻溝：定義數位落差》（*Falling Through the Net: Defining the Digital Divide*[9]）中，首次使用數位科技的字眼，並將網路連線服務作為衡量數位落差的重要指標；前總統柯林頓於2000年國情諮文開始出現數位落差（digital divide）的字眼，以致今日成為社會各界耳熟能詳的名詞。如今所謂數位落差，其衡量指標已從傳統的個人電腦與數據機，擴展為多元的電子消費產品，如筆電、平板電腦、手機、電視等；在連線方式上亦從低速狹窄的固網時代邁向高速寬廣的行動網路時代。基此，當前數位落差是指社會上不同性別、年齡、種族、收入水準、居住環境、社會階層背景的人，接近數位科技產品的機會與使用能力上的差異。

　　數位落差的根本問題在於數位科技的投資不足，故美國於2009 年通過《美國復甦與再投資法案》（The American Recovery and Reinvestment Act of 2009），依該法案制定兩項重要計畫：寬頻科技機會計畫（the Broadband Technology Opportunities Program）與寬頻基礎計畫（the Broadband Infrastructure Program），透過貸款與補助撥款機制，鼓勵數位科技產業投入數位科技基礎建設，以普及數位科技的基礎設施。如今美國政府已將上線權視為公民權利的一種。

陸、當前文化部門的數位媒體政策

一、數位影視音樂之發展

　　目前文化部相當重視數位影視音樂產業之發展，但有相當難度，主

9　U.S. Department of Commerce, National Telecommunications and Information Administration, *Falling Through the Net: Defining the Digital Divide*, 08 July 1999. http://www.ntia.doc.gov/report/1999/falling-through-net-defining-digital-divide.

要原因是：行政慣例上，文化部的文化專業主要是針對現實世界的文化藝術實體活動進行輔導與管理，至於依託數位工具所發展出來的 OTT 影音產業，則受限於資訊科技專業職能與人力，難以發揮其文化專業，更何況數位工具還涉及通訊傳播委員會（NCC）之職掌，必要時仍需要科技部之技術協助，最好的辦法是成立跨部門治理委員會，以處理這些新興的數位影音課題。

有關文化部對於發展影視音產業之計畫可見於官網[10]中所稱：影視音產業是國家文化的體現，也是國家重要戰略產業，可帶動觀光、文創等經濟效益。惟目前國際間影視音產業發展趨勢朝向高資本、高科技應用，市場競爭更趨激烈；因應數位匯流產業趨勢及 OTT 帶來的產業革命等挑戰，該重新定位影視音政策以符合產業的多元需求，兼顧文化基本面與產業競爭力，爰將從「資金」、「產製」、「通路」及「環境」之關鍵發展環節著手，提升影視音內容產製能量與競爭力：

（一）在產業「資金」協助部分，以「補助－投資」雙軌資金協助影視產製，強化內容發展，並以擴大媒合、創投基金等多重來源，強化投資。

（二）在「產製」方面，強化影視音內容產製輔導措施、鼓勵有效用新興技術、IP 跨域應用與人才培育，提升內需及輸出國際的競爭力，並發展地方影視音聚落，提增在地影視故事能量。

（三）在「通路」方面，透過各項輔助措施，提升影視節目自製率，並與國家通訊傳播委員會合作，提升本國自製節目的能見度，透過強化國片院線、電視與新媒體等多元通路、拓展海外市場等，提升影視商品的擴散效果。

（四）在「環境」面，將透過公共電視法修正、國家電影中心設置

---

10 文化部影音及流行音樂：https://www.moc.gov.tw/content_272.html，2020/1/5 瀏覽。

條例之訂定等法規整備，強化公廣集團及影視專業中介組織
功能、與地方政府及產業協力，發展國際級影視製作中心、
興建北部及海洋流行音樂中心，整合流行音樂產業形成聚
落，及人才培育與流行音樂歷史典藏展示。

二、文化雲計畫

　　文化部曾推動文化雲[11]計畫：有鑒於文化資源分散，各類文化機構
網路資源服務不足，及各藝文機構資訊系統重複建置，且未提供整合服
務，同時行動載具與雲端科技興起，並規劃運用雲端科技將現有各文化
機關與團體擁有之網站與資料庫等文化元素，予以盤點、整合為文化資
源庫，以開放資料方式，提供民間加值利用。

　　文化雲核心概念為「藝文內容＋整合行動服務＋分享」，其中藝文
內容是最重要的基礎。文化部以盤點、整合與開放各藝文機關（構）數
位文化資源，建立單一整合服務平台，並從文化業務流程切入，由資料
來源單位導入使用，以提供民眾完整、正確、即時之整合資訊：

（一）　iCulture：整合跨公、民營單位系統之文化設施、藝文活
　　　　動、文化景點及街頭藝人等資訊，提供民眾適地性服務。

（二）　iCollection：建置文物典藏管理共構系統及文化部典藏網，
　　　　提供對外整合查詢窗口。另配合博物館法施行，規劃公版系
　　　　統建置，提供各公私立博物館群使用，促進文物加值運用。

（三）　iMedia：建置文化部影音管理平台，已完成導入國臺交、
　　　　傳藝中心、中正紀念堂、國美館、臺史博、臺灣文學館、工
　　　　藝中心、人權博物館、文資局、新竹生活美學館、史博館及
　　　　臺東生活美學館等機關，提供導入機關統一管理、獨立運用
　　　　之服務，並可介接推播至已開發之各種網站如典藏網、官網

11　文化部文化雲：https://www.moc.gov.tw/content_282.html，2020/1/5 瀏覽。

或專題網站，並分享至社群平台等，使民眾易於各種不同管道觀賞影音檔案，以逐步完成建置本部影音資料庫。

（四） iEvent：建置藝文活動管理暨報名系統（簡稱藝文活動平台），結合機關之業務流程，以掌握即時、正確的活動訊息，並協助機關活動秒殺、導入金流服務、場地租借及預約導覽等，提供民眾更多元之繳費方式。

（五） OpenData：建置文化資料開放服務網，提供開放資料格式予一般民眾、其他公部門或民間機構加值應用，資料來源包含民營活動或售票網如年代、寬宏、兩廳院等及公部門網站如本部及所屬機關、教育部、各縣市政府文化局等。

（六） 獎補助管理系統：建置獎補助共構系統，提供所屬機關進行補助款專案管理作業，提供跨機構查核、資訊公開透明、提升行政效能且掌握獎補助資源配置情形。

自我評量

一、網路革命與數位革命有何差別？

二、新媒體的意義為何？其與傳統媒體有何不同？舉例說明其如何改變文化生活型態？

三、何謂 OTT 影音產業？請分析我國發展 OTT 產業的優勢與劣勢為何？文化部門主管宜制定何種輔導政策？

四、何謂上線權？如何保障文化公民上線權？

五、何謂數位落差？如何加以解決？請提供您的看法。

六、何謂數位革命（digital revolution）？數位革命後所產生的 digital native 與 digital convergence，其意義為何？

七、何謂文化雲計畫？請說明其內容。

八、請解釋下列名詞：

OTT service	Siliwood	digital divide
many screens/one cloud	DIY/DIWO	citizen journalism
The Universal Service Principle	Digital Defenders Partnership	

歷屆考題

1. 隨著網際網路與雲端科技的發達，目前社群媒體出現不少線上影視服務（OTT Service），其對於文創產業的智慧財產權發展產生何種不利影響？應如何加以防範？（107年公務人員高等考試一級暨二級考試）

2. 在少子化與高齡化的社會中，如何讓「傳統文化」的生活模式與「現代科技」的生活模式，並行而不悖？（106年公務人員高等考試三級考試）

3. 請說明文化部推動「文化雲計畫」的目的和做法。（104年公務人員高考三級考試）

4. 數位媒體（digital medium），在當前文化政策中的角色與應用若何？請述其詳！（97年公務人員特種考試原住民族四等考試）

Part 3
文化政策篇

9
文化政策的概念與制訂

壹、文化政策專業的必要性

貳、文化政策的定義

參、文化政策制定模式

肆、文化政策與民眾參與

本章導讀

　　首先確立文化政策的專業學科地位，其次探討文化政策的定義，再者說明文化政策的制定模式，最後則分析民眾參與在文化政策中的角色。

壹、文化政策專業的必要性

　　文化政策意味著政府機關這一雙手將會侵入文化公共領域，對於許多強調藝術自由、文化無價的文化工作者與藝術家而言，這自然是難以接受的事，他們認為：文化部門不宜有制定文化政策之權力，一旦政府介入，勢必會扭曲文化藝術的本質。不過，這樣的質疑若是正確的，則歐美國家的中央或地方政府就不可能設置文化政策機構。依此，文化政策作為一門專業學科定位，似有說明之必要，擬就下列幾點加以討論：

一、文化強調自主性與多樣性，政府制定文化政策是否會傷害文化的美好本質？

　　誠如前述，Smith and Riley（2009: 2）認為文化的重要特徵之一是「文化自主性」。聯合國教科文組織（UNESCO）亦堅持各國保存、傳承、利用與發揚多樣文化的必要性，2001 年 11 月在巴黎通過重要宣言——世界文化多樣性宣言[1]（UNESCO Universal Declaration on Cultural Diversity），開宗明義的標題就是：「世界文化財富在於文化多樣性的對話」（The cultural wealth of the world is its diversity in dialogue），宣言第 1 條：「文化多樣性是人類共同的遺產，文化多元的形成是經過時間與空間的演變，乃是根植於社會與團體認同的多元性與獨特性；作為交換、創新與創意來源的多元文化，必須以人類生物多樣性角度去經營，為了當代與未來世代的利益，文化多樣性必須被肯認。」第 2 條則稱：「在日益多元的社會中，充滿多元、變異與動態的文化認同與共謀生存意願的人類與團體中必須維持和諧的互動。我們必須保證涵蓋、包容與參與所有公民，以確保社會共識、公民社會的活力與和平。我們必須從文化多樣性走向文化多元主義（cultural pluralism），有利於文化的交

1　UNESCO Universal Declaration on Cultural Diversity, adopted by the 31st session of the General Conference of UNESCO, Paris, 2 November 2001. https://en.unesco.org/themes/protecting-our-heritage-and-fostering-creativity, 2020/1/5 瀏覽。

流，以滋長維持公共生活的創意能量。」

政府一旦制定文化政策是否會傷害了文化的自主性？是否會扭曲文化的發展方向與內涵？不少文化研究者指出：文化即權力（culture as power），當權者往往會利用文化成為宰制人民的工具。Foucault（1980）指出：權力是無所不在的，往往神不知鬼不覺地、以不依附於任何個人、階級或國家機關的方式進入國家與社會的任何角落，人民很難逃過其影響。Gramsci（1971）指出：統治階級一旦擁有制定文化政策的權力，由於其同時擁有壓制社會民意的軍隊與警察，故可能會運用國家所賦予的此種統治權，設法營造一種贏得人民同意的氛圍或政策，俾自然地取得權力運用的合法性與正當性。Lukes（2004）將權力分為三種構面，拓展了一般人對於權力的狹隘看法：第一面向是統治者行使命令／服從的關係，假設 A 是當權者，對 B 發號司令而 B 不得不服從，這是最直接、最明顯的權力面向，也是我們最熟悉的權力面向，例如，政府直接管制某種具有反動色彩的出版刊物之發行。權力的第二面向是當權者擁有議程設定的權力，從議程排定過程中，設法排除那些不利己的議題，然後政府集中權力於有利於自己的安全議題上，形成偏差動員（mobilization of bias）現象。例如，在早期黑暗的美國地方政治中，擁有絕對優勢的白人議會經常以「民主多數決」的假民主形式，排除黑人民代所提出的任何立法提案，導致黑人權益被壓制。權力的第三面向是當權者透過意識型態的霸權，系統地建立社會化機構，培育有利於統治正當性的價值信仰，使其完全臣服於統治。這種情況是發生於極權或專制政治體制中，統治者為了建構穩定的政權，運用權力的第三面向，對於人民進行徹底的「洗腦」。基上，人民擁有的文化資源，很容易被國家機器透過三種權力面向，徹底予以扭曲或消滅。

本書看法是：上述文化研究者多數係師承馬克思的論點，批判國家機關必然操控民意、破壞文化的主張，具有濃厚的命定論（determinism）色彩。實際上，當權者不一定採取壓制手段迫使人民服從，即使採取壓制工具也不一定能夠稱心如意，因為民眾將會採取反抗

行動，因此當權者壓迫文化的權力行動，未必一定成功。實際上，上述文化研究者所指陳的大都是專制社會與集權政治的現象，在一個多元民主社會中，文化固然是一種資源分配的權力，但這種權力必須是立基於多元制衡或協商妥協的基礎上施行，並非是單純的命令服從關係。如果文化部門獨厚於某些與統治者有利益掛勾的特權式文化藝術團體，則在立法院必然遭到強烈的質疑，更何況當前社會媒體太過發達，訊息傳播的速度甚快，政府的統治權不可能不受新媒體的冷嘲熱諷。更何況，民主政治的選舉是有任期制的，統治者的權力是斷續的，不得民心的偏差權力動員，只會弄巧成拙，遭到民意唾棄。基上，政府制定文化政策，公平地分配文化資源，輔導弱勢文化藝術者或團體，以實現文化公民權，或者取締掠奪文化工作者心血結晶的侵權者等都需要文化政策這門專業學科的協助。

二、文化政策的制定應採取何種學科專業，才能兼顧文化自主與政策輔導之間的平衡？

Lynd（1939）在《知識是為了什麼？》（*Knowledge For What?*）一書中，曾質疑當時社會科學家努力追求科學知識之目的——究竟是為了學術目的而追求知識，抑或是為了解決社會問題、創造更佳的美好社會而追求知識？換言之，作為知識份子，究竟應扮演為知識而知識的「學術人」呢？還是為了改造社會而發展實用知識的「社會人」？他的答案是「社會人」，學術人必須以改造社會、解決公共問題為己任，不能躲在學術象牙塔，自滿於學術理論的探索。他批評追求知識為唯一目的之邏輯實證主義，因為他們所創設的科學知識往往遠離社會的實際需要，乃是一種社會分離論；如果社會問題要等到資料充分、證據明確時才作成政策制定，則科學知識就很容易被政客所利用。

Merton（1949: 167-171）是一位重要的應用社會科學家，他認為公共問題有許多不同面向，應從不同學科角度加以解決；社會問題的解決

需要來自不同專業知識背景的合作研究者（collaborative researchers）。他認為社會科學應該是應用研究（applied research），以解決公共問題為己任，此種觀點為強調理論研究的傳統社會科學家構成轉型的壓力。

　　前述強調改造社會、解決問題、知識應用的專業學科通稱為政策科學（the policy sciences），乃是文化政策必須參照的學科專業。政策科學一詞首創於 1951 年 Lasswell & Lerner（1951）共同編著的《政策科學》一書；在 Lasswell（1951）執筆的第一章，他呼籲學術界應該正視政策取向（Policy orientation）研究的時代來臨了；社會科學家應該走出學術象牙塔，從事不干己的價值中立之疏離態度中解脫出來，以價值關懷角度探索社會各個角落所出現的公共問題，開啟了政策科學運動（Policy sciences movement）的序幕。

　　經過後世學者的經營與努力，政策科學運動終於發揮影響力，政策研究之學遂成為一門公認的獨立學科。行政學者 Rivlin（1971）指出：社會科學發生一場無聲革命（quiet revolution），這場革命是政策研究取向取代傳統社會科學理論研究而成為不可忽視的典範。政策科學運動之所以推動公共政策成為獨立的學科，必須歸功於 H. D. Lasswell 對於政策科學發展潛力的洞察力，故政策學者 Scott and Shore（1979）曾將之譽為當代政策科學之創建者（The modern-day founder of policy sciences）。

　　基上，就文化政策而言，政策科學無疑地為「剪不斷，理還亂」的文化議題的分析與解決提供一個堅強的理論基礎，這門學科必須本於政策科學強調的問題導向、目標導向、價值導向的治學精神，為文化藝術工作者所遭遇的問題進行同理而客觀的問題把脈，從而找出治本之策；或者為民眾提供有質感、有深度的文化藝術服務與活動，以營造國民生活美學，建構多元文化社會。

三、文化政策制定的原則為何？

基此，文化政策制定者不能沒有理念，制定文化政策有何原則可資遵循？Kaplan（1973）曾提出公共政策制定的七項原則，文化政策制定者可參考運用：

（一） **公正無私原則（the principle of impartiality）**：文化政策制定者心中坦蕩蕩，光明磊落；不先入為主，也不看政黨顏色辦事；他完全專注於文化問題的癥結點以及文化藝術工作者、民眾的需求點，以務實而創新的態度制定文化政策。

（二） **個人受益原則（the principle of individuality）**：文化政策的效益須落實於嗷嗷待哺的政策實施對象上，而不是假公濟私，卻藉補助之名，獨厚某些選舉功臣、群帶或同黨關係。

（三） **最大利益原則（the maximin principle）**：文化政策制定者須將預算花在刀口上，發揮每一分錢的最大效果，務必使社會上處於文化弱勢的團體獲得最大利益。例如，曇花一現的「施放煙火」到底誰受益呢？煙火施放之後，對於地方發展有何助益？這是實踐最大利益原則嗎？

（四） **分配原則（the distributive principle）**：文化政策擁有文化資源補助的生殺大權，資源分配者必須本於分配正義（distributive justice）原則，公平地讓廣大的文化工作者、藝術家與民眾受益，而非獨厚於同樣顏色陣營的政黨、團體或個人。

（五） **連續原則（the principle of continuity）**：文化政策必須要有持續性，不宜任意斷裂，所謂「人存政舉、人亡政息」。歐美國家許多著名的藝術節慶表演動輒都是長達百年歷史，不輕易跟著官方腳步走，也不依附政治，後來乃得到全世界藝文界人士的認同，如愛丁堡藝穗節。

（六） **自主原則（the principle of autonomy）**：文化自主原則已是

國際文化組織面對多元文化的基本處理態度；文化政策本身
僅有低度的「干預行政」性質，因為高強度的干預行政就不
可能維持文化自主性與多樣性，文化政策反而需要更多柔性
的「服務行政」。

（七）　**緊急原則（the principle of urgency）**：文化資源有限，從事
文化政策規劃時，應依各項文化問題之緩急輕重的優先順
序，對於較緊急之問題，應即刻加以處理解決，以免民眾反
感，讓問題更惡化。

貳、文化政策的定義

　　文化政策為政府制定的公共政策類別之一，故界定文化政策前，必
須先瞭解公共政策的概念[2]。

　　著名的政策學者 Dye（1972: 2）曾做出最廣泛的定義：「公共政策
是政府選擇去做（to do）或不去做（not to do）的任何事情。」應用到
文化政策上，其意義是：「文化政策是文化主管部門選擇去做或不去做
的任何文化事務。」這個定義簡單易懂：文化政策包含積極的政策作
為（去做）與消極的政策不作為（不去做），前者很容易理解，如文化
部決定依往例舉辦「臺灣文化創意產業博覽會」，後者如文化部長仔細
評估後認為：由於預算吃緊於是決定明年不舉辦了，這當然也是部長審
慎評估後的政策決定，因此也屬於文化政策，而此點也是讀者經常忽略
的環節。然而，這個定義的最大缺點是：將政策視為作為或不作為的二
分法，太過粗糙；這個定義指出：鄉（鎮、區）公所某主辦文化事務的
科員，與文化部部長所做的決定都是文化政策，並未能考慮「政策層級
性」的影響，通常我們說的政策是指機關首長或高階主管所選擇的作為

2　本書所引用有關公共政策的概念，請參閱丘昌泰（2013：第一章），然後將它應
　　用於文化政策上，並嘗試界定其意義。

或不作為決定，如文化部長或臺北市政府文化局長的政策決定，至於基層公務員屬於文化行政的範疇。

Pal（1992: 2）的定義是：「公權威當局（public authorities）所選擇的行動綱領或不行動，以解決某既定的一個公共問題或一組相互關聯性的公共問題。」應用到文化政策上，其定義是：「文化政策是具權威性的文化事務部門審慎採行的行動綱領或不行動的政策決定，以企圖解決某一或某一組相互關聯性的文化議題」，解析其意義如下：

一、文化政策是由具權威性的文化事務部門所做的選擇活動

權力（power）與權威（authority）是不同的，權力是指命令指揮／服從順服的隸屬關係，通常是指行政機關與民眾或標的團體的關係而言，如文化部或文化局對於表演團體而言可說是具有公權力的機關，乃是屬於「公權力行政」。但權威是指有專業影響力的、且具有合法地位的公共組織，權威施行者未必以行政機關為限，故屬於「非公權力行政」，例如國家文化藝術基金會（簡稱國藝會），對於表演藝術團體的獎補助政策之決定是有權威性的，由於基金係來自政府部門的預算，故屬於公設財團法人，可以從事文化服務或文化藝術活動，但並沒有等同於文化部的公權力。依此，此處所稱「具權威性的文化事務部門」，包括：政府機關與非政府機關，前者如文化部、文化局、公立文化機構、文化類行政法人；後者如公設財團法人、私人財團法人等，範圍甚廣。文化政策係由政府機關與非政府機關所從事的文化行政、服務或活動等。

二、文化事務部門的決定包括行動綱領或不行動的政策選擇

前者是文化事務部門決定採行的某項行動綱領，例如，為了強化全

民的閱讀力，推廣人文思想及深化文化內涵，特別訂定補助各地方獨立書店的營運與發展；又如：為表彰對我國文化之維護與發揚有特殊貢獻之人士而訂定《行政院文化獎頒給辦法》；後者則是指文化事務部門決定維持現狀，不做任何新的政策決定。

三、文化事務部門的政策決定是目標導向的

文化事務部門所做的任何決定是經過審慎思量優勢與劣勢條件而訂定的有方向感的目標。不同於其他政府機關，文化事務目標是多元性的，以文化、教育與社會目標為主，以經濟目標為輔。例如，《文化部青年村落文化行動計畫獎勵作業要點》的目標是：「為激勵青年因應文化、社會、環境及經濟等議題之挑戰，透過掌握在地知識，連結村落文化及社區營造與社群網絡，提出實踐公民文化行動力之實作計畫，期創造文化新生活價值，厚植地方多元文化能量，營造協力共好社會，特訂定本要點。」

四、文化政策是問題導向的

文化政策是不能模仿移植的，只能在地生根；一項好的文化政策制定必然是長期對泥土的觀察、體會與關懷的結果，充分知悉問題之所在，一旦掌握了問題癥結，再訂定務實的解決方案，如此才能發揮「藥到病除」的效果。基此，文化政策制定者必須要有「問題意識」，加強「問題診斷力」的培養，但許多文化政策制定者往往只有「方案意識」，以為「方案設計力」才是最關鍵的核心能力，提出解決方案才是文化行政人員最重要的工作。試問：文化問題的根本癥結點如果都診斷錯誤，根據錯誤癥結點所研擬的文化對策方案，可能有效果嗎？備受各界批評的文化蚊子館，就是因為部分掌握文化建設預算核發權的主管，對於當地的文化需求問題癥結並不理解，完全看「書面計畫」或「政治風向」而定，以為只要下了興建文化館這帖「藥方」，就可以讓地方文化蓬勃

發展，結果恰好相反，原來當地設立館藏的配套條件相當不足，暫時沒有興建文化館的必要，這就是欠缺問題意識的惡劣結果。

參、文化政策制定模式

文化政策制定模式依政策制定者權力下放（給地方政府文化局）或外放程度（給民間藝文團體），簡略分為三種模式：一、由上而下模式（top-down model），強調政策制定與政策執行的分立性，政策制定者決定政策目標，政策執行者實行目標，兩者形成上令下行的指揮命令關係。二、由下而上模式（bottom-up model），強調政策制定與政策執行的互動性，政策執行者與政策制定者共同協調形成政策，兩者構成合作無間的夥伴關係。三、整合模式，主要是希望結合前述兩種途徑的優點而建構整合性的決策模式架構（Elmore, 1985）。茲加以扼要分析如下：

一、由上而下模式

強調政策制定者的優越地位，政策執行者必須秉承上級之意志，忠誠地實現上級長官之意圖與目標；在這樣模式下，一方面強調嚴密的指揮命令與上令下行的控制能力，另一方面又主張政策制定者有權設定政策執行的架構，並且針對執行規範進行理性設計，故有人稱為理性主義模式（Dunsire, 1990）。

政策制定與政策執行是指揮服從的隸屬關係，上層政策制定者負責政策計畫的規劃，下層政策執行者則是負責執行政策方案與貫徹政策目標，一項政策能否成功完全繫於政策制定者所設計的政策方案與目標是否清晰、執行架構與規範是否完善、能否妥善控制執行過程等，這是一種計畫與控制模式（planning-and-control model）（Barrett and Fudge, 1981: 12）。

依此，這個模式的主要特點是政策制定者必須規劃出完美的政策方

案或政策計畫，然後交給基層機關遵照政策計畫去執行。因此，這是一個權威性的決策模式，具有濃厚的科學管理學派泰勒主義（Taylorism）的色彩，最大問題是有違民主決策精神，基層機關或民間團體的聲音不容易進入決策過程，導致「上令無法貫徹，下情無法上達」。

二、由下而上模式

政策目標與執行細節是相互協商或妥協的產物，因為「上有政策，下有對策」的執行心態是很難避免的，若政策制定者不採取協商態度，許多中央政府訂定的政策必然窒礙難行。上級長官要求下屬同仁必須遵行的政策指示，只是對於下屬政策執行者的指導或忠告，上層領導者企圖理性控制的決策意志未必能夠奏效，基層的政策執行者才足以決定政策目標是否能夠被實現（Pressman and Wildavsky, 1973: 180-182）。

現實生活中，根本找不到「完美」或「成功」的政策執行，計畫控制模式下的權威性決策無法適用於複雜多變、充滿政治性的政策環境中；實際的政策制定模式應該授權地方政府自主權與充分的政策資源，讓他們有能力自行改進缺失，強化政策執行力。在現實的複雜環境中，政策制定者不宜太過理想，必須考量基層官員所處環境的複雜性。政策制定者的責任是協助地方決策者找出並解決執行過程中的缺失。

由下而上的模式強調應該給予基層官僚或地方執行機關自主裁量權，使之能夠因應複雜的政策情境；中央的政策決定者，其核心任務並不是設定政策執行的架構，而是為基層政策執行者提供一個充分的自主空間，使基層官僚或地方執行機關能採行適當的權宜措施，重新建構一個更能適應執行環境的政策執行過程，這樣的模式係與前述模式截然相反，因而有人稱為「後理性主義模式」。

這個模式充分反應民主決策精神，地方政府必然樂於執行中央的政策，但問題是：地方決策者面臨的情境複雜，因應政策的方式各有差異，整體政策效果亦不容易呈現，而中央政策制定者向中央民意機構的

課責問題亦往往受到質疑，如果中央沒有權力決定政策的執行，那將來的政績成敗責任由誰來扛？也有人可能質疑中央政策制定者的決策公平問題，是否獨厚於某地方決策者？此外，地方決策者的視野未必有一定的高度與廣度，此種看似民主的模式反而妨礙文化政策的前瞻性與國際性。

三、整合模式

上述兩種模式各有所長，亦各有所短；彼此支持者爭論不休，構成互不相容的對立典範，Fox（1987）指出：由上而下模式可稱為單邊主義者（unilateralist），強調中央對地方的「指揮控制」；由下而上模式則稱為多邊主義者（multilateralist），要求中央與地方的「互動對話」，其實各有所偏，應該要提出整合型模式。

從「控制」與「互動」過程可以看出兩種模式的優缺點；以「控制」過程而言，由上而下模式固然鞏固了政策制定者的功能與地位，缺點則是忽略了政策執行者可能曲解或抵制政策的意圖或行為。以「互動」過程而言，由下而上模式肯定政策執行者的技巧、態度與意向對於政策成敗的影響，缺點則是過分忽略了政策制定者的決心與企圖。顯然，這兩種觀點所呈現的政策執行概念都是有所偏頗的。

普雷斯門與萬達夫斯基（Pressman and Wildavsky, 1973: 189-191）提出整合性模式，政策形成是一演進過程（evolutionary process），政策制定與政策執行是逐漸演進的，一方面高層主管規範執行細節，希望政策目標能夠付諸實現；另一方面則是基層官員以自己的專業知識與經驗，選擇性地執行政策內涵與意旨形成了自己的政策，兩者是相互演進、相互諒解與相互合作的進化過程，唯有如此才能創造雙贏，從來沒有一種政策是採取單元模式運作的，而必須看決策情境是否採行整合型的決策模式。

肆、文化政策與民眾參與

一、參與治理

　　參與治理（participatory governance）是當代民主政治的機制，主張公民應在文化事務過程中扮演積極參與的角色，俾對現代文化行政官僚體系產生公民監督的制衡力量，避免政府官員制定脫離民意的偏頗政策。

　　Barber（1984）提出以民眾參與治理為主體的強勢民主（strong democracy）的概念，它是一種以公民為主體的民主自治政府，而非打著公民招牌而遂行政客個人利益的代議政治。為了實踐強勢民主的目標，決策制定過程要吸納更廣泛與更有效的民眾參與；民眾參與不僅限定在政策規劃階段，也可以對於已經定案或準備付諸執行的公共計畫要求廣泛的參與。如果政策規劃與執行過程中欠缺民眾的參與，則公共計畫必須回歸原點，重新再行規劃更符合民意的政策方案。

　　強勢民主下的政策制定者面對民眾如此高漲的參與政策需求，必須改變治理角色，他們必須放棄「統治者心態」，其最大職責是用心聆聽民眾的心聲，然後將來自民眾的吶喊融入於公共決策方案中。基此，強勢民主可以促進公民精神與公民社會的實現，這是參與治理的最高境界。

　　為達成參與治理之目的，滿足其基本需求，如何建立完善的參與治理機制乃成為關鍵。一般而言，參與治理的方式非常多元，必須予以制度化，根據 Thomas（1995: 12-13）的說法，具有下列參與方式：

（一）　**接觸關鍵人物（key contacts）**：對於政策制定者而言，由於對社區或團體的狀況並不熟悉，最簡單的參與方式是和社區或團體中關鍵的重要人物進行接觸，以瞭解其想法。在西方社會中，這些關鍵的重要人物通常是指經濟、政治或社會組織中的菁英份子，但就臺灣社會而言，通常似乎是指地方政

治人物、地方耆老而言。

（二）**召開公共論壇**：當政策制定者需要更廣泛的民眾參與時，召開公共論壇往往成為必然的選擇。公共論壇形式相當多元，嚴謹的「准司法型」聽證會議，會議達成的決議對於主政機關有法律拘束力；寬鬆的「立法型」公聽會，會議決議僅供主政機關決策參考，並沒有法律效力。更寬鬆的形式，在臺灣相當常見，例如到社區發展協會或村里辦公處聆聽民眾對某項文化議題的建言，形式意義大於實質意義，但有作總比沒有作好。

（三）**組織文化治理顧問委員會**：聘請公民、企業界、藝文界或專家學者組成文化治理顧問委員會，俾供文化政策制定者諮詢意見參考，這也是相當常見的參與形式之一。該委員會之成員必須要有充分的代表性，否則委員會的決策公正性就會受到質疑；委員會之組成可以根據議題性質，選擇與該議題利害相關的團體代表參與，例如，文化消費者團體、傳統戲曲團體、古典音樂團體等。

（四）**進行文化公民意見調查**：臺灣受到美國民主政治之影響，政府、政黨或各媒體經常對公民意見作民意調查。傳統係採電腦電話調查訪問系統，母體係以家庭電話為主，隨著手機日益普及，手機也被納入民調的母體中；當前的最新民調技術則是針對網路留言或社群媒體的發言數量與性質作大數據分析（big data analysis），前者稱為「網路聲量分析」，後者是「網路情緒分析」，據說此種方法愈來愈有效果，已有不少操作成功的案例。

（五）**公民接觸**（citizen contacts）：民眾本身可能直接與政府官員接觸，提供地方文化建設意見，雖然提供的事務意見偏重於特定的、狹窄的具體個人議題，但仍有相當的參考價值。目前由於網際網路的發達，公民個人可直接與政府部門接觸，

直接反映意見，故如何處理個別公民的意見已經成為當前政
府機關負擔甚為沈重的工作。

（六）　**協商與調解（negotiation and mediation）**：許多地方的發展
議題容易引起不同利害關係團體的爭論，如澎湖、金門、馬
祖等離島是否應該興建觀光賭場或應該繼續發展海洋文化觀
光？為了市區交通順暢，是否應該拆除某文化資產？面對這
些爭論，政府官員勢必要採取協商或調解的方式解決。

二、《文化基本法》的民眾參與規定

《文化基本法》中有許多鼓勵民眾參與文化政策過程的規定，應保
障弱勢團體代表的參與權，且明訂文化政策過程應堅持公正與公開透
明之原則，如第 8 條：「人民享有參與文化政策及法規制（訂）定之權
利。國家應確保文化政策形成之公正與公開透明，並建立人民參與之常
設機制；涉及各族群文化及語言政策之訂定，應有各該族群之代表參
與。」

文化保存與否，文化事務部門亦應建立公民參與機制，如第 9 條：
「……文化之保存，應有公民參與機制。」

政府應鼓勵民眾參與社區公共事務，開拓公共空間，整合在地資
源，以促進在地文化的發展，如第 13 條：「國家應鼓勵人民積極參與社
區公共事務，開拓社區公共空間，整合資源，支持在地智慧與知識傳承
及推廣，以促進人民共享社區文化生活及在地文化發展。」

中央與地方文化主管機關每四年召開一次全國文化會議，應建立
人民參與文化之機制，第 22 條：「……文化部應每四年召開全國文化會
議，廣納各界意見，並研議全國文化發展事務。地方政府應建立人民參
與文化政策之常設性機制，並應每四年召開地方文化發展會議，訂定地
方文化發展計畫。」

三、參與式預算

　　參與式預算（Participatory Budgeting）是由人民決定而非民意代表決定，部分公共預算的支出項目與額度之民眾參與機制，亦即讓公民而非代議士對公共資源的分配扮演更直接的角色，以滿足公民參與治理的高度期望與熱切需求。Wampler（2007）是參與式預算的知名學者，為了探討巴西的參與式預算，於1995至2012年間，多次前往巴西考察參與式預算，總共在當地住了四年之久，對於巴西各地方政府推動該預算形式相當熟悉；在巴西四十萬人以上的城市中，約有40%採用參與式預算；拉丁美洲也有510到920個城市採用參與式預算；2012年後，參與式預算已成為世界知名度最高的民主預算制度。

　　Wampler（2007）指出：參與式預算是一個民主對話與參與決策制定過程，讓民眾有權進行政府預算的資源分配，它允許公民去認定、討論與排列公共計畫的優先順序，並給予他們制定如何使用經費的權力。這種公民參與方式的設計，主要是基於傳統公共參與方式，常將弱勢群體（如低收入居民、非公民或年青人）排除於參與議程以外，以致形成「偏差動員」的現象。研究結果顯示：參與式預算將導致更公平的公共預算、更透明的政府與課責性，強化公共參與層次、民主與公民精神的學習。

　　巴西實施參與式預算的背景為何？1964-1985年間，巴西實施軍事獨裁政權，官員貪汙腐化非常嚴重，導致社會不滿，掀起政治改造運動；當時在愉港（Porto Alegre）的勞工黨，喊出民主參與政治與預算口號，以翻轉貧富不均的社區發展，竟於1988年贏得市長選舉的勝利，執政後與公民團體密切結合，繞過議會的髒手，推動於民有利的參與式預算；第二任市長任期後，更大力推動此項制度，其中影響最大者為依據生活品質指標找出低收入地區後，然後以參與式預算方式決定到底哪些資源應該要投入哪些社區建設（Wampler, 2007）？

　　文化部長鄭麗君本人相當支持該項理念，她認為：人民來決定一部

分公共預算的支出，由住民和社區所有群體的代表共同討論預算計畫，提出方案，並且投票決定支出的優先順序。自從 1989 年，由巴西愉港首開先例以來，目前全世界已經有超過 1500 個城市、社區和機構進行過參與式預算（鄭麗君，2015）。

通常參與式預算的操作程序是：提出想法→擬定方案→方案展覽→投票，該程序必須貫徹下列幾項重要的參與原則[3]：

（一）**包容：**參與式預算應該盡可能地鼓勵廣泛的公眾參與，尤其是在既有權力結構體系下無法發聲的群體，必須讓他們有機會可以來討論、決定公共資源的使用。

（二）**審議：**參與式預算鼓勵公眾透過說理、學習、溝通和討論的過程來參與公共預算的決定。

（三）**決定：**參與式預算賦予一般民眾能夠決定公共支出優先順序的權力。公眾對候選的預算方案進行投票，得票最高的幾個計畫項目就確定成為公共預算的執行項目。

（四）**社會正義：**參與式預算的推動，必須改變傳統權力結構分配預算的模式，促成廣泛的參與，鼓勵不同聲音的對話，給予人民決定權力，才能讓公共資源的分配照顧弱勢群體，使境況較差的弱勢群體因而受益。

一個參與式預算的計畫要能夠成功地執行，其關鍵點在於能否動員多元參與者對於參與式預算背後理念的支持、參與和協力。青平台基金會從 2014 年就推動「咱的預算咱來決定」系列論壇；2015 年與北投社區大學實作計畫後，從六都開始擴散，在文化部支持下，將參與式預算的種子落腳在城市、鄉里土壤中，努力翻動臺灣現有制度思維[4]。

臺北市政府推動參與式預算最有成效，光是以不同語言或針對公務

3　參見《文化部推展公民審議及參與式預算》。主辦單位：文化部，執行單位：國立臺灣大學社會學系。https://2015cepb.com/，2020/1/5 瀏覽。

4　青平台：http://www.ystaiwan.org/project/1596，2020/1/5 瀏覽。

員進行政策宣傳就可看出其用心，網站內容亦相當豐富。當初推動參與式預算的動機是：秉持「開放政府、全民參與」的施政理念，致力建立一套由公民提案參與式預算制度，充分開放公民參與，強化預算透明度及對政府施政之監督，讓公民成為政府的一部分，共同參與市政的推動[5]。

市民只要在北市府管轄業務範圍內，符合公益目的、且不得違反相關法令之規定、有悖善良風俗之前提下，皆可進行公民提案、召開住民大會、提案審議工作坊、接續公開展覽、提案票選之程序，以建立參與式預算之制度。公民提案獲通過後，市府預算編列方式是：（1）當年度預算可納入者，立即執行；（2）當年度預算無法納入，但急迫者則動支第二預備金；（3）當年度預算無法納入，且不急迫者則循預算編列程序。

對於臺灣而言，參與式算是項嶄新的預算審議過程，雖然有不少地方政府已付諸實施，剛開始時迴響甚大，目前則漸趨平靜，何以故？民眾提案參與過程不是問題，也容易達成；但問題在於：公民提案通過後的預算編列與執行，欠缺了後續的民眾監督與參與機制，導致讓公民無感。很多里長認為：不需要繞過那麼多彎去爭取預算，直接找議員關說就可以，只要是於民有利的小型建設，民眾並不在乎是否透過參與式預算去執行。此外，曾參與過全程的公民也表示：很累啊，每個人都有自己的職業要顧，參與預算的提案審議過程耗費時間與精力，一般公民僅能以志工身分參與預算審議，不可能全天候的專職奉獻。

或許正如 Wampler（2012）指出的參與式預算的四項重要原則是——聲音、投票、社會正義與監督；若不能堅持該四項原則，參與式預算必然無法產生改造社會的效果。基此，參與式預算若要讓多元的參與者能夠確認其參與式預算的有效性，提高其參與意願、認同其做法，端賴執政者如何追蹤考核預算編列與執行過程。總之，參與式預算的效

5　臺北市政府公民提案參與式預算資訊平台：https://pb.taipei/News.aspx?n=1EB2B5C16DE8EACB&sms=127610780178BD60，2020/1/5 瀏覽。

果是：鼓勵更廣泛的公民參與——藉由賦予人們對於決策過程發聲的權力，提升人們對於公共事務的關心；強化政府、組織和住民間的關係；促成更為透明、更加公平和更有效率的預算編列與執行（鄭麗君，2015）。

自我評量

一、文化強調自主性與多樣性，政府制定文化政策是否會傷害文化的美好本質？

二、文化政策的制定應採取何種學科專業，才能兼顧文化自主與政策輔導之間的平衡？

三、文化政策制定的原則為何？

四、何謂文化政策？請加以闡述。

五、文化政策制定模式有「由上而下」、「由下而上」模式，請問其主要內涵為何？優缺點為何？是否有整合之可能？

六、何謂參與治理？民眾在文化政策過程中的參與扮演何種角色？試申論之。

七、何謂參與式預算？對於文化政策有無必要性？

歷屆考題

1. 請說明文化政策的定義及其形成之要件。（104 年公務人員升官等考試、104 年關務人員升官等考試、104 年交通事業公路、港務人員升資考試簡任）

2. 所有的公共政策都面臨政策評估的問題，但我們要如何評估文化政策的效果與影響？請以一種政策為例，說明並設計如何進行其政策評估。（102 年公務人員高等考試一級暨二級考試）

3. 從前的文化活動是社會上少數中上階層才有能力享用的資源，但隨著時代變遷和生活型態的改變，文化活動已成為大多數人都需要的公共資源，甚至在人口逐漸老化的過程中，為了照顧老年人的幸福感，文化藝術活動的需求也不能忽略。您認為中央和地方政府應如何面對這種趨勢，以調整其文化資源和「文化行政」配置？（102 年公務人員升官等考試、102 年關務人員升官等考試、102 年交通事業郵政、港務、公路人員升資考試）

4. 各國因為其特殊的歷史背景與政治制度，而發展出不同模式的文化政策制度。請說明美國、英國與法國的文化政策制度為何？為何會有這樣的發展？你認為那一種模式比較好？為什麼？（100 年公務人員高等考試一級暨二級考試）

5. 請從歷史、政治、經濟的角度簡要說明中華民國建國百年以來，國人應如何跳脫「文化」的「迷思」與「領悟」之間的關係？（100 年公務人員升官等考試、100 年關務人員升官等考試）

6. 試述「文化政策」施政的對象是誰？它的目標又是甚麼？（99 年特種考試地方政府公務人員考試）

7. 文化行政工作的推動，牽涉到文化政策的落實與經費的分配，又必須注意文化的自主發展，文化政策與文化自主之間有一定的緊張關係。你認為推動文化政策時，如何才能同時維持文化的自主？（98 年特種考試地方政府公務人員三等考試）

8. 文化政策的形成不一定只是由上而下的模式，藝術家、知識份子、非營利組織、民意代表等都扮演某種角色，所以有關文化政策的性質與過去制式的瞭解已大為不同，那誰該為文化政策負責？試申論之。（97 年公務人員高等考試三級考試）

9. 近幾年來台灣的文化政策方向，非常強調地方文化的自主性發展，就您的觀察有那些政策是屬於這一類型的作為，其主要的內容是什麼？（97 年公務人員特種考試身心障礙人員四等考試）

10. 聯合國教科文組織（UNESCO）曾在 1960 年代，在其所舉辦的文
　　化政策會議報告書中提醒：「在文化差異確實存在的現實情況下，
　　文化政策絕不能被硬生生的加以界定，以防止因為有心人士的利
　　用，使文化政策反成為文化發展的障礙。」試問，此論點在 40 年
　　後的今日是否仍屬合宜，並請舉實例印證之。（96 年特種考試地方
　　政府公務人員考試）

10
臺灣的文化政策發展

壹、歷史發展

貳、當前文化部的政策理念

參、文化基本法

肆、國家語言發展法

伍、文化影響評估

本章導讀

　　本章首先探討我國文化政策發展的三個階段，其次說明文化部的文化政策理念，此外並介紹《文化基本法》與《國家語言發展法》有關文化政策之相關規定，最後則就文化影響評估的議題進行初步探討。

壹、歷史發展

　　有關我國文化政策的歷史，係以中央文化行政機關成立之後的重要文化政策與施政作為進行分析，大致可以分為下列幾個階段[1]：

一、文化法制與文化建設奠基時期（1981-1990）

　　1981 年 11 月 11 日成立中央文化專責機關——行政院文化建設委員會（簡稱文建會），既云「建設」，政策重點在於基本法制與文化設施的興建，前者有鑑於文化資產的保護刻不容緩，1982 年公布《文化資產保存法》，文建會成為文化資產保存事務之中央主管機關。後者則強化地方文化中心，1983 年公布實施《加強文化及育樂活動方案》，方案內容包括 12 項重要措施：設置文化建設專管機構，策動成立文化基金，舉辦文藝季活動，設置文化獎，修訂著作權法，修訂古物保存法與採掘古物規則，培育文藝人才，提高音樂水準，推廣與扶植國劇與話劇，設立文化活動中心，保存與改進傳統技藝，鼓勵民間設立文化機構。

　　1985 年，縣市文化中心訪視活動展開，重點在輔導各縣市文化中心進行特性規劃，成立民俗特色文物館舍。1986 年籌建完成各縣市文化中心。

　　1988 年函頒實施《加強文化建設方案》，並且成立文化建設基金，創立基金 9 億元，以作為推動文化建設的基礎。1990 年行政院核定《文化建設方案》為國家建設四大方案之一，確定文化建設目標及當前文化建設重點。

　　此時期比較重要的決定是：1990 年舉辦第 1 屆全國文化會議，群聚一堂，凝聚產官學菁英對文化政策發展之共識。

1　文化部成立沿革：https://www.moc.gov.tw/content_246.html，2020/1/5 瀏覽。

二、文化地方自主化時期（**1991-2000**）

此時期開始，將文化權下放給地方政府，使地方政府擁有文化自主權，1991 年《國家建設六年計畫》納入文化建設計畫共 25 項，包括闢設文化育樂園區方案、籌設文化機構方案、落實縣市文化中心功能方案、推動國際文化交流方案、策定綜合發展計畫方案。1993 年，全國文藝季辦理方式下放給地方政府，辦理「各縣市文化中心文藝季——人親、土親、文化親」，促成「文化地方自治化」之推動。1994 年提出《充實省（市）、縣（市）、鄉鎮及社區文化軟硬體設施》十二項計畫，包含加強縣市文化活動與設施、加強鄉鎮及社區文化發展、傳統與現代化文化藝術資源之保存與發展。

1994 年起，影響臺灣至今的「社區總體營造」與「產業文化化」開始啟動，並陸續辦理「地方文史社團基礎工作研習計畫」，促進地方文史工作的發展。1997 年舉行「全國社區總體營造博覽會」，展現營造成果。

在文化相關法制的建設方面，分別公布如下法制：1992 年公布《文化藝術獎助條例》，1998 年發布《公共藝術設置辦法》。1996 年成立「財團法人國家文化藝術基金會」、「國立傳統藝術中心籌備處」。1999 年，教育部移撥文化藝術類財團法人 101 個至文建會。中部辦公室正式掛牌運作，七個附屬機關「國立臺灣博物館」、「國立臺中博物館」、「國立臺灣交響樂團」、「國立臺灣美術館」、「國立鳳凰谷鳥園」、「國立臺灣工藝研究所」、「國立臺灣歷史博物館籌備處」同時改隸文建會。

最重要的莫過於 1999 年實施《地方制度法》，各縣市政府成立文化局，從中央政府的文化部到地方文化局，終於建置完整的文化行政組織體系。

三、文創產業發展與文化公民權時期（**2001-2011**）

本時期進入到文化創意產業發展與文化公民權的奠基時期。

在文創產業發展部分，2001 年，行政院推出《推動2008──國家發展重點計畫》，其中文化建設項目為「網路文化建設計畫」、「文化藝術數位學習計畫」、推動「國家藝術及流行音樂中心」以及文化創意產業之推動等等計畫。2002 年開始推動文化創意產業。2003 年成立「文建會創意產業專案中心」，同年開始規劃設置創意文化園區。2005 年華山文化園區正式對外開放，2006 年提出「動員戡亂時期軍法審判紀念園區籌建計畫」、「綠島文化園區」及「形塑文化資產新象計畫」。2007 年動員戡亂時期軍法審判紀念園區開園。2011 年則公布《文化創意產業發展法》，文創產業發展乃有了穩定發展的法制基礎。

在文化公民權方面，2004 年提出文化公民權，規劃「建構臺灣主體性」、「臺灣博物館系統」、「臺灣大百科」等施政計畫；同時開始公民美學運動。同年並召開「族群與文化發展會議」。

至於在組織建置方面，2003 年國立臺灣文學館開館；2009 年陸續輔導縣市成立文資專責機構，2011 年國家人權博物館籌備處掛牌。同年，《文化部組織法》三讀通過，文建會正式升格為文化部。

貳、當前文化部的政策理念

2012 年 5 月 20 日，文化部正式成立，除整併原有的行政院文建會外，還包括新聞局的出版產業、流行音樂產業、電影產業、廣播電視事業、兩岸交流等業務；蒙藏委員會的蒙藏文化保存傳揚相關業務；以及研究發展考核委員會的政府出版品業務。

2012 年後，以「泥土化」、「國際化」、「雲端化」、「產值化」的作法，亦即，向泥土扎根，服務於庶民；向國際拓展，以「軟實力」領航；向雲端發展，讓文化與先鋒科技結合；創新產業生態、提升美學經濟等等方式推動各項文化政策。2016 年後，文化政策的核心理念在追求藝術的積極性自由，讓人民享有充分的表意自由，並以「厚植文化

力，帶動文化參與」之使命，以「再造文化治理、建構藝術自由支持體系」、「連結與再現土地與人民的歷史記憶」、「深化社區營造，發揚生活『所在』的在地文化」、「以提升文化內涵來提振文化經濟」、「開展文化未來新篇：重視青年創意、強化數位革新，創造國際連結」五大主軸進行文化施政[2]。

　　2018 年公布文化政策白皮書[3]，明確指出：當前文化政策的三大核心價值為「文化民主」、「文化多樣」與「文化自主」。

一、文化民主追求的目標為「人人都是文化人」;「處處都有文化」。文化來自於人民，來自於地方生活，並體現在日常之中;文化民主要落實於所有的社會成員，每個人都是自我的文化主體，每個地方都有其地方性的價值;每個人都是文化公民，透過積極參與自我的文化與生活，呈現出多元、真實、精彩的文化樣貌。經由每個人、每種語言、生活與思考方式、認同、社群、在地、創作表現形式，日積月累交織、揉雜出文化多樣性。

二、文化多樣強調的是，多元的文化差異應受到保障，但文化間的交流與互動也要被支持;個別的族群認同雖被強調，多重的認同也不應受到排斥;文化認同的重要性在於提供人們可以解讀生活經驗與各種意義的背景與框架，並在當中尋求歸屬感與共同感;但也應理解身分、認同與文化形式的產製，或是暫時的穩定化，幫助我們理解與捕捉文化變遷的過程，以及特定階段或是時空下的複雜形式。每個人在日常文化中，往往在不同文化邊界流動、跨越、再生、創造與實踐出新的文化多樣性。因為有文化民主與文化多樣的保障與開放，每個人可以得到充分的自由與空間，進一步實踐文化自主。

三、文化自主的落實需要扎根於人民生活的「所在」：在地的傳統、歷

2　文化部／關於本部／成立沿革：https://www.moc.gov.tw/content_246.html，2020/1/5 瀏覽。

3　文化部，《2018 文化政策白皮書》。以下內容均引自該白皮書。

史空間、共同記憶、環境、知識、文化脈絡、文化資源等。惟有讓文化與在地歷史連結，才能找到自己文化的根。在此價值之下，政府希望能夠完善相關的支持體系，重塑由下而上的文化治理，讓文化藝術的創意受到滋養蓬勃發展、文化生態體系得以生生不息。

文化政策白皮書明確指出當前六大重要的政策方向：

一、**落實文化公民權的多元平等，並提升文化參與的「文化民主力」：** 探討文化施政如何保障人民文化創造與參與的自由；不同社會階級、文化族群、弱勢團體享有同等的文化參與及平權；讓公民有更多討論文化發展方向及政策的機會；強化公私協力、審議民主思維，翻轉文化治理模式。

二、**支持藝文自由創作表達，同時能理解藝術文化所展現的美感關懷與人文感動的「文化創造力」：** 在不干預藝術創作及表意自由的原則下，予以必要的扶持與照顧，構築為臺灣藝術文化發展的堅實平台。文化行政應聚焦於培育優質藝術人才；維護創作環境與勞動權利；保障多元創作自由；鼓勵創新與開發；扶持弱勢創作族群與組織；落實獎補助機制之專業、公平與透明；完善展演映體系及設立保存研究機構，促成文化近用及文化認同之建構。

三、**重建在地文史資產生命意義，為文化扎根的「文化生命力」：** 人民生活「所在」的文化與多元豐厚的歷史記憶及環境，既是藝文創發的文化資產，也連結著每一個人的自我認同、文化傳承、理解世界、情緒感知的基礎，進一步形成文化主體的建構。文化政策應健全文化資產保存與傳承；拓展跨域溝通與協力合作；深化在地實踐；推動文化經營與再生轉譯；增強文化與歷史、土地的連結；培育文化保存專業與人才，與豐富多樣的文化沃土，才能發展臺灣的文化主體。

四、**使文化經濟成為挹注文化內容與創作活水，健全整體藝術發展及文化產業發展生態系的「文化永續力」：** 國家整體與在地經濟活動，

需要透過文化特色與文化創意等文化價值與軟實力的加值與傳散，不斷提升及創新動能。政府應促進生態健全發展所需的基礎建設：催生文化內容的產業生態系；拓展原生文化的內容；建立文化金融體系；強化公共媒體的角色與文化傳播功能；建制完善中介組織體系，促進市場的永續發展。

五、**促進臺灣多元文化之間的相互理解，並融合國際不同文化的「文化包容力」**：當代跨越國家、族群、社群邊界的文化交流與互動頻繁，豐富了各個社會的文化多樣性；多元文化間的尊重、交融與對話為社會發展的重要基礎。政府應致力於營造有利多樣性發展的環境，落實文化平權；弭平因弱勢族群之語言、年齡、身心條件造成的文化近用落差；研擬文化多元脈絡共存共榮的整體願景發展；推動各項平台與交流策略；促進臺灣多元文化之體現；強化各種國際文化在臺灣社會的溝通與傳遞，展現文化包容力的廣度，深化文化多樣性的發展。

六、**結合文化科技、跨域多樣可能，開展文化未來的「文化超越力」**：文化科技的穿透力，跨越因為領域、地域、場域不同所造成的各種隔閡，成為當今文化發展的重要媒介。政府應培育跨域人才；強化文化科技的基礎設施與應用；改善文化創新的生態環境；消弭數位落差，強化全民參與；創造一個可以讓全民共同創造、共同享有文化的平權環境。

參、文化基本法

2019 年 6 月 5 日公布《文化基本法》，共 30 條，該法可謂臺灣文化政策的「母法」，有其重要意義，茲扼要分析其內容如下：

一、立法宗旨

第 1 條：「為保障人民文化權利，擴大文化參與，落實多元文化，促進文化多樣發展，並確立國家文化發展基本原則及施政方針，特制定本法。」爰此，本法之立法精神在於：保障文化公民權、拓展文化參與、落實文化多元三大目標。

二、營造多元文化環境與確保文化公民權

政府應本於多元文化主義精神建構多元文化環境，第 2 條：「國家應肯認多元文化，保障所有族群、世代與社群之自我認同，建立平等及自由參與之多元文化環境。國家於制（訂）定政策、法律與計畫時，應保障人民文化權利及文化永續發展。國家應保障與維護文化多樣性發展，提供多元化公共服務，鼓勵不同文化間之對話、交流、開放及國際合作。」

同時，文化公民權是我國文化政策的新人權，必須要有明確條文予以保障，第 2 條：「……國家應保障與維護文化多樣性發展，提供多元化公共服務，鼓勵不同文化間之對話、交流、開放及國際合作。」第 3 條：「人民為文化與文化權利之主體，享有創作、表意、參與之自由及自主性。」第 4 條：「人民享有之文化權利，不因族群、語言、性別、性傾向、年齡、地域、宗教信仰、身心狀況、社會經濟地位及其他條件，而受歧視或不合理之差別待遇。」第 5 條：「人民享有參與、欣賞及共享文化之近用權利。國家應建立友善平權之文化環境，落實人民參與文化生活權利。」此外，還規定若權利遭受到侵害，必須訂定救濟辦法，第 28 條：「人民文化權利遭受侵害，得依法律尋求救濟。」

三、話語權與創作權之保障

有關話語權之規定，主要是回應《國家語言發展法》的要旨，再次

宣示話語權之重要，第 6 條：「人民享有選擇語言進行表達、溝通、傳播及創作之權利。各固有族群使用之自然語言與臺灣手語，國家應定為國家語言，促進其保存、復振及永續發展。」

其次則是保障創作活動之權限，政府應保護其應得創作產生的利益，第 7 條：「人民享有創作活動成果所獲得精神與財產上之權利及利益。國家應保護創作者之權利，調和創作者權益、產業發展及社會公共利益，以促進文化發展。」

四、鼓勵人民參與文化治理

政府應鼓勵民眾參與文化政策之制定，第 8 條：「人民享有參與文化政策及法規制（訂）定之權利。國家應確保文化政策形成之公正與公開透明，並建立人民參與之常設機制；涉及各族群文化及語言政策之訂定，應有各該族群之代表參與。」

此外，亦應鼓勵參與社區公共事務，第 13 條：「國家應鼓勵人民積極參與社區公共事務，開拓社區公共空間，整合資源，支持在地智慧與知識傳承及推廣，以促進人民共享社區文化生活及在地文化發展。」

五、文化優先權與保護文化資產

公共政策之制定應優先考量文化因素，第 9 條：「國家於政策決定、資源分配及法規制（訂）定時，應優先考量文化之保存、活化、傳承、維護及宣揚，並訂定文化保存政策；文化之保存，應有公民參與機制。」

同時國家亦應編列預算定期普查文化資產並提供經費補助文化資產的保存、修復與管理，該條後款稱：「國家應定期普查文化資產，就文化資產保存、修復、活化與防災，提供專業協助及技術支援，必要時得依法規補助。文化資產屬公有者，應由所有人或管理機關（構）編列預算辦理保存、修復及管理維護；屬私有者，國家得依法規補償、優先承

購或徵收之。中央政府對地方政府文化保存義務之履行，有監督義務；地方政府違反法律規定或怠於履行義務時，中央政府應依法律介入或代行之。」

六、強化發展文教機構建設

文教機構類型甚多，本法列舉兩類：第一類是博物館事業，政府應健全其營運，以落實文化近用權，如第 10 條：「國家為尊重、保存、維護文化多樣性，應健全博物館事業之營運、發展，提升博物館專業性及公共性，並應藉由多元形式或科技媒體，增進人民之文化近用，以落實文化保存、智慧及知識傳承。各級政府應建立博物館典藏制度，對博物館之典藏管理、修復及踐行公共化等事項採取適當措施。」

第二類是健全圖書館，第 11 條：「國家應促進圖書館之設立，健全圖書館事業之發展，提升圖書館人員專業性，並應藉由多元形式或科技媒體，增進人民之圖書館近用，以落實圖書館功能及知識傳播。各級政府應建立圖書館典藏與營運制度，對圖書館之典藏管理、館藏資源開放使用、館際合作及閱讀推廣等事項採取適當措施。」

七、鼓勵文化活動、文化體驗與教學課程

國家應致力於各類文化活動機構，以培養國民生活美學，第 12 條稱：「國家應致力於各類文化活動機構、設施、展演、映演場所之設置，並善用公共空間，提供或協助人民獲得合適之文化創作、展演、映演及保存空間。」

國家亦須透過各級教育提供藝文體驗與教學課程之機會教育，第 14 條稱：「國家應於各教育階段提供文化教育及藝文體驗之機會。國家應鼓勵文化與藝術專業機構之設立，並推動各級學校開設文化及藝術課程。國家應自行或委託學校、機構、法人、團體，辦理文化與藝術專業及行政人員之培育及訓練。

八、以財務工具促進文化經濟的發展

政府應以財務工具振興文化經濟之發展，如第 15 條：「國家應促進文化經濟之振興，致力以文化厚實經濟發展之基礎，並應訂定相關獎勵、補助、投資、租稅優惠與其他振興政策及法規。」

九、訂定文化相關政策

政府應制定文化傳播政策，第 16 條：「國家應訂定文化傳播政策，善用資通訊傳播技術，鼓勵我國文化數位內容之發展。為提供多元文化之傳播內容，維護多元意見表達，保障國民知的權利，國家應建構公共媒體體系，提供公共媒體服務。為保障公共媒體之自主性，國家應編列預算提供穩定與充足財源，促進公共媒體發展及其他健全傳播文化事項。」

政府亦應訂定文化科技發展政策，第 17 條：「國家應訂定文化科技發展政策，促進文化與科技之合作及創新發展，並積極培育跨域相關人才、充實基礎建設及健全創新環境之發展。」

政府亦應訂定文化觀光發展政策，第 18 條：「國家應訂定文化觀光發展政策，善用臺灣豐富文化內涵，促進文化觀光發展，並積極培育跨域相關人才，營造文化觀光永續之環境。」

十、促進文化國際交流並關注其影響

發展文化必須要有國家視野，故應加強國際文化交流，第 19 條：「國家應致力參與文化相關之國際組織，積極促進文化國際交流，並鼓勵民間參與國際文化交流活動。國家為維護文化自主性與多樣性，應考量本國文化活動、產品及服務所承載之文化意義、價值及內涵，訂定文化經貿指導策略，作為國際文化交流、經貿合作之指導方針，並於合理之情形下，採取適當之必要措施。」

在締結國際條約時，亦應關注國際協定對本國文化之影響，第25條：「國家為保障人民文化權利，促進文化永續發展，在締結國際條約、協定有影響文化之虞時，應評估對本國文化之影響。」

十一、保障生存、工作權與優先採購條款

對於藝文工作者生存權與工作權之保障問題，已屬老生常談，本條款再次宣示政府之決心，第20條：「國家應保障文化與藝術工作者之勞動權益；對從事文化藝術創作或保存工作，有重要貢獻者，應給予尊崇、獎勵及必要之協助及支持。」

由於藝術與文化工作者經常參與文化部門的投標案，《政府採購法》應適度放寬對於藝文之採購，第26條：「為維護文化藝術價值、保障文化與藝術工作者權益及促進文化藝術事業發展，政府機關（構）、公立學校及公營事業辦理文化藝術之採購，其採購之招標文件所需載明事項、採購契約範本、優先採購之方式及其他相關事項之辦法，由文化部定之。但不得違反我國締結之條約或協定之規定。法人或團體接受政府機關（構）、公立學校及公營事業補助辦理藝文採購，不適用政府採購法之規定。但應受補助者之監督；其辦理原則、適用範圍及監督管理辦法，由文化部定之。」

十二、健全文化行政組織、人力與預算

國家應健全文化行政機關之組織、公務人力與公務預算，第21條：「國家應健全文化行政機關之組織，配置充足之人事與經費，並結合學校、法人、網絡、社群、非政府組織及文化藝術團體，共同推展文化事務。鄉（鎮、市、區）公所應指定文化行政專責單位或人員，負責文化事務之規劃、輔導及推動事宜。國家以文化預算對人民、團體或法人進行獎勵、補助、委託或其他捐助措施時，得優先考量透過文化藝術領域中適當之法人、機構或團體為之，並應落實臂距原則，尊重文化表

現之自主。」

政府應寬列文化預算與基金，第24條：「各級政府應寬列文化預算，保障專款專用，合理分配及運用文化資源，持續充實文化發展所需預算。文化部應設置文化發展基金，辦理文化發展及公共媒體等相關事項。」

十三、協力文化治理

政府內部推動文化事務，應採行文化治理精神，強調跨部門治理，整合中央與地方政府各部門，第22條：「全國性文化事務，由文化部統籌規劃，中央政府各機關應共同推動。中央政府與地方政府應協力文化治理，其應協力辦理事項得締結契約，合力推動。」

中央與地方文化主管機關每四年召開一次全國文化會議，應建立人民參與文化之機制，同條文：「……文化部應每四年召開全國文化會議，廣納各界意見，並研議全國文化發展事務。地方政府應建立人民參與文化政策之常設性機制，並應每四年召開地方文化發展會議，訂定地方文化發展計畫。」

行政院內部應本於跨域治理原則召開文化會報，同條文：「……行政院應召開文化會報，由行政院院長召集學者專家、相關部會及地方政府首長組成，針對國家文化發展方向、社會需求及區域發展，定期訂定國家文化發展計畫。國家制定重大政策、法律及計畫有影響文化之虞時，各相關部會得於文化會報提出文化影響分析報告。行政院各部會預算屬於文化支出者，應就資源配置及推動策略，納入文化會報協調整合。」

十四、多元文化人才培育與交流

國家應培育多元文化人才，並加強人才交流，第23條：「國家為落實多元文化政策，應積極延攬國內、外多元文化人才參與文化工作。為

推動文化治理、傳承文化與藝術經驗，中央政府應制定人事專業法律，適度放寬文化及藝術人員之進用。為充分運用文化專業人力，對於公務人員、大專校院教師、研究機構、企業之文化及藝術專業人員，得採取必要措施，以加強人才交流。」

十五、建立文化資料庫

政府應該建立文化資料庫，以供各界參採，第27條：「各級政府應對人民文化權利現況與其他文化事項，進行研究、調查、統計，並依法規保存、公開及提供文化資訊，建立文化資料庫，提供文化政策制定及學術研究發展之參考。文化部為辦理文化研究、調查及統計所需之必要資料，得請求有關機關（構）提供，除法律另有規定者外，各該機關（構）不得規避、妨礙或拒絕；所取得之資料，其保存、利用等事項，應依相關法規為之。」

肆、國家語言發展法

2019年1月9日修訂公布的《國家語言發展法》共有18條，茲扼要分析其內容如下：

一、立法宗旨與主管機關

第1條：「為尊重國家多元文化之精神，促進國家語言之傳承、復振及發展，特制定本法。」依此，立法宗旨在於確保面臨傳承危機的族群語言得以保存、復振及平等發展，並非指定「官方語言」，而是從多元語言保存及文化永續發展觀點進行規劃，期使臺灣各固有族群使用之自然語言和臺灣手語等，皆能獲得傳承與發展保障，希能逐步改善「語言消逝或斷層」危機，讓臺灣不同族群的歷史與文化，能夠世代傳承，

豐富這塊土地的文化內涵。「國家語言之傳承、復振及發展，除其他法律另有規定外，依本法之規定。」其他法律規定者，如《原住民族語言發展法》、《客家基本法》，三者形成相互支援之合作關係。

　　國家語言發展法之主管機關，在中央為文化部；在直轄市為直轄市政府；在縣（市）為縣（市）政府（第 2 條）。若有涉及其他機關者，則可指定專責單位推動相關事務，第 6 條規定：「中央主管機關及中央目的事業主管機關得指定專責單位，推動國家語言相關事務。直轄市、縣（市）主管機關得指定專責單位，推動國家語言相關事務。」

二、國家語言之定義與遵行原則

　　第 3 條稱：「本法所稱國家語言，指臺灣各固有族群使用之自然語言及臺灣手語。」本條將語言的定義的相當寬廣，包括臺灣各固有族群，如河洛、客語、原住民語等，充分展現多元文化主義的精神。

　　至於國家語言發展之遵行原則，第 4 條稱：「國家語言一律平等，國民使用國家語言應不受歧視或限制。」

三、召開國家語言發展會議

　　為了研議、協調及推展國家語言，必須召開全國性語言發展會議，第 5 條：「中央主管機關應定期召開國家語言發展會議，研議、協調及推展國家語言發展事務。」

四、具有傳承危機的國家語言之特別保障措施

　　若有面臨傳承危機之國家語言，如原住民語，政府應該有特別保障措施，第 7 條：「對於面臨傳承危機之國家語言，政府應優先推動其傳承、復振及發展等特別保障措施如下：一、建置普查機制及資料庫系統。二、健全教學資源及研究發展。三、強化公共服務資源及營造友善

使用環境。四、推廣大眾傳播事業及各種形式通訊傳播服務。五、其他促進面臨傳承危機之國家語言發展事項。」

五、定期公布國家語言發展報告

文化部應定期提出國家語言發展報告，一方面建置國家語言資料庫，另一方面檢驗推動成果，第8條稱：「政府應定期調查提出國家語言發展報告，建置國家語言資料庫。中央目的事業主管機關應會同中央主管機關，研訂標準化之國家語言書寫系統。」

六、各級教育應加強語言教育與師資培育

從幼兒園、國民基本教育、大專院校都應將語言納入教學課程中，並鼓勵完備相關教材，以培養多語言能力，第9條稱：「中央教育主管機關及直轄市、縣（市）主管機關應保障學齡前幼兒學習國家語言之機會。中央教育主管機關應於國民基本教育各階段，將國家語言列為部定課程。學校教育得使用各國家語言為之。中央教育主管機關應獎勵大專校院、研究機構開設國家語言相關課程，及進行相關學術研究。中央目的事業主管機關及直轄市、縣（市）主管機關應致力完備國家語言教育學習之教材、書籍、線上學習等相關資源。」

政府應培育國家語言教師，第10條：「中央教育主管機關應培育國家語言教師，並協助直轄市、縣（市）主管機關以專職方式聘用為原則。」

七、語言使用時機與指定語言區域

何時應使用何種語言？本法採寬鬆立場，按場合需要而使用不同語言；為便於溝通，必要時可以提供通譯服務，故亦有必要培養通譯人才；第11條：「國民參與政府機關（構）行政、立法及司法程序時，得

使用其選擇之國家語言。政府機關（構）應於必要時提供各國家語言間之通譯服務，並積極培育各國家語言通譯人才。」

　　文化部得視所轄族群聚集之需求指定特定國家語言為區域通行語之一，但需經立法機關之議決通過，第 12 條：「直轄市、縣（市）主管機關得視所轄族群聚集之需求，經該地方立法機關議決後，指定特定國家語言為區域通行語之一，並訂定其使用保障事項。」

八、各項獎補助、鼓勵措施

　　政府應獎勵出版、製作、播映多元國家語言之出版品、電影、廣播電視節目及各種形式通訊傳播服務等，第 13 條：「為呈現國家語言之文化多樣性，政府應獎勵出版、製作、播映多元國家語言之出版品、電影、廣播電視節目及各種形式通訊傳播服務。政府捐助從事傳播之財團法人應提供國家語言多元服務，並得設立國家語言廣播、電視專屬頻道及各種形式通訊傳播服務。」

　　政府應鼓勵法人及民間團體推廣國家語言，第 14 條：「政府得補助、獎勵法人及民間團體推廣國家語言。」

　　政府應辦理國家語言能力認證，如客語認證，必要時可免徵、減徵或停徵，第 15 條稱：「中央目的事業主管機關應辦理各國家語言能力認證。中央目的事業主管機關辦理前項認證應徵收之規費，必要時得免徵、減徵或停徵。」

　　政府亦鼓勵公務員學習各種語言，加強與民溝通，為民服務，故可將國家語言能力證明當作資格要件之一，第 16 條：「為提供國民適切服務，中央及地方公務人員之甄選得視業務需要，附加國家語言能力證明作為資格條件。」

伍、文化影響評估

一、意義

文化影響評估之背景是：聯合國訂定的《有關這個星球未來千年發展目標》（Millennium Development Goals），竟然沒有將文化目標予以納入，許多國際組織與國家乃呼籲應該重新修改該目標，將影響永續發展最重的文化目標納入，聯合城市與地方政府聯盟（United Cities and Local Government）積極研擬未來世代人類應如何保障文化多樣性，於是文化影響評估（Cultural Impact Assessment, CIA）乃被提出來（Partal & Dunphy, 2016）。

號稱是美國「環境憲法」的1969年《國家環境政策法》（National Environmental Policy Act of 1969）開宗明義指出文化在環境影響評估（Environmental Impact Assessment, EIA）的重要性：「國家必須保護重要國家遺產的歷史、文化與自然方面；盡可能支持環境多樣性與個人選擇多元性維護」，因而必須採取系統的、科際整合的途徑，以確保社會與自然學科的整合利用、環境設計藝術的規劃以及對於人類環境可能有負面衝擊的決策。紐西蘭1840年的《Waitangi協約》（1840 Treaty of Waitangi），以及1991年的《資源管理法》（Resource Management Act, 1991）雖然讓英國移民取得居住權，但同時也保證原住民毛利人（Maoli）獲取的土地擁有權，重視文化權益。

後來許多學術界與實務界人士深感環境影響評估的拘限性，乃推動社會影響評估制度，國際社會影響評估學會[4]（International Association of Impact Assessment）界定社會影響評估是：干預性的行動（政策、計畫、方案等）或社會變遷計畫對於社會層面的影響評估，意指：分析、追蹤與管理那些預期的與非預期、正面或負面的社會影響過程，其目的

4　International Association of Impact Assessment: https://www.iaia.org/wiki-details.php?ID=23, 2020/1/5 瀏覽。

是希望擁有一個永續性與生態與人類平等的狀態。根據該協會對「社會影響」的定義，與文化影響層面有關的是：（1）人類的生活方式：人類如何進行日常的生活、工作、遊戲與互動。（2）文化：共同分享的信仰、習慣、價值、語言或方言等。（3）社區：社區的凝聚力、穩定性、個性、服務或設備等。

　　一般而言，學術界對於環境影響評估（EIA）比較熟悉，但對於文化影響評估則較陌生，Partal（2013）主張應該將文化納入文化影響評估中，以形成永續發展典範。

　　Sagniab（2004）的定義如下：「當前或擬議中的發展政策或行動可能對社區文化生活、制度或資源產生不良後果，因而必須加以認定、預測、評估與溝通的過程；然後將其發現與結論納入發展政策或計畫中，以緩和其負面影響、強化正面影響。」依此定義，文化影響係指任何公共或私人政策對於文化各個層面的影響，包括：價值規範、宗教信仰、制度運作、生活方式、工作職業等文化生活的影響。基此，文化影響評估包括三個面向：文化生活面向、文化制度與組織面向、文化資源與基礎設施面向。

　　實際進行文化影響評估必須採取科際整合、系統與預測性的研究途徑，必須關注下列課題：（1）必須審視現行的文化環境狀態，擬議行動與可能的替選方案特質；（2）在採取或不採取行動前提下，必須預測未來文化環境的狀態；（3）必須考量避免、減緩或降低任何負面衝擊的方法；以及可能產生的補償制度；（4）準備文化影響評估報告書，討論相關議題，以告知決策制定者；（5）做成某項決定後，繼續觀察其可能發生的影響與應該採取何種對策（Engelhardt, 2004）。

　　一般而言，進行文化衝擊評估須採行下列原則：（1）公共涉入、諮詢與參與；（2）以公平精神評價文化衝擊；（3）聚焦於影響範圍及如何影響？（4）清楚認定評估方法與假定；（5）界定文化影響報告的重要性；（6）為方案規劃者提供良性的回饋；（7）聘用專業合格的文化影響評估專家；（8）建立追蹤與訂定舒緩文化影響計畫；（9）認定文化影

響評估的資料來源；（10）資料缺陷如何補救？

二、有必要訂定文化影響評估專法？

文化影響評估是高度專業性的制度，必須配合相當多的行政人力與經費，前述有關文化影響評估之各國經驗，基本上仍處於嘗試階段，畢竟文化是最繁複的概念之一，各種政府或民間的作為是否影響文化的保存與維護？此種評價不能僅從有形文化角度加以評估，還包括無形文化的評估，更何況文化的影響必須歷經多年才能看得出其影響。

臺灣早於 2003 年 1 月 8 日公布《環境影響評估法》，第 4 條稱「環境影響評估：指開發行為或政府政策對環境包括生活環境、自然環境、社會環境及經濟、文化、生態等可能影響之程度及範圍，事前以科學、客觀、綜合之調查、預測、分析及評定，提出環境管理計畫，並公開說明及審查。環境影響評估工作包括第一階段、第二階段環境影響評估及審查、追蹤考核等程式。」上開條文已將「文化」納入可能影響之因子及範圍。

復依 2018 年 4 月 11 日公布的《環境影響評估法施行細則》第 6 條：「本法第五條所稱不良影響，指開發行為有下列情形之一者：一、引起水污染、空氣污染、土壤污染、噪音、振動、惡臭、廢棄物、毒性物質污染、地盤下陷或輻射污染公害現象者。二、危害自然資源之合理利用者。三、破壞自然景觀或生態環境者。四、破壞社會、文化或經濟環境者。五、其他經中央主管機關公告者。」上開條文第四點：破壞社會、文化或經濟環境者，亦將文化因子納入。

基此，《環境影響評估法》的中央主管機關雖是環保署，但實質上已將文化影響因素納入 EIA 過程中，在審查環境影響評估報告時，相信主辦機關一定會邀請文化部門相關人員與會共同審查文化影響部分，實無另訂專法之必要。

縱使通過了文化影響評估專法，其法制定位與法律效力為何？顯有

商榷餘地；若經過評估後發現某部會推動的公共政策確實影響文化資產的保護，文化部是否有權行使否決權（veto right）而逕行勒令停止該政策之實現呢？現階段各政府機關對於環境影響評估法動輒以「環評不通過」之理由否決重大開發行為，尚且難以接受；更何況是文化影響評估？強制實施文化衝擊制度，將來落實時勢必產生爭議。

　　現行文化法制中，訂定文化影響評估條文者，散見於《文化基本法》第22條後款：「……。國家制定重大政策、法律及計畫有影響文化之虞時，各相關部會得於文化會報提出文化影響分析報告。行政院各部會預算屬於文化支出者，應就資源配置及推動策略，納入文化會報協調整合。」

　　在締結國際條約時，亦應關注國際協定對本國文化之影響，第25條：「國家為保障人民文化權利，促進文化永續發展，在締結國際條約、協定有影響文化之虞時，應評估對本國文化之影響。」然而，上開條文宣示之意義較大，難有實際作用。

自我評量

一、試說明我國文化政策發展的各階段特徵為何？

二、根據2018年公布的文化政策白皮書，我國文化政策的三大目標與六項作法為何？

三、《文化基本法》已立法通過，說明該基本法有何特點？對於文化的定位有何助益？

四、《國家語言發展法》的立法宗旨為何？如何定義國家語言？對於不同語言政府採取之原則為何？

五、何謂文化影響評估？是否有必要制定文化影響評估專法？

歷屆考題

1. 請論述推動文化基本法立法之目的及其重要性。（106年公務、關務人員升官等考試、106年交通事業鐵路、公路、港務人員升資簡任考試）

2. 民國67年行政院「加強文化及育樂活動方案」的內容為何？其對臺灣的文化行政有何重要影響？（106年特種考試地方政府公務人員考試）

3. 什麼是「國家語言發展法」？文化部為什麼要推動這個法案？（105年特種考試地方政府公務人員考試）

4. 「文化影響評估」（Cultural Impact Assessment, CIA）是國內目前提出重大文化政策過程中較為欠缺的一環，請詳述文化影響評估包括那些原則？（104年特種考試地方政府公務人員四等考試）

5. 請試述，中央政府及地方政府推出「文化政策」的優點及缺點為何？（104年公務人員特種考試關務人員考試、104年公務人員特種考試身心障礙人員考試及104年國軍上校以上軍官轉任公務人員考試）

6. 請說明文化政策的定義及其形成之要件。（104年公務人員升官等考試、104年關務人員升官等考試、104年交通事業公路、港務人員升資考試簡任）

7. 近年來文化部門推動之重要文化政策內容為何？其具體成效以及您的評論與建議為何？請說明之。（103年公務人員高等考試三級考試）

8. 所有的公共政策都面臨政策評估的問題，但我們要如何評估文化政策的效果與影響？請以一種政策為例，說明並設計如何進行其政策評估。（102年公務人員高等考試一級暨二級考試）

9. 從前的文化活動是社會上少數中上階層才有能力享用的資源，但隨著時代變遷和生活型態的改變，文化活動已成為大多數人都需要的公共資源，甚至在人口逐漸老化的過程中，為了照顧老年人的幸福感，文化藝術活動的需求也不能忽略。您認為中央和地方政府應如

何面對這種趨勢，以調整其文化資源和「文化行政」配置？（102年公務人員升官等考試、102 年關務人員升官等考試、102 年交通事業郵政、港務、公路人員升資考試）

10. 各國因為其特殊的歷史背景與政治制度，而發展出不同模式的文化政策制度。請説明美國、英國與法國的文化政策制度為何？為何會有這樣的發展？你認為那一種模式比較好？為什麼？（100 年公務人員高等考試一級暨二級考試）

11. 請從歷史、政治、經濟的角度簡要説明中華民國建國百年以來，國人應如何跳脱「文化」的「迷思」與「領悟」之間的關係？（100年公務人員升官等考試、100 年關務人員升官等考試）

12. 試述「文化政策」施政的對象是誰？它的目標又是甚麼？（99 年特種考試地方政府公務人員考試）

13. 文化行政工作的推動，牽涉到文化政策的落實與經費的分配，又必須注意文化的自主發展，文化政策與文化自主之間有一定的緊張關係。你認為推動文化政策時，如何才能同時維持文化的自主？（98年特種考試地方政府公務人員三等考試）

14. 文化政策的形成不一定只是由上而下的模式，藝術家、知識份子、非營利組織、民意代表等都扮演某種角色，所以有關文化政策的性質與過去制式的瞭解已大為不同，那誰該為文化政策負責？試申論之。（97 年公務人員高等考試三級考試）

15. 我國的文化政策自遷台以來可分那三大階段？「加強文化及育樂活動方案」為何時通過？其目的與重要內容為何？（97 年特種考試地方政府公務人員三等考試）

16. 近幾年來臺灣的文化政策方向，非常強調地方文化的自主性發展，就您的觀察有那些政策是屬於這一類型的作為，其主要的內容是什麼？（97 年公務人員特種考試身心障礙人員四等考試）

17. 就你所知，國際間相關於文化政策的訂定與實施，有那些國家值得提出參考！請述其詳？（97 年公務人員特種考試原住民族四等考試）

18. 請簡述臺灣最近十五年來在政府施政上可以稱之為「政策」的幾項文化施政項目及其主要精神內涵。（96 年公務人員、關務人員升官等考試）

19. 聯合國教科文組織（UNESCO）曾在 1960 年代，在其所舉辦的文化政策會議報告書中提醒：「在文化差異確實存在的現實情況下，文化政策絕不能被硬生生的加以界定，以防止因為有心人士的利用，使文化政策反成為文化發展的障礙。」試問，此論點在 40 年後的今日是否仍屬合宜，並請舉實例印證之。（96 年特種考試地方政府公務人員考試）

11

社區總體營造

本章導讀

　　本章首先解析社區總體營造的概念，其次探討臺灣社區總體營造的四個發展階段，同時就地方創生與社區總體營造的關係作一比較，最後則就社區總體營造的困境與如何鞏固社區治理機制進行探討。

壹、概念界定

先解釋「社區」的意義，根據1991年5月1日訂頒《社區發展工作綱要》第2條稱：「社區係指經鄉（鎮、市、區）社區發展主管機關劃定，供為依法設立社區發展協會，推動社區發展工作之組織與活動區域。社區發展係社區居民基於共同需要，循自動與互助精神，配合政府行政支援、技術指導，有效運用各種資源，從事綜合建設，以改進社區居民生活品質。社區居民係指設戶籍並居住本社區之居民。」

基上，社區成立的要件是：

一、**社區有一定的地理範圍**：社區都有一定的地理範圍，在該地理範圍內的居民都是會員，不需申請、不需繳費，但鼓勵捐款、從事志願服務等；會員有權利與義務參與社區舉辦的各項活動。

二、**社區是日常生活起居的「生活共融圈」**：社區是由居民所組成的群體，這種群體的特色是由於這個生活區域是「生於斯、長於斯」的場所，故相當關心社區事務的管理，居民與參與社區事務的程度在在影響社區生活共融程度。

三、**社區是聯繫情感、守望相助的「情感家園」**：社區由於是日常生活起居的生活共融圈，故彼此之間經常透過社區營造活動聯繫感情，以建設守望相助的情感家園為目標，而非「各人自掃門前雪，莫管他人瓦上霜」的冷漠住宅區。

四、**社區是「老有所終、壯有所用、幼有所長」的「和諧莊園」**：社區居民有老有少，有年青有少年，社區可以為不同年齡群舉辦多樣化活動，讓居民攜家帶眷的參加活動，形成一個歡樂和諧的社區。

五、**社區是傳承文化、培養歷史情懷的「文化社區」**：最後一點也是最難做到的，社區是傳承文化、培養居民歷史情懷，從而產生榮耀感與認同感的文化社區。很多都會中的社區，由於剛新成立，由一群外來移民的入住者所組成，毫無任何情感聯繫，自然很難形成生活

共融圈。社區欠缺文化作為推動社區事務的動力，該社區很難產生凝聚力。

綜言之，構成一個社區的要件，簡單來說必須要扣緊「人」、「文」、「地」、「產」、「景」五大要素（如圖6）：

一、「**人**」：最重要的是構成社區的「人」是否能夠產生彼此關心、感情融洽的生活共融圈。社區要件中的「人」，必須重視社區居民需求的滿足、人際關係的經營和生活福祉之創造。

二、「**文**」：一旦有了凝聚團結的社區居民，則「文」的部分就可以順利掌握了，社區要件中的「文」指的是社區共同歷史文化之延續，藝文活動之經營以及社區居民的終身學習等。

三、「**地**」：這是指社區地理範圍內之環境生態、地景地物等；社區要件中的「地」指的是地理環境的保育與發揚，在地特色的營造與延續。

四、「**產**」：這是指社區範圍內的農業、工商業活動狀況等；社區要件中的「產」指的是在地產業型態與經濟活動的集體經營方式等。

五、「**景**」：這是指社區居民對於公共活動空間的營造或特殊景觀的營造；社區要件中的「景」，指的是社區公共空間之營造、居民的整體感覺、社區居民自力營造等。

▲圖6　社區總體營造的五項要素

 貳、歷史發展

臺灣的社區總體營造具悠久歷史，大約可分三階段，茲說明如下[1]：

一、社區發展工作時期（1965-1992）

1965 年，行政院頒布《民生主義現階段社會政策》，首度提及「社區發展」一詞。1968 年，內政部頒行《社區發展工作綱要》，在既有的鄉村組織中再規劃為 4893 個社區。1983 年，修訂《社區發展工作綱要》，改名為《社區工作綱領》，明確地將「社區發展協會[2]」予以法制化。社區發展協會的建制化對於臺灣推動社區營造非常重要，成為推動社區營造基層的組織，此時期的重點工作在於興建社區活動中心的建設，當時社區發展協會的開展，偏重於硬體建設。

二、社區總體營造時期（1993-2001）

1993 年以來，臺灣各地盛行社區營造運動，居民透過社區營造活動的舉行，尋找社區文化的共同記憶與特色，培養社區居民的濃厚情感，凝聚以公共利益為基礎的社區意識，創造活躍的社區文化產業與優

---

1 文化部，臺灣社區通：https://communitytaiwan.moc.gov.tw/Category/List/%E9%97%9C%E6%96%BC%E7%A4%BE%E9%80%A0，2020/1/5 瀏覽。

2 社區發展協會是由社區居民共同申請成立的，作為推動社區事務的民間單位；《社區發展工作綱要》第二條：本綱要所稱社區，係指經鄉（鎮、市、區）社區發展主管機關劃定，供為依法設立社區發展協會，推動社區發展工作之組織與活動區域。社區發展係社區居民基於共同需要，循自動與互助精神，配合政府行政支援、技術指導，有效運用各種資源，從事綜合建設，以改進社區居民生活品質。社區居民係指設戶籍並居住本社區之居民。請參閱：《社區發展工作綱要》，2014 年 9 月 18 日修正。社區發展協會設理事長，選舉產生；其與村里長辦公室是不同的，鄉下稱村長、城市則稱里，皆設置由選舉產生的村長或里長，故村里長辦公室實為臺灣法制化的基層行政組織，但社區發展協會則是民間活動組織，兩者管轄區域間或重疊，若由不同的人擔任理事長或里長，經常發生嚴重的競爭與衝突，曾在基層組織中構成難題，若干社區乾脆由同一人擔任理事長或里長，如此就不會產生爭議。

質美好的社區生活環境。這種讓社區民眾民主自治的基層善治結構，不僅可以減少政府治理上的負擔，貫徹「小政府，大社會」的主張，而且也滿足人民參與公共事務的需求，成為臺灣草根社會中的重要特色。社區營造理念主要透過空間建築、產業文化與藝文活動等作為公共領域，提升地方社區公民與共同體的自主意識，以重建一個新的公民社會和文化國家。1994 年，行政院文化建設委員會推動《社區總體營造計畫》，包括充實鄉鎮展演設施計畫、輔導美化地方傳統文化建築空間計畫、輔導縣市主題展示館之設立及文物館藏充實計畫、社區文化活動發展計畫等。

1996 年，通過《社區總體營造獎助辦法》，開放社區團體申請。1997-1998 年，經建會推動《城鄉景觀新風貌改造運動實施計畫》，持續推動「美化公共環境計畫」。1999 年，發生嚴重的九二一地震，重創中部地區，文建會遂提出《九二一永續家園社區再造方案》，鼓勵社區營造，以恢復社區舊貌。

2000 年，行政院推動《社區總體營造心點子創意徵選》，並成立跨部會的「社區總體營造委員會」，促成中央部會在願景和政策的整合。2001 年，文建會推出「2001 年度社區總體營造年會」，邀請日本千葉大學宮崎清教授演講，並有來自各地23 個社區展覽社區總體營造的成果。

三、健康社區六星計畫時期（**2002-2007**）

2002 年至2007 年行政院推出《挑戰2008：國家發展重點計畫》，提出「新故鄉社區營造計畫」，結合特有的文化傳統、空間環境與地方產業，以形塑地方魅力。

2005 年，文建會提出《臺灣健康社區六星計畫》，對於社區營造提出更具體的分工，除文建會外，更包括教育、內政、農業、經濟、原住民及客家事務等11 部會，從人文教育、產業發展、社福醫療、社區治安、環保生態及環境景觀六大面向進行社區總體營造，成功地促成政府

部門重視「社區營造」，並從各自的業務權責鼓勵民眾共同參與，以符合社區全面性的需求，落實「總體」營造的精神，帶動政府與民眾協力合作的社會風潮。

「六星計畫」是一個推動全面性的社區改造運動，透過六大面向打造安居樂業的「健康社區」；由各社區透過自主提案方式向政府申請經費補助，具有申請資格者為：社區發展協會、在地文化促進會、各類型社區組織等[3]：

（一）　**產業發展：**透過社區小型企業的輔導，以活化地方型經濟產業，並推動地方產業文化化，促使社區產業轉型升級。透過地方產業發展，創造在地化多元就業機會，使青年得以返鄉就業及創業。

（二）　**社福醫療：**強化社區兒童照顧，並建立社區照顧關懷據點，使得生活照顧及長期照護服務等得以社區化。此外，激發民眾對健康的關心與認知，自發性參與或結合衛生醫療專業性團體，藉由社區互助方式，共同營造健康社區。

（三）　**社區治安：**鼓勵社區繪製安全檢測地圖，找出治安死角，並透過社區安全會議之討論，尋求解決方案。健全坡地災害防救體系，辦理社區防災之宣導工作，培養災害緊急應變能力。進行家暴防範之觀念宣導，並輔導建立社區通報機制，鼓勵發展成為「無暴力社區」。

（四）　**人文教育：**目的在於開發利用社區人力資源，加強社區營造人才培育工作，透過社區藝文活動之辦理，凝聚居民情感及共識，奠定社區發展之基礎。鼓勵社區建立終身學習體系，並透過偏遠社區電腦筆電及網際網路之建置，縮短城鄉數位落差。

3　臺灣行政院院臺文字第 0940014390 號函核定，院臺文字第 09500056087 號函修正，臺灣健康社區六星計畫推動方案。

（五）**環保生態：**鼓勵社區成立環保志工隊，進行環境整理及綠美化工作，推動「綠色社區」。此外，推動社區生態教育工作，宣導生物多樣性理念，鼓勵發展社區林業及生態社區，並輔導成立河川污染防治志工巡守隊，建立社區與生態之夥伴關係。

（六）**環境景觀：**透過居民參與模式，自力營造景觀特色及環境美化等工作，打造都市及農漁村之新風貌。鼓勵社區開發利用地方文化資產與文化環境，結合當地文史資源，建立地方文化特色，發展社區環境美學。

參、村落文化發展時期（2008-2017）

2008 年至 2015 年從「地方文化生活圈」概念出發，規劃「地方文化館第二期計畫」及「新故鄉社區營造第二期計畫」之雙核心計畫，從軟體（社造觀念培育）及硬體（地方文化設施）兩方面，提升社區文化生活及參與內涵，著力於藝文參與的社區營造方式，帶動更多社區民眾認識地方文化，激起對家園的關懷，增進參與公共事務之能量，達到培育社造人才及館舍營運人才的目標。

2012 年 5 月 20 日文化部升格後，更積極關注在地文化發展，在社區營造既有基礎上，拓展村落文化藝術，提出《村落文化發展暨推廣計畫》，進一步關照弱勢無能力或尚無社區共識的村落，結合文化部各附屬機關資源及民間團體活力，提供文化參與的多元機會及管道，為這些村落注入文化活力，提升在地文化及藝術活動的參與意願。更鼓勵青年進入村落運用創意，改善村落文化及經濟的發展環境。

2016 年，為延續已被點燃的民間活力，針對過往的執行成果及限制，並因應當前全球數位化及經濟泡沫化等外部危機與挑戰，以及日漸嚴峻的資源配置不均、社會力不足、人口老化及少子化等內部社會現

象，提出「社區營造三期及村落文化發展計畫（2016-2021年）」。

　　「社區營造三期及村落文化發展計畫（2016-2021年）」之經營策略是[4]：

一、**促進文化扎根**：促進全國各社區及村落（含原民部落）在地文化之保存及推廣，文化部將持續灌溉文化土壤，厚實臺灣文化軟實力。

二、**擴大民間參與**：鼓勵青年及議題社群加入社造及藝文扎根行列，搭建第二部門之合作橋梁，善用都會退休人力，整合公私部門資源，並彙整過去培育成果，持續累積並擴大民間參與之可能性。

三、**行政分層培力**：強化公部門各層級推展社區總體營造之行政效能，採分層輔導培力機制，賦權授能以廣納基層意見，將可更快的緩和並解決社區問題。

肆、地方創生與社區總體營造

　　目前臺灣人口結構出現「雙化」危機——少子化與高齡化，預估2024年達到人口高峰後，總人口數也將開始走下坡，之後每15年，將減少一百萬人口，2054年，臺灣人口預估不到兩千萬人。基此，正如日本的地方發展經驗一樣，「地方滅絕論」的危機也正發生在臺灣各偏鄉角落；近七成的人口集中於大臺北、大臺中及大高雄、大臺南三大都會區，鄉村只剩下七、八十歲的老人，形成「三等」（等吃、等睡、等死）國民，一旦這些老人過世，整個村落就會消失，地方消滅趨勢已經迫在眉睫。基此，行政院乃效法日本的地方創生經驗，定調2019年為臺灣的「地方創生元年」（丘昌泰，2018）。

　　為了展現各地方社區及偏鄉地區具有特色之人文風采、地景地貌、

4　文化部，社區營造三期及村落文化發展計畫：https://www.moc.gov.tw/content_268.html，2020/1/5瀏覽。

產業型態、傳統工藝，協助地方政府挖掘在地文化底蘊，形塑地方創生的產業策略，國家發展委員會刻正推動「設計翻轉、地方創生」計畫，藉由盤點各地「地、產、人」的特色資源，以「創意、創新、創業、創生」的策略規劃，開拓地方深具特色的產業資源，引導優質人才專業服務與回饋故鄉，透過地域、產業與優秀人才的多元結合，以社區設計手法加值運用，帶動產業發展及地方文化提升，以展現地景美學 。

　　過去臺灣推行的社區營造，雖然精神與地方創生精神類似，都強調社區居民的自動參與，社區治理機制的建立，但兩者似有不同之處：

一、社區營造面對的問題是：如何凝聚社區居民共識與情感？如何提升社區生活品質與美學？社區營造的手段，先從硬體設施著手，成立社區活動中心，後來提升為軟體的美學生活環境之美化。地方創生面對的問題是：人口流失、鄉村滅絕，企圖透過各種產業發展的激勵手段，以舒緩人口過度集中城市的偏頗現象，轉往鄉村定居發展，以活化鄉村聚落，顯然此項工作遠比社區營造更為困難。

二、社區營造的活動空間係以「社區」、「村落」或「部落」為主，這是一個行政區域名詞，無論鄉村或城市都適用營造；但地方創生則是以「地方生活圈」作為整體行動範圍，未必有明確的定義，以目前而言，更關心的是偏鄉聚落，如農村、漁村、林業村或其他農事地區。

三、社區營造的治理主體主要是以「人」為主，包括社區治理委員會與社區居民，如何激發與聯繫人們的感情與共識成為社區營造的主要任務；但地方創生的治理主體是創生者及創生產業，若地方未能引進具有創生能力的地方產業，就無法吸引青年人進駐與人口回流。因此，如何引進熱情、明智與能幹的地方創生企業家乃是地方創生的成功關鍵。

四、社區營造的客體主要是社區生活環境的美化與社區精神生活的提升，其治理機制相對簡單，但地方創生除了前兩者之外，必須配合

中央政府的法律授能，賦予地方政府的賦稅權與投資核定權，讓地方政府擁有優惠免稅、投融資的財務工具，若無這些配套條件，企業如何可能有誘因投資沒落的鄉村聚落？

五、社區營造的目的是營造生活美學，提升社區生活品質，偏重於精神面；但地方創生更強調創造就業機會、實現生產、生態與生計的三生目標，先求物質面的富足，再追求精神面的滿足。

「讓地方過得富足」為地方創生的核心精神，即使規模再小的鄉鎮或村落，只要能洞悉其特色，妥善運用社會資源，形成產業化，也能「以小博大」，形成特色小鎮，吸引人口回流。地方創生大師木下齊以法國鄉鎮為例，當地以香檳聞名，人口僅兩萬三千人，卻是法國平均收入最高的地方。因此，他認為「只要有特色產業存在，人口再少都能發展成為人口穩定成長的富足城鎮[5]。」

山崎亮（Yamazaki Ryo, 2018）曾提出「社區設計」作為推動地方創生的方法，他認為「地域」是當地居民人生經驗的集合體，改變地域最根本的方法應該是從轉變個人意識著手，隨著想法轉變，採取不同行動，就能創造出截然不同於以往的生活方式，形成特色的生活美學，這就是「行動經濟學」的實踐；社區設計行動必須著重兩大系統：第一系統是感性的美學系統，第二系統則是理性的經濟系統，前者比後者更為重要。

例如臺南市白河區，以舉辦蓮花節著名，以人文地景產為核心，讓社區設計與地方產業相互聯結，營造美感環境、創新產品與推廣在地文化體驗，以產學合作發展出來的「太空包重生、紅土鹹蛋復刻、藕粉創意調理」甚受遊客歡迎；至於南投縣竹山鎮，以竹山光點聚落群聚青創能量，經由不同的專業人士返鄉創業，孕育兼顧私益與公益價值，共構特色的茶竹源鄉生活等。

---

5 劉怡馨，〈日本地方創生推手木下齊：讓地方過得富足，有特色產業不怕人口少〉，《上下游》（2018/6/21），https://www.newsmarket.com.tw/blog/110295/，2020/1/5 瀏覽。

伍、社區特色營造的困境

臺灣社區特色營造困境為何？具有下列問題：

一、**社區居民參與感低落問題，難以形成獨立自主的基層公民社會**：建立健康社區的先決條件為社區居民的參與，但許多社區居民的參與感相當低落，以致無法形成強而有力的力量。社區居民參與感低落的原因有許多，諸如社區住戶成員多為受薪階級，受限於工作時間，參與社區公共事務時間及意願均甚低落。此外，由於社區成員漸趨老化，人才凋零，導致各項活動的辦理不易。城市型社區若為公寓大廈，則居民容易變成自我封閉，與外部社區完全脫勾，無法形成草根性的公民社會力量。

二、**社區組織功能不盡周全，無法推動社區營造**：推動健康社區的關鍵力量在於堅強的社區組織，但許多社區組織功能並不健全，社區經營的經驗未被累積與傳承。例如，不少大廈管理委員會功能不彰，僅能處理日常瑣碎事務，如收取管理費、例行維修、垃圾處理、保全業務等，根本無法進行積極的社區規劃。管委會的推手為主委，但主委資格所需之專業知識門檻甚高，無論是行政法規、機電管理、財務會計、組織經營、糾紛處理等都要專精，但由於為無給職，任務瑣碎而繁重，吃力不討好，且社區糾紛多、多數公寓大廈的主委沒人願意擔任，且主委一年一任，僅得連任一次，任期短，穩定性不足。

三、**經費不足問題**：經費不足一直是健康社區治理的重要問題，有些社區辦理活動經費申請困難，造成某些社區活動計畫無法辦理。某社區發展協會因政府無法提供人事經費補助及相關工作器材設備，如電腦、列表機、傳真機、影印機等購置經費而造成協會活動停擺。以某社區而言，平常經費主要來源為會費收入、政府專案計畫收入及小額個人捐款收入等；由於政府專案補助時有時無，個人捐款中

若無企業捐輸，則金額有限，因此經費籌措是健康社區普遍遭遇的最大困難。此外，不少社區都缺少固定活動場所，故需要租用公共空間，但經常性的租金來源成為最大的財務負擔。

四、社區營造人才的欠缺：不少社區成員之年齡偏高，業務推展往往心有餘而力不足。某些社區缺乏撰寫計畫書及文書處理之人才，造成無法申請政府補助。社區營造要創新的計畫，故需要有活力、夠朝氣的青年人才，不斷注入新血，但許多社區營造人才逐漸老化，甚至缺乏有效整合社區資源及計畫推行之人才。其次，難以徵募熱心的志工與義務幹部，例如，某社區發展協會會員來自於各界之專業及熱心人士，具有綠美化推廣之共識與使命感。然而，會員另有其他職業，對於會務皆為義務與兼辦性質，缺乏長期投入的承諾感，因而計畫延續性較為不足。

五、社區活動空間受限，欠缺一個公共區域凝聚社區意識之場所：不少社區相當欠缺公共活動空間，甚至若干社區轄境內竟無學校、公園等公共場所，故戶外活動甚難尋覓，發展空間受到相當限制。不少社區由於長期以來沒有屬於自己的活動中心，只能利用室外的活動空間來維持，不僅增加經費支出，也造成人力的負擔。以某里辦公室而言，由於該里無大型活動中心，里民常年苦於無法成立常態性社團，造成社區營造活動空有計畫而無法落實。

陸、鞏固社區治理機制

推動社區總體營造的成功關鍵在於建立功能性的社區治理機制（community governance mechanism），過去的決策機構是以政府機關為中心的「單邊化」決策模式，而社區治理則轉變為以社會為中心的「多邊化」決策模式，社會中包括社區居民、企業、學校、非營利組織等行動者；換言之，社區治理意味著由「行政控制」轉變為「民主協商」的

過程，而治理組織則是由「層級節制體系」轉變為橫向與縱向交互網絡關係的「社區網絡組織」，它強調的是政府與民間、公部門與私部門之間的合作與互動。

社區是最基層區域民眾的生活共同體，是具體實踐公民社會的生活型態。在社區層面中，民眾最能體會政府功能的限制，政府並不是萬能的；社區居民對切身需求和事務最具有發言權與決策權。因此，社區是最能實踐草根民主（grassroots democracy）的地方。

「六星計畫健康社區」所帶來的社區創新治理，確實不容忽視，六星計畫的成功導致社區營造幾乎已成為相當普遍的民眾自發性的生活自覺改造運動，而每個社區基於自動自發所產生的社會創新活動，可在「臺灣社區通網站」（https://communitytaiwan.moc.gov.tw）中一窺究竟，社區營造確實已深入臺灣社會底層，成為一項改造社區環境、凝聚社區意識非常成功的草根性活動，而這活動的成功絕對應歸功於散落在各地的草根性社區組織。

社區治理機制中必須包括社區發展協會、公益團體或熱心居民代表等，且經常聚會討論社區議題與各項需求，並且研議解決方案。臺灣社區營造過程中雖然出現民眾參與度不足的問，但社區居民卻相當關心與支持社區營造活動，故其參與度不足並不造成嚴重問題。

社區治理是社區居民共同推動善治（good governance）的基層民主過程，意味著社區事務的處理乃是立基於彼此協商、相互合作、共同努力、集體行動的基礎上，社區民眾若欲改善社區生活品質，營造舒適愉悅的生活環境，與其期望出現一個「善政」的「統治結構」，還不如由社區民眾自主性地建構一個有效率、整合性、功能性的「善治」的「民治結構」。善治的涵義是透過社區居民的共同努力，在實踐公共利益的目標下，建立政府與民間社會之間的夥伴關係，本質是政府與公民社會對公共事務的合作管理，強調公民自治和居民參與公共事務。

自我評量

一、何謂社區？構成社區的條件為何？試從人、文、地、產、景五個角度加以解析。

二、請扼要說明臺灣社區總體營造的歷史發展情況，各階段特色為何？

三、請說明文化部推動「村落文化發展計畫」之背景、目標與策略為何？

四、社區總體營造究竟與地方創生有何相同相異之處？

五、我國推動社區總體營造的困境為何？應如何鞏固社區治理機制？

六、何謂社區治理？其對於社區總體營造有何助益？應如何運作？

歷屆考題

1. 明年（2019 年）係行政院訂定之「臺灣地方創生元年」，各地方政府文化行政相關單位（局、處等），針對「地方創生」可以進行的文化工作內容為何？試申論之。（107 年公務人員高等考試一級暨二級考試）

2. 請條列並説明，國內目前在各地方從事的「社區營造」工作，目前所遭遇到的瓶頸或問題？（106 年公務、關務人員升官等考試、106 年交通事業鐵路、公路、港務人員升資薦任考試）

3. 請論述社區營造三期及村落文化發展計畫之內容，及其預期效益。（106 年公務、關務人員升官等考試、106 年交通事業鐵路、公路、港務人員升資簡任考試）

4. 何謂「地方學」？並請説明文化部社區營造政策與地方學的關係。（105 年特種考試地方政府公務人員考試）

5. 「社區總體營造」一詞自 1993 年 12 月由當時的行政院文化建設委員會提出，1994 年起依據此概念推動數項補助之後，目前已有近 20 年的實行過程與經歷累積。試問社區總體營造在「挑戰 2008：

國家發展重點計畫」內與目前延續的推動策略為何？（104 年公務
人員升官等考試、104 年關務人員升官等考試、104 年交通事業公
路、港務人員升資考試薦任）

6. 社區總體營造自民國 76 年推展至今已 20 餘年，你對此政策看法如
　 何？認為有何具體成果？（104 年特種考試地方政府公務人員三等
　 考試）

7. 「社區總體營造」作為一種「文化」政策的意義在那裡？這與社會
　 行政部門在執行社區政策時有何不同？試舉一些具體案例加以說
　 明。（102 年公務人員升官等考試、102 年關務人員升官等考試、
　 102 年交通事業郵政、港務、公路人員升資考試）

8. 請解釋下列名詞：7835 村落文化發展計畫（102 年公務人員普通考
　 試）

9. 請說明「社區總體營造」的意涵以及近二十年來在臺灣發展之各重
　 要階段。（102 年公務人員普通考試）

10. 改制前的行政院文化建設委員會整合各項計畫，推出「新故鄉社區
　　 營造──地方文化館第一期計畫」（2002-2007）及「磐石行動──
　　 地方文化館第二期計畫」（2008-2013），請說明此二計畫對地方文
　　 化發展的實質效益，並分析其利弊得失。（101 年公務人員高等考
　　 試一級暨二級考試）

11. 試論如何以社區總體營造的精神與策略來提升縣市政府的行政效
　　 能？（99 年公務人員普通考試）

12. 近年來我國文化政策觀念有一些重大的發展，尤其是像社區營造、
　　 文化創意產業、文化公民權等觀念的提出，請說明您對這些政策內
　　 容的理解。（98 年公務人員普通考試）

13. 「社區總體營造」是十多年以來臺灣最重要的新文化政策，請說明
　　 其基本精神和內容？（97 年公務人員特種考試身心障礙人員四等
　　 考試）

14. 行政院文化建設委員會何時推動「社區總體營造」？其目的為何？

重點工作為何？（97 年特種考試地方政府公務人員四等考試）

15. 「社區營造」已成為各級政府單位的重要施政計畫，請說明此一施政計畫的目標內涵。（96 年公務人員、關務人員升官等考試）

16. 社區總體營造是十年多以來臺灣最重要的新文化政策，請說明其基本精神和內容。（96 年公務人員普通考試）

12

歐盟文化首都、節慶文化與創意歐洲

本章導讀

　　本章主要是討論歐洲國家對於推動文化藝術方面的成果，特別介紹歐洲文化首都選拔、歐洲節慶文化、創意歐洲、文創城市監測、創意城市網絡以及歐洲文化議程等有關文化藝術大型計畫，值得參考借鏡。

壹、歐洲文化首都

歐洲文化之都（The European Capital of Culture）係於1985年歐盟發起的年度文化之都選拔計畫，當選的文化首都將舉行系列的文化活動，對於當地產生的文化、社會與經濟效益甚大，也能促成都市再生、都市形象的改變，並提升國際能見度，更凸顯歐洲國家重視文化多樣性的決心。

1985年，由希臘文化部長Melina Mercouri與法國文化部長Jack Lang共同提案，得到歐盟會員國的支持。文化首都的選拔目的不純粹是經濟目標，如吸引觀光人潮、改變都市形象、促成都市再生、提升國際能見度等；此外還可以促進歐洲文化多樣性與豐富性、展現歐洲文化特色，並透過文化首都的選拔，以強化歐洲民眾對於歐洲文化的認同感與歐盟的身分認同，充分瞭解文化在城市發展過程中的重要角色。

為了評選文化首都，歐盟特別籌組公正的國際委員會，首屆文化首都是希臘雅典；1985-2020年間，每年推薦兩個文化首都參與評選；2021年後增至3名。根據2004年的Palmer report，文化首都的選拔是城市轉型與文化發展的觸媒劑，有鑑於英國可能於2023年退出歐盟，屆時亦將取消文化首都之頭銜。

有興趣參與選拔的國家必須在選拔活動前六年提交申請計畫書，闡述該都市的文化特色與推動成果，每四年公布候選名單，然後由歐盟聘請專家學者，每年針對候選城市進行考核評估，至2019年共有50個城市入選。2017年9月曾修改規定，擴大參與文化首都選拔的國家資格，除歐盟會員國之外，2021年之後涵蓋歐洲自由貿易協會（European Free Trade Association）、歐洲經濟區域協議（Agreement on the European Economic Area）之會員，故競爭更為激烈。

貳、歐洲節慶文化

一、國際藝術節慶的意義

藝術節慶（arts festival）係以文化藝術為主軸的節慶活動，包括音樂、舞蹈、影片、美術、文學、詩歌等，藝術節慶強調的是觀眾或聽眾現場的真實感受，故有些人認為以「數位科技」為載具的視覺藝術或數位藝術並非藝術節慶的範疇。藝術節慶的舉辦通常持續一段時間，短則一週，長則數月，在藝術節慶活動時期，主辦單位可以舉辦不同藝術形式的活動，絕大多數都是免費，不僅可以創造觀光休閒人潮，提升舉辦藝術節慶單位與當地的知名度；而且更可以提升民眾的文化藝術品味，培養國民生活美學。

藝術節慶節目的設計，盡量包含不同性質的藝術形式以及不同風格的表演團體，若針對某種特定藝術類型而舉辦的藝術節慶則稱為邊緣藝術節慶（fringe festivals）。例如，愛丁堡國際藝術節（The Edinburgh International Festival），於每年八月在蘇格蘭首府愛丁堡舉辦，創辦於1947 年，為世界歷史最悠久、規模最大的國際藝術節之一，表演內容包括歌劇、音樂、戲劇和舞蹈表演等，普受觀眾歡迎。後來，許多表演團體認為這種主流派、官方派的藝術節已經壟斷了藝術創作自由與藝術表現形式，於是在同樣的城市，卻舉辦完全不同於上述節慶風格的邊緣性節慶，竟然大放異彩。

愛丁堡藝穗節（Edinburgh Festival Fringe）強調的是草根藝術，有別於愛丁堡國際藝術節的大卡司與巨星陣容，完全由表演藝術團體自發性的表演，他們強調的是「藝術自由、創作無價」，主辦單位架設藝術文化中介平台，沒有任何表演審查制度，只要找到演出地點，表演者就可以暢快地發揮其藝術天分，這種強調完全自由的藝穗節，其光環竟然超過官方的國際藝術節，由此可以看出「自由創作」是藝術節慶的靈魂，不容妥協。

　　藝術節慶是一種必須親自體驗的藝術節慶，但藝術展覽（Art Fair）則是聚焦於視覺藝術的呈現，運用新媒體將藝術呈現出來，乃是藝術節慶的一環，例如照片或影片藝術展，邀請許多藝術家、藝術品經紀、蒐藏家、藝術經理等，它不被認為是一種藝術節慶，只是另外一種手腕成熟的藝術拍賣場而已。

　　在所有藝術節慶中，最普遍的是音樂藝術節慶。1719 年，西英格蘭的三合唱團[1]（The Three Choirs Festival）於三個地區的天主堂，發布「年度音樂大會」，被稱為是最古老的音樂藝術節；2015 年為 300 週年紀念，演唱時間從 7 月 25 日到 8 月 1 日，於英格蘭的 Hereford 舉行，一場音樂表演能夠長達三百年，英國藝術市場就是這樣經年累月形成的。另外是 1772 年，首次舉辦的諾福克和諾維奇節[2]（the Norfolk and Norwich Festival），原本是醫院為了籌募經費而舉辦的音樂會，沒想到大受歡迎，早期是純粹的古典音樂表演，近年來則愈來愈多元化與普及化，舞蹈、表演、視覺藝術、兒童戲劇節目等也出現在節目中。

　　週末戶外草地音樂會是非常受到歡迎的藝術活動，如搖滾、重金屬、爵士、流行歌曲等，自 1960 年代以來，音樂藝術節慶成為世界各國歡迎的藝術表演，始創於 1970 年的格拉斯頓柏立音樂藝術節[3]（Glastonbury Festival），是目前世界最大的露天音樂表演。伍茲塔克音樂節[4]（The Woodstock Festival）也是別具生面的音樂表演，吸引 400,000人次光臨，原定 1969 年 8 月 15 日到 8 月 17 日，但因雨延長到 8 月 18日，它被公認是流行音樂史上非常重要的音樂表演事件，《滾石雜誌》（Rolling Stone）雜誌稱它是 50 個搖滾樂史上重要轉捩點之一。

1　The Three Choirs Festival: https://3choirs.org/, 2020/1/5 瀏覽。

2　The Norfolk and Norwich Festival: https://nnfestival.org.uk/, 2020/1/5 瀏覽。

3　Glastonbury Festival: https://glastonburyfestivals.co.uk/, 2020/1/5 瀏覽。

4　Woodstock in 1969: http://www.rollingstone.com/news/story/6085488/woodstock_in_1969, 2020/1/5 瀏覽。

二、歐洲藝術節慶協會

　　歐洲國家非常重視藝術節慶活動，幾乎被視為一個偉大城市蓬勃發展的「靈魂」，著名的國際表演藝術節慶，如英國愛丁堡藝穗節、法國亞維儂藝術節等，為了整合這些不同節慶的舉辦經驗與相互交換資源，特別成立歐洲藝術節慶協會[5]（The European Festivals Association, EFA）。成立於 1952 年的藝術節慶協會，主要任務是整合來自歐洲國家著名的音樂、舞蹈、戲劇與藝術活動的主辦人、協會與表演團體代表，分享舉辦經驗、交換節慶管理知識，並提供相關訓練課程。

　　截至目前為止，大約包含十五種節慶的 100 種節目，以及至少來自於 100 多個國家的表演節慶團體或協會參與。該協會可以為文化藝術界提供高品質的訓練課程。2013 年成立節慶學院（Festival Academy），主要目標是分享、交換與建構節慶管理知識，訓練新一代節慶管理領袖、產生新的表演製作機會，並建立網絡關係；其下設置青年節慶經理工作室（The Atelier for Young Festival Managers）提供一個 7 天密集訓練；節慶製作管理訓練（Festival Production Management Training），大約徵募二十位培訓成員，以三個模組進行授課，主要聚焦於藝術導演的訓練。

　　「歐洲為節慶、節慶為歐洲[6]」（Europe for Festivals, Festivals for Europe, EFFE）是一個有關歐洲節慶活動的線上平台，自 2014 年啟動後，歐洲國家至少 760 種節慶均上傳此平台，影響甚大，其甄選國際節慶上線的三大標準是：藝術承諾、地方社區的涉入與歐洲全球視野。

　　國際著名的藝術活動，如愛丁堡藝術節已經營 70 年，倫敦 EFG 爵士樂節（The EFG London Jazz Festival）自 1993 年舉辦至今未曾中斷，錫比烏國際戲劇節（The Sibiu International Theatre Festival）是羅馬尼亞

5　The European Festivals Association: https://www.thefestivalacademy.eu/en/home/, 2020/1/5 瀏覽。

6　https://www.festivalfinder.eu/, 2020/1/5 瀏覽。

自 1993 年以來最重要的表演藝術節慶。義大利米蘭自 2007 年以來的九月神話音樂（MITO Settembre Musica）都可以在此線上平台找到相關資料。

這個線上平台是歐洲藝術節慶協會（EFA）成立的平台，並得到歐盟與歐洲議會（The European Commission and the European Parliament）支持，保持合作關係，不僅經常獲得經費補助，且已立法將該組織視為長期性的藝文組織。

該線上平台包括的藝術節慶類別甚廣，從音樂到戲劇、街頭藝術到舞蹈、文學等 45 個歐洲國家的上百種節慶活動，乃為喜好國際節慶觀眾、節慶愛好者、節慶製作者、藝術家、旅行者、學術界、新聞界、部落格、政策制定者、城市發展者等所有利害關係人提供非常有用的線上平台，最重要任務之一是：每兩年由 EFFE 國際評判團（EFFE International Jury）甄選表現優秀的團體頒發年度 EFFE 節慶獎。

參、創意歐洲

有鑑於文化和創意部門乃是歐洲國家創造就業機會、促進經濟增長的重要原動力之一，歐盟特別推出創意歐洲[7]（The Creative Europe），主要是支持歐洲國家的視覺、文化與創意部門，針對電影、電視、文化遺產、音樂、戲劇、以及媒體等進行經費補助與政策扶持。

創意歐洲係獲得歐洲議會與歐盟理事會[8]同意，並於 2013 年 12 月公布「創意 2014-2020 歐洲計畫期程」，2014 年 1 月 1 日正式生效。該計畫打算編列七年 14.6 億歐元預算，每年預計以 9% 的成長率增長；該

7　Creative Europe: https://eacea.ec.europa.eu/creative-europe_en, 2020/1/5 瀏覽。

8　Regulation (EU) No 1295/2013 of the European Parliament and of the Council of 11 December 2013 establishing the Creative Europe Programme (2014 to 2020) and repealing Decisions No 1718/2006/EC, No 1855/2006/EC and No 1041/2009/EC Text with EEA relevance. 2020/1/5 瀏覽。

計畫在歐洲議會表決時，共有 650 位歐洲議員投票支持，僅有 32 位反對與 10 位維持中立。

創意歐洲的目標是：（1）保障、發展與促進歐洲文化、語言多樣性，以促進歐洲文化遺產。（2）強化歐洲文創部門的競爭力，特別是視覺藝術方面，以促進明智、持續與包容的發展。該計畫涵蓋的範疇，不僅包含歐洲過去的文化遺產、媒體文化等，還支持表演與視覺藝術、文化遺產、媒體文化等項目，同時強調不同產業部門合作與政策協調，例如，於 2016 年正式啟動的財務保證機制，將為中小型文化企業提供約 7 億 5 千萬歐元的貸款。

創意歐洲經常贊助各種歐洲文化活動，如歐洲文化首都、歐洲遺產標籤（European Heritage Label）、歐洲遺產日（European Heritage Days）等；此外也經費贊助五個重要的國際文化獎項頒發活動，如歐盟文化遺產獎／Europa Nostra 獎、歐盟當代建築獎、歐盟文學獎、歐洲邊境破壞獎和歐盟 Prix 媒體獎等。

該計畫已獎助 250,000 藝術家與文化專業者、2,000 家電影院、800 部影片與 4,500 本文學翻譯作品。其中經費的 56% 撥給媒體文化計畫，31% 撥給有關表演與視覺藝術的文化活動，13% 則是分配撥給跨文化的活動。

肆、文創城市監測與創意城市網絡

一、文創城市監測

文創城市監測[9]（The Cultural and Creative Cities Monitor）是一新的管理工具，主要是根據 2007 年全球化世界下的歐洲文化議程

9　The Cultural and Creative Cities Monitor: https://composite-indicators.jrc.ec.europa.eu/cultural-creative-cities-monitor/about, 2020/1/5 瀏覽。

（European Agenda for Culture in a Globalising World, 2007），特別重視文化在歐盟文創城市中的重要角色；該監測計畫總共涵蓋168個城市30個歐洲國家，其中包含93個歐洲文化首都；22個 UNESCO 的創意城市；53個國際文化活動的主辦單位。

該監測計畫所運用之監測指標，主要係由歐盟聯合研究中心（The Joint Research Centre of the European Commission）發展出來的追蹤指標，主要功能是：（1）支持政策制定者認定優勢、評鑑政策行動與同儕學習的影響；（2）說明與溝通文化與創意對改善社經觀點、重要性與韌性。（3）刺激新的研究問題與探討文化創意城市角色之途徑。

該監測計畫產生三大益處是：（1）成本效益：透過這種資料庫的形成，可供城市治理者，以極具成本效益方式推動文創城市之決策參考。（2）決策制定的標竿學習：針對那些表現特別優秀的城市，提供足以讓許多城市觀摩實習的機會。（3）促進最佳實務：透過創意城市指標，可以找到最佳標竿城市，讓其他城市學習，以達見賢思齊之效。

該監測計畫主要是運用量化與質化指標評鑑歐洲文創城市的表現，量化指標包括3大構面、9項分類指標，以及29個指標：

（一）**文化活力（Cultural Vibrancy）**：以文化基礎設施與文化參與率衡量一個城市的文化脈動程度，包括：「文化場館與設施」與「文化參與和吸引力」兩個分類指標。

（二）**創意經濟（Creative Economy）**：衡量文化創意部門如何對一個城市的就業、工作機會與創新能力產生貢獻，包括：「創意與知識基礎工作數目」、「知識產權創新」與「創意部門的新職缺」三項分類指標。

（三）**能動環境（Enabling Environment）**：認定有助於城市吸引創意人才與刺激文化涉入的有形與無形的資產，包括：「人力資本與教育」、「開放、容忍與信任度」、「地方與國際連結」與「統治品質」四項分類指標。

　　質化指標包括城市文化創意資產的關鍵事實和表現形式，說明和補充前述的量化證據；該質化指標涵蓋面甚廣，從重要文化遺址、藝術機構或現場藝術活動到發展戰略、基礎設施，如基金、稅收激勵、創意孵化器、工廠實驗室等的支持、投入與發展，以顯示城市對文化和創造力的承諾與支持。

二、創意城市網絡

　　UNESCO 創意城市網絡[10]（UNESCO Creative Cities Network, UCCN）與歐洲文創城市監測的性質相差不多，成立於 2004 年，主要針對那些重視創意並當作都市永續發展策略的創意城市間之合作，目前大約有180 個城市加入，目標是：將創意與文化產業納入地方城市發展計畫的心臟，並與國際城市積極合作。

　　創意城市網絡涵蓋七個創意領域：手工藝、民俗音樂、美食、媒體藝術、影片、設計、文學與音樂，各自選出代表性的城市，以下列舉若干城市：

（一）**文學之都**：如愛丁堡－英國、愛荷華城－美國。

（二）**電影之都**：如釜山－韓國、羅馬－義大利。

（三）**音樂之都**：如維也納－奧地利、漢諾威－德國。

（四）**手工業和民間藝術之都**：如亞斯文－埃及、金澤－日本。

（五）**設計之都**[11]：如布宜諾斯艾利斯－阿根廷、開普敦－南非。

（六）**媒體藝術之都**：如里昂－法國、約克－英國。

（七）**美食之都**：如普吉－泰國、鶴岡－日本。

---

10 UNESCO 創意城市網絡：https://en.unesco.org/creative-cities/home，2020/1/5 瀏覽。

11 臺北市政府於郝龍斌市長時期，曾提出參與設計之都評選的計畫，將呈現臺北市在永續生態環境、便捷綠色交通、多元族群文化與資訊科技產業等幾個面向呈現設計之特色，可是後來柯文哲市長上任則未持續推動，殊屬可惜。

　　凡是加入網絡的城市必須承諾分享他們的最佳實務，並發展出公私部門與公民社會的夥伴關係：（1）必須強化文化活動、文化財貨勞務的創造、製作、分配與散播；（2）必須發展創造與創新中心，擴大文化部門的創作者與專家的機會；（3）必須改進參與文化生活的管道，特別是對於邊緣化的弱勢團體或個人；（4）完全整合文化與創意於永續發展計畫中。

　　創意城市網絡是 UNESCO 一個頗有特色的夥伴計畫，不僅反應永續城市發展中創意扮演的角色，而且採取積極行動的熱情、展現創新智慧，期許能以此計畫貫徹 2030 永續發展議程（2030 Agenda for Sustainable Development）。

伍、歐洲文化議程

　　歐洲早於 2007 就公布重要的全球化世界下歐洲文化議程 [12]（On a European Agenda for Culture in a Globalizing World），該議程指出：文化是人類發展與文明的重心，文化透過感官刺激與觀察現實的新方式，使人們充滿希望與夢想；文化統合所有歐洲國家藝術、文學、音樂等，因而讓歐洲國家彼此相互連接。

　　歐洲國家長期以來分享共通的文化遺產，這是歷經幾個世紀的創造力、移民流動和文化交流的結果。歐盟國家還享受並重視豐富的文化和語言多樣性，這不僅鼓舞人心，而且激勵了世界上其他許多國家。透過這種多樣性的整合，尊重文化和語言多樣性以及促進共同的文化遺產成為歐洲文化議程的核心。

---

12 Commission of the European Communities (2007). Communication from the Commission to the European Parliament, the Council, the European. Economic and Social Committee and the Committee of the Regions. On a European agenda for culture in a globalizing world. Brussels, 10.5.2007. COM(2007) 242 final.

宣言內容如下：

一、歐盟應促進會員國文化的開花，同時尊重中央與地方的多樣性，同時帶來共同點，傳承優勢。

二、歐盟應鼓勵會員國之間的合作，如有必要，支持和補充他們的行動。

三、歐盟和成員國應培養與第三國家、第三國際文化組織，特別是歐盟理事會的合作。

四、歐盟應在其他條款的行動中考慮文化因素，特別是為了尊重和促進其文化的多樣性。

宣言目的是：

一、愈來愈多人認知到：歐盟在促進歐洲與世界的文化豐富性與多樣性方面扮演獨特角色；同時，愈來愈多人承認：文化是實現歐盟繁榮、團結與安全戰略目標不可或缺的特徵，可確保歐盟在國際舞臺上展現更大的能見度。

二、基於廣泛的諮詢，本議程探討在全球化世界中，文化與歐洲之間的關係，提出新的歐盟文化議程。該議程為所有利害關係人共同分享（如歐盟、會員國、公民社會和歐洲議會）。歐盟委員會也尋求建立新夥伴關係和合作方法。

2018 年又提出修正版本，新歐洲文化議程[13]（A New European Agenda for Culture, 2018），該宣言指出：1957 年 3 月 25 日由比利時、法國、義大利、盧森堡、荷蘭及西德簽署通過《羅馬條約》，正式官方名稱為《建立歐洲經濟共同體條約》，於 1958 年 1 月 1 日生效，建立了

---

13 Commission of The European Communities (2007). Communication from The Commission to The European Parliament, The Council, The European Economic and Social Committee and The Committee Of The Regions. A New European Agenda for Culture. Brussels, 22.5.2018 COM(2018) 267 final.

歐洲經濟共同體。當時27個會員國均同意公民得以分享歐洲文化、社會與經濟發展,以促進文化遺產與文化多樣性;並提升歐洲民眾的自我認同、形塑歸屬感。文化可以促進歐洲與世界之間的積極公民精神、共同價值感、跨文化對話。文化也可以帶給人們包括難民或移民的團結,形塑成為歐洲社群的一部分。文創產業也可以讓我們有權力改進生活方式、協助社區轉型、創造新工作與新成長動力,以及其他部門的外溢效果。

新歐洲文化議程之目標是:透過教育與文化,建立高度凝聚的社會,並提供吸引力的歐洲願景(a vision of an attractive European Union),其策略目標與行動分別包括:

一、**社會層面:**利用文化和文化多樣性的力量促進社會凝聚力和福祉。行動包括下列三項:(1)藉著舉辦多元化活動以及主動提供參與文化機會,培養歐洲人的文化能量;(2)鼓勵文創部門專業人士的流動,撤除阻礙流動性的障礙;(3)保護與促進源於同一的歐洲文化遺產,提升共同歷史的認知與價值,強化共同體的認同感。

二、**經濟層面:**支持以文化為基礎的、且有助於創造力、就業機會與成長的教育與創新,行動包括下列三項:(1)促進不同年齡層與終身學習層次的藝術、文化與創造力思考之正式與非正式教育與訓練。(2)培養有利於文創產業的生態系統;促進申請財務、創新能量的管道;加強作者和創作者的公平報酬以及跨部門合作。(3)促進文創部門所需的技巧,包括數位、企業精神、傳統與專業技巧。

三、**外部層面:**強化國際文化合作關係。行動包括下列三項:(1)支持作為可持續社會與經濟發展引擎的文化;(2)為了社群間的和平關係,促進文化與跨文化對話;(3)強化文化遺產的合作。

自我評量

一、請敘述歐洲文化首都成立之背景與相關內容，對於我國有何啟示？

二、歐洲節慶文化相當豐富而多元，何謂藝術節慶？有何重要的藝術中介協會？可否舉出一個您所熟悉的國際藝術節慶活動？

三、何謂創意歐洲？對於文創產業的推動有何啟示？

四、何謂文創城市監測？其監測採用何種指標？

五、「歐洲文化議程」強調歐洲文化多樣性與文化遺產之重要性，請敘述其內容。

六、請解釋下列名詞：

The Creative Europe

Europe for Festivals, Festivals for Europe

The European Capital of Culture

The Cultural and Creative Cities Monitor

A New European Agenda for Culture

UNESCO Creative Cities Network

歷屆考題

1. 試述「歐洲文化首都」成立的源起及如何協助歐洲各個國家城市發展「文化與身分認同」、「帶動城市發展」和「經濟轉型」等課題。（108 年公務人員高等考試三級考試）

2. 起源自 1947 年的愛丁堡藝穗節（Edinburgh Festival Fringe），至今已經成為全世界最大的藝術節慶，請說明：起源經過與特徵；（10分）對於全世界藝術節慶發展的影響；（10分）臺灣表演團隊參與的現況。（5分）（105 年公務人員高考二級考試）

3　請根據「聯合國教科文組織創意城市網絡」（UNESCO Creative

Cities Network, UCCN）設立宗旨及七項領域中，擇一評估臺灣地區某城市加入此項國際行動的可行策略。（105 年公務人員高考二級考試）

4. 請說明臺北市推動「2016 世界設計之都」活動的目的和做法。（104 年公務人員普通考試）

5. 多元文化蓬勃發展是城市文化規劃的重要關懷，試擇一城市針對特定群體（種族、宗教、移民、同志……）的文化作為，論述其推動多元文化治理經驗的基本思維、執行機制、實踐策略、成效及待改進議題。（103 年公務人員高考二級考試）

6. 請解釋下列名詞：藝穗節（102 年公務人員普通考試）

13
地方文化自主性與節慶文化

壹、文化自主與地方行銷

貳、地方節慶文化的風潮

參、地方節慶文化的優缺點

本章導讀

　　在文化自主性趨勢下，地方政府透過地方節慶行銷，以促進地方發展，已成為常態的地方文化政策與行政。本章首先探討文化自主與地方行銷之關係，其次分析地方舉辦節慶文化活動的風潮；最後則針對優缺點進行分析，以供地方政府首長與文化部門主管之決策參考。

壹、文化自主與地方行銷

一、地方文化自主的趨勢

前述有關臺灣文化政策的發展各階段中，第二階段為「文化地方自主化時期（1991-2000）」，這段時期中央政府將文化權下放給地方政府，使地方擁有文化自主權：(1)「落實縣市文化中心功能方案」列入國家重大文化建設，為地方挹注文化建設經費與人力，方案重點如加強縣市文化活動與設施、加強鄉鎮及社區文化發展等。(2)向來由行政院文建會主辦的全國文藝季，開始下放各縣市，由文化中心舉辦人親、土親、文化親的地方文藝季，讓文化藝術植根於泥土。(3)推動影響甚為深遠的「社區總體營造」與「產業文化化」。最重要的莫過於1999年實施《地方制度法》，各縣市成立文化局，從中央到地方政府，終於完成文化行政組織體系。

地方自治必須落實於文化自主，《文化基本法》對於保障地方文化自主性的條款相當之多，如第3條：「人民為文化與文化權利之主體，享有創作、表意、參與之自由及自主性。」此條文特別強調個人文化自主性。第13條：「國家應鼓勵人民積極參與社區公共事務，開拓社區公共空間，整合資源，支持在地智慧與知識傳承及推廣，以促進人民共享社區文化生活及在地文化發展。」此條文稱「支持在地智慧與知識傳承及推廣，以促進人民共享社區文化生活及在地文化發展。」明確指出：地方文化自主化已成為文化政策的主軸。

政府為了推動文化事務，必須採行跨政府、跨部門的文化協力治理，整合中央與地方政府力量與資源，第22條：「全國性文化事務，由文化部統籌規劃，中央政府各機關應共同推動。中央政府與地方政府應協力文化治理，其應協力辦理事項得締結契約，合力推動。」基此，行政院召開文化會報，絕對少不了地方政府首長的參與，可見自臺灣走向民主化後，重要特徵之一是地方文化自主性的落實。

二、地方行銷的重要

在文化自主性趨勢下，地方政府盤點地方文化資源的優勢，透過創意的活動事件之設計進行地方行銷（place marketing），以促進地方發展，就成為地方政府首長發展地方、樹立形象與鞏固選票的必然選擇，於是到處可見的節慶文化就成為地方行銷的焦點。

地方行銷是促進一個城市、地方或區域經濟、社會與政治發展的地方治理工具，此處所謂的地方係指縣（市）或鄉（鎮、區）的層級而言，至於臺北市、新北市、桃園市、臺中市、臺南市與高雄市等直轄市，因城市規模已非上述縣（市）或鄉（鎮、區）所可比擬，故稱為城市行銷（city marketing）。

Kotler, Haider, & Rein（1993）是第一位建構「地方行銷」理論的學者，他們主張將地方視為一市場導向的企業，透過行銷理念將地方未來的發展視為一種具吸引人的商品推銷給市場，以促進地方發展。地方行銷的基本目標是希望為地方建構出一個地方的新意象，增加地方吸引力，以改變居民、消費者、投資者與遊客對於地方所持有的既有模糊或負面意象，妨礙地方的發展。因此，良好的地方行銷足以形塑新的地方意象，為地方自治財政挹注新的財源，開創地方自治的績效。基此，若將地方行銷的產品定位為地方整體的促銷，則地方行銷者的工作重點並非是促銷及廣告地方上的某些特有產品而已，更重要的是改變地方整體形象，使其符合市場需要，提高吸引力，帶動投資意願，以發展地方的經濟與社會發展。基此，地方行銷的目的在於形塑地方特色，讓更多有興趣的消費者或投資者欣賞，從而產生認同感。基此，地方行銷的最終目標是地方品牌的建立，故有人稱為地方品牌塑造（place branding）。

貳、地方節慶文化的風潮

在臺灣地方行銷活動中,最熱門的莫過於「地方節慶行銷」,粗估至今為止,至少上百種以上,大約可分為:傳統民俗類、宗教信仰類、原住民慶典類、文化藝術類、地方特產類、特殊景觀類等,透過多元的地方節慶資源,以吸引更多目光的注視,招來更多的遊客、消費者與投資者。例如:宜蘭國際童玩節、竹塹國際玻璃節、臺南市國際兒童音樂節、桃園土地公節、苗栗國際假面節、彰化肉圓節、雲林國際偶戲藝術節、嘉義阿里山櫻花季、臺南白河蓮花節、屏東黑鮪魚文化觀光季、花蓮水舞嘉年華、臺東元宵炸寒單、鹽寮國際沙雕節、鶯歌陶瓷藝術季、新埔柿餅節、平溪放天燈、臺灣基隆中元祭、府城七夕成年禮、麻豆文旦節、鄒族祭典、鹽水玩蜂炮、墾丁風鈴季、新港青少年嘉年華、南島文化節、卑南族年祭、澎湖海上花火節等,不勝枚舉。

一般而言,地方節慶行銷有下列幾項特徵:(1)活動舉辦的經費由地方政府自行籌措,而非來自中央政府補助,故舉辦規模不大。基此,每年的元宵燈節、國慶煙火、跨年晚會等都是中央政府砸下上億元的經費,必須排除於本文所稱的地方節慶文化。(2)既然節慶活動規模小,則遊客主要以在地民眾為主,較有特色的節慶事件可能吸引外來遊客,國際遊客則少之又少。基此,許多地方節慶號稱「國際」兩字,但虛有其表者居多。(3)舉辦時間較短,短則一天,長則一週,當然也有少數例外。(4)節慶活動以休閒娛樂為主,沒有藝術表現的考量,「追求熱鬧」是衡量節慶成功與否的指標。(5)地方節慶目的是提升地方知名度、吸引短暫人潮、塑造首長的親民形象,累積選票與民意支持度。(6)地方節慶過程中,無可避免地出現塞車停車的交通問題,以及小吃攤販集結的髒亂問題,破壞節慶表演的氣氛與氣質。

、地方節慶文化的優缺點

一、正面效益

　　一般而言，地方政府之所以喜歡運用地方節慶活動，主要是基於該活動為地方發展扮演下列正面作用：

（一）**在短時間內帶動地方觀光人潮，活絡地方產業經營：**地方節慶活動的舉行，往往能夠在極短時間內吸引眾多的人潮，故可增加當地產業的活絡，提高居民的收入，如果活動舉辦成功，則可為當地政府的財政資源帶來可觀之收入。

（二）**提高地方的知名度，強化當地民眾的在地認同：**透過地方節慶活動的舉辦，讓舉辦活動的地方在短時間內受到媒體大篇幅與高密度的報導，使得該默默無聞的小鎮，一夕之間成名，不僅提高當地的知名度，亦可藉此強化當地民眾的在地認同，使地方政務的發展更得到民眾的支持。

（三）**活化地方文化古蹟與資產，深化民眾對當地的歷史文化歸屬：**許多地方政府運用傳統的禮俗宗教作為行銷的議題，如義民祭、媽祖繞境、炸寒單爺等，由於這些傳統節慶已逐漸消失於現代化浪潮中，年輕人幾乎對其意義欠缺概念，地方節慶文化的推動可以活化欠缺人氣支持的無形文化資產，深化民眾對當地的歷史文化歸屬感。

（四）**可以調整地方觀光淡旺季的差異，提供不同的旅遊體驗，延長訪客的停留時間，增加地方收入：**許多地方觀光產業經常有淡季與旺季之別，旺季時不需行銷，人滿為患；但淡季時則門可羅雀，生意清淡。解決之法為在淡季時進行節慶行銷，如在冬天於澎湖或南投舉辦室內型、溫暖型的地方節慶活動，則可有效縮短觀光淡季的時間，延長遊客停留時間、提供不同組合的旅遊體驗，自可開創商機。

二、負面缺點

臺灣地方節慶活動雖然種類繁多，從國際性到地方性，從傳統宗教祭祀到熱歌熱舞，從文創 DIY 到吃喝玩樂，呈現方式雖不盡相同，但卻充分展現出近年來臺灣地方文化實務的新風貌。然而，吾人亦可看到不少缺點，值得加以改善：

（一）**基於「選票」而舉辦節慶活動，讓節慶泛政治化**：臺灣地方自治的選舉活動頻繁，政黨競爭激烈，為了吸引「選票」，必須力拼政績，以爭取連任；很多地方首長以選票為出發點而舉辦節慶活動，熱鬧有餘，深度不足；往往僅有一日行情，未能深耕地方，節慶活動結束後無法為當地產業與民眾帶來真正的永續收入與發展。事實上，節慶活動必須從務實觀點出發，需以當地產業作後盾，唯有造福當地民眾，藏富於民，讓當地產業發展，才是舉辦地方節慶活動的用意。

（二）**節慶名目浮濫，虛有其表，名不符實**：各地方所舉辦的節慶活動，無論規模大小，都以文化節、藝術季等響亮名稱作號召，但卻往往名不符實，虛有其表。許多節慶活動美其名為「國際」，實際上當地政府既無外語能力、亦無財力引進國際藝文團體，更談不上吸引國際觀光客。此外，許多地方節慶活動內容相當貧乏，沒有任何特色，完全失去節慶的價值與意義。許多地方原本號召舉辦文化藝術活動，民眾千辛萬苦到當地後，才發現攤販小吃竟然比藝文活動還多，「攤販化」的節慶活動，顯然名不符實。

（三）**淪為人數競賽，重量不重質，活動效益估算，誇大不實**：許多地方節慶往往淪為拼人數比賽，人愈多代表活動舉辦愈成功，至於節慶活動內容的品質反而成為次要的考慮。某某活動號稱參加者超過百萬人，事實上，該主辦單位所屬縣市及鄰近縣市人口尚僅百萬人，哪來的百萬參與者？每位民眾都

參與活動嗎？不少中央或地方政府官員，為了對外宣導其舉辦節慶活動的政績，往往誇大舉辦節慶活動的經濟效益，例如，某某節慶活動已經連續辦了幾年，號稱創造數十億元的經濟效益，但這究竟是如何估算出來的？這樣重量不重質、浮誇而欠務實的文化充斥在臺灣節慶活動當中，自我欺騙、自我感覺良好的態度，著實令人失望。

（四）**舉辦節慶的地方欠缺完整的配套，讓遠來訪客失望感勝過期望感**：許多地方政府舉辦的節慶活動，以為只要將該節慶相關的軟硬體設施建置完成即可，不需考量相關的配套設施與措施，例如停車場、參觀動線、服務態度、衛生設備、客服中心等都沒有完整配套。許多遠來的參觀遊客，千里迢迢慕名而來，尚未進入活動現場，塞車就耗掉大半天；到現場後，秩序凌亂，垃圾滿地，進入展場，則是節目內容貧乏，毫無特色，讓顧客的失望感勝過期望感，帶出來的是無盡的批評與責難。

（五）**地方節慶活動的內容模仿抄襲，毫無特色**：許多地方節慶活動的內容欠缺創新，相互模仿抄襲，毫無特色，如以自然生態為主題的節慶，到處都是，實際上大同小異，並無特殊的自然生態景觀可供參訪；又如全臺各地的跨年晚會，演唱歌手、歌曲與表演方式幾乎如出一轍，參觀人潮以熱鬧、年輕、幼稚為主軸，從未有主政者想到歲末節慶活動是最需要沈澱、溫馨、回味的有熱度的藝術氛圍與場景。如果繼續任令這樣的模仿粗糙風氣氾濫下去，臺灣地方節慶將成為地方發展的阻力，而非助力。

　　一個持續經營的節慶活動要能夠引起參與者的共鳴、以及當地產業與民眾的長期參與支持，必須滿足參與活動者之需求。因此，節慶活動的設計都應有長期性與整體性，不能為了舉辦活動而舉辦，因此，地方

節慶的舉辦應有長遠規劃，讓地方節慶成為帶動地方行銷的推手，以促進地方發展。換言之，地方節慶活動必須要有當地居民與產業的熱情，若節慶活動本身欠缺豐厚的當地產業與居民參與作後盾，則活動的舉辦必然欠缺基本的人手，如何能夠吸引人潮？基此，既名地方節慶，就應以當地民眾、社區與產業為主辦單位，基於非營利的公益精神與利益共享原則去推動該節慶活動。然而，目前在《政府採購法》的規範下，節慶的舉辦事務必須公開招標，通常由專業行銷公司得標，這種毫無地方文化根源的營利性公司，節慶活動的設計並非著眼於地方的永續發展，而是符合招標採購的「驗收」條件，一個失去靈魂的行銷公司舉辦需要靈魂的文化藝術活動，行得通嗎？基此，地方節慶活動的目標必須設法讓在地文化活化與生根，讓地方節慶文化自然結合在地居民與周邊的在地產業，以創造地方生機與發展。

自我評量

一、我國現行文化法制中對於「地方文化自主性」有何規定？

二、何謂地方行銷？其與地方文化自主性有何關係？

三、近年來臺灣各地方政府動輒辦理地方節慶，請分析其類型與特點為何？你有何評論？

四、請評論地方節慶文化活動的優缺點為何？

歷屆考題

1. 受到國際文化藝術提升地方經濟所舉辦的大型活動推波助瀾之影響，國內各縣市亦相繼舉辦許多藝術節慶活動，請從藝術、文化、社會、經濟等四個層面，分析地方辦理藝術節慶活動之重點為何？（106年特種考試地方政府公務人員考試）

2. 近年來，部分民俗活動之內容如：漢人廟慶賽神豬、布農族人射耳祭抓豬或刺豬儀式，引起動物保護人士抗議虐待動物，請解析此等民俗儀式之深層意義與價值，並針對前述爭議進行評論及建議。（103 年公務人員高等考試三級考試）

3. 聞名國際之頭城搶孤活動的主辦單位，於 2013 年起決定搭建永久性孤棚，而引發爭議，請解析爭議背後原因，並闡述個人見解。（103 年公務人員高等考試三級考試）

4. 文化藝術活動在臺灣已成為地方政府發展觀光旅遊事業和帶動地方繁榮的一項策略，可是地方政府在執行時經常發生一些認知不足或過猶不及的問題，請討論比較臺灣各縣市在這方面的經驗。（102 年公務人員升官等考試、102 年關務人員升官等考試、102 年交通事業郵政、港務、公路人員升資考試）

5. 許多都市推動大型文化藝術活動或節慶，來行銷自己的都市特色，源源不斷的藝術文化與活動形成都市的「節慶化」現象。你認為大型文化節慶活動對於都市發展有那些影響？如何推行才能使得文化藝術活動或節慶得以永續發展？（102 年公務人員高等考試一級暨二級考試）

6. 某學者之報紙投書「臺灣的藝術節從北辦到南，拜選舉文化以及政府採購法的方便，每個縣市舉辦藝術節都以『委託專業服務』的方式由外包廠商（代工廠）代為舉辦藝術節。舉凡找演出團隊、張羅記者會、文宣行銷到場地安全管理，一貫化的操作過程使廠商賺錢、政府省力、觀眾看得熱鬧、官員享受施政績效；…於是各種規模、不同性質的藝術節接二連三由代工廠以『組裝』的方式在全臺灣各地開展，……只不過換個名稱，但是內容皆相同，就好比是同樣的組裝內容化身為不同的廠牌；……」如果你是地方文化局主辦藝術節之主管，請問你的看法與未來因應之道？（102 年公務人員高等考試三級考試）

7. 近年來國內各縣市舉辦許多藝術節，請從藝術、經濟、社會三層面分析舉辦藝術節之效益評估，並舉例說明。（102 年公務人員普通考試）

8. 試以「節慶」為例，闡述如何推動具有地方文化意涵與組織模式的藝文活動？（100 年特種考試地方政府公務人員考試）

9. 如果你是縣市文化局（處）長的角色，如何以有限的人力與經費結合「產」業界、「官」方部門、「學」術界，將文化的軟實力在村里紮根發展？請簡要說明之。（100 年公務人員升官等考試、100 年關務人員升官等考試）

10. 試為一個縣市草擬「文化立縣／市」的綱要，從而論證一個地方如何經營出文化沃土，方足以吸引產業或各種人才移入？（99 年公務人員高等考試三級考試）

11. 地方文化行政工作者所服務的對象往往是住在鄉村或是都市住宅區的一般居民，他們的文化需求明顯不同於知識份子，也不是臺北的都會價值觀。文化政策是要這些民眾學習如何適應接受高級的文化藝術活動？或是遷就他們的樂趣和嗜好？如果兩者都不是，那麼政府的文化政策能為他們做甚麼？（99 年特種考試地方政府公務人員考試）

12. 近年來各縣市鄉鎮都積極投入地方文化藝術活動的舉辦和文化觀光設施的增建，試從「文化的時代」或「地方的時代」這些觀念加以說明論述這種趨勢。（96 年公務人員普通考試）

13. 一般而言，臺灣的縣市和鄉鎮公所首長比起過去時代更重視文化設施與文化活動，雖然有些地方還在摸索階段，但這種轉變是時代的一大進步。就您觀察所及略述此種轉變的型態和意涵。（96 年公務人員、關務人員升官等考試）

14
文創產業發展政策

本章導讀

　　本章首先闡述臺灣文創產業的發展脈絡，其次探討文創產業的意義與世界主要國家的文創產業發展脈絡；最後就《文化創意產業發展法》訂定的15＋1文創產業類型與政策工具進行探討。

壹、臺灣發展文創產業的歷史脈絡

臺灣早期經濟發展成功的關鍵在於引進高科技創新人才，發展以電子零組件代工為主的臺灣製造模式（Made in Taiwan，簡稱 MIT），曾經創造「亞洲四小龍」的美譽，當時成功關鍵在於臺灣廠商電子零件的代工設計（Original Equipment Manufacturer, OEM）與代工製作（Original Design Manufactures, ODM）的強大代工能力。然而，高度工業化後的新經濟型態，MIT 代工製造模式，在中國大陸、韓國、日本的挑戰下已逐漸失去優勢，勢須建立更能適應後福特時期的新產業型態，深化以知識經濟附加價值為基礎的經濟競爭力。

許多學者專家指出：全球化之後的氣候變遷議題成為各國發展經濟必須納入公共政策的關鍵因素，各國政府乃逐漸放棄以國民生產毛額（Gross National Product, GNP）為主的傳統實體經濟，雖然創造漂亮的國民產值，但也連帶產生環境污染或社會擁擠等後遺症，許多政府遂提出以國民創意毛額（Gross Creative Product, GCP）為主的創意經濟（creativity economy），以取代實體經濟。

實體經濟的生產要素是土地、資本、勞動力與技術加上石化燃料，這些都有耗竭之日，但創意經濟的生產要素是「創意力與創新力」，則是取之不盡、用之不竭，且是對環境負責的新經濟型態。因而，近年來聯合國、歐盟或 UNESCO 等國際組織最常看到的名詞就是「創意經濟」一詞，而「創意產業」則是構成創意經濟的主軸。因此，企業界遂鼓勵政府應盡力發展以創意設計為核心的臺灣創造（Created in Taiwan，簡稱 CIT）品牌模式，以替換傳統的代工製造模式，特別是源於文化藝術與生活美學的創作產業，文化創意產業乃成為經濟發展的另一主軸（丘昌泰，2017b）。

1995 年，行政院文化建設委員會於「文化產業研討會」中首次提出「文化產業化、產業文化化」作為社區總體營造的核心概念之一，當時的「文化產業」仍屬傳統、鄉村型的初級產業。2003 年 3 月及 7 月，

由經濟、教育、新聞及文化部門共同組成行政院跨部會「文化創意產業推動小組」，確立了臺灣文化創意產業的定義和範疇。基本上，當時的文創產業係師法英國政府的創意產業政策，考量創意產業具有下列優勢：（1）就業人數多；（2）產值關聯效益高；（3）成長潛力大；（4）原創性高；（5）附加價值高。當時推動文創產業的願景為：「產業文化化，文化產業化，再創經濟發展契機，以及塑造高文化、創意水準之優質社會。」為達成該願景，文化創意產業推動小組所設定的總目標為產值增加為1.5倍、就業機會增加為1.5倍、大專以上就業比例提高至50% 等[1]。

民進黨第一次執政後，由於其勝選關鍵是在「本土化」運動的開展，掀起認同臺灣、植根本土的風潮，執政後前總統陳水扁執政團隊順勢將從泥土長出來的理念轉化為本土型的臺灣文創產業。2007年，發表《挑戰2008：國家發展重點計畫[2]》，將「文化創意產業發展計畫」列入重點發展項目。計畫目標為：「開拓創意領域，結合人文與經濟發展文化產業。」該計畫所涵蓋的內容包括：（1）文化藝術核心產業：精緻藝術之創作與發表，如表演（音樂、戲劇、舞蹈）、視覺藝術（繪畫、雕塑、裝置等）、傳統民俗藝術等。（2）設計產業：建立在文化藝術核心基礎上的應用藝術，如流行音樂、服裝設計、廣告與平面設計、影像與廣播製作、遊戲軟體設計等。（3）創意支援與周邊創意產業：支援上述產業之相關部門，如展覽設施經營、策展專業、展演經紀、活動規劃、出版行銷、廣告企劃、流行文化包裝等。

後來「文化創意產業推動小組」研擬文化創意產業發展之短、中、長程發展策略與措施，並規劃成立跨部會之「文化創意產業顧問小組」，聘請國內外文化、藝術、創意、設計等領域專家組成顧問團，落實推動文化創意產業之發展，重要的發展計畫如2003年成立的「財團

1　行政院文建會（2004），《文化白皮書》，頁125-126。

2　行政院91.5.31 院臺經字第0910027097 號函核定，《挑戰2008：國家發展重點計畫（2002-2007）》，2002 年5 月31 日。

法人臺灣創意設計中心[3]」，主要任務為提升設計人才原創能力、促進國際設計交流、加強產業市場競爭力並奠定企業發展自有品牌基礎，提高產業附加價值，並藉此向世界宣告 "Design in Taiwan" 的時代已經來臨。同時，透過國際設計競賽帶動產業界投入設計研發之良好風氣，在國際上營造出臺灣重視設計創新之新形象。

貳、世界主要國家的文創產業發展趨勢

從世界幾個主要國家來看，究竟是使用文化產業、創意產業或文化創意產業名詞，各國似有其偏好習慣，很難一概而論。

從發展淵源而論，文化產業為最通用的名詞，蓋 1948 年 Theodore Adorno 與 Max Horkheimer 兩位學者就曾提出這個名詞（文化工業）並加以批判，當時文化工業係指文化作品的創作、再製與流通；時至今日，資訊科技與媒體的快速發展，注入到文化產業後，其製作過程的複雜性採取全球分工方式，而其面對的是全球市場，文化產業的類別與範疇已是今非昔比[4]。

1990 年代，澳洲與英國分別提出「創意經濟」一詞，構成創意經濟的核心是創意產業；由於創意是文化產業的根源，英國的數位、文化媒體與運動部（Department for Digital, Culture, Media & Sport, DCMS）就使用創意產業一詞，並訂定創意產業繪圖文件（Creative Industries Mapping Document）以為指引，該部定義創意產業為：來自於工業創意、技巧與天賦，透過知識產權的創造與營利，對於創造工作機會與財富有相當潛力的新興產業。

3　2003 年成立臺灣創意設計中心（Taiwan Design Center）：https://www.tdc.org.tw/，2020/1/5 瀏覽。

4　UNESCO (2019). What do we Mean by the Cultural and Creative Industries? https://en.unesco.org/creativity/sites/creativity/files/digital-li, 2020/1/5 瀏覽。

　　歐洲國家幾乎都使用創意產業一詞，前章描述歐盟推出的「創意歐洲」（The Creative Europe），主要是針對視覺、文化與創意部門，如電影、電視、文化遺產、音樂、戲劇、以及媒體等進行經費補助與政策扶持。基此，學者指出：文化產業是指人類創意產品的創作、生產與商業化，透過工業過程的複製、再製與全球大規模的流通，通常都被國家與國際的版權法所保障，包括：印刷、出版、多媒體、視聽，唱片、電影製作、手工藝。但創意產業則包括更廣的範圍，包括建築、廣告、視覺藝術、表演藝術等[5]。

　　美國聯邦政府並未設置文化部，主要是屬於民間與地方政府的任務，但並非不重視創意產業，他們從保護文創智財權著手，將創意產業視為版權產業（copyright industries），特別於1897年國會成立版權局[6]（The Copyright Office），這個擁有四百多名專業員工的特別行政組織，針對美國雜誌、音樂、電影、影音、軟體、照片或其他作品進行嚴密的產權註冊與保護；兩項最重要的法規：1976 版權法（The 1976 Copyright Act）與1998 數位千年版權法（Digital Millennium Copyright Act）是高強度的法案，致力於國際盜版的控訴行動，不遺餘力，密切與美國內閣的商業部、司法部、美國貿易代表署、國務院合作，可見美國雖然沒有高喊文創產業的口號，實質上是以相當務實的保護智財權手段推動全球文創產業市場。

　　2018 年10 月11 日美國政府通過《音樂現代化法》（The Orrin G. Hatch-Bob Goodlatte Music Modernization Act），三大重點：第一、音樂授權現代化，音樂作品本身的著作權、重製權是「大權利」（Grand Right），而公開傳輸權則是「小權利」（Small Right）。前者是恢復市場機制、自由議價，愈自由愈好；後者則是愈方便、愈能夠使音樂作品

5　Hendrik van der Pol, Director, UNESCO. Institute for Statistics, Canada. Key role of cultural and creative industries in the economy. https://www.oecd.org/site/worldforum06/38703999.pdf, 2020/1/5 瀏覽。

6　The Copyright Office: https://www.copyright.gov/.

被世人看見愈好。《音樂現代化法》實踐了這個理想。《音樂現代化法》成立職司音樂著作授權的非營利組織——音樂機械灌錄集體授權組織（The Mechanical Licensing Collective, MLC）。該組織是針對「數位音樂串流業者」量身打造，進行音樂數位使用（digital uses）的概括式授權（blanket license）。再者，根據舊法，授權金是法定的，但《音樂現代化法》賦予音樂創作人對其作品的授權金額保有協商權（authority to negotiate）。同時透過音樂資料庫的建立和免費線上檢索系統，方便音樂使用人查詢與媒合[7]。

參、《文化創意產業發展法》要旨

一、立法宗旨

根據聯合國教科文組織（UNESCO）的說法，由於文化創意產業是未來的明日之星，發展潛力頗大，故被稱為日出產業（sunrising industries）或未來取向的產業（future-oriented industries），而非夕陽產業，故甚具發展前景。為了順應世界潮流，行政院於2010年2月3日制定公布《文化創意產業發展法》（簡稱文創發展法）共30條，同年8月30日正式施行。後因行政院文化建設委員會升格為文化部，遂於2012年5月20日起改由文化部管轄；2019年1月7日修正公布該法第5、7、30條。

不同於歐洲國家使用創意產業或文化產業，我國予以整合稱為「文化創意產業」，雖然學術界有所批評，然使用這種複合名詞並無不當，反而是一種特色：（1）文化與創意密不可分，文化內涵需要創意去設計、包裝，有了文化內涵卻無創意呈現，則文化產品很難得到顧客青

---

7 資策會科技法律研究所，〈美國通過《音樂現代化法》（Music Modernization Act, MMA）〉。https://stli.iii.org.tw/article-detail.aspx?no=55&tp=1&i=87&d=8143，2020/1/5 瀏覽。

昧；例如，臺灣地方的民俗信仰是屬於文化內涵，若無創意呈現，則停留於迷信而已；經由創意設計則成為頗具台味的宗教文創。（2）將「文化」兩字置於文創產業一詞的前端，可輕易認定屬於文化部主管的業務；若無文化二字，則立刻滋生主管機關問題──「創意產業發展法」究竟主管機關為何？經濟部或有可能吧？！（3）依《文創發展法》第3條的文創產業類別之列舉事項規定，屬於經濟部與內政部之主管業務類別僅有五項，而屬於文化部主管的文化產業類則有十項，故該法將「文化」置於「創意」之前，可謂名符其實。（4）歐盟、國際教科文組織發布相關文件中，逐漸使用文化創意產業一詞，雖然其重點仍是創意產業。

　　爰此，本法之主管機關為何？第5條：「本法所稱主管機關：在中央為文化部；在直轄市為直轄市政府；在縣（市）為縣（市）政府。」換言之，中央政府方面以文化部為主管機關，六個直轄市分別由該市政府主管，其他縣（市）則由縣（市）政府主管。必須注意：直轄市與縣（市）的主管機關沒有採一條鞭式的思考方式，非由文化局主管，反而提升至該直轄市、縣（市）首長的層級，係為更能強化地方政府以跨域治理精神推動文創產業的力道，但執行機關仍是文化局。

　　該法第1條明訂立法宗旨為：「為促進文化創意產業之發展，建構具有豐富文化及創意內涵之社會環境，運用科技與創新研發，健全文化創意產業人才培育，並積極開發國內外市場，特制定本法。」基此，文創產業發展政策之目標為：運用資訊或其他必要之科技與創新創意、研究發展之手段，以建構具有豐富文化及創意內涵之社會環境，期盼能夠培養文化創意產業優秀人才，積極開發國內外市場，特別是國際市場的開發，一直是臺灣文創產業的弱點，此也是為了配合全球化趨勢而高舉的高遠目標。

　　第2條：「政府為推動文化創意產業，應加強藝術創作及文化保存、文化與科技結合，注重城鄉及區域均衡發展，並重視地方特色，提升國民文化素養及促進文化藝術普及，以符合國際潮流。」依此可知，推動

文創產業的原則是：在文化層面上，必須兼顧藝術創作與文化保存；在創意層面上，必須整合文化與科技；在實施區域上，應平衡城鄉差距與區域均衡；同時，一方面要有「地方關懷」，展現地方特色，提升國民文化素養、促進文化藝術普及，以培養國民生活美學，另一方面則應具「國際視野」，前述推動原則必須參採國際經驗，萬不可閉門造車。

二、法律定義

依《文創發展法》第3條：「本法所稱文化創意產業，指源自創意或文化積累，透過智慧財產之形成及運用，具有創造財富與就業機會之潛力，並促進全民美學素養，使國民生活環境提升之下列產業。」依此，文化創意產業的內涵如下所述：

（一）**以長久積累的文化為內涵**：「文化」是文創產業發展的基礎，文創產業的發展若無文化作支撐，必然形同空中樓閣。文化是社會人群共同建構結果，故此處所謂文化，中華文化也好、在地臺灣文化也好、新住民文化也好、眷村文化也好，甚至是數位原生族群帶來的網路文化也好，只要是這塊土地上經由長期醞釀並廣為大家接受體會的文化資源都可以是文化內涵，如此才顯示臺灣文創產業的多樣性。

（二）**以創意為手段**：文化內涵必須透過創意，以設計出獨一無二的產品，基此，對於文創工作者而言，必須要有展現 "only-me" 的獨特主張，萬萬不可出現 "me-too" 的模仿作風，不僅容易觸法，而且也無法立足於國內外市場。

（三）**受到智慧財產權的保護**：文創產品製作過程中必須要展現獨特的創意，且必須受到智慧財產權的保護，否則文創產品無法受到保護，其發展也無任何意義。美國將版權產業與文創產業畫成等號，這是非常務實的作法，若無智財權的保護，所有文創工作者的辛勞都將付諸流水。

（四）　**必須產業化**：所謂產業化是指文化產品必須能夠接受市場的
　　　　測試與挑戰，得到顧客青睞。如果沒有顧客青睞，只是一位
　　　　孤芳自賞的文化藝術工作者，而不是務實的文創工作者。很
　　　　多文化作品無法產業化，理由很多，如製作成本太高、製作
　　　　太過耗時、產品無法複製等，文化作品通常要變成「創新產
　　　　品」，才有產業化之可能。不幸地，臺灣有很多的文化工作
　　　　者，但很少文創工作者，因為作為一位文創工作者一方面需
　　　　要文化氣質，又要有行銷技巧與商業手腕，兩者兼具者少之
　　　　又少。文化部門的公務員可說是擔任文創工作者的角色，其
　　　　責任是營造出讓文化藝術工作者的作品能夠得到顧客市場青
　　　　睞的社會環境。

（五）　**具有多元目標**：文創產業必須具備多元目標：（1）經濟目
　　　　標；如該法稱：「具有創造財富與就業機會之潛力」；（2）文
　　　　化目標；如該法稱：「促進全民美學素養」；（3）社會目標；
　　　　如該法稱：提升國民生活環境。

　　文化創意產業概念是以文化為內涵，以創意為工具，設計出讓顧客
驚艷的創意商品，進入市場經營銷售，以創造就業機會、經濟產值、提
升國民素質。綜言之，文創產品是將文化內涵，以創意手法呈現出有特
色的財貨或勞務，在智慧財產權的保護傘下，進入到國內外市場行銷販
售，接受顧客檢驗，以創造工作機會、提升待遇，更能培養國民生活美
學，提升國民文化品味。我們用簡單公式解釋文創產業的定義是：

文化創意產業＝A+B+C+D：

Cultural Creative Industries =A（Arts）+B（Business）+C
（Consumption）+D（Design）

文化創意產業＝藝術＋商業＋消費＋設計

三、重要特性

文創產業的特性如下所述：

（一） **獨特性（uniqueness）**：文化創意產業的產品可以是現代的或傳統的，但無論哪種型態都必須要有「獨特性」與「唯一性」；獨特性與唯一性可以提高文創產業的附加價值與外溢效益（spillover effects），故設計出「只此一家，別無分號」的獨特產品是文創產業能夠發展的關鍵，如以故宮的翠玉白菜為基礎發想出來的各式文創商品就具備此種特徵。

（二） **故事性（story）**：文創產品最好都有個令顧客感動的歷史故事，讓產品背後的故事觸動顧客的心弦，引發其購買的行為。故事往往從歷史取材，從歷史素材中發掘構成產品的精神與道德要素，會使顧客產生「於我心有戚戚焉」的同理心，乃倍加珍惜而想要擁有他。事實上，文化觀光之所以吸引人之處在於文化資產背後的歷史故事，旅遊者因故事而激發其旅遊行程的認同。

（三） **美學性**：《文創發展法》第 2 條：「政府……提升國民文化素養及促進文化藝術普及，以符合國際潮流。」；第 3 條則稱「促進全民美學素養」為文創產業發展目標；依此可知，臺灣文創產業發展的目標不僅產品本身具有獨特性與美感性，更須培養國民生活美學，提升國民文化品味。

（四） **國際性**：根據《2018 臺灣文化創意產業發展年報》的統計資料，臺灣文創商品的國際行銷能力相當不足，絕大部分的文創產業營業額主要來自內銷收入，且占總營業額 89.69%；有能力創造外銷收入者係以文化資產應用及展演設施產業、電影產業為主。文創產業經營者最好能夠銷售到國外，發揮經濟影響力，若僅限於國內消費，則不過是自我感覺良好的「小確幸」商品而已，效益並不大。所謂國際性並非指文創商品非要運用「國際語言」不可，而是指對於文

創商品的設計必須運用國際通用的、欣賞的美感概念與美學手法，如法藍瓷，以西方畫風詮釋孔子的「仁」的哲學思想。

四、文創經紀人

基上，文創產業必須是三位一體（如圖7），從事文化作品創作的文化工作者，其所創作出來的「文化作品」，必須透過文創經紀人，為有形或無形的文化作品提供智慧財產權的保護服務，並以創意方式進行文化消費者探索與經營成為「文創產品」，最後再將文創產品交給文創產業經營者（文化創意產業之法人、合夥、獨資）成為「文化商品」，透過獨特的市場定位與經營策略，以合理價格出售獲利，如此密切合作才能將「創意」變成「生意」。

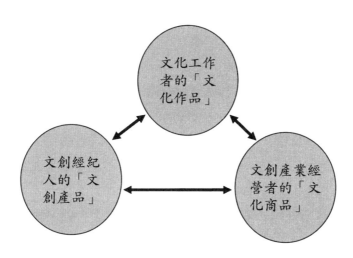

▲ 圖7　文創產業三位一體

從上述三角關係可知，作為文化工作者與文創產業經營者之間的溝通橋樑——文化仲介人才（或稱文化創意產業經理人、文化產業經紀人等）就扮演關鍵角色，他必須要有基本的文化品味與藝術涵養、也要有

創意與創新的手法、更擔任「伯樂」角色，設法找出千里馬；畢竟文化工作者討厭銅臭味的生意人，而生意人往往無法充分理解文化工作者的頑固與堅持。因此，如何養成藝術與市場兼備的專業能力實為成功文創經紀人的要件。

五、主管機關

有關文創產業發展的主管機關為文化部，無須贅述，該部文創發展司則為實際負責該業務的幕僚單位；然文化創意產業類別甚多，諸事繁雜，這種小規模的幕僚單位如何扛起發展的重任？未來或許可仿效經濟部的組織建置，設置「文創發展處」，或仿效各國文化事務部門設置「文創發展局」，然以目前行政院縮編組織與人事編制，且部會組織改造尚未完成，短期間內恐難奢望實現。

基上，於 2019 年 1 月 9 日成立的文化內容策進院就必須以行政法人的定位，扛起發展文創產業的重責大任。《文化內容策進院設置條例》第 3 條：「本院之業務範圍如下：一、文化內容相關產業之調查、統計及研究發展。二、文化內容相關產業專業人才之培育。三、文化內容開發及產製支持。四、文化科技之開發、技術移轉及加值應用。五、文化內容相關產業之投資及多元資金挹注服務。六、文化內容相關產業市場之拓展及國際合作。七、文化內容相關產業設施之受託營運管理。八、文化內容相關產業之著作權輔導。九、其他與提升文化內容之應用及產業化相關事項。」上開所列職掌範圍，無一不與文創產業發展有關，行政機關屬性的公務員，其專長自非所宜，故須以聘用具有文創產業經營專長與經驗之專才擔任；然文創產業具有公共性，不能完全以利潤為導向，仍須有行政機關屬性，故以行政法人之建置，兼顧公、私部門特性可謂用心良苦，也一併解決了長期以來公共行政理論中「政治與行政分立」的矛盾。

肆、文創產業的類型

　　《文創發展法》第 3 條指出文創產業的類別是：「15+1」，其中 15 類是屬於「列舉規定」：（1）視覺藝術產業。（2）音樂及表演藝術產業。（3）文化資產應用及展演設施產業。（4）工藝產業。（5）電影產業。（6）廣播電視產業。（7）出版產業。（8）廣告產業。（9）產品設計產業。（10）視覺傳達設計產業。（11）設計品牌時尚產業。（12）建築設計產業。（13）數位內容產業。（14）創意生活產業。（15）流行音樂及文化內容產業。「1 類」是採其他的「概括規定」：（16）其他經中央主管機關指定之產業。前項各款產業內容及範圍，由中央主管機關會商中央目的事業主管機關定之。

　　從表 1 中可知，《文創發展法》的中央主管機關固然是文化部，但該法中涉及不少其他部會的主管業務，稱為中央目的事業主管機關：（一）經濟部：包括（8）廣告產業。（9）產品設計產業。（10）視覺傳達設計產業。（11）設計品牌時尚產業四項。（13）數位內容產業。（14）創意生活產業。（二）內政部：僅包括（12）建築設計產業一項。在 15項列舉事項中，文化部約占了三分之二，業務不可謂不重，故將文化部列為中央主管機關可謂實至名歸。

　　進一步從國際經驗分析，15+1 類別中，屬於創意產業者約有五項，歸經濟部與內政部主管；屬於文化產業者約有十項，歸文化部主管，仍在本法的施行過程中扮演關鍵角色。

表 1　文化創意產業內容及範圍

產業類別	中央目的事業主管機關	內容及範圍	備註
一、視覺藝術產業	文化部	指從事繪畫、雕塑、其他藝術品創作、藝術品拍賣零售、畫廊、藝術品展覽、藝術經紀代理、藝術品公證鑑價、藝術品修復等行業。	
二、音樂及表演藝術產業	文化部	指從事音樂、戲劇、舞蹈之創作、訓練、表演等相關業務、表演藝術軟硬體（舞台、燈光、音響、道具、服裝、造型等）設計服務、經紀、藝術節經營等行業。	本項所稱之「音樂」專指第十五項所稱「流行音樂」以外之音樂類型。
三、文化資產應用及展演設施產業	文化部	指從事文化資產利用、展演設施（如劇院、音樂廳、露天廣場、美術館、博物館、藝術館（村）、演藝廳等）經營管理之行業。	所稱文化資產利用，限於該資產之場地或空間之利用。
四、工藝產業	文化部	指從事工藝創作、工藝設計、模具製作、材料製作、工藝品生產、工藝品展售流通、工藝品鑑定等行業。	
五、電影產業	文化部	指從事電影片製作、電影片發行、電影片映演，及提供器材、設施、技術以完成電影片製作等行業。	包括動畫電影之製作、發行、映演。
六、廣播電視產業	文化部	指利用無線、有線、衛星廣播電視平台或新興影音平台，從事節目製作、發行、播送等之行業。	包括動畫節目之製作、發行、播送。

七、出版產業	文化部	指從事新聞、雜誌（期刊）、圖書等紙本或以數位方式創作、企劃編輯、發行流通等之行業。	1.數位創作係指將圖像、字元、影像、語音等內容，以數位處理或數位形式（含以電子化流通方式）公開傳輸或發行。 2.本產業內容包括數位出版產業價值鏈最前端數位出版內容之輔導。
八、廣告產業	經濟部	指從事各種媒體宣傳物之設計、繪製、攝影、模型、製作及裝置、獨立經營分送廣告、招攬廣告、廣告設計等行業。	
九、產品設計產業	經濟部	指從事產品設計調查、設計企劃、外觀設計、機構設計、人機介面設計、原型與模型製作、包裝設計、設計諮詢顧問等行業。	
十、視覺傳達設計產業	經濟部	指從事企業識別系統設計（CIS）、品牌形象設計、平面視覺設計、網頁多媒體設計、商業包裝設計等行業。	1.視覺傳達設計產業包括「商業包裝設計」，但不包括「繪本設計」。 2.商業包裝設計包括食品、民生用品、伴手禮產品等包裝。
十一、設計品牌時尚產業	經濟部	指從事以設計師為品牌或由其協助成立品牌之設計、顧問、製造、流通等行業。	

十二、建築設計產業	內政部	指從事建築物設計、室內裝修設計等行業。	
十三、數位內容產業	經濟部	指從事提供將圖像、文字、影像或語音等資料，運用資訊科技加以數位化，並整合運用之技術、產品或服務之行業。	1. 包括數位遊戲、行動應用服務、內容軟體、數位學習，以及提供內容數位化創作、企劃編輯、發行流通所需之技術面產品或服務。 2. 以數位方式創作、企劃編輯、發行流通新聞報紙、雜誌（期刊）、圖書、電影、電視、音樂，包括將其典藏數位化，仍分屬其原有之出版、電影、電視、音樂產業。
十四、創意生活產業	經濟部	指從事以創意整合生活產業之核心知識，提供具有深度體驗及高質美感之行業，如飲食文化體驗、生活教育體驗、自然生態體驗、流行時尚體驗、特定文物體驗、工藝文化體驗等行業。	
十五、流行音樂及文化內容產業	文化部	指從事具有大眾普遍接受特色之音樂及文化之創作、出版、發行、展演、經紀及其周邊產製技術服務等之行業。	

十六、其他經中央主管機關指定之產業	指從事中央主管機關依下列指標指定之其他文化創意產業： 一、產業提供之產品或服務具表達性價值及功用性價值。 二、產業具成長潛力，如營業收入、就業人口數、出口值或產值等指標。	

資料來源：文化部，「文化創意產業內容及範圍」，2015 年 9 月 16 日文創字第10430241431 號令修正。https://www.moc.gov.tw/information_311_20450.html。

伍、發展文創產業的政策工具

一、政策工具的意義

政策工具（policy instruments）是指使政策執行發生預期效果，達成政策目標的手段。例如，政府面對經濟蕭條時，為了提振經濟景氣，通常會採取「貨幣」與「財政」工具，前者如調整銀行存款準備率、貸款利率等「雙率」措施，美國總統川普不斷批判聯準會主席鮑爾對於利率的保守態度，就是因為該會掌握貨幣工具；後者如政府推出興建公共建設計畫與消費券補助，以帶動民間企業與消費活絡。

政府為了順暢治理社會，通常擁有許多政策工具，俾隨時針對標的團體遵從政策執行狀況而推出「軟硬兼施」的政策工具：第一、軟性政策工具：這是提供紅蘿蔔（carrots）的柔性工具，如政府提供獎補助、租稅優惠誘因、或提供公共服務等不具干預性的福利或服務行政；第二、硬性政策工具：這是提供棍子（sticks）的硬性工具，如政府立法或發布管制命令制止某項違法行為（丘昌泰，2013: 400-412）。

誠如前述，文化行政具有「柔性行政」的特質，文化部的行政行為絕大多數係為文藝團體或民眾提供非涉公權力之服務行政，故《文創發展法》絕大部分都以提供柔性政策工具為主，特別是第二章「協助及獎

補助機制」與第三章「租稅優惠」，茲加以分析如下：

二、行政協助工具

該法第二章為文創事業經營者提供許多行政協助工具，諸如：

（一）**鼓勵各校實施文創融入教學**：第13條：為提升國民美學素養及培養文化創意活動人口，政府應於高級中等以下學校提供美學及文化創意欣賞課程，並辦理相關教學活動。

（二）**為文創工作者提供展演空間**：第16條：中央目的事業主管機關得獎勵或補助民間提供適當空間，設置各類型創作、育成、展演等設施，以提供文化創意事業使用。目前訂定《華山文化創意產業園區北側綠地場地使用申請要點》、《臺中文化創意產業園區場地使用申請要點》、《嘉義文化創意產業園區創專一之二戶外空間場地使用申請要點》等。

（三）**訂定政府採購文創條款**：第17條：政府機關辦理文化創意產品或服務之採購，其採公開評選方式者，得將文化創意產品或服務之創意、美學列為評選項目。

（四）**為文創業者開放部分公有公共運輸廣告空間**：第18條：公有公共運輸系統之場站或相關設施之主管機關，應保留該場站或相關設施一定比率之廣告空間，優先提供予文化創意產品或服務，以優惠價格使用。

（五）**推動文創產品展覽活動**：第20條：中央目的事業主管機關為鼓勵文化創意事業建立自有品牌，並積極開拓國際市場，得協調各駐外機構，協助文化創意事業塑造國際品牌形象，參加知名國際展演、競賽、博覽會、文化藝術節慶等活動，並提供相關國際市場拓展及推廣銷售之協助。

（六）**公有文化創意資產提供文創業者付費授權使用**：第21條：為促進文化創意產業之發展，政府得以出租、授權或其他方

式，提供其管理之圖書、史料、典藏文物或影音資料等公有文化創意資產。目前訂定《文化部影音圖像資料授權利用及收費要點》、《文化部公有文化創意資產利用辦法》。

（七）**為文創業者提供公有非公用不動產**：第22條：政府機關為協助文化創意事業設置藝文創作者培育、輔助及展演場所所需公有非公用不動產，經目的事業主管機關核定者，不動產管理機關得逕予出租，不受國有財產法第四十二條及地方政府公有財產管理法令相關出租方式之限制。目前訂定《文化部受理依文化創意產業發展法第二十二條所需公有非公用不動產申請案件審查作業要點》。

（八）**設置文創產業聚落**：第25條：政府應協助設置文化創意聚落，並優先輔導核心創作及獨立工作者進駐，透過群聚效益促進文化創意事業發展。目前已活化臺北華山、花蓮、臺中、嘉義等酒廠舊址及臺南倉庫群等五大創意文化園區，但據報載，除臺北外，經營情況並不樂觀。

三、獎補助工具

該法第二章為文創事業經營者提供的獎補助規定，如下所述：

（一）**為文創業者提供至少二十項的獎補助項目**：第12條：主管機關及中央目的事業主管機關得就下列事項，對文化創意事業給予適當之協助、獎勵或補助：一、法人化及相關稅籍登記。二、產品或服務之創作或研究發展。三、創業育成。四、健全經紀人制度。五、無形資產流通運用。六、提升經營管理能力。七、運用資訊科技。八、培訓專業人才及招攬國際人才。九、促進投資招商。十、事業互助合作。十一、市場拓展。十二、國際合作及交流。十三、參與國內外競賽。十四、產業群聚。十五、運用公有不動產。十六、蒐集

產業及市場資訊。十七、推廣宣導優良文化創意產品或服務。十八、智慧財產權保護及運用。十九、協助活化文化創意事業產品及服務。二十、其他促進文化創意產業發展之事項。

（二）**發放藝文體驗券**：第14條：為培養藝文消費習慣，並振興文化創意產業，中央主管機關得編列預算補助學生觀賞藝文展演，並得發放藝文體驗券。目前訂定《學生觀賞藝文展演補助及藝文體驗券發放辦法》。

（三）**文創商品之價差補助**：第15條：為發展本國文化創意產業，政府應鼓勵文化創意事業以優惠之價格提供原創產品或服務；其價差由中央主管機關補助之。目前訂定《文化創意事業原創產品或服務價差優惠補助辦法》。

（四）**投融資與信用保證**：第19條：中央主管機關應協調相關政府機關（構）、金融機構、信用保證機構，建立文化創意事業投資、融資與信用保證機制，並提供優惠措施引導民間資金投入，以協助各經營階段之文化創意事業取得所需資金。政府應鼓勵企業投資文化創意產業，促成跨領域經營策略與管理經驗之交流。目前訂定《文化創意產業優惠貸款要點》。

四、租稅優惠工具

該法第三章名列「租稅優惠」一詞，為文創工作者提供下列財務工具：

（一）**鼓勵文創事業捐贈之抵免所得稅規定**：第26條：營利事業之下列捐贈，其捐贈總額在新臺幣一千萬元或所得額百分之十之額度內，得列為當年度費用或損失，不受所得稅法第三十六條第二款限制：一、購買由國內文化創意事業原創之產品或服務，並經由學校、機關、團體捐贈學生或弱勢團

體。二、偏遠地區舉辦之文化創意活動。三、捐贈文化創意
事業成立育成中心。四、其他經中央主管機關認定之事項。
目前訂定《營利事業捐贈文化創意相關支出認列費用或損失
實施辦法》。

（二）　**鼓勵文創產業創新之稅捐減免規定**：第27條：為促進文化
創意產業創新，公司投資於文化創意研究與發展及人才培訓
支出金額，得依有關稅法或其他法律規定減免稅捐。目前訂
定《文化部審查文化創意產業研究發展活動支出適用投資抵
減作業要點》。

（三）　**文創業者免徵進口稅捐規定**：第28條：文化創意事業自國
外輸入自用之機器、設備，經中央目的事業主管機關證明屬
實，並經經濟部專案認定國內尚未製造者，免徵進口稅捐。

自我評量

一、試扼要說明臺灣何以需要大力發展文創產業之政策背景？

二、從世界各國使用文化產業或創意產業的趨勢來看，我國使用文化創
意產業這一名詞究竟是否合理？

三、試說明《文化創意產業發展法》的立法目的與推動原則為何？

四、文化創意產業發展之主要負責單位或行政機關（構）為何？請說明
現況與改革建議？

五、請依《文化創意產業發展法》說明文化創意產業的定義及特性
為何？

六、文創產業的發展需要文創經紀人，請問其定位與必備之核心能力
為何？

七、請依《文化創意產業發展法》說明文創產業的15+1類別所指為

何？中央目的事業機關有哪些？

八、請依《文化創意產業發展法》說明發展文創產業的行政協助工具有哪些？

九、請依《文化創意產業發展法》說明發展文創產業的獎補助工具有哪些？

十、請依《文化創意產業發展法》說明發展文創產業有何租稅優惠工具？

歷屆考題

1.　「文化創意產業發展法」第三條所稱「創意生活產業」，其意義為何？作為一位文化政策制訂者應如何以跨域治理原則推動該項業務，俾培育優質的國民創意生活？（107 年公務人員高等考試一級暨二級考試）

2.　文化仲介人才（或稱文化創意產業經理人、文化產業經紀人等），對於國內文化創意產業發展的重要性、主要工作內容以及目前出現的問題各為何？試申論之。（107 年公務人員高等考試一級暨二級考試）

3.　藝術文化之相關「法律」，應經立法院通過並由總統公佈，例如：文化資產保存法、文化創意產業發展法或訂定中的文化基本法等，試問那些事項需要以「法律」定之？（5 分）又在那些情形之下需要「修正」？（10 分）以及在那些情形之下需要「廢止」？（10 分）（106 年公務、關務人員升官等考試、106 年交通事業鐵路、公路、港務人員升資薦任考試）

4.　原行政院文化建設委員會於 1999 年起推動「文化產業之發展與振興工作」，文化產業化已成為近年來各地方縣市文化政策推動的主軸之一。試舉出目前有那些具體案例可當作典範？文化行政體系在這些案例扮演什麼角色？（104 年公務人員升官等考試、104 年關務人員升官等考試、104 年交通事業公路、港務人員升資考試薦任）

5. 某些人對目前的「文創」（文化創意產業）政策頗多微詞，認為作法上太過於庸俗化，對於嚴肅的文化藝術領域會產生負面的影響，請舉例說明「文創」和「文化藝術」兩者之間的正面和負面作用。（103 年特種考試地方政府公務人員三等考試）

6. 試論目前臺灣文化創意產業政策對於區域文化的辨識度和經濟產業的影響為何？請舉出兩個縣市政府推展案例作為說明。（103 年特種考試地方政府公務人員四等考試）

7. 文化創意產業發展法主要架構與精神為何？您對此法有何具體修正意見？另，對我國文化創意產業類別範疇有何修正意見？請陳述之。（103 年公務人員高等考試三級考試）

8. 文化部行政組織架構中，有關文化創意產業之隸屬單位為何？您對此一行政體系有何具體意見？請陳述之。（103 年公務人員高等考試三級考試）

9. 請說明並評論「文化公民權」與「文化創意產業」之間的關係。（103 年公務人員高等考試二級考試）

10. 請以「產業鏈（industry chain）」的觀點分析「文化創意產業發展法」第 3 條所列之「文化資產應用及展演設施產業」。（102 年公務人員高等考試三級考試）

11. 「文化創意產業發展法」於民國 99 年 2 月 3 日公佈實施，以一文化行政官員的立場如何推動及落實，請構想一企畫案例說明。（101 年公務人員高等考試一級暨二級考試）

12. 全球政治經濟環境瞬息萬變，導致景氣更加變幻莫測、失業青年日增，但卻有一批滿懷熱情的年輕人，遠離都會返鄉拼「文創產業」（文化創意產業），試舉臺灣任何一鄉、鎮、村、里為例，說明其成功與失敗的經驗。（101 年特種考試地方政府公務人員考試）

13. 臺灣自 1994 年行政院文化建設委員會推動社區營造政策中即有「產業文化化、文化產業化」概念，到了 2002 年又有「文化創意產業發展計畫」。1950 年代德國的文化批判學者阿多諾（Theodor Adorno）認為「文化工業」會戕害文化藝術本質的發展，那麼依據

他的論述，請問由文化藝術部門推動的「文化產業」政策會有何種問題？（101 年公務人員高等考試一級暨二級考試）

14. 邁向國際是各國在進行文化創意產業發展時的必經之路。試描述我國政府對於文化創意產業走入國際所做的努力，並請提出可能的推動方案。（100 年公務人員高等考試三級考試）

15. 臺灣與中國大陸在發展文化創意產業，有競爭有合作，請以海峽兩岸故宮文創產品為例說明之。（100 年公務人員升官等考試、100 年關務人員升官等考試）

16. 請敘述我國文化創意產業政策的發展與轉型歷史，進而以三個實例說明原住民族在此一政策環境下，推動文化保存與文創產業所面臨的衝擊與機會。（100 年公務人員特種考試原住民族考試）

17. 自從 2002 年以來，發展文化創意產業便是政府積極提倡的政策，而且 2010 年也立法通過「文化創意產業發展法」。「文化創意產業發展法」所定義的文化創意產業是「指源自創意或文化積累，透過智慧財產之形成及運用，具有創造財富與就業機會之潛力，並促進全民美學素養，使國民生活環境提升之下列產業：視覺藝術產業。音樂及表演藝術產業。文化資產應用及展演設施產業。工藝產業。電影產業。廣播電視產業。出版產業。廣告產業。產品設計產業。視覺傳達設計產業。設計品牌時尚產業。建築設計產業。數位內容產業。創意生活產業。流行音樂及文化內容產業。其他經中央主管機關指定之產業。」（第 3 條）。請就十六種產業中的某一項產業，具體地分析目前該項產業的現況及政府應該如何輔導其發展。（100 年公務人員升官等考試、100 年關務人員升官等考試）

18. 文化產業化、產業文化化以及創意產業已是世界經濟潮流，請就「如何創造文化經濟利益」試抒己見。（99 年特種考試地方政府公務人員考試）

19. 文化產業經常被窄化為手工藝或社區產業，而文化創意產業經常被窄化為產品設計或藝文展演。試論如何以文化來促進農業、工業、服務業等現有產業發展與提升？（99 年公務人員普通考試）

20. 試舉例說明「文化創意產業」中的「文化藝術審美性」與「產業價值」兩者之間的辯證關係。（99 年特種考試地方政府公務人員考試）

21. 文化創意產業發展法第 19 條：「中央主管機關應協調相關政府機關（構）、金融機構、信用保證機構，建立文化創意事業投資、融資與信用保證機制，並提供優惠措施引導民間資金投入，以協助各經營階段之文化創意事業取得所需資金。」試論此條文對於發展文化創意產業的重要性。（99 年特種考試地方政府公務人員考試）

22. 我國目前的文化創意產業共分為 13 大類，依您之見，您認為我國在文化創意產業的發展上，應可優先選擇發展那幾類文化創意產業？理由為何？（97 年特種考試地方政府公務人員三等考試）

23. 請試說明海峽兩岸在相似的歷史文化背景卻又顯十分歧異的政治、經濟與社會環境中，應如何建立起溝通與合作管道，使得在豐富兩岸藝術文化內涵的同時，又能讓兩岸的文化創意產業可以得到充分的發展？（97 年特種考試地方政府公務人員三等考試）

24. 人力資源是所有產業尋求發展的重要根基。您認為臺灣在文化創意產業的人力資源上有什麼樣優勢、不足或可改進之處，請論述之。（97 年特種考試地方政府公務人員三等考試）

25. 「文化創意產業」是行政院在 2002 年推出的國家發展計畫項目，包含的業務範圍包括行政院新聞局主管的影音產業，經濟部主管的設計與流行商品，和行政院文化建設委員會主管的藝術與社區營造業務，然而這幾項所謂產業的性質差異很大，甚至有時是矛盾的，例如「藝術作為一種產業」這個問題的矛盾性在那裡，請申論之。（97 年公務人員普通考試）

15
文創作品與智財權保護政策

壹、文化創意資產與智慧財產權保護

貳、文創侵權司法案例分析

參、新媒體環境下文創智財權保護的挑戰

本章導讀

　　本章首先定義文化創意資產的意義，其中特別強調無形文化創意資產概念的澄清。其次引用歷年文創司法判決案例說明文創智財權保護之困難。最後則說明新媒體環境下，OTT 影音產業被境外侵權的情況，並引用歐美與日本經驗指出可能的保障方向。

前言

　　文創產業雖被譽為未來的「明星產業」，但由於其核心競爭力是「無形文化資產」，保護該無形資產之智慧結晶相當困難，以致如何保障文創產業的智慧財產權（以下簡稱智財權）一直是政府主管機關難以破解的公共問題。2002 年 6 月 12 日修正的《文化藝術獎助條例》第 5 條：「中央主管機關對文化藝術工作者之工作權、智慧財產權及福利，應訂定具體辦法予以保障。」可見保護文化藝術工作者的智財權為文化行政機關應盡之職責。如今面對行動網路時代的新媒體環境，侵權現象更如同雪上加霜，尤其是來自「境外」侵權案例，超越我國的法律有效管轄權以外，故智慧財產權的保護成為發展文創產業的重大課題（丘昌泰，2017a）。

壹、文化創意資產與智慧財產權保護

一、文化創意資產的定義

　　據《文創發展法》第 3 條，文創產業的來源是創意或文化積累，故其形式可能是有形或無形文化創意資產，依《文化部公有文化創意資產利用辦法》第 3 條：「本辦法所稱公有文化創意資產，指不動產以外其他有形、無形之公有圖書、史料、典藏文物或影音資料等資產；管理機關利用上開資產或透過相關計畫所研發創作或生產製造之產品及其他相關權利，亦屬之[1]。」又依《國立臺灣博物館公有文化創意資產授權利用要點》對於文化創意資產之定義：「指本館所有、管理與典藏具文化性、歷史性、藝術性、專業知識、技術或稀有性之建築、文物、標本、藝品、檔案、文獻、圖像、影音多媒體資料、知識技術專利及其他可

---

1 《文化部公有文化創意資產利用辦法》，2016/01/25 修正。

供文化創意產業利用之公有文化創意資產[2]。」《文化創意產業優惠貸款要點[3]》清楚定義有形與無形資產:(1)有形資產:指從事投資或創業活動必要取得之營業場所(包含土地、廠房、辦公室、展演場)、機器設備、場地佈景、電腦軟硬體設備(包含辦理資訊化之軟硬體設備)。(2)無形資產:指從事投資或創業活動必要取得之智慧財產權(包含專利權、商標權、著作財產權等)。

　　文化創意產業的核心競爭力是由創意所形成的「有形或無形文化資產」,其中最難以保護者莫過於無形文化資產,而這也是影響文創產品競爭力的關鍵要件。何謂無形文化資產?《文創發展法施行細則》第2條稱:「本法第十條第二項所稱無形之文化創意資產,指與文化創意有關之專利權、著作權、商標權與營業秘密等智慧財產權及其他符合財務會計準則公報所定義之無形資產[4]。」《文化藝術獎助條例》第5條稱:「中央主管機關對文化藝術工作者之工作權、智慧財產權及福利,應訂定具體辦法予以保障[5]。」基上,文創產品必須申請智慧財產權之保護,否則很容易被侵權,產品價值遭到破壞,故職司智財權保護的相關政府機關如何整合資源,研擬有效的保護政策成為文創產業發展的關鍵。

二、文創智財權的定義與保護

　　智財權係指人類透過創意所產生具有財產上之價值,並由法律所創設的一種權利。1967 年在斯德哥爾摩簽署世界智慧財產權組織公約(Convention Establishing the World Intellectual Property Organization),成立全球性的智財權組織,開始以公約統一規範有關智財權之保護措施。由於我國並非聯合國會員,無法參與國際智財權組織,透過國際合作以打擊跨境侵權案例。

2　《國立臺灣博物館公有文化創意資產授權利用要點》,2014/12/22 發布/函頒。
3　《文化創意產業優惠貸款要點》,2017/03/24 修正公布。
4　《文化創意產業發展法施行細則》,2014/08/15 修正。
5　《文化藝術獎助條例》,2002/06/12 修正。

　　我國智慧財產相關政府機關對於智財權的定義，包括三大類：（1）文學產權（Literature Property）：主要是指著作權，如文學、音樂、藝術、攝影及電影、錄影等無實體形式的智慧財產權。這種權利之取得不需要註冊就可以獲得權利，故著作權主要保護的是原創的美術或文學作品。（2）工業產權（Industrial Property）：主要包括專利權和商標權，這些權利必須透過註冊程序才能取得。商標通常是保護用在商品與服務上的品牌名稱和圖樣；專利則保護發明、新型或設計，且必須具有新穎性、產業利用性與進步性才可取得專利。（3）營業秘密：依《營業秘密法[6]》第2條規定，營業秘密係指方法、技術、製程、配方、程式、設計或其他可用於生產、銷售或經營之資訊，且符合左列要件者：非一般涉及該類資訊之人所知者，因其秘密性而具有實際或潛在之經濟價值者。

　　文創產品因其智財權性質大多以「文化創作」呈現，無法產生明顯而具體的產業效益，故申請專利權並不容易成功。至於商標權或營業秘密乃彰顯營業所提供服務或營業上所製造商品之標誌或機密，訴訟的前提是文創商品已經商業化，但目前國內文創業者大多屬「微型企業」或個人工作室，距離商業化的地步尚早，因此也不容易依法進行文創商標權或營業秘密的保護。

　　在上述三種智財權型態中，由於文化創意商品大都屬於「著作權」，因此很容易被仿冒、盜印或盜版，文創作品一旦被侵權，原創者很難舉證其原創性，故相對而言，三種智財權中，最難保護的就是文創作品。基此，為保障文化創意產業的智慧結晶，政府在相關法令中提出若干規定，《文創發展法》第12條第18項就將「智慧財產權保護及運用」列為中央主管機關及中央目的事業主管機關給予適當之協助、獎勵或補助之項目。第23條稱：「以文化創意產業產生之著作財產權為標的之質權，其設定、讓與、變更、消滅或處分之限制，得向著作權專責機關登記；未經登記者，不得對抗善意第三人。但因混同、著作財產權或

---

6 《營業秘密法》，2013/01/30 公布。

擔保債權之消滅而質權消滅者，不在此限。前項登記內容，任何人均得申請查閱。第一項登記及前項查閱之辦法，由著作權法主管機關定之。著作權專責機關得將第一項及第二項業務委託民間機構或團體辦理。」

為促進文化創意產業升級，對於文化創意業者的有形與無形文化資產之保護，特別建立融資與信用保證機制，並提供優惠措施引導民間資金投入，以協助各經營階段之文化創意事業取得所需資金，特訂定《文化創意產業優惠貸款要點[7]》。在無形資產方面：指從事投資或創業活動必要取得之智慧財產權，包含專利權、商標權、著作財產權等。其核貸額度最高以申請計畫金額八成為限，且每一申請計畫之核貸額度最高不得超過新臺幣三千萬元。申請人通過審查後，獲文化部推薦核准函予信保基金，並經同意授信後，貸款利息由本部按年利率補貼最高百分之二，可見政府對於保護文創產業智財權的重視。

貳、文創侵權司法案例分析

雖然文創的智財權如此重要，但文創業者因為侵權而告上法院的案例並不多見，透過「司法院法學資料檢索系統」，僅17案例，且全部都屬於違反「著作權法」，僅有一項同時違反「專利權法」但被告獲判無罪，由此可知，就文化創意產業的智財權保護類別而言，絕大多數是屬於著作權的侵權案例。

值得注意的是，違反的著作權法條文主要以第91條為大宗，總共有十二件案例，占總判決件數的70%，可見該法條對智財權保護之重要性。第91條稱：「擅自以重製之方法侵害他人之著作財產權者，處三年以下有期徒刑、拘役，或科或併科新臺幣七十五萬元以下罰金。意圖銷售或出租而擅自以重製之方法侵害他人之著作財產權者，處六月以上五

---

7 《文化創意產業優惠貸款要點》，2014/09/15 修正。

年以下有期徒刑，得併科新臺幣二十萬元以上二百萬元以下罰金。以重製於光碟之方法犯前項之罪者，處六月以上五年以下有期徒刑，得併科新臺幣五十萬元以上五百萬元以下罰金。著作僅供個人參考或合理使用者，不構成著作權侵害。」

占比第二順位的法條是違反第92條規定：「擅自以公開口述、公開播送、公開上映、公開演出、公開傳輸、公開展示、改作、編輯、出租之方法侵害他人之著作財產權者，處三年以下有期徒刑、拘役，或科或併科新臺幣七十五萬元以下罰金。」其他涉及的侵權告訴案件法條如第22條、第26條、第88條等。

總結前述判決案例，文創業者被侵害的智慧財產權益大都屬於「著作權」。依《著作權法[8]》第5條係以「例示規定」方式定義被保護的著作類型：「本法所稱著作，例示如下：一、語文著作。二、音樂著作。三、戲劇、舞蹈著作。四、美術著作。五、攝影著作。六、圖形著作。七、視聽著作。八、錄音著作。九、建築著作。十、電腦程式著作。前項各款著作例示內容，由主管機關訂定之」，這些不同著作類型必須由不同主管機關採行不同的認定方法，可見要認定成功的機率非常之低。更何況上述10類著作類型難免有相互重疊之處，故須建立跨部會合作機制，但政府機關往往流於本位主義、各自為政，對於著作類型的認定自然會產生互踢皮球的現象。

光是要認定何種著作類型已經如此困難了，更何況依《著作權法》第3條規定：所謂「著作」不僅是文字或圖畫而已，還包括：重製、公開口述、公開播送、公開上映、公開演出、公開傳輸、改作、散布、公開展示、發行、公開發表等難以界定的形式。第10-1條說的很清楚：「依本法取得之著作權，其保護僅及於該著作之表達，而不及於其所表達之思想、程序、製程、系統、操作方法、概念、原理、發現。」基此，任何一位文創業者一旦作品被侵權，必須花費時間與金錢聘請律師

---

8 《著作權法》，2019/05/01 修正公布。

打官司，文創產業領域多半是屬於個人工作室或微型文創公司，試問誰願意跳進火坑打官司呢？

參、新媒體環境下文創智財權保護的挑戰

隨著新媒體的普及，「境外侵權案例」層出不窮，成為臺灣文創業者的心頭之痛，侵權者大都並非我國管轄權所能干預，特別是來自於中國大陸、美國、俄羅斯等。為響應美國對於網路侵權的立法趨勢，2013 年 5 月 22 日，經濟部智慧財產局由於片商、唱片公司抗議境外侵權網站無法可管，衝擊產業生存，呼籲修訂《著作權法》，未來可要求 ISP 業者，以 IP 位址或網功能變數名稱進行封鎖，讓民眾連不上侵權網站，此修正法案送立法院審議。不過，立刻遭到各界的砲轟，認為政府企圖以擴張行政權，跨越司法權管轄，恐對好不容易爭取到的言論自由進行不當的箝制和侵害，最終只好停止該修法計畫。

新媒體環境下如何保護文創產業的智慧財產權？世界各國正為這個議題煩惱不已，不只是臺灣而已。以美國而言，美國眾議院德克薩斯州共和黨議員 Lamar Smith 於 2011 年 10 月 26 日提出跨黨派的《禁止網絡盜版法草案》（Stop Online Piracy Act, SOPA[9]），得到眾議院兩黨 12 名眾議員的連署支持。他認為：根據預估，智慧財產權的損失至少每年造成美國經濟損失一百億美元，與上千份的工作機會，該法案提高了對網際網路用戶未經授權在網絡上分享版權內容的刑罰，如六個月內分享 10 份音樂或電影類的版權作品，將面臨最高五年的監禁。

2012 年 4 月 26 日，美國眾議院以 248 比 168 票通過更嚴苛的《網路情報分享及保護法案》（Cyber Intelligence Sharing and Protection Act, CISPA），不同於 SOPA 僅限於 ISP 業者在網站上流行的盜版作品才能

9　H.R.3261 - Stop Online Piracy Act, 112th Congress (2011-2012).

啟動執法機制，CISPA 卻擴大到全球各地成千上億的網路使用者上傳盜版影片或轉貼連結，都可依法監控並禁止其網路行為[10]。不過該法案通過後，一直受到各界猛烈的批判與抗議，後來甚至未在參議院中討論就胎死腹中。歐巴馬總統則予以否決，雖然後來眾議院並不氣餒再度提出類似法案，但反對聲浪始終強大，從長期看來，通過機率幾乎是零，除非限縮法案的打擊面，並且堅守上線權的民主自由精神，否則立法途徑並非是保護文創產業智財權的一劑良方。

目前歐洲國家紛紛採取司法訴訟的作法，針對侵權違法案件提出訴訟，包括英國、丹麥、義大利、愛爾蘭、芬蘭、瑞典等曾針對全球最大檔案分享網站「海盜灣」（The Pirate Bay）提出網路侵權訴訟，由於該網站協助2,200萬名使用者下載非法影音產品，被娛樂產業視為頭號敵人。法院命令六個主要 ISP 業者必須阻斷其使用者進入海盜灣網站，而執行阻斷所需費用由 ISP 者負擔，網站瀏覽人次因而下滑70%。瑞典法院更判決海盜灣經營者違反著作權法，協助上千萬名使用者非法下載音樂、電影及遊戲，除各處有期徒刑一年外，並須支付3,000萬瑞典克朗（360萬美元）給華納兄弟影業、新力音樂、EMI 及哥倫比亞影業，堪稱娛樂產業在打擊線上盜版戰役中獲得重大勝利。

臺灣許多文創商品的侵權，中國大陸可謂最重要的來源，《海峽兩岸智慧財產權保護合作協議》已於2010年6月29日完成簽署，並於2010年9月12日生效。依經濟部智慧財產權公布的《兩岸著作權協處制度說明》指出：權利人若發現大陸網站有未經其授權之著作，可依大陸《信息網絡傳播權保護條例》第14條暨《互聯網著作權行政保護辦法》第5條規定，向大陸網站發出書面通知，請其將侵害著作權之網頁移除，停止損害之發生。唯由於智慧財產權為私權，採屬地原則，故上

---

10 Declan McCullagh, 27 April 2012. "House passes CISPA Internet surveillance bill." http://www.zdnet.com/article/house-passes-cispa-internet-surveillance-bill/. H.R.3523 - Cyber Intelligence Sharing and Protection Act112th Congress (2011-2012). H.R.624 - Cyber Intelligence Sharing and Protection Act113th Congress (2013-2014). H.R.234 - Cyber Intelligence Sharing and Protection Act114th Congress (2015-2016).

述協議的前提是為台商依大陸法律規定申請註冊或維護權利之過程中，遇有不合理對待或違反法律適用原則等情事，且案件屬於大陸行政主管機關，得向智財局請求協處，經審查認定相關事證後，才會通報中國大陸相關對口單位處理。

　　日本為文化大國，相關產品被海外侵權者更是所在多有，但日本捨棄立法規範的途徑，於 2002 年聯合美國著作權團體成立《一般社團法人內容產品海外流通促進機構》（Content Overseas Distribution Association, CODA），聯手對付中國、臺灣、香港網上視頻對日本動畫、電視劇、電影等作品侵權的行為，實施反盜版措施[11]，這種途徑的成效不錯，值得學習。

　　基此，最可行的辦法是政府與民間籌組「文創網路侵權反制聯盟」，建立如同 MarkMonitor AntiPiracy[12]、臺灣軟體聯盟等建立的監控與檢舉文創侵權的網站，以鎖定和監控非法下載活動，同時偵測並終止搜尋引擎、網站和社群媒體網站中的非法文創版權的促銷活動。另一方面則由於政府公權力的介入，蒐集侵權證據，以作為針對線上盜版者採取法律行動的證據。當然，法律管制只是防止文創產業侵權的治標手段，最根本的還是網路使用者的自律規範與使用觀念是否正確，是否基於尊重原創作人的原則，不要輕易下載非法的文創商品。日本國內盜版率始終居於亞洲最低，臺灣則仍有一段差距，可見智財權國民教育與政策宣導才是斧底抽薪之道。

11　中國新聞服務網，2009/07/06，〈日媒：日美團體擬打擊中國視頻盜版〉，http://www.sino-cmcc.com/fanti/waimeikanzhongguo/2009-07-06/303.html 。

12　MarkMonitor AntiPiracy ™, http://ip-science.thomsonreuters.tw/m/MM_AntiPiracy_TC.pdf.

自我評量

一、請依現行相關文化法令規定說明何謂「文化創意資產」？並舉例說明之。

二、何謂文創智財權？有何特徵？

三、現行文化相關法令對於文創智財權有何保護規定？

四、文創智財權的保護相當困難，原因為何？請依過去法院判決案例加以說明。

五、何謂 OTT 影音產業？其智財權被侵害的情況如何？您建議應如何保障？

六、從歐美國家經驗看，應如何保障新媒體下的文創智財權？

歷屆考題

1. 今年某歌星封麥成為熱門事件，其演唱會內容，在網路上出現許多以 LINE 分享音樂會網址及點連結觀賞，恐違反著作權法。文化部輔導影音產業之合法使用，試以此事件說明你的見解。（104 年公務人員特種考試外交領事人員及外交行政人員、民航人員、原住民族及稅務人員考試）

2. 我國著作權法對「著作」之定義為何？又著作權法所保護之著作，必須符合什麼要件？（102 年特種考試地方政府公務人員考試）

16
文化統計與大數據

壹、文化需要統計嗎?

貳、國際編制經驗概述

參、臺灣文化統計的現況與問題

肆、大數據與文化統計

本章導讀

　　文化統計的目的是掌握文化活動與文化產業的發展狀況,本章首先介紹國際編制文化統計的經驗,其次探討我國文化統計的現況與問題,文末提醒讀者必須注意「大數據分析」對於文化統計的影響趨勢。

壹、文化需要統計嗎？

文化形式是多元的，有物質、具象形式，但多數是一種抽象的精神或價值狀態，有必要進行統計嗎？文化統計之目的為何？其實，文化是否能夠客觀計算，這是長期以來學術上的爭論，但就作為實務取向的文化政策而言，文化統計是有必要的，因為進行文化統計有下列幾項作用：（1）文化事務通常都是由政府機關負責推動的，政府主管機關若能定期公布文化活動、文化產業或文化價值的調查結果，可以監督政府機關是否落實文化多樣性、自主性與民主性。（2）經由文化統計可以作為改善文化弱勢團體、族群或區域的參考指標。（3）文化統計可以呈現文化活動、文化產業表現最佳的典範，這種最佳實務有助於文化政策部門進行標竿學習，以致產生見賢思齊的結果。（4）文化統計是文化政策制定者課責性的表現，可以看出政策制定者是否盡責任，不致淪為口水戰。（5）具國際觀的文化統計亦可以進行跨國文化成就之比較，以提升我國文化政策之國際視野。基上，歐洲國際組織早就針對文化統計的架構與統計進行調查，其必要性已無爭論。

《文化創意產業發展法》第6條：「中央主管機關應擬訂文化創意產業發展政策，並每四年檢討修正，報請行政院核定，作為推動文化創意產業發展之政策依據。中央主管機關應會同中央目的事業主管機關建立文化創意產業統計，並每年出版文化創意產業年報。」基此，文化部自2003年起每年進行《臺灣文化創意產業發展年報》之編撰與出版，藉由年報的出版，記錄臺灣文化創意產業的發展現況。編撰與出版年報之主要目的有三：（1）分析我國與其他重要國家地區文化創意產業發展概況；（2）介紹我國歷年文化創意產業主要政策與執行成果；（3）研析全球與我國歷年文化創意產業重要議題。

《博物館法》第3條亦特別強調博物館之中央主管機關應擬訂博物館發展政策白皮書，每四年檢討修正，報請行政院核定，作為推動博物館發展之政策依據。「中央主管機關應會同中央各目的事業主管機關建

立博物館業務統計資料庫，以作為政策及業務推動參考。」可見博物館之統計資料庫之建置之必要性。

《文化基本法》第27條規定政府為了瞭解文化的相關資訊，必須建立資料庫：「各級政府應對人民文化權利現況與其他文化事項，進行研究、調查、統計，並依法規保存、公開及提供文化資訊，建立文化資料庫，提供文化政策制定及學術研究發展之參考。文化部為辦理文化研究、調查及統計所需之必要資料，得請求有關機關（構）提供，除法律另有規定者外，各該機關（構）不得規避、妨礙或拒絕；所取得之資料，其保存、利用等事項，應依相關法規為之。」上開所謂資料庫當然包括文化統計資料。

貳、國際編制經驗概述

一、聯合國教科文組織（UNESCO）／經濟理事會文化統計歐洲工作小組（ECEWGCS）

1970 年代，大約二十多個歐洲與北美國家的專家學者為文化統計提出共同的計算途徑與蒐集文化事務統計資料的方法。1972年 UNESCO 歐洲文化部長會議（UNESCO Conference of European Ministers of Culture）呼籲：應該鼓勵各國建立更好的、更完整的文化統計。兩年後，UNESCO ／經濟理事會文化統計歐洲工作小組（European Commission for Europe Working Group on Cultural Statistics, ECEWGCS）聯合工作團隊共同決定文化統計架構的設計，至少應該要注意下列三項要件[1]：

1　UNESCO Conference of European Statisticians (1986). "The UNESCO Framework for Cultural Statistics (FCS)." paper prepared by the Office of Statistics, UNESCO, CES/AC.44/11. 13 February 1986, p.2.

（一）它應該是一個整合的整體，兼顧文化現象的社會與經濟面向，例如，對於文化財貨勞務的需求、生產、流通、消費。

（二）它應該是邏輯的，立基於下列原則：與其他相關統計能夠相互合理連結，包括社會人口統計（the System of Social and Demographic Statistics）、國家會計平衡系統（the System of National Accounts and Balances）、環境統計系統（the System of Environmental Statistics）等。

（三）它應該滿足與文化政策有關的規劃、管控與研究事務之需要，因而應該涵蓋該領域中比較重要的事項。

後來他們提出一個著名的文化統計架構（Framework for Culture Statistics, FCS），1986 年 6 月經過歐洲統計人會議（Conference of European Statisticians）背書，至今依然為全球各國所運用。

近年來由於數位媒體文化的迅速發展，網際網路快速滲透到文化部門各個行業，文化財貨勞務的創作生產、分配流通、文化消費等都由於電子商務的介入而變得難以梳理出文化統計的整體面貌。UNESCO 曾擴展其定義，將文化視為「構成一個社會或社會群體特質的心靈、物質、知識與情緒特性的整體，它不僅包括藝術與文件，同時包括生活方式、人權、價值系統、傳統價值等[2]」。

UNESCO 所提出的文化統計架構包括兩面向：一個面向是文化範疇，如視覺藝術、電影、戲院、音樂等產業類別。另一面向是文化產製過程：創造或生產、消費或保存（Gordon and Beilby-Orrin, 2006）（表2）。

---

2 UNESCO (1994). *Rethinking Development: World Decade for Cultural Development 1988-97*, p.6. Paris, UNESCO.

表2　UNESCO 的文化統計架構表

功能＼範疇	創造生產	移轉散播	接受消費	註冊保存保護	參與
文化遺產					
印刷品與文學					
音樂					
表演藝術					
視覺藝術					
電影					
廣播電視					
社會文化活動					
運動／博弈					
環境自然					

註：UNESCO Conference of European Statisticians (1986). "The UNESCO Framework for Cultural Statistics (FCS)." paper prepared by the Office of Statistics, UNESCO, CES/AC.44/11. 13 February 1986, p 2.

二、歐洲文化統計領導小組（ECLGCS）

1997 年，基於歐盟會員國的要求建立文化統計架構，乃成立歐盟文化統計領導小組（EC Leadership Group on Cultural Statistics, ECLGCS），主要任務是將文化政策架構與追蹤關鍵的文化統計要素，包括文化就業、文化補助或其他文化實務的計算方法論予以統一化，他們在統計方法論有相當堅強的理論基礎與嚴謹的統計方法，在文化範疇方面主要蒐

集四類文化產業：博物館、圖書館、視覺藝術、劇院等。然後計算各國在此四方面的統計資料，1999 年曾被歐盟理事會統計計畫委員會（the Statistical Programme Committee of the European Commission）認可，後來經過不斷努力修正，於 2009 年成立「歐洲統計系統網絡」，將文化事務部分予以完成，建置一個非常重要的文化統計網站——歐洲統計系統網絡／文化部分（the European Statistical System Network on Culture, ESSnet-Culture），包含許多國家級的學者專家投入，經過兩年的研究，在架構方面分為四個主題：架構與定義、文化財政與經費、文化產業、文化實務與社會面向。2012 年出版的文化統計報告，成為目前歐洲國家最重要的文化統計報告。

根據 2018 年的統計報告（Eurostat, EC, 2018），文化功能包括：創造、生產與出版、散播與交易、保存、教育、管理與管制六個主題。至於文化範疇包括：遺產、檔案文件、圖書館、書籍新聞、視覺藝術、表演藝術、視聽與多媒體、建築、廣告、手工藝等十項主題。

參、臺灣文化統計的現況與問題

文化部公布的文化統計架構係以 2011 年文建會委外執行之《2010年文化統計出版暨文化部文化統計架構研究計畫》為參考依據，2012年正式發布文化統計，其架構特點包括：（1）涵蓋國家政策與行政、國民文化行為（含參與和消費）、文化環境（含文創市場）等三大面向。（2）以舊架構為基礎，重新修正，除可便利使用者繼續就歷年資料進行查詢外，亦可使文化統計資料更能呈現長期趨勢。（3）與國際接軌，統計分類中亦含國際文化統計趨勢，以利國際比較[3]。

關於文化統計四大構面之主要架構與內涵說明如下：

3　文化部文化統計，https://stat.moc.gov.tw/default.aspx，2020/1/5 瀏覽。

一、**文化與行政：**文化與行政乃描繪我國文化行政發展情形，此為國家面向，為行政上對文化措施的規劃、分配與支援等面向，該構面包含文化行政組織、文化行政人力、文化經費、文化法規等四個次構面。

二、**文化與教育：**文化與教育主要說明文化人才培育情況，此為國家面向，為政府、學校及社會對民眾文化素養的培養及專業人才的訓練，亦即文化品味的向下紮根與向上提升。藉由政府人才培育、學校人才培育以及社會人才培育等三個角度，描述我國文化人才培育情形。

三、**文化與社會：**文化與社會為民眾文化的實踐，包含供給端與需求端的協助與支援，亦即文化環境條件的打造，屬於市民之面向，乃陳述我國文化資源、藝術展演、書籍與出版、影視與流行音樂、文化交流、文化參與及文化消費，以說明我國民眾文化生活素養發展情形。

四、**文化與產業：**文化與產業為文化的生產及分配層面，則為市場之面向，乃分析文化創意產業概況，藉以瞭解我國公私部門之文化創意產業發展狀況，即文化創意產業產值、人力、文化貿易、文化職業方面之情形。

　　綜觀上述文化統計架構，顯與國際組織之架構不同：（1）文化與行政、社會、教育與產業等四大架構，過於廣泛，未能扣緊文化資源從創作、生產、流通到消費的過程。（2）文化統計主要是提供給文化政策制定者決策參考，「文化與教育」就無法回應作為文化部門主管想要看到的文化趨勢，蓋教育並非屬於文化部之職掌。（3）「文化與社會」中的許多指標，如表演藝術、視覺藝術、電影、電視等皆屬於《文創產業發展法》所稱的文創產業15+1類型，應放在「文化與產業」一類；但如此一來，此處所稱的文創產業係屬自創的歸類，與《文創產業發展法》的定義不同。

肆、大數據與文化統計

近年來,大數據(big data,或譯為海量資料、巨量資料)為學術界與實務界熱烈討論的新興領域。產業界與學術界將大數據分析科技(big data analytics)視為第五波科技革命後的明星產業,未來人類社會將出現以資料為驅動力的經濟(data-driven economy)。根據國際數據公司(International Data Corporation, IDC)的調查報告:大數據科技與服務市場是一個快速成長、產值高達數百億美元的全球新興產業,每年成長率約為27%,未來數年預估產值將高達324億美元,等於過去資訊通訊科技總產值的六倍多。McAfee & Brynjolfsson(2012)指出:大數據正在掀起一場管理革命,企業首先必須設法改變傳統的決策制定文化——從「我們想些什麼」(What do we think?)轉變為「我們知道些什麼」(What do we know?),業主必須充分運用大量的客戶資訊,客觀地瞭解大量數據所呈現的意義與價值,然後做出妥適的企業決策,快速地提升企業的營運效益。

大數據與傳統的統計數據[4](data)是不相同的,大數據有下列三種特徵,稱為3Vs(McAfee & Brynjolfsson, 2012: 61-69):

一、**資料量相當龐大(volume)**:透過各種新數位工具,如感應器、數位相機、GIS與其他觀察人類行為的數位科技,使得當前資訊社會蒐集、儲存與處理資料的成本愈來愈低,因此我們正處在一個資料幾乎無時無刻被蒐集的世界。

---

4 「文化統計」的數據量甚少、資料產生的速度很慢、資料類型係以「數字」為主;許多政府機關宣稱已將業務「大數據」資料架設於「開放資料官方網站」,例如,有些機關將一個年度的一筆平均值資料公布於開放資料網站上,連續公布十年的十筆資料,就當作「大數據」來宣揚,只有十筆資料稱為大數據,真是令人啼笑皆非。真正的大數據資料,如民眾上網到文化部或國藝會官網瀏覽的過程都被記錄下來,例如:何時進來?何時離開?停留在哪些專區?有沒有下載任何東西?對於大數據分析家而言,上述這些「過程資料」的數量太大,當然該資料也具有被挖掘的價值。

二、**資料產生速度極快（velocity）**：網際網路每秒流傳的資料量，比 20 年前網際網路儲存的資料還多很多。目前人類從網路驅動的工具、可攜式行動裝置到現代化的感應器，追蹤人們所產生的資料，相當快速；例如，當人們上線瀏覽網頁時其按讚過程被完整記錄下來，網站經營者能夠準確地追蹤每位使用者的線上活動歷程；或當人們以行動裝置使用 GPS，其位置已被確實掌握住；甚至人們在社群網站上的留言，都被完整地記錄下來。

三、**資料類型相當多元（variety）**：根據美國總統科技顧問委員會（President's Council of Advisors of Science & Technology, 2014: 4）的報告，大數據資料可以分為兩大類：一是原生的數位資料（born digital data），這是指透過電子郵件、網路瀏覽、GPS 定位或其他電腦資料處理系統，直接從有形世界中轉化為數位化的資料。二是感應資料（sensors' data），這是透過錄影機、手機、照相機或無線感應器等所接收的資料，若能針對他們進行資料融合（data fusion），將可對人類社會產生莫大的影響。從資料結構類型而言，大數據可以分為結構化與非結構化資料，前者係指有規則可循，可以用統計或數學演算方式加以處理的大量資料，後者則是指毫無規則可尋的、隨機的資料類型。如何整合該兩大資料類型，並得到有用的資訊將成為人類社會最大的挑戰。

大數據分析的目的就是在挖掘上述資料礦，從而找出有價值（valuable）的決策資訊，俾供決策者制定有效的文化政策之參考，故有人稱大數據的特徵是 4Vs。

在文化事務上，大數據的來源是來自數位科技工具所產生的海量數據，如 OTT 影音事業所留下的串流資訊、社群媒體、公私立文化部門網路留言等，蒐集這些大數據資訊，可以讓文化政策制定者瞭解文化消費者的文化消費動機、行為與趨勢，從而訂定精準的文化行銷策略，創造文化藝術產業的效益。文化部門係以被動而正面的理念與態度蒐集大

數據；若主動成立網軍，打擊不利文化政績的言論，以假造一種「政績卓越」的氛圍，則是「政治」而非「文化」了，如此一來，文化與惡的距離已愈來愈近。

自我評量

一、文化是相當抽象的多元概念，定義也不一致，何以需要進行文化統計？有何益處？

二、國際組織推動文化統計的經驗與主要架構為何？

三、臺灣目前編制文化統計的概況為何？有何優缺點？

四、大數據與統計資料有何差異？請舉例加以說明。

五、有人說目前是數位科技時代，數位科技所產生的大數據對於文化政策的制定有何參考意義？應如何正確運用？

歷屆考題

1. 何謂數據（data）？何謂大數據（meta data）？何謂文化統計（cultural statistics）？何謂文化指標（cultural indicator）？文化統計在文化政策決策有何重要功能？依證據決策（policy based evidence making）的文化政策有何優缺點？（107年公務人員高等考試三級考試）。

Part 4
文化法制篇

17
文化資產保存法

本章導讀

文化資產是文化行政業務中的核心，本章擇要介紹《文化資產保存法》（以下簡稱《文資法》）要點，如文化資產概念、類別、登錄方式、古蹟指定方式、文化資產獎勵與罰則等。

　　文化資產是先人留下來最珍貴的「活歷史」，可是經常遭到人為破獲，2014 年 8 月一則新聞報導如下：「臺北市萬華區寶斗里的暫定古蹟『清雲閣』2 日清晨被地主拆除，老建物瞬間夷為平地，文化局長今天說，這是件文化資產保存上的悲劇，將要求地主蓋回來。」由此新聞可以看出訂定文化資產保存法制的必要性。文化部於 1982 年 5 月 26 日公布、2016 年 7 月 27 日修正《文資法》，成為保護文化資產最基本的法規，由於另有考試科目，本書僅將該法中比較重要的內容擇述如下：

壹、立法宗旨

　　《文資法》第 1 條：「為保存及活用文化資產，保障文化資產保存普遍平等之參與權，充實國民精神生活，發揚多元文化，特制定本法。」依此，政府之所以訂定文化資產保存法，其立法目的是雙重的：不僅是消極地保存，而且要積極地活化文化資產；在積極活化文化資產方面，必須要保障民眾普遍平等之參與權，以充實國民精神生活，同時發揚文化多樣性與自主性的功能。

　　基此，第 2 條稱：「文化資產之保存、維護、宣揚及權利之轉移，依本法之規定。」本法固然名稱是文化資產「保存」法，究其範圍實已超過狹隘的保存與維護而已，還包括文化資產的宣揚及權利之移轉。

貳、文化資產相關概念之界定

　　在定義文化資產的概念之前，似有必要針對國際教科文組織（UNESCO）提出的類似概念進行界定[1]：

1　有興趣的讀者可以進行上網查閱相關資料：UNSCO/Culture: http://whc.unesco.org/en，2020/1/5 瀏覽。

一、世界遺產（**world heritage**）

　　國際教科文組織（UNESCO）1972 年於巴黎通過《世界遺產與自然遺產保護宣言[2]》（Convention Concerning the Protection of the World Cultural and Natural Heritage），將世界遺產分為文化遺產（cultural heritage）與自然遺產（natural heritage），該公約第一條界定文化遺產是：（1）古蹟：從歷史、藝術或科學角度那些具有突出普世價值的建築作品、紀念雕塑和繪畫作品、考古性質的元素或結構、碑文、窯洞和特徵組合等。（2）建築聚落群：從歷史、藝術或科學角度來看，由於建築、同質性或景觀地位中具突出普世價值的獨立或相連之建築群。（3）遺址：從歷史、美學、民族學或人類學角度來看，具有突出普世價值的人的作品或天人合一的作品，包括考古遺址區域。

　　該公約第二條界定自然遺產為：（1）自然特徵：從美學或科學角度看具有突出普世價值之自然特徵，包括：物理和生物形態或此類形態的特徵組合。（2）地質地貌：從科學或保護角度來看，具有突出普世價值的、備受威脅的動植物之物種棲息地或可精確劃定的區域；（3）自然遺址：從科學、保護或自然美感角度來看，具有突出普世價值的、可精確劃定的自然區域。

二、非物質文化遺產（**intangible cultural heritage**）

　　文化遺產不以紀念物和收藏品為終點，尚包括承繼於祖先、傳於後代的傳統或生活方式，如口頭傳統、表演藝術、社會習俗、儀式、節日活動、有關自然和宇宙的知識和實踐，或者產生傳統手工藝的知識和技能，這些都是非物質文化遺產的型態。

2　Convention Concerning the Protection of the World Cultural and Natural Heritage. The General Conference of the United Nations Educational, Scientific and Cultural Organization meeting in Paris from 17 October to 21 November 1972, at its seventeenth session. http://whc.unesco.org/en/conventiontext/#Article11.4, 2020/1/5 瀏覽。

　　非物質文化遺產雖然脆弱，但面對日益全球化下，它是保持文化多樣性的重要因素。因此，瞭解不同社區的非物質文化遺產有助於跨文化對話，並鼓勵相互尊重其他生活方式。非物質文化遺產的重要性不在於它本身的文化表現形式，而在於它所傳遞的世代傳承的知識和技能之豐富性，對於發展中國家和發達國家同樣重要。

　　根據聯合國教科文組織的定義，非物質文化遺產具有下列特徵[3]：

（一） **傳統和當代生活同時並存**：非物質文化遺產不僅繼承過去的傳統，而且代表多元文化群體參與的當代農村和城市實踐。

（二） **相容性**：我們可以分享與其他人實作類似的非物質文化遺產之表現形式。無論是來自鄰近村莊、來自世界另一端的城市、或被移居到不同地區並定居下來，它們都屬於非物質文化遺產。它們世代相傳、因環境而演化。它們有助於賦予我們的認同感和連續性，提供一種從過去、現在到未來的聯繫。非物質文化遺產不會提出某項實物是否屬於某一特定文化的問題。它有助於社會凝聚力，有助於個人感受它是屬於某一、不同社區或整體社會一部分的認同感和責任感。

（三） **代表性**：非物質文化遺產不僅因其獨特性或特殊價值而被作為一種文化產品加以比較。它必須在社區中滋長，並取決於那些傳統、技能和習俗知識代代相傳或傳給其他社區的人群。

（四） **以社區為基礎**：非物質文化遺產只有被那些創造、維護和傳遞遺產的社區、團體或個人所肯認時，才能成為非物質文化遺產——沒有他們的肯認，沒有人可以為他們決定某一特定的表達形式或實踐方式是他們的遺產。

3　UNSCO/Culture: https://ich.unesco.org/en/what-is-intangible-heritage-00003, 2020/1/5 瀏覽。

三、水下文化遺產（underwater cultural heritage）

聯合國教科文組織於2001年發布《保護水下文化遺產公約[4]》（The 2001 Convention on the Protection ofthe UnderwaterCultural Heritage）是保護水下文化遺產的首部國際法律依據。它是由國際社會起草的，目的是防止水下考古遺址遭到破壞，規範各國之間的合作，協調國際研究標準。最重要的是，它的建立是為了協調水下與陸地上既有遺產的各種保護措施，包括古沉船和沉船遺址。

《公約》第1條：水下文化遺產是指具有文化、歷史或考古特徵的人類存在所有痕跡，這些痕跡部分或全部、某段期間或連續地在水下存在至少100年以上，其類別包括：（1）遺址、結構物、建築物、手工藝品和人類遺骸及其考古和自然背景；（2）船隻、飛機、其他車輛或其任何部分、其貨物或其他物品及其考古和自然背景；（3）具有史前特徵的物體；（4）鋪設在海床上的管道和電纜、或鋪設在海床上且使用中的管道和電纜以外的設施，不應視為水下文化遺產。

2001年的《公約》明確駁斥掠奪和私益性的商業行為，界定清楚的遺產範圍，並採納下列概念——遺產是公共財產，必須鼓勵負責任的公共近用、知識分享和公眾享受。總之，《公約》為保護水下文化遺產制定了共同標準和最佳做法標準，以促進其保護措施。

《公約》是由科學家和各國專家所組成的國際社群之共同任務，此項任務始於1976年，召開四次府際會議，最後促使聯合國教科文組織193個會員國團結在一起。它於2001年經由國際教科文組織大會通過，現已開放各國申請核准，目前已有50多個國家批准《公約》在該國的適用，並完全受其條例和定義的約束。許多考古學家、水下考古學家及相關專業協會也同樣正式認可了該公約及其對水下文化遺產的定義。

4　The UNESCO 2001 Convention on the Protection of the Underwater Cultural Heritage and its Context: http://www.unesco.org/new/en/culture/themes/underwater-cultural-heritage/underwater-cultural-heritage/definition-of-underwater-cultural-heritage/, 2020/1/5 瀏覽。

教科文組織2001年的《公約》對文化遺產的定義沒有任何重要的基準，因為它在地方、國家或國際層次可能有所不同，意義也會發生變化。因此，目前先就其定義與相關保護措施凝聚共識，並進行公共教育，提升民眾對於保護水下資產的共識。

四、文化資產

我國並不使用文化遺產這一名詞，而是使用文化資產，依《文資法》第3條：「本法所稱文化資產，指具有歷史、藝術、科學等文化價值，並經指定或登錄之下列有形及無形文化資產」，基此，文化資產的意義是：

（一）**具有多元價值，而不是單元價值**：文化資產須具歷史、藝術、科學等多元價值，但並不以此為限，政府與社會必須尊重且予以保護；文化資產最怕的是「清一色」、「同質性」，此將抹煞文化資產的價值。

（二）**文化資產的多元價值包括柔性面與硬性面**：文化資產的多元價值，包括柔性價值，如歷史、藝術等價值；硬性價值，如科學、科技等價值。

（三）**文化資產有廣、狹義**：廣義的文化資產包括：古蹟、歷史建築、聚落、遺址、文化景觀、傳統藝術、民俗及有關文物及古物、自然地景等。狹義的文化資產則不包括自然地景與自然紀念物，其主管機關為農業委員會，但我國的《文資法》係採廣義說法。

（四）**文化資產必須經主管機關的政策指定或登錄**：文化資產為了取得保存、發揚與移轉的權利，必須要有公信力，故須經文化行政主管機關的政策指定或登錄，未登記者只是民間的自我認定與歷史傳說，不具公信力。

五、水下文化資產

2015 年 12 月公布實施《水下文化資產保存法》，第 1 條明確指出本法之立法宗旨：「為保存、保護及管理水下文化資產，建構國民與歷史之聯繫，發揚海洋國家之特質，並尊重聯合國保護水下文化資產公約與國際相關協議之精神，特制定本法。」依此可知，訂定水下文化資產保存法之目的是：依據並尊重聯合國保護水下文化資產公約與國際相關協議之精神，保存、保護及管理水下文化資產，建構國民與歷史之聯繫，發揚海洋國家之特質。

《水下文化資產保存法》第 3 條將水下文化資產定義為：「指以全部或一部且週期性或連續性位於水下，具有歷史、文化、考古、藝術或科學等價值，並與人類生活有關之下列資產：（1）場址、結構物、建築物、器物及人類遺骸，並包括其周遭之考古脈絡及自然脈絡。（2）船舶、航空器及其他載具，及該載具之相關組件或裝載物，並包括其周遭之考古脈絡及自然脈絡。（3）具有史前意義之物件。」依此可知，水下文化資產之概念具有下列要點：

（一）　該資產必須全部或一部且週期性或連續性位於水下存在，至於存在時間是多少？本法並未規定，但聯合國教科文組織的《保護水下文化遺產公約》規定至少需要停留在水下 100 年以上。

（二）　該資產必須具有歷史、文化、考古、藝術或科學等價值，並與人類生活有關。

（三）　水下文化資產通常包括：（1）場址、結構物、建築物、器物及人類遺骸，並包括其周遭之考古脈絡及自然脈絡。（2）船舶、航空器及其他載具，及該載具之相關組件或裝載物，並包括其周遭之考古脈絡及自然脈絡。（3）具有史前意義之物件。此與聯合國教科文組織的《保護水下文化遺產公約》訂定的範疇也有不同之處。

　　第 3 條復稱，本法所保障者為合法的水下文化資產的活動，係指出於保存、保護、管理、研究或教育之目的，以水下文化資產為主要標的，所進行之實地調查、研究、發掘及其他可能干擾或破壞水下文化資產之行為。至於非以水下文化資產為標的之活動則為本法所禁止：其指非以水下文化資產為主要標的，但仍可能造成其干擾或破壞之行為。再者，國家船舶或航空器：定義係指屬於某特定國家政府所有或由其使用，且在沉沒時作為政府非商業目的使用，並符合水下文化資產定義之軍艦、其他船舶或航空器。商業開發：定義係指以營利為目的所為買賣、互易或其他方式交易水下文化資產，或進行之打撈及其他行為。

參、文化資產類別

　　《文資法》第 3 條將文化資產分成下列兩大類，除引用相關法條外，並提供許多實際案例供讀者參考[5]：

一、有形文化資產

（一）古蹟：指人類為生活需要所營建之具有歷史、文化、藝術價值之建造物及附屬設施

　　《文化資產保存法施行細則》第 2 條：「本法第三條第一款第一目、第二目及第三目所定古蹟、歷史建築及紀念建築，包括祠堂、寺廟、教堂、宅第、官邸、商店、城郭、關塞、衙署、機關、辦公廳舍、銀行、集會堂、市場、車站、書院、學校、博物館、戲劇院、醫院、碑碣、牌坊、墓葬、堤閘、燈塔、橋樑、產業及其他設施。」

　　例如，桃園的蘆竹德馨堂，創建年代於 1898 年，登錄理由：（1）

5　以下有關各有形與無形文化資產之實際案例，均來自文化部文化資產局，國家文化資產網。本書不再引註資料來源，https://nchdb.boch.gov.tw/，2020/1/5 瀏覽。

為桃園縣蘆竹鄉少數僅存形制保存良好之閩南式傳統民居，室內外之建築形體彰顯原建築風貌，甚具保存價值。（2）傳統生活空間保存完整，可作為祠堂空間之代表。（3）建築材料、構造及裝修泥塑等工藝具備建築史及技術史之研究價值。

（二）歷史建築：指歷史事件所定著或具有歷史性、地方性、特殊性之文化、藝術價值，應予保存之建造物及附屬設施

《文資法細則》第 2 條：「本法第三條第一款第一目、第二目及第三目所定古蹟、歷史建築及紀念建築，包括祠堂、寺廟、教堂、宅第、官邸、商店、城郭、關塞、衙署、機關、辦公廳舍、銀行、集會堂、市場、車站、書院、學校、博物館、戲劇院、醫院、碑碣、牌坊、墓葬、堤閘、燈塔、橋樑、產業及其他設施。」

例如，桃園大溪簡氏古厝，約為明治22年設籍於此。登錄理由：「具備傳統閩南合院建築之風貌格局與構法，主要格局為三合院建築，兩側以前曾有多重護龍，但左側護龍大都倒塌，惟傳統農村建築形制依然可見。」

（三）紀念建築：指與歷史、文化、藝術等具有重要貢獻之人物相關而應予保存之建造物及附屬設施

《文資法細則》第 2 條：「本法第三條第一款第一目、第二目及第三目所定古蹟、歷史建築及紀念建築，包括祠堂、寺廟、教堂、宅第、官邸、商店、城郭、關塞、衙署、機關、辦公廳舍、銀行、集會堂、市場、車站、書院、學校、博物館、戲劇院、醫院、碑碣、牌坊、墓葬、堤閘、燈塔、橋樑、產業及其他設施。」

臺北市政府於 2018 年 5 月 9 日認定林語堂故居為紀念建築，登錄理由是：（1）本建物興建於 1966 年，由林語堂先生設計。建築以中國四合院為架構，結合西班牙傳統建築語彙，外觀為藍色琉璃瓦搭配白牆、西式拱廊、陽臺、白色螺旋廊柱，並嵌著深紫色的圓角窗櫺，兼具

東、西方風格，具建築設計之特色。（2）林語堂先生為著名文學家，並以英文書寫而揚名海外，提倡幽默文學，有幽默大師之稱，對文學界影響深遠，具歷史及人文價值。此外，如新北市政府文化局於2019年4月9日認定金山朱銘美術館為紀念建築；2019年4月30日認定汐止杜月笙墓園為紀念建築。

（四）聚落建築群：指建築式樣、風格特殊或與景觀協調，而具有歷史、藝術或科學價值之建造物群或街區

《文資法細則》第3條：「本法第三條第一款第四目所定聚落建築群，包括歷史脈絡與紋理完整、景觀風貌協調、具有歷史風貌、地域特色或產業特色之建造物及附屬設施群或街區，如原住民族部落、荷西時期街區、漢人街、清末洋人居留地、日治時期移民村、眷村、近代宿舍群及產業設施等。」

例如，臺北市的寶藏巖聚落，聚落興建於日治時期，初期僅六戶，1971年初迅速發展成為約130餘戶規模之弱勢族群自力營造的非正式住宅聚落，2002年因考量防汛期間公共安全，臺北市政府拆除臨水區域38戶。寶藏巖整修工程於2008年12月30日動工，當時聚落建物約87戶，樓層數多為一至二層，並於2009年10月開放原住戶22戶進住，積極朝向「聚落活保存」之目標邁進。

（五）考古遺址：指蘊藏過去人類生活遺物、遺跡，而具有歷史、美學、民族學或人類學價值之場域

《文資法細則》對於考古遺址中的遺物、遺跡進行清楚界定，第4條稱：「本法第三條第一款第五目所稱遺物，指下列各款之一：一、文化遺物：指各類石器、陶器、骨器、貝器、木器或金屬器等過去人類製造、使用之器物。二、自然及生態遺留：指動物、植物、岩石、土壤或古生物化石等與過去人類所生存生態環境有關之遺物。三、人類體質遺留：指墓葬或其他系絡關係下之人類遺骸。

　　本法第三條第一款第五目所稱遺跡，指過去人類各種活動所構築或產生之非移動性結構或痕跡。」

　　例如，圓山遺址。圓山為臺北盆地之獨立小丘，在臺北盆地仍為湖泊時，圓山為湖邊之小島，據日據時期之考古發掘，證實史前曾有人類活動，在山腰發現之無數貝殼，主要種類為烏蜆殼、蠔殼、鐘螺殼及川蜷螺等半鹹性和海棲性貝殼類，為史前人類食後所棄，稱為貝塚。1954年曾由學術單位進行發掘，發現上層有陶器、石器、骨器、及角器等出土，定名為圓山文化。但下層又發現繩紋陶，定名為繩紋陶文化，又名大坌坑文化，為臺灣較早的新石器時代文化。

（六）史蹟：指歷史事件所定著而具有歷史、文化、藝術價值應予保存所定著之空間及附屬設施

　　《文資法細則》第5條：「本法第三條第一款第六目所定史蹟，包括以遺構或史料佐證曾發生歷史上重要事件之場所或場域，如古戰場、拓墾（植）場所、災難場所等。」

　　南投縣政府於2019年7月11日認定「霧社事件・馬赫坡古戰場——Butuc（一文字高地）暨運材古道」為「史蹟」，登錄理由：（1）現今馬赫坡古戰場Butuc（一文字高地）仍可清晰看見戰壕與防禦用的砌石墻，戰壕的長度、寬度與深度皆保存良好；而從「馬赫坡造材所」出發的運材古道路徑，掩埋在雜草之下仍可被族人清楚指認。（2）保留霧社事件的重要戰役現場。（3）保存部分馬赫坡造材所運材古道的遺跡，紀錄霧社事件發生的原因之一。（4）見證日本殖民政策如何以帝國主義之勢治理部落社會，造成原住民的傳統部落社會解體，以及賽德克族人曾受殖民政策所產生的內部矛盾，藉由保存此場域以讓人認識關於霧社事件在族群內、外的多重視野及觀點。

（七）文化景觀：指人類與自然環境經長時間相互影響所形成具有歷史、 美學、民族學或人類學價值之場域

《文資法細則》第6條：「本法第三條第一款第七目所定文化景觀，包括人類長時間利用自然資源而在地表上形成可見整體性地景或設施，如神話傳說之場域、歷史文化路徑、宗教景觀、歷史名園、農林漁牧景觀、工業地景、交通地景、水利設施、軍事設施及其他場域。」

例如，臺北市木柵老泉街26巷30號的優人神鼓山上劇場，登錄理由是：（1）為體現臺北都市社群生活及儀式行為與當代傑出藝術行為所定著之空間環境。（2）「表現人類與自然互動具有文化意義」面向上，如日本富山縣鈴木劇場，在林木中培訓，並作為世界交流舞臺。（3）「具紀念性、代表性或特殊性之歷史、文化、藝術或科學價值」面向上，優人神鼓在此創團、發展、土地自有、有長期經營計畫，具專業及經營能力，具永續性。（4）「具時代性或社會意義」面向上，在臺灣現代劇場發展上是具相當代表性之一，常受邀到國外表演，是臺灣文化資產。（5）「具罕見性」面向上，山上劇場具稀少性。

（八）古物：指各時代、各族群經人為加工具有文化意義之藝術作品、生活及儀禮器物、圖書文獻及影音資料等

《文資法細則》針對藝術作品、生活及儀禮器物、圖書文獻在第7條：「本法第三條第一款第八目所稱藝術作品，指應用各類媒材技法創作具賞析價值之作品，包括書法、繪畫、織繡、影像創作之平面藝術及雕塑、工藝美術、複合媒材創作等。

本法第三條第一款第八目所稱生活及儀禮器物，指以各類材質製作能反映生活方式、宗教信仰、政經、社會或科學之器物，包括生活、信仰、儀禮、娛樂、教育、交通、產業、軍事及公共事務之用品、器具、工具、機械、儀器或設備等。

本法第三條第一款第八目所稱圖書文獻及影音資料，指以各類媒材記錄或傳播訊息、事件、知識或思想等之載體，包括圖書、報刊、公文

書、契約、票證、手稿、圖繪、經典等；儀軌、傳統知識、技藝、藝能之傳本；古代文字及各族群語言紀錄；碑碣、匾額、旗幟、印信等具史料價值之文物；照片、底片、膠捲、唱片等影音資料。」

例如，臺北北投的石牌漢番界碑，立於乾隆十至十三年（1745～1748）。該石碑為淡水同知曾日瑛為確定漢人與原住民墾耕界限，立石於二者交界處，以絕爭地，見證了臺北盆地之開發史。依《臺北廳誌》記載，漢番界碑目前僅存二塊，一在礦溪莊，另一在石牌莊，前者即位於今捷運石牌站前之石碑。北投「石牌」地名，亦因此石碑而得名。

（九）自然地景、自然紀念物：指具保育自然價值之自然區域、特殊地形、地質現象、珍貴稀有植物及礦物

《文資法》第78條稱：「自然地景依其性質，區分為自然保留區、地質公園；自然紀念物包括珍貴稀有植物、礦物、特殊地形及地質現象。」

又根據2017年7月28日公布實施的《自然地景與自然紀念物指定及廢止審查辦法》第2條：自然地景之指定基準如下：

一、自然保留區：具有自然、保存完整及下列條件之一之區域：（一）代表性生態體系，可展現生物多樣性。（二）獨特地形、地質意義，可展現自然地景之多樣性。（三）基因保存永久觀察、教育及科學研究價值。

二、地質公園：具有下列條件之區域：（一）以特殊地形、地質現象之地質遺跡為核心主體。（二）特殊科學重要性、稀少性及美學價值。（三）能充分代表某地區之地質歷史、地質事件及地質作用。

至於自然紀念物之指定基礎如下（第3條）：

一、珍貴稀有植物：本國特有，且族群數量稀少或有絕滅危機。

二、珍貴稀有礦物：本國特有，且數量稀少。

三、特殊地形及地質現象：具有下列條件之範圍：（一）自然形成且獨特罕見。（二）科學、教育、美學及觀賞價值。

二、無形文化資產

《文資法細則》第8條：「本法第三條第二款所稱無形文化資產，指各族群、社群或地方上世代相傳，與歷史、環境與社會生活密切相關之知識、技術與其文化表現形式，以及其實踐上必要之物件、工具與文化空間。」基此，構成無形文化資產的要件為：（1）各族群、社群或地方上世代相傳；（2）與歷史、環境與社會生活密切相關之知識、技術與其文化表現形式；（3）實踐上必要之物件、工具與文化空間。依此，可分為下列幾項：

（一）傳統表演藝術：指流傳於各族群與地方之傳統表演藝能

本法第三條第四款所定傳統表演藝術，包括傳統之戲曲、音樂、歌謠、舞蹈、說唱、雜技等藝能。

《文資法細則》第9條：「本法第三條第二款第一目所定傳統表演藝術，包括以人聲、肢體、樂器、戲偶等為主要媒介，具有藝術價值之傳統文化表現形式，如音樂、歌謠、舞蹈、戲曲、說唱、雜技等。」

如臺北市政府於2014年1月23日將歌仔戲列為傳統表演藝術，登錄理由是：（1）具有藝術價值；（2）構成傳統藝術之特殊藝能表現，其技法優秀；（3）傳統藝術領域有價值與地位，並具有地方色彩或流派特色顯著。

（二）傳統工藝：指流傳於各族群與地方以手工製作為主之傳統技藝

《文資法細則》第10條：「本法第三條第二款第二目所定傳統工藝，包括裝飾、象徵、生活實用或其他以手工製作為主之傳統技藝，如編織、染作、刺繡、製陶、窯藝、琢玉、木作、髹漆、剪粘、雕塑、彩繪、裱褙、造紙、摹搨、作筆製墨及金工等。」

如臺北市政府文化局於2013年2月26日指定「漆線」為傳統工

藝，登錄理由是：（1）藝術性：具有藝術價值者；（2）特殊性：構成傳統藝術之特殊藝能表現，其技法優秀者；（3）地方性：傳統藝術領域有價值與地位，並具有地方色彩或流派特色顯著性者。

（三）口述傳統：指透過口語、吟唱傳承，世代相傳之文化表現形式

《文資法細則》第 11 條：「本法第三條第二款第三目所定口述傳統，包括各族群或地方用以傳遞知識、價值觀、起源遷徙敘事、歷史、規範等，並形成集體記憶之傳統媒介，如史詩、神話、傳說、祭歌、祭詞、俗諺等。」

桃園市政府於 2019 年 2 月 11 日認定「泰雅族 Msbtunux 群 Lmuhuw」為口述傳統，為我國地方政府的唯一案例，登錄理由是：（1）Lmuhuw 包含泰雅族歷史脈絡、生活方式及環境史等，描述族群遷移、部落和祖先名稱等族群認同，具豐富的文化內涵。（2）泰雅傳統吟唱以傳統曲調，依情境即興填詞，其呈現形式與實踐，仍維持傳統方式。（3）Lmuhuw 為泰雅語言智慧的結晶，以口說或吟唱的方式用於各種場合，透過吟唱傳承族群歷史、慣習與文化生態環境，且吟唱內容可追溯祖先源起，是系譜世代關聯的重要依據。（4）Msgamil 史詩吟唱內容彰顯泰雅族遷徙、墾拓過程、部落及家族組織的形成過程，展現泰雅族的環境智慧，具重要意義。

（四）民俗：指與國民生活有關之傳統並有特殊文化意義之風俗、儀式、祭典及節慶

《文資法細則》第 12 條：「本法第三條第二款第四目所定民俗，包括各族群或地方自發而共同參與，有助形塑社會關係與認同之各類社會實踐，如食衣住行育樂等風俗，以及與生命禮俗、歲時、信仰等有關之儀式、祭典及節慶。」

如桃園市竹圍的福海宮飛輦轎、過金火，登錄理由：（1）神尊過火

為民間常見之潔淨儀式，福海宮過金火保存信仰習俗的純樸性，兼具傳統性與文化性。（2）福海宮過金火規模盛大，尤其輦轎過程騰空飛舞的飛輦轎，極具祭祀文化特色，加上地方民眾積極參與，凝聚地方向心力，在北臺灣地區具有指標性特色，深具地方性。（3）廟宇本身的歷史價值與未來配合航空城發展的空間改變需承載之信仰圈使命，值得肯定。（4）地方菁英積極參與，福海宮管理委員會運作健全，適任保存工作。

（五）傳統知識與實踐：指各族群或社群，為因應自然環境而生存、適應與管理，長年累積、發展出之知識、技術及相關實踐

《文資法細則》第13條：「本法第三條第二款第五目所定傳統知識與實踐，包括各族群或社群與自然環境互動過程中，所發展、共享並傳承，形成文化系統之宇宙觀、生態知識、身體知識等及其技術與實踐，如漁獵、農林牧、航海、曆法及相關祭祀等。」

南投縣政府於2019年1月25日認定「傳統手工製茶──鹿谷烏龍茶」為「傳統知識與實踐」，登錄理由是：（1）鹿谷鄉為全臺最早唯一靠單一作物為經濟來源之鄉鎮。日治時期鹿谷鄉內的茶樹種植品種更新為小葉種，開啟凍頂烏龍茶品種之種植。傳統手工製茶產業在鹿谷鄉具可追溯歷史脈絡，及持續累積與發展之軌跡。（2）傳統凍頂烏龍茶之製作方式，關鍵在控制炒菁（殺菁）這個工序，在茶葉完成萎凋靜置後，茶農大都是深夜起灶進行手炒茶，通常是四、五戶鄰居合力輪流翻炒，一刻都不能停，炒菁時整個凍頂山區飄滿茶香。顯著反映族群或地方與環境互動下形塑之生活特色。（3）長久以來鹿谷鄉茶農注重茶園管理、講究製茶技術，相關茶葉生產及製作技術等知識，流傳形成地方知識學，所承載之傳統知識內容具一定系統性與完整性。

肆、文化資產審議委員會

　　文化資產的認定必須經過專家學者的審議，故須組成審議委員會，《文資法》第6條：「主管機關為審議各類文化資產之指定、登錄、廢止及其他本法規定之重大事項，應組成相關審議會，進行審議。前項審議會之任務、組織、運作、旁聽、委員之遴聘、任期、迴避及其他相關事項之辦法，由中央主管機關定之。」

　　2019年4月22日公布《文化資產審議會組織及運作辦法》，第2條訂定文化資產審議會（以下簡稱審議會）之任務：一、各類文化資產指定、登錄、廢止之審議。二、文化資產保存技術及保存者登錄、認定、廢止之審議。三、辦理本法第十四條第二項、第三十四條第二項、第三十六條、第五十一條第一項、第五十七條第二項、第六十條第二項、第六十二條第一項規定之審議。四、其他本法規定重大事項之審議。

　　又主管機關應視專業審議需要，依本法第三條規定之文化資產類別組成五個以上審議會，其中至少應有一個為自然地景及自然紀念物審議會（第3條）。

　　審議會置召集人一人，由主管機關首長或其指派之代表兼任；置委員九人至二十一人，除召集人為當然委員外，由主管機關首長遴聘主管機關或有關機關代表、專家學者及民間團體代表擔任。前項專家學者、民間團體代表應具備該審議會所涉文化資產類別之相關學術專長或實務經驗，專家學者及民間團體代表委員人數不得少於委員總人數四分之三。審議會委員均為無給職。審議會委員名單應公布於主管機關網站（第4條）。

　　審議會委員任期為二年，期滿得予續聘；期滿改聘專家學者及民間團體代表委員之人數不得超過該等委員人數二分之一。但機關代表隨其本職進退（第5條）。

伍、不服文化資產認定之行政處分

《文資法》是一部民主法律，第9條稱：「主管機關應尊重文化資產所有人之權益，並提供其專業諮詢。前項文化資產所有人對於其財產被主管機關認定為文化資產之行政處分不服時，得依法提起訴願及行政訴訟。」雖然文化資產無價，政府基於保護文化資產確實有實施公權力之必要，唯仍須尊重《中華民國憲法》所保護的財產權，故「主管機關應尊重文化資產所有人之權益，並提供其專業諮詢。」若文化資產所有人對於其財產被主管機關認定為文化資產之行政處分不服時，得依法提起訴願及行政訴訟，賦予此項法律權益主要目的是確保《文資法》的民主性。

上開第9條第1項提到：「主管機關應尊重文化資產所有人之權益，並提供其專業諮詢。」主管機關於指定登錄作業時，原將此條文解釋為須獲得所有權人同意，近年來則解釋為須尊重所有權人知的權利及參與的權利。例如，文化部文化資產局「古蹟歷史建築審議委員會」審議通過，曾將「臺北機廠」指定為國定古蹟，擬打造鐵道博物館，但所有人臺鐵局指出：臺鐵背負龐大的償債壓力，每年赤字虧損，無法負擔臺北機廠後續的營運養護。且更大的問題是，臺鐵編制底下沒有任何文化資產或博物館相關的專業人才，難以做到後續將臺北機廠打造成為鐵道博物館的工作。由此案例凸顯：本條文之窒礙難行，一旦被認定為古蹟，則文化資產所有人將無法處分該資產，且必須負擔後續維護、營運之經費。上開案例顯示：即便是政府機關也同樣發生權益受損問題，遑論民間擁有的古蹟，此等爭議層出不窮，解決之道可能是：一、文化部寬列文化資產處分之經費，價購該文化資產，但此點不容易實現。二、臺鐵負債龐大也不能將具有文化資產意義的土地變賣還錢，這兩件事應分開來談。文資學者認為：臺北機廠之保存與臺鐵營運之虧損是兩回事，交通部與文化部應進行跨部會的協調與解決。

陸、暫定古蹟

　　《文資法》有關「暫定古蹟」之規定為第 20 條：「進入第十七條至第十九條所稱之審議程序者，為暫定古蹟。未進入前項審議程序前，遇有緊急情況時，主管機關得逕列為暫定古蹟，並通知所有人、使用人或管理人。暫定古蹟於審議期間內視同古蹟，應予以管理維護；其審議期間以六個月為限；必要時得延長一次。主管機關應於期限內完成審議，期滿失其暫定古蹟之效力。建造物經列為暫定古蹟，致權利人之財產受有損失者，主管機關應給與合理補償；其補償金額以協議定之。」

　　依此，暫定古蹟之成立要件如下所述：

一、進入第 17 條至第 19 條之審議程序者，尚未完成登錄，該狀態稱為「暫定古蹟」，如第 17 條：「古蹟由各級主管機關審查指定後，辦理公告。直轄市定、縣（市）定者，並應報中央主管機關備查。建造物所有人得向主管機關申請指定古蹟，主管機關應依法定程序審查之。」第 18 條：「歷史建築、紀念建築由直轄市、縣（市）主管機關審查登錄後，辦理公告，並報中央主管機關備查。建造物所有人得向直轄市、縣（市）主管機關申請登錄歷史建築、紀念建築，主管機關應依法定程序審查之。」

第 19 條：「聚落建築群由直轄市、縣（市）主管機關審查登錄後，辦理公告，並報中央主管機關備查。所在地居民或團體得向直轄市、縣（市）主管機關申請登錄聚落建築群，主管機關受理該項申請，應依法定程序審查之。」

二、若未進入前項審議程序前，遇有緊急情況時，主管機關得逕列為暫定古蹟，並通知所有人、使用人或管理人。暫定古蹟於審議期間內視同古蹟，應予以管理維護；既然其效力等同於古蹟，則古蹟所有人、使用人或管理人就不能視為個人財產而任意自由買賣甚或破壞。

三、其審議期間以六個月為限；必要時得延長一次。主管機關應於期

限內完成審議，期滿失其暫定古蹟之效力。基此，對於主管機關而言，至遲必須於一年內完成審議程序，最好於半年內完成。

四、為了彌補古蹟建物所有人、使用人或管理人之財產損失，一旦建造物經列為暫定古蹟，致權利人之財產受有損失者，主管機關應給與合理補償；其補償金額以協議定之。

柒、無形文化資產之審查與登錄

無形文化資產的審查，可由主管機關主動定期普查，亦可由民眾或團體自行提報經主管機關審查定案，如該法第89條：「直轄市、縣（市）主管機關應定期普查或接受個人、團體提報具保存價值之無形文化資產項目、內容及範圍，並依法定程序審查後，列冊追蹤。」

主管機關審查無形文化資產並非易事，故平時就應該建立無形文化資產資料庫，如第90條：「直轄市、縣（市）主管機關應建立無形文化資產之調查、採集、研究、傳承、推廣及活化之完整個案資料。」

一旦無形文化資產被地方主管機關審查公告後，應報請中央主管機關備查，而中央主管機關可就備查之項目，進行更細緻的審查登錄為無形文化資產，如第91條：「傳統表演藝術、傳統工藝、口述傳統、民俗及傳統知識與實踐由直轄市、縣（市）主管機關審查登錄，辦理公告，並應報中央主管機關備查。中央主管機關得就前項，或接受個人、團體提報已登錄之無形文化資產，審查登錄為重要傳統表演藝術、重要傳統工藝、重要口述傳統、重要民俗、重要傳統知識與實踐後，辦理公告。」

捌、對文化資產有貢獻者之獎勵或補助

一、**主管機關臚列獎勵或補助的文資公益行為**：如第98條規定：「對於

下列情形之一者，主管機關得給予獎勵或補助：一、捐獻私有古蹟、歷史建築、紀念建築、考古遺址或其所定著之土地、自然地景、自然紀念物予政府。二、捐獻私有國寶、重要古物予政府。三、發見第三十三條之建造物、第五十七條之疑似考古遺址、第七十六條之具古物價值之無主物或第八十八條第一項之具自然地景價值之區域或自然紀念物，並即通報主管機關處理。四、維護或傳習文化資產具有績效。五、對闡揚文化資產保存有顯著貢獻。六、主動將私有古物申請指定，並經中央主管機關依第六十八條規定審查指定為國寶、重要古物。」

二、**免徵房屋稅及地價稅情形**：第 99 條：「私有古蹟、考古遺址及其所定著之土地，免徵房屋稅及地價稅。私有歷史建築、紀念建築、聚落建築群、史蹟、文化景觀及其所定著之土地，得在百分之五十範圍內減徵房屋稅及地價稅；其減免範圍、標準及程序之法規，由直轄市、縣（市）主管機關訂定，報財政部備查。」

三、**免徵遺產稅情形**：第 100 條：「私有古蹟、歷史建築、紀念建築、考古遺址及其所定著之土地，因繼承而移轉者，免徵遺產稅。本法公布生效前發生之古蹟、歷史建築、紀念建築或考古遺址繼承，於本法公布生效後，尚未核課或尚未核課確定者，適用前項規定。」

四、**得列入所得稅法列舉扣除額情形**：第 101 條：「出資贊助辦理古蹟、歷史建築、紀念建築、古蹟保存區內建築物、考古遺址、聚落建築群、史蹟、文化景觀、古物之修復、再利用或管理維護者，其捐贈或贊助款項，得依所得稅法第十七條第一項第二款第二目及第三十六條第一款規定，列舉扣除或列為當年度費用，不受金額之限制。前項贊助費用，應交付主管機關、國家文化藝術基金會、直轄市或縣（市）文化基金會，會同有關機關辦理前項修復、再利用或管理維護事項。該項贊助經費，經贊助者指定其用途，不得移作他用。」

五、**減免租金情形**：第 102 條：「自然人、法人、團體或機構承租，並

　　出資修復公有古蹟、歷史建築、紀念建築、古蹟保存區內建築物、考古遺址、聚落建築群、史蹟、文化景觀者，得減免租金；其減免金額，以主管機關依其管理維護情形定期檢討核定，其相關辦法由中央主管機關定之。」

玖、毀損古蹟之罰則

　　破壞古蹟的行為時有所聞，本法乃訂定罰則，如第 103 條：「有下列行為之一者，處六個月以上五年以下有期徒刑，得併科新臺幣五十萬元以上二千萬元以下罰金：一、違反第三十六條規定遷移或拆除古蹟。二、毀損古蹟、暫定古蹟之全部、一部或其附屬設施。三、毀損考古遺址之全部、一部或其遺物、遺跡。四、毀損或竊取國寶、重要古物及一般古物。五、違反第七十三條規定，將國寶、重要古物運出國外，或經核准出國之國寶、重要古物，未依限運回。六、違反第八十五條規定，採摘、砍伐、挖掘或以其他方式破壞自然紀念物或其生態環境。七、違反第八十六條第一項規定，改變或破壞自然保留區之自然狀態。前項之未遂犯，罰之。」

　　例如，2018 年除夕，被列為暫定古蹟的新竹市太原第（溫宅），原訂 2 月 23 日進行會勘，慘遭怪手夷為平地，疑似因為溫姓屋主急著賣地換錢，因此連夜找來包商一大早就將屋子拆掉。文化團體發現後立刻通報市府，但已經來不及，近百年的古蹟就這樣被剷平。文化局表示震怒，將追究屋主責任，若有毀損暫定古蹟之全部、一部或其附屬設施，依文資法第 103 條規定處 6 個月以上 5 年以下有期徒刑，得併科新臺幣50 萬元以上 2000 萬元以下罰金[6]。

　　新竹市文化局表示，太原第是傳統四合院，建於中國清末到日治初

6　〈傻眼！新竹市近百年古蹟太原第 除夕大早遭怪手剷〉。林毅／綜合報導，中時電子報，2018 年 2 月 15 日。

期，1935 年完工，已有 83 年歷史。結合閩南傳統與近代工法，左右次間水車堵、墀頭的剪黏、交趾陶裝飾仍然保留。護龍山牆有泥塑懸魚裝飾，左側以書冊、右側以畫軸為題材，極具歷史價值。

　　事實上臺灣有許多私人房屋有潛力成為古蹟，但由於屋主怕麻煩，不想自家屋子被列為古蹟，因此設法趕在被提報「暫定古蹟」前，就趕緊找人拆除重建新房。對此，文化團體建議：政府應該給予私有產權所有人容積獎勵，以提高其對保留古蹟的意願，或者由政府出價購入，就可兩全其美，然而價購金額太大，恐怕也不易達成。

自我評量

一、請分別說明：文化資產、文化遺產與非物質文化遺產之意義與區別。

二、請依我國法制說明「文化資產」與「水下文化資產」的概念，並舉例明之。

三、依《文資法》規定，有形文化資產包含哪些類別？意義為何？請舉例說明。

四、依《文資法》規定，無形文化資產包含哪些類別？意義為何？請舉例說明。

五、文化資產審議委員會之組成與職掌為何？

六、若文化資產所有人不服主管機關文化資產認定之行政處分，所有人有何權利？主管機關面對所有人之反彈，應如何建立誘因機制，以營造政府、建物所有人與民眾的三贏關係？

七、無形文化資產之審查與登錄程序為何？

八、依《文資法》規定，對於文化資產保護有貢獻者可能給予何種獎勵或補助？

九、對於毀損古蹟之行為，有何罰則，試舉您所熟知的案例加以說明。

歷屆考題

1. 「壽山國家自然公園史蹟活化利用保存及展示計畫——大小龜山及左營舊城地區」專案曾對鳳山縣舊城進行考古工作。請就「史蹟活化」與「利用保存」課題，對相關文化行政政策進行詮釋並舉例說明。（108 年公務人員高等考試三級考試）

2. 「文化資產保存法」中的「無形文化資產」，究竟包含那些類別？目前臺灣許多無形文化資產正面臨逐漸消失的命運，文化行政機關應採取何種保護、復育與活化的策略？（107 年公務人員高等考試一級暨二級考試）

3. 請以「公有產權」及「私有產權」兩種角度，分析國內文化資產的保存及再利用，其分別出現的問題為何？試加以申述。（107 年公務人員高等考試一級暨二級考試）

4. 請論述文化資產保存法第 3 條中所述「有形文化資產」與「無形文化資產」的定義與內容，並舉例評析之。（106 年公務、關務人員升官等考試、106 年交通事業鐵路、公路、港務人員升資薦任考試）

5. 藝術文化之相關「法律」，應經立法院通過並由總統公布，例如：文化資產保存法、文化創意產業發展法或訂定中的文化基本法等，試問那些事項需要以「法律」定之？（5 分）又在那些情形之下需要「修正」？（10 分）以及在那些情形之下需要「廢止」？（10 分）（106 年公務、關務人員升官等考試、106 年交通事業鐵路、公路、港務人員升資薦任考試）

6. 對於文物修復人才的培養，如何透過本土化的師徒制與國際化的學院派修復師交流合作，薪火相傳？（106 年公務人員高等考試三級考試）

7. 在文化資產保存上，由於文物有各種材質，請舉例申論有機材質與非有機材質的預防性保護方法與措施。（106 年公務人員普通考試）

8. 目前臺灣推動加入世界文化遺產潛力點申請作業，遭逢何種困難？請試舉例說明。（106 年特種考試地方政府公務人員考試）

9. 為確保文化資產保存維護永續發展的目標，全民的參與及認知為重要的基礎工作。試以臺灣地區「無形文化資產」個案為標的，根據世界文化遺產保護組織所發展出的目標和原則，擬定一份文化資產教育推動計畫。（105 年公務人員高考二級考試）

10. 文化資產莫名「自焚」，遭一把火燒掉事件時有所聞。請說明你對此一事件的瞭解，並說明文化部的解決方案。（105 年特種考試地方政府公務人員考試）

11. 《文化資產保存法》修正案中有所謂「熱蘭遮城條款」，請說明其修法目的和意涵。（105 年公務人員普通考試）

12. 立法院在今（2016）年 5 月 12 日初審通過《文化資產保存法》修正草案，請說明主要修正內容為何？（105 年公務人員高等考試三級考試）

13. 文化部「古蹟歷史建築審議委員會」已於今（2016）年 5 月 15 日審議通過，指定「臺北機廠」為國定古蹟。請說明本案的意義和重要性。（105 年公務人員高等考試三級考試）

14. 2015 年 11 月，立法院通過「水下文化資產保存法」，我國文化資產保存同時涵括海陸領域，進一步與國際接軌。試問，該法之重點內容為何？其影響為何？（104 年特種考試地方政府公務人員三等考試）

15. 聯合國教科文組織所登錄的「世界遺產」是指具有傑出普世價值的遺跡、建築物群、紀念物以及自然環境等，臺灣目前已於 2010 年為止提出 18 處世界遺產潛力點，請說明世界遺產的重要性與臺灣的推動策略及進行狀況。（104 年公務人員升官等考試、104 年關務人員升官等考試、104 年交通事業公路、港務人員升資考試薦任）

16. 老屋保存運動目前在國內各地蔚為一股風潮，且大部分採由下而上的草根運動（grassroots movement）模式。請以臺灣各縣市的實際案例，試申論地方文化行政部門應站在何種角色或立場協助民間推行此一運動。（104 年特種考試地方政府公務人員四等考試）

17. 請申論「文化資產保存法」對於縣市地方文化的發展有何影響？並

就保存與再利用方面，說明其挑戰與因應之道為何？（103 年特種考試地方政府公務人員四等考試）

18. 文化遺產價值與意義的發揮必須運用「經營管理」機制的推動以獲取實質的文化認同，確保其保存維護成效並達成永續發展的目標。試以臺灣地區「文化景觀」個案為標的，根據世界文化與自然遺產保護相關組織所訂定之公約和文獻，擬定一份經營管理計畫。（103 年公務人員高考二級考試）

19. 「文化資產保存法」第 9 條第 1 項提到：「主管機關應尊重文化資產所有人之權益，並提供其專業諮詢。」主管機關於指定登錄作業時，原將此條文解釋為須獲得所有權人同意，近年來則解釋為須尊重所有權人知的權利及參與的權利，請解析二者之差異，並表達自己的見解。（103 年公務人員高等考試三級考試）

20. 今（103）年 8 月的一則新聞報導如下：「臺北市萬華區寶斗里的暫定古蹟『清雲閣』2 日清晨被地主拆除，老建物瞬間夷為平地，文化局長今天說，這是件文化資產保存上的悲劇，將要求地主蓋回來。」如果你是文化局的承辦人員，請以相關法條說明本案後續處理方式。（103 年公務人員高等考試二級考試）

21. 文化資產內涵為何？其實施公益信託之可行策略為何？請說明之。（103 年公務人員高等考試三級考試）

22. 文化資產保存與社區總體營造為我國兩項重要文化政策，兩者在執行面上有許多重疊之處，請闡述它們搭配作用，彼此競合，以創造雙贏之策略。（103 年公務人員高等考試三級考試）

23. 近年來我國對於建築類文化資產保存工作的管理維護十分重視，請說明「管理維護」的內涵，及其在實務操作上經常面臨的問題有那些？（102 年公務人員高等考試三級考試）

24. 在大部分先進國家的文化行政體系中，一開始都不見得有專責的文化部，但一定會有歷史悠久的文化資產保存部門，例如英國的 Department of Heritage 或日本的「文化廳」。這意味著只有古蹟保存和文化資產業務才需要具有公權力的政府行政來負責，試分析說

明其道理。（102 年公務人員升官等考試、102 年關務人員升官等考試、102 年交通事業郵政、港務、公路人員升資考試）

25. 請說明聯合國教科文組織（UNESCO）對於下列遺產的定義與分類：World Heritage，Intangible Cultural Heritage，Underwater Cultural Heritage 及 Memory of the World 。針對 UNESCO 的文化遺產保存工作，我國有那些重要的文化政策或作為嘗試與 UNESCO 的遺產保存進行國際接軌。（102 年公務人員高等考試三級考試）

26. 文化資產保存法在行政院文化建設委員會時代公布，並分別在94年2月和100年11月兩度修正條文，如今文化部將進行重大修法。其中，最大的改變應該是文化資產保存法所涉及的無形文化資產項目，將參考聯合國教育科學文化組織（UNESCO）的定義。請說明新的無形文化資產項目為何？並分析其與文化多樣性的關係。（102年公務人員高等考試二級考試）

27. 各縣、市、鄉、鎮多年來，積極推動「文化資產保存」的業務與活動，如果你是地方政府的文化單位主管，應如何策劃推動「文化保護行動圖書館」的概念，使之深入臺灣各行政地區。（101 年特種考試地方政府公務人員三等考試）

28. 在公共設施擴建或都市更新，而導致自然生態或文化景觀遭受破壞時，中央與地方文化行政單位如何展開跨單位的橫向與縱向協調聯繫，以達成雙贏的局面？（101 年特種考試地方政府公務人員四等考試）

29. 請說明「預防性的文資保存政策」與「修復性的文資保存政策」有何差異？（101 年特種考試地方政府公務人員四等考試）

30. 文化部成立「文化資產局」，主要總攬中央的文資保存工作，如果你是文化資產局局長，請問如何將文化資產保存的理念與精神，深入到各村里，建構綿密的文資保存地圖？（101 年公務人員普通考試）

31. 文化資產保存人才培育政策方面，請就「文化資產管理人才」、「文化資產修復人才」、「文化資產檢測分析人才」，說明臺灣在近十年來對上述三種人才培育的概況。（101 年公務人員高等考試三級考試）

32. 請說明文化資產保存法公布施行後，原住民族行政單位與原住民族社群在文化保存上之作為。（100 年公務人員特種考試原住民族三等考試）

33. 請從文化資產保存科學的角度，來分析行政院文化建設委員會應如何培育文物修復師、文物檢測師、文物管理師三種人才？（100 年公務人員升官等考試、100 年關務人員升官等考試簡任）

34. 試述文化資產保存法施行細則中，有關有形文化資產的範圍與其保存方式。（100 年特種考試地方政府公務人員四等考試）

35. 文化政策的制定，有分短、中、長程計畫，請以臺灣未來10 年的文化資產保存政策為題，作一簡要規劃設計。（100 年公務人員升官等考試、100 年關務人員升官等考試）

36. 文化資產保護與利用是國家文化行政的重要業務，但是目前的現實卻是民間財產都迴避被政府指定為古蹟，其原因顯然是因為被指定為古蹟之後，其財產權將受到限制。請問：既然我國憲法明文保障私有財產權，為何吾人又得以法律限制被指定為古蹟之財產權？又，面對民間財產不願被指定為古蹟的現實，政府應該如何做出有效作為，以達到保護文化資產的目的？（100 年公務人員升官等考試、100 年關務人員升官等考試）

37. 文化資產保存法第17 條：「進入古蹟指定之審查程序者，為暫定古蹟。具古蹟價值之建造物在未進入前項審查程序前，遇有緊急情況時，主管機關得逕列為暫定古蹟，並通知所有人、使用人或管理人。」請就本條文設定的背景、理論及執行面闡述之。（99 年特種考試地方政府公務人員考試）

38. 如果你在縣府的職務是文化資產保存，正值民眾依照文化資產保存法提報一棟頗具古蹟價值的老建築。然而，縣府長官基於某些考量而不願將此案送進古蹟審議委員會。基於專業倫理，你認為此老建築具有古蹟價值；但基於行政倫理則需遵照長官指示辦理。此時，你如何處理專業倫理與行政倫理的衝突？（99 年公務人員高等考試三級考試）

39. 根據文化資產保存法，我國中央與地方在文化資產的保存工作上各為何？試述之。（99 年特種考試地方政府公務人員考試）

40. 從頒布文化資產保存法至今二十餘年，各縣市仍不斷傳出具有文化資產價值的老建築受難，及文化資產保存工作人力不足、經費短缺等問題，甚至發生多起縣市政府帶頭拆毀深具歷史文化價值的老建築。試論如何解決「徒法不足以自行」的困境？（99 年公務人員普通考試）

41. 請描述您認識最清楚的地方文化資產案例，並針對如何提高地方居民共同參與保存維護工作的意願，設計出最有效的計畫執行方案。（99 年特種考試地方政府公務人員考試）

42. 「文化資產保護法」的公布與實施狀況如何？請簡要陳述大意。（97 年公務人員特種考試原住民族四等考試）

43. 「古蹟」指定，必須有那些程序？並請說明其權責之歸屬。（96 年特種考試地方政府公務人員考試）

44. 許多國家的文化行政部門主要業務都在處理文化資產業務，例如日本文化廳和早期英國的資產部（Department of Heritage），臺灣最近也把文化資產業務從原來內政部主管移到行政院文化建設委員會，並成立文化資產總管理局，各縣市政府也同時改制。請試論文化資產業務內容，及其在整體文化行政中的角色定位。（96 年公務人員、關務人員升官等考試）

18
文化藝術獎助條例

本章導讀

　　本章主要介紹文化藝術獎助條例之相關內容，包括：文化藝術工作者與文化藝術事業之定義及其保障措施，本條例亦重視文化環境的營造、國家文化藝術基金會的設置、文化藝術事業及其支持者的租稅優惠規定。

前言

　　文化藝術是「柔性」國力，文化藝術水準關係著國民品格、文化品味與生活品質的形象，因此，政府非常重視對於文化藝術的獎補助與政策扶持。《中華民國憲法》第165條謂：「國家應保障教育、科學、藝術工作者之生活，並依國民經濟之進展，隨時提高其待遇。」上開條文成為訂定《文化基本法》、《文化藝術獎助條例》的法源基礎。

　　號稱我國文化法制「母法」的《文化基本法》，也強調應該保障藝文工作者的生存權與工作權，再次宣示政府愛護藝術文化工作者之決心，該法第20條：「國家應保障文化與藝術工作者之勞動權益；對從事文化藝術創作或保存工作，有重要貢獻者，應給予尊崇、獎勵及必要之協助及支持。」

　　由於藝術與文化工作者經常參與文化部門的投標案，《政府採購法》應適度放寬對於藝文之採購規定，《文化基本法》第26條前半段：「為維護文化藝術價值、保障文化與藝術工作者權益及促進文化藝術事業發展，政府機關（構）、公立學校及公營事業辦理文化藝術之採購，其採購之招標文件所需載明事項、採購契約範本、優先採購之方式及其他相關事項之辦法，由文化部定之。」藝文界人士長於藝術文化，向來不喜繁文縟節，故此條無疑宣示文化行政機關期盼破除官僚主義的決心，落實對於文化藝術工作者的生活照顧。

　　不過，仍有但書規定，如第26條後半段：「但不得違反我國締結之條約或協定之規定。法人或團體接受政府機關（構）、公立學校及公營事業補助辦理藝文採購，不適用政府採購法之規定。但應受補助者之監督；其辦理原則、適用範圍及監督管理辦法，由文化部定之。」

　　1992年7月1日公布、2002年6月12日修正的《文化藝術獎助條例》是藝文界非常關鍵的立法，共分七章38條，茲扼要分析如下：

壹、立法宗旨

該條例第 1 條:「為扶植文化藝術事業,輔導藝文活動,保障文化藝術工作者,促進國家文化建設,提昇國民文化水準,特制定本條例。」依此,該條例之目標有屬於文化藝術事業整體者,亦有文化藝術工作者個體者,可謂宏觀與微觀兼顧,其最終目標則是透過文化藝術事業的扶植與文化藝術工作者的保障,以促進國家文化建設,提升國民生活水準。

貳、名詞釋義

該條例解釋「文化藝術事業」與「文化藝術工作者」:

有關「文化藝術事業」之定義,如第 2 條:「本條例所稱文化藝術事業,係指經營或從事下列事務者:一、關於文化資產與固有文化之保存、維護、傳承及宣揚。二、關於音樂、舞蹈、美術、戲劇、文學、民俗技藝、工藝、環境藝術、攝影、廣播、電影、電視之創作、研究及展演。三、關於出版及其他文化藝術資訊之傳播。四、關於文化機構或從事文化藝術活動場所之管理及興辦。五、關於研究、策劃、推廣或執行傳統之生活藝術及其他與文化藝術有關活動。六、關於與文化建設有關之調查、研究或專業人才之培訓及國際文化交流。七、關於其他經主管機關核定之文化藝術事業項目。」依此可知,有關文化藝術事業之界定範疇甚窄,無法與《文創發展法》第 3 條所界定的文創產業之範疇甚廣可比,大約屬於該法中文化部專屬權限前七項的產業類別;從文創產業性質而言,《文化藝術獎助條例》所界定獎助的產業範疇乃是文創產業的「核心藝術產業」。

至於有關「文化藝術工作者」之定義,第 3 條:「本條例所稱文化藝術工作者,係指從事第二條所列文化藝術事業之專業人員。前條第一

款所稱文化資產,依文化資產保存法之規定。前條所稱出版、電影、廣播、電視,依出版法、電影法、廣播電視法之規定。」依此,文化藝術工作者係在前述文化藝術事業範疇下之專業人員而言。

參、主管機關

該條例第4條:「文化藝術事業獎勵、補助之主管機關為行政院文化建設委員會。但依其他法令規定,由目的事業中央主管機關辦理者,從其規定。」上開條文指出:原則上文化藝術事業之獎勵、補助事務由文化部負責,但其所補助的範圍甚為狹窄,屬於文創產業中的核心藝術產業;若依其他法令規定,由該目的事業中央主管機負責辦理者從其規定,如經濟部依其主管法規獎助文化藝術事業,則應適用經濟部之規定,至於該接受補助文化藝術事業是否可以雙重補助,則應檢視文化部與經濟部相關法規而定。

「文化藝術事業獎勵、補助之策劃及共同處理事項,由文建會會同目的事業中央主管機關及其他有關機關會商決定之。辦理文化藝術事業之獎勵、補助,有關機關應相互知會。」基於「文化治理」之精神,文化部應與部外的其他機關保持密切合作關係,如經濟部、內政部、農委會等目的事業主管機關,以擴大文化藝術事業之保障效能。

肆、文化藝術工作者之保障

從《中華民國憲法》、《文化基本法》到《文化藝術獎助條例》不斷強調應該保障文化藝術工作者之權益,但應如何落實?目前似乎僅訂定原則性的條文,並無具體落實,如《文化藝術獎助條例》第5條:「中央主管機關對文化藝術工作者之工作權、智慧財產權及福利,應訂定具

體辦法予以保障。」對於文化藝術工作者而言，此條文雖屬最有意義的條文，政府用心良苦，希望能夠保障他們的工作權、智財權與福利，但長年以來「只聞樓梯響，不見人下來」，如今文化藝術工作者「吃自己老本」、「靠兼職吃飯」者比比皆是，哪來的照顧可言？法國政府為了制止美國霸權文化的入侵，剝奪了法國文化藝術的工作權，乃向歐盟國家提出「文化例外」（請參閱第一章）的條款，希望能將文化藝術事業豁免 W TO 的關稅自由化之外，雖然未能成功，但其採實際行動之決心令人感動。

至於第 6 條：「文化藝術工作者，經評定為傑出文化藝術人士，主管機關得頒予榮銜並保障其生活。」此條文是為表現特殊的傑出人士而訂定的保護規定，一般文化藝術工作者難有機會適用。第 7 條：「各公有文化藝術展播場所專業人員之任用，另以法律定之。」此條文之落實涉及文化藝術展播場所組織的員額編制，值此實施政府再造與經濟遲滯的艱困時刻，釋放出空缺者可謂絕無僅有，且申請門檻不低，對於文化藝術工作者並無特別感覺。

伍、營造文化環境

營造有助於文化藝術工作者發揮專長的文化環境是必要的扶持手段，如將文化藝術注入於環境景觀與周邊建築為重要的營造手段之一，第 8 條稱：「為維護文化資產，增進環境景觀，主管機關得針對特定區域之周邊建築與景觀風格定立標準規範。主管建築機關於核發重大公眾使用及公有建築物建築執照時，應先就其造型及景觀會商主管機關。」

其次是對於公共藝術的重視，此條文成為《公共藝術設置辦法》的法源，第 9 條：「公有建築物應設置公共藝術，美化建築物及環境，且其價值不得少於該建築物造價百分之一。政府重大公共工程應設置公共藝術，美化環境。但其價值，不受前項規定之限制。供公眾使用之建築

物所有人、管理人或使用人，如於其建築物設置公共藝術，美化建築物及環境，且其價值高於該建築物造價百分之一者，應予獎勵；其辦法，由主管機關定之。前三項規定所稱公共藝術，係指平面或立體之藝術品及利用各種技法、媒材製作之藝術創作。第一項及第二項公共藝術設置辦法，由主管機關會商行政院公共工程委員會及中央主管建築機關定之。」

又如於廣播電視公共頻道播放文化節目與文化活動訊息，且開放文化公共空間，讓民眾知悉相關訊息積極付費參與文化活動，逐漸培育出可觀的文化消費者，如第 10 條：「主管機關得獎勵廣播電臺、電視臺及傳播事業製作、播放優良文化節目及報導文化活動訊息；其辦法由主管機關會同目的事業主管機關定之。主管機關得指定供公眾使用及公有建築物，提供一定空間作為文化活動之用。」又如藝術品無價，若有展出必要且經文化部認可者，可不受司法追訴或扣押，如第 11 條：「國外或大陸地區藝術品，經中央主管機關認可展出者，於運送、保管及展出期間，不受司法追訴或扣押。」

陸、文化藝術事業之獎助

對於文化藝術事業之獎助，有許多相關規定，第 12 條明訂應該獎助之情形：「文化藝術事業有左列情形之一者，得給予獎勵：一、對於文化保存有特殊貢獻者。二、具有創作或重要專門著作，有助提昇國民文化水準者。三、促進國際文化交流成績卓著者。四、培育文化專業人才，具有特殊成就者。五、在偏遠及貧瘠地區從事文化活動，對當地社會有重大貢獻者。六、其他對促進文化建設、提昇文化水準有貢獻者。」

第 13 條則提出獎勵方式：「文化藝術事業之獎勵方式如左：一、發給獎狀。二、發給獎座或獎牌。三、授予榮銜或其他榮譽。四、發給獎

金。五、其他獎勵方式。」

第 14 條臚列出可以補助經費的文化藝術活動：「文化藝術事業從事左列活動者，得補助其經費：一、文化資產及著作之保存、維護、傳承及固有文化之宣揚。二、文化藝術活動之展演。三、優良文化藝術作品之交流。四、文化藝術設施之興修、設備之購置及技術之改良。五、與文化藝術有關之休閒、育樂、觀光方案之規劃。六、與文化藝術建設有關之調查、研究、紀錄、整理、開發、保存及宣導。七、文化藝術專業人才之培育、研究、進修、考察及國際文化交流活動之參與。八、海外地區文化藝術專業人士之延聘。九、藝文專業團體排演場所之租用。十、在偏遠及貧瘠地區從事文化藝術活動者。十一、從事創作藝術活動者。十二、文化藝術從業新秀及新設文化藝術團體。十三、依其他法令應予補助者。」

第 15 條則說明經費補助之方式：「前條文化藝術事業之補助，依左列方式為之，並得附加補助條件：一、補助經費之全部或部分。二、依文化藝術事業自備款情形補助部分經費。三、補助貸款利息之全部或部分。」

此外，政府為了宣示貫徹本條例之精神，故主張：文化藝術事業之獎助，應定期舉辦，並經國家文化藝術基金會評審之。前項評審之方式、程序，由主管機關會同國家文化藝術基金會定之（第 16 條）。文化藝術事業經營或從事有關文化藝術業務，成效優異者，文建會或目的事業中央主管機關得為必要之協助（第 18 條）。

柒、國家文化藝術基金會

有關該基金會之相關規定於第四章「臺灣文化行政組織體系」中已有敘述，此處僅列出相關條文，請讀者自行參照：

第 19 條：「為輔導辦理文化藝術活動，贊助各項藝文事業及執行本

條例所定之任務，設置財團法人國家文化藝術基金會。前項財團法人之主管機關為文建會；其設置另以法律定之。」

第20條：「國家文化藝術基金會，應設各類國家文藝獎，定期評審頒給傑出藝術工作者。」

第21條：「國家文化藝術基金會，應就各類文化藝術，每年定時分期公開辦理獎勵、補助案之審查作業。」

第22條：「國家文化藝術基金會，應提供文化藝術資訊及法律服務。」

第23條：「國家文化藝術基金會，應協助文化藝術工作者，辦理各項保險事宜。」

第24條：「國家文化藝術基金來源如左：一、文建會編列預算。二、文化建設基金每年收入中提撥。三、國內外公私機構、團體或個人之捐贈。四、本基金之孳息收入。五、其他有關收入。」

第25條：「財團法人國家文化藝術基金會，因情勢變更，不能達到設置目的時，得解散之；解散後依法清算，其財產及權益歸屬中央政府。」

捌、租稅優惠

該條例對於文化機構、文化財團法人、文化藝術捐助者、古蹟所有人、文化藝術事業等提供甚多的租稅優惠規定：

一、**文教機構與文化財團法人**：第26條：「經文教主管機關核准設立之私立圖書館、博物館、藝術館、美術館、民俗文物館、實驗劇場等場所免徵土地稅及房屋稅。但以已辦妥財團法人登記或係辦妥登記之財團法人興辦，且其用地及建築物為該財團法人所有者為限。」

二、**文化藝術捐助者**：第27條：「捐贈國家文化藝術基金或省（市）、

縣（市）文化基金者，視同捐贈政府。」

三、具文化資產價值之文物捐贈：第 28 條：「以具有文化資產價值之文物、古蹟捐贈政府者，得依所得稅法第十七條第一項第二款第二目及第三十六條第一款規定列舉扣除或列為當年度之費用，不受金額之限制。前項文物、古蹟之價值，由目的事業主管機關認定並出具證明。」

四、經政府指定之古蹟所有人：第 29 條：「經該管主管機關指定之古蹟，屬於私人或團體所有者，免徵地價稅及房屋稅。為維護整修古蹟所為第二十七條之捐贈，經捐贈人指定用途，並經目的事業主管機關認可者，不得移作他用。」

五、文化藝術事業：第 30 條：「經認可之文化藝術事業，得減免營業稅及娛樂稅。前項認可及減免稅捐辦法及標準，由文建會會同財政部定之。」

自我評量

一、從《中華民國憲法》、《文化基本法》到《文化藝術獎助條例》，對於文化藝術工作者的工作權有何保障規定？您的評價為何？

二、《文化藝術獎助條例》中對於文化藝術事業與文化藝術工作者之定義為何？其與《文創發展法》之界定範圍有何不同？

三、《文化藝術獎助條例》中對於文化藝術事業之獎助規定為何？

四、《文化藝術獎助條例》非常重視文化環境的營造，其相關內容為何？

五、《文化藝術獎助條例》對於文化藝術事業的租稅優惠規定為何？

六、試說明國家文化藝術基金會之成立目的、組織與職掌為何？其組織型態究竟有何特色？其是否充分實現文化中介組織之應有角色？

歷屆考題

1. 我國在邁向高齡化社會之際，現有銀髮族藝術教育之相關法規為何？（106 年公務、關務人員升官等考試、106 年交通事業鐵路、公路、港務人員升資薦任考試）

2. 請論述臺灣現有「街頭藝人」制度之分析。（106 年公務、關務人員升官等考試、106 年交通事業鐵路、公路、港務人員升資薦任考試）

3. 政府自 1992 年頒布「文化藝術獎助條例」，1998 年通過「公共藝術設置辦法」後，十多年間推行公共藝術設置，對公共藝術的發展具有重要意義。請定義何謂公共藝術？說明並反省目前發展公共藝術面臨那些問題？有何在政策上的改善建議？（104 年公務人員高考二級考試）

4. 請說明文化部辦理視覺藝術獎助計畫之「藝術村營運扶植計畫」中的營運與推動現況，並舉兩個案例分析說明。（103 年特種考試地方政府公務人員四等考試）

5. 文化藝術的發展涉及 manager 和 maestro 兩種人才的培育，請舉例說明目前相關文化法規對此的基本作為。（102 年公務人員高等考試一級暨二級考試）

6. 普及文化藝術教育之餘，又要顧及精英文化藝術工作者之培養，請問要如何做才能求得平衡點？（101 年公務人員高等考試三級考試）

7. 文化即生活，生活即文化，要將文化藝術活動與精神在全臺各鄉鎮村里、社區紮根，請問應有何策略與具體作法？（101 年公務人員高等考試三級考試）

8 請說明地方政府（包括縣市與鄉鎮）在執行文化藝術法令與政策過程中，能夠發揮保存與創造原住民族特色的具體作法。（100 年公務人員特種考試原住民族考試）

19
公共藝術設置辦法

壹、公共藝術的概念

貳、公共藝術設置之利害關係人

參、審議會組織及職掌

肆、執行小組及報告書之編製

伍、徵選方式及徵選會議

陸、鑑價、議價、驗收及經費

柒、管理維護計畫

捌、目前實施狀況與挑戰

　　本章介紹公共藝術的概念及《公共藝術設置辦法》相關內容，包括：公共藝術設置的利害關係人、審議會組織與職掌、執行小組及報告書之編制、徵選方式及徵選會議、管理維護計畫等。

壹、公共藝術的概念

公共藝術[1]（public art）又稱為社區藝術（community art）或都會藝術（municipal art），理論上的定義係指讓大眾可以自由接近觀賞、並置入於公共空間的任何藝術作品，該開放空間可能是開放給大眾使用的公共廣場或建築物內的牆壁。但從實務上看，很多公共藝術品是基於對現行體制與機構的反叛，其作品可能是見不得人的，故意隱藏起來不見於公眾的。因此，在政府官員眼中往往被視為破壞公物的犯罪行為，這種公共藝術代表對體制的反叛、憤懣以及宣洩對現狀的不滿、矛盾，無意間可見諸於陰暗的倉庫牆壁、政府辦公室門面、鐵道或車站牆壁或步道等。

公共藝術類型相當多元，凡是任何以政府預算購置或個人捐助的藝術作品都屬之；其造型從平面、裝飾到造型藝術，至於它被置入何處則非所問。同樣地，其尺寸大小亦無定論，可能是巨大的雕像，或者小到連你走路時都必須低頭才能看到的路面浮雕。公共藝術作品的表現形式可能是抽象的或寫實的，包括：（1）石製品：如紀念碑、雕像和其他宗教或建築雕塑。（2）建築和裝飾：如繪畫、彩色玻璃、陶瓷、馬賽克和掛毯等。（3）許多形式的當代藝術：如土方工程、拼裝藝術、裝置藝術和表演藝術等。（4）它也可能是瞬態展覽、臨時展覽、臨時建築，或以慶祝特定事件而設計的特殊裝置品。

城市為了增加藝文氣息，往往在市區中心設置藝術展品，如廣場或步行區、主要幹道、通往公共建築（如政府辦公室、法院、公用事業和交通路網中心、機場等）的路徑、博物館和圖書館、大學或大學校園等。但是，公共藝術品也可以放在國家或地方政府辦公室，以及教堂或其他宗教場所。若干公共藝術品可能置於比較偏僻之處，或者特殊場合才出現特別設置的公共藝術，如全像立體圖、節慶煙火、電腦藝術等都

1　Art Encyclopedia: http://www.visual-arts-cork.com/public-art.htm, 2020/1/5 瀏覽。

有其特殊的表現方式。

　　公共藝術與眾不同之處是，它是如何製作的、放在哪裡的，以及它的含義為何？公共藝術可以表達出社區或群眾的價值觀，或反映出社區代表人物、特殊景色或歷史特徵等。總之，公共藝術不僅是藝術創作者的理念與手法的表達，更是經由民眾觀看後的感覺產物。因此，創作者與民眾觀感有時候會有落差，故當代公共藝術強調民眾參與公共藝術設計過程，乃促成參與式藝術設計的崛起。

貳、公共藝術設置之利害關係人

　　如何設置公共藝術？根據 1998 年 1 月 26 日公布、2015 年 9 月 29 日修正的《公共藝術設置辦法》第 2 條：「本辦法所稱公共藝術設置計畫，指辦理藝術創作、策展、民眾參與、教育推廣、管理維護及其他相關事宜之方案。」上開條文說明公共藝術設置係一「動態」過程，不宜單純地從文化藝術創作品的靜態觀念去界定，誤認為公共藝術設置只是文化藝術作品之設置而已。實際上，設置文化藝術品的過程需要民眾參與，策展、教育推廣、管理維護等都屬其範圍。

　　公共藝術的設置涉及不同利害關係人，缺一不可，形成命運共同體，必須以合作協力治理角度辦理公共藝術設置事宜：

一、**興辦機關**：指公有建築物及政府重大公共工程之興辦機關（構）。若屬小型的公共藝術設置計畫，即預算在新臺幣三十萬元以下者，興辦機關得逕行辦理公共藝術教育推廣事宜或交由該基地所在地之直轄市、縣（市）政府統籌辦理公共藝術有關事宜。

二、**審議機關**：指辦理公共藝術審議會業務之中央部會、直轄市、縣（市）政府。公共藝術設置預算逾新臺幣三十萬元者，必須經由審議機關審議通過（第 5 條）。原則上，都由直轄市、縣（市）政府

負責審議，但中央部會應負責審議範圍跨越二個以上直轄市、縣（市）行政轄區及其主管之政府重大公共工程公共藝術設置計畫，並應邀請公共藝術設置地之地方政府代表列席（第4條）。

三、**鑑價會議**：指藉由專業者之專業判斷及其對藝術市場熟稔，協助興辦機關，以合理價格取得公共藝術之會議。

參、審議會組織及職掌

為使公共藝術之設置更符合文化藝術價值與社會民意期望，必須設置涵蓋產官學之審議委員會，第8條：「審議會應置委員九人至十五人，其中一人為召集人，由機關首長或副首長兼任之；一人為副召集人，由機關業務單位主管兼任之。其餘委員就下列人士遴聘之，各款至少一人：一、視覺藝術專業類：藝術創作、藝術評論、應用藝術、藝術教育或藝術行政領域。二、環境空間專業類：都市設計、建築設計、景觀造園生態領域。三、其他專業類：文化、社區營造、法律或其他專業領域。四、相關機關代表。前項第四款之人數，不得超過委員總人數四分之一。」上開條文雖然係以機關首長或副首長兼任召集人或副召集人，但為使公正審議起見，相關機關代表不得超過委員總人數的四分之一。

審議會之職掌如下：一、提供轄內整體公共藝術規劃、設置、教育推廣及管理維護政策之諮詢意見。二、審議公共藝術設置計畫。三、審議公共藝術捐贈事宜。四、其他有關補助、輔導、獎勵及行政等事項。除前項規定外，文化部審議會另負責審議公共藝術視覺藝術類專家學者資料庫名單、第四條第二項及第六條之案件（第9條）。

審議會每年應至少召開一次，必要時得召開臨時會議；委員任期二年，期滿得續聘之。委員因辭職、死亡、代表該機關之職務變更或因故無法執行職務時，應予解聘；其所遺缺額，得由審議機關補聘之。補聘委員任期至原委員任期屆滿之日為止（第10條）。

肆、執行小組及報告書之編製

公共藝術設置之執行過程涉及若干重要細節必須予以規範，首先，必須成立由文化藝術界、建築界與其他相關專業組成的「公共藝術設置執行小組」，但不能包括政府官員，使其得以專業考量設置公共藝術的決定，第 11 條：「興辦機關辦理公共藝術設置計畫應成立執行小組，成員五人至九人，包含下列人士：一、視覺藝術專業類：藝術創作、藝術評論、應用藝術、藝術教育或藝術行政領域。二、該建築物之建築師或工程之專業技師。三、其他專業類：文化、社區、法律、環境空間或其他專業領域。四、興辦機關或管理機關之代表。前項第一款成員應從文化部所設之公共藝術視覺藝術類專家學者資料庫中遴選，其成員不得少於總人數二分之一。」

公共藝術設置執行小組應協助辦理下列事項：一、編製公共藝術設置計畫書。二、執行依審議通過之公共藝術設置計畫，辦理徵選、民眾參與、鑑價、勘驗、驗收等作業。三、編製公共藝術徵選結果報告書。四、編製公共藝術完成報告書。五、其他相關事項（第 13 條）。

公共藝術設置計畫書應送審議會審議，其內容應包括：公共藝術設置計畫理念、徵選方式及基準、民眾參與計畫等，應提請審議會同意（第 14 條）。

公共藝術完成報告書應送審議機關備查，其內容應包括下列事項：一、公共藝術設置計畫基本資料表（含作品圖說）。二、辦理過程。三、驗收紀錄。四、民眾參與紀錄。五、管理維護計畫。六、檢討與建議。興辦機關所送之公共藝術完成報告書，審議機關認有爭議或重大瑕疵者，得送請審議會審議（第 16 條）。

伍、徵選方式及徵選會議

執行小組應依建築物或基地特性、預算規模等條件，選擇下列一種或數種之徵選方式，經審議會審議後辦理：一、公開徵選：以公告方式徵選公共藝術設置計畫，召開徵選會議，選出適當之方案。二、邀請比件：經評估後列述理由，邀請二個以上藝術創作者或團體提出計畫方案，召開徵選會議，選出適當之計畫。三、委託創作：經評估後列述理由，選定適任之藝術創作者或團體提出二件以上計畫方案，召開徵選會議，選出適當之計畫。四、指定價購：經評估後列述理由，選定適當之公共藝術（第17條）。

興辦機關為辦理第十七條之徵選作業，應成立徵選小組，成員五人至九人，得就以下人員聘兼（派）之：一、執行小組成員。二、由執行小組推薦之國內專家學者。前項成員中，視覺藝術專業人士不得少於二分之一，並應由文化部公共藝術視覺藝術類專家學者資料庫依各類遴選之（第19條）。

陸、鑑價、議價、驗收及經費

公共藝術徵選結果報告書送核定前，興辦機關應邀請執行小組專業類或徵選小組專業類三位以上成員，共同召開鑑價會議，並邀請獲選之藝術創作者或團體列席說明（第21條）。同時，興辦機關應依政府採購法第二十二條第一項第二款規定採限制性招標方式，辦理議價及簽約事宜（第22條）。公共藝術完成報告書送備查前，興辦機關應辦理勘驗及驗收作業，並邀請執行小組專業類二分之一以上成員協驗（第23條）。

公共藝術設置計畫經費應包含下列項目，並得依建築或工程進度分期執行。一、公共藝術製作費：包括書圖、模型、材料、裝置、運輸、臨時技術人員、現場製作費、購置、租賃、稅捐及保險等相關費用。

二、藝術家創作費：以前款經費之百分之十五為下限。三、材料補助費：採用公開徵選之入圍者與邀請比件受邀者之材料補助費。四、行政費用。五、民眾參與、公共藝術教育推廣等活動費用（第24條）。

柒、管理維護計畫

公共藝術管理機關應參照藝術創作者所提之建議，擬訂公共藝術管理維護計畫，定期勘察公共藝術狀況，並逐年編列預算辦理之（第26條）。

公共藝術管理機關於公共藝術設置完成後應列入財產管理，五年內不得予以移置或拆除。但該公共藝術作品所需修復費用超過其作品設置經費三分之一或有其他特殊情形，不在此限。公共藝術之移置或拆除，應提送公共藝術審議會審議通過（第27條）。

捌、目前實施狀況與挑戰

自1992年推動公共藝術以來，透過立法、執行、教育及推廣，使公共藝術的角色由早年照顧藝術家、提升環境品質、促進全民藝術教育等單一功能，轉變為一宏觀功能，並成為藝術家積極參與社會、推廣國民美育的創作管道，同時也是民眾在生活空間裡，接觸藝術、培養美學的重要媒介。公共藝術的創作類型日趨多元，作品益發友善親切，除了美化環境外，更積極的提供了人文休閒、親子同樂的互動作用，成為公共空間的景觀亮點，創造民眾共同的生活記憶。

目前各地方政府均已重視公共藝術對於吸引民眾與觀光客的重要性，紛紛成立公共藝術審議會，公共藝術設置案每年平均以200件持續穩定成長，顯見公共藝術成為營造文化優美環境、培育國民生活在地美

學的必要條件。為推廣公共藝術理念，文化部每年皆定期辦理公共藝術實務講習、公共藝術獎、編印公共藝術年鑑及專書、補助團體出版公共藝術書籍等，以鼓勵各界重視公共藝術之政策推動，提升辦理機關人員的素質與涵養[2]。

自我評量

一、何謂公共藝術？請從學理上與法制上兩方面加以說明。

二、依《公共藝術設置辦法》，公共藝術設置涉及哪些利害關係人，其職責為何？

三、公共藝術之設置必須成立公共藝術設置審議會，請問組織及職掌為何？請依《公共藝術設置辦法》加以說明。

四、公共藝術設置之執行過程中有何注意事項？報告書之編制有何規定？請依《公共藝術設置辦法》加以說明。

五、依《公共藝術設置辦法》，公共藝術之徵選及徵選會議應如何推動？

六、公共藝術設置之鑑價與議價過程有何規定？請依《公共藝術設置辦法》加以說明。

七、公共藝術設置之經費應如何編列？如何節省經費以創造政府、藝術家與民眾的三贏結果？

2　文化部政府資訊公開／重大政策／政策類：https://www.moc.gov.tw/information_302_33904.html，2020/1/5 瀏覽。

歷屆考題

1. 公共藝術執行所依循的相關法源為何？試述公共藝術的界定、類型及發展歷程。（104 年公務人員高考二級考試）

2. 文化部為將藝術美感融入公共生活空間，使藝術文化於民眾生活中生根，鼓勵藝術家與民間團體在公共空間中從事藝術活動與藝術作品設置，藉以啟發地方美學意識，特訂定「文化部藝術浸潤空間計畫」。試說明此計畫之重點內容。（104 年特種考試地方政府公務人員三等考試）

3. 過去一年臺灣地區陸續由國外藝術家來臺進行短期大型的地景創作（黃色小鴨、月兔）或環保展演行動（紙貓熊），吸引大量民眾參觀；請評估此類公共藝術行動長期在臺灣推動的可能性及意義，並請論述公共藝術行動的基本特質及持續進行條件。如果你即將為此設計一項推動計畫，目標是經由藝術媒介讓民眾和空間、歷史、環境、自然、人和社會等議題進行思考和對話，請選擇一個適切的空間並設計一系列民眾探索和體驗的主題以達到前述目標。（103 年公務人員高考二級考試）

4. 請就國內推動「公共藝術」發展的歷程，說明公共藝術推動目標與近來政府政策和執行實務上的差異。請舉出兩個案例說明並比較。（103 年特種考試地方政府公務人員四等考試）

5. 文化藝術獎助條例第 9 條明示：公有建築物應設置公共藝術，美化建築物及環境，且其價值不得少於該建築物造價百分之一。請從執行面抒發己見。（99 年特種考試地方政府公務人員考試）

6. 公共藝術設置的法源為何？其徵選方式有那些？試分析其優缺點？（97 年特種考試地方政府公務人員四等考試）

20
博物館機構管理與行銷

本章導讀

　　博物館是最重要的文化設施，首先介紹博物館概念，其次將博物館法相關規定加以扼要敘述，最後則說明博物館行銷的必要性。

壹、博物館概念界定

博物館（museum），乃是一個國家文明與進步的象徵，由於經濟蓬勃發展，民眾文化與教育水準日漸提高，對於博物館之需求愈趨強烈，各公、私立博物館遂紛紛設立。過去博物館功能僅限於文物珍藏，其主要觀眾是少數的專業人士，但當代博物館的功能則漸趨多元，其主要觀眾為一般民眾，博物館成為替民眾講述藝術文化的絕佳知識場域，扮演教育性、社會性與娛樂性的多重角色，使得民眾樂於走入博物館。因此，當代博物館兼具珍貴文物保存、科學調研、教育推廣與休閒娛樂的綜合性功能，故如何有效地管理與行銷博物館，使其發揮其專業性、教育性、文化性與娛樂性的多重功能，為民眾提供優質而豐富的休閒知性生活，乃是推展博物館業務刻不容緩的任務。

什麼是博物館？著名的博物館學教授 Burcaw（1994: 18-21）在名著《博物館工作概論》（*Introduction to Museum Work*）一書中，引用 Douglas A. Allen 的概念，認為博物館是一種用來調查、研究、教育與娛樂的物品蒐集之處所或建築物；他並且進一步定義博物館為「展示各種文物展覽品的建築物或空間」、「一個永久性的公眾教育機構，負責有系統的照顧典藏品。」他援引瑞士國家博物館（The SWISS National Museum）的定義：博物館是具有歷史或藝術重要性而值得保存、並妥善次序地安排（well-ordered arrangement）之保存古文物的空間（Burcaw, 1994: 21）。

國際博物館協會[1]（International Council of Museums, ICOM）成立於 1946 年，包括30,000 位以上的博物館專家，乃是目前全球組織規模最龐大的國際博物館學團體，該會認為：博物館是一種永久性的組織，主要目的是保存與展示基於研究、教育與娛樂目的而蒐集具有文化或科學上意義的物品展示場所。根據 2007 年該會於奧地利維也納舉辦第 21 屆

1　國際博物館學會是全球最知名的有關博物館學的學術性組織，有關博物館的定義請參閱：https://icom.museum/en/，2020/1/5 瀏覽。

年會所訂定的《國際博物館協會章程》，對於博物館的定義是：「博物館乃一非營利之永久性制度，為社會與其發展而服務，對大眾開放，並為了學習、教育與欣賞的目的，蒐藏、保存、研究、展示、與傳達人類及其環境的物質與非物質遺產。」

　　聯合國教育科學文化組織（UNESCO）相當關切全球博物館的發展，博物館為文化遺產以及創意和遺產的連結性扮演一個整合性的途徑，它亦可為不同的大眾、地方社區與弱勢團體重新發現他們的根或者接近其他文化。然而，許多博物館欠缺專業人力，特別是欠缺具有文物修復技能的專業人士，由於博物館許多文物具有商業與文化認同的價值，故成為古物非法販售者的管道，那些可移動性的文化物件很容易遭到破壞，各國政府亟須予以立法保護博物館的管理。根據他們的定義：「博物館應該是著眼於保藏、研究之整體利益，而以不同之方法來強調，尤其主要是以展覽方法來提升群眾對整個文化價值的組成要素，對藝術品、歷史文物、科技方面的產品、植物園和動物園、水族館之欣賞與教育的一個永久組織機構[2]。」由此可見，該組織強調博物館是保存、研究與保護文化遺產和文化藝術推廣中心，幾乎採取與國際博物館學會相同的定義。

　　美國博物館學會[3]（American Association of Museums, AAM）成立於1906 年，後改為美國博物館聯合會（The American Alliance of Museums, AAM），是一個非營利組織，協助建立美國發展博物館的經營標準與最佳實務、蒐集與分享博物館相關知識、向博物館社群宣傳有關博物館相關議題之資訊。美國博物館類別甚多，世所罕見，包括：藝術、歷史、科學、軍事、年輕人、水族館、動物園、植物園、歷史建物、科技中心等，粗估至少約有17,500 種博物館。該協會曾於1970 年發行《博物館

2　UNESCO/Museum, http://www.unesco.org/new/en/culture/themes/museums/, 2020/1/5 瀏覽。

3　美國博物館協會是全美最大的博物館學術組織，包括15,000 名博物館專家與志願者，3,000 個博物館機構與300 個法人組織，幾乎與國際博物學會之規模不相上下。請參閱：http://www.aam-us.org/，2020/1/5 瀏覽。

評鑑專業準則》（Professional Standards for Museum Accreditation），認為博物館是一個永久性的非營利機構，主要為教育或美學目的而存在，配置專業職員，利用實體文物，除了善盡照顧責任外，並定期對公眾開放。由於博物館是一非營利的永久機構，故可免除聯邦或州政府課徵相關稅賦，基於公共教育和娛樂目的而對於館藏文物善盡保護、保存，研究、闡釋、裝置和展示之教育與文化責任。

綜合上述說法，吾人可知博物館的重要概念是：

一、**博物館是非營利的永久性機構**：博物館並不是以追求營利為目標，而是追求公共教育、調查研究與娛樂等公益目標；博物館收入宜作為促進公眾教育與文化目標而使用。基此，它是一種「公共財」，而非「私有財」。

二、**博物館的存在具有多元目的**：博物館的消極目的是徵集與保存有價值的文物，積極目的則是要將文物對公眾開放參觀、辦理相關文化教育活動、提升民眾的文化認同與文化品味。

三、**博物館的觀眾是多元的**：過去博物館的觀眾是少數專業人士的專利品，當前博物館的觀眾則是一般民眾，無論男女老幼、宗教階級、種族膚色等文化觀賞者與文化消費者，成立目的是為大眾提供美學、教育、研究、休閒的知性場所。

四、**博物館的功能是多重的**：當前的博物館包括蒐藏、保存、展示、研究與教育、娛樂、休閒等與人類生活相關的多重功能。

貳、立法宗旨

《文化基本法》第10條：「國家為尊重、保存、維護文化多樣性，應健全博物館事業之營運、發展，提升博物館專業性及公共性，並應藉由多元形式或科技媒體，增進人民之文化近用，以落實文化保存、智慧

及知識傳承。各級政府應建立博物館典藏制度，對博物館之典藏管理、修復及踐行公共化等事項採取適當措施。」可見博物館事業被列入為《文化基本法》的保障項目，其重要性不言可喻。

2015 年 7 月 1 日公布的《博物館法》共四章 20 條，第 1 條為立法宗旨：「為促進博物館事業發展，健全博物館功能，提高其專業性、公共性、多元性、教育功能與國際競爭力，以提升民眾人文歷史、自然科學、藝術文化等涵養，並表徵國家文化內涵，特制定本法。」基此，設置博物館之目的有兩方面：第一、提高博物館的專業性、公共性、多元性、教育功能，以提升民眾人文歷史、自然科學、藝術文化等涵養，這是一般博物館所熟悉的目標。第二、博物館也必須走到國際舞台，表徵臺灣文化內涵，以形塑臺灣文化的優質與價值。

該法之主管機關在中央為文化部；在直轄市為直轄市政府；在縣（市）為縣（市）政府。本法所定事項，涉及各目的事業主管機關職掌者，由各目的事業主管機關辦理（第 2 條）。

參、博物館定義

《博物館法》第 3 條的定義：「本法所稱博物館，指從事蒐藏、保存、修復、維護、研究人類活動、自然環境之物質及非物質證物，以展示、教育推廣或其他方式定常性開放供民眾利用之非營利常設機構。博物館應秉持公共性，提供民眾多元之服務內容及資源。」上述定義似與國際相關博物館組織之定義類似。

為彰顯博物館管理之重要性，《博物館法》第 3 條明示：「中央主管機關應擬訂博物館發展政策白皮書，每四年檢討修正，報請行政院核定，作為推動博物館發展之政策依據。中央主管機關應會同中央各目的事業主管機關建立博物館業務統計資料庫，以作為政策及業務推動參考。」

肆、博物館專家諮詢委員會

第 4 條：「博物館依據設立宗旨及發展目標，辦理蒐藏、保存、修復、維護、研究、展示、人才培育、教育推廣、公共服務及行銷管理等業務。前項業務，得視其需要延聘學者專家組成專業諮詢會，廣納意見，以促進營運及發展。專業諮詢會組成與運作之相關辦法，由中央主管機關定之。」

文化部於 2015 年 12 月 31 日訂頒《博物館專業諮詢會組成及運作辦法》，該委員會置委員五至二十五人，其中一人為召集人，由博物館館長擔任，其餘委員由博物館館長就具有下列資格之一者聘兼之，任期二年，期滿得續聘：一、具有博物館學、歷史、自然科學、文化資產保存、教育、藝術、法律或其他與博物館主題相關學科知識之專家學者。二、於博物館典藏、研究、展覽、教育推廣或經營管理富經驗之專家學者。三、曾任各相關博物館諮詢指導委員。四、其他對博物館業務推動有助益之社會賢達人士。專業諮詢會之組成，任一性別委員人數不得少於委員總人數之三分之一。專業諮詢會所需工作人員，由博物館相關人員派兼之。

伍、博物館類別

第 5 條：「博物館之類別如下：一、公立博物館：由中央政府、直轄市政府、縣（市）政府、鄉（鎮、市）公所、公法人或公立學校設立。二、私立博物館：由自然人、私法人申請設立。前項第二款私立博物館應向直轄市、縣（市）主管機關申請設立，有關其申請設立、變更、停辦、申報、督導、獎勵、認定基準及其他應遵行事項之辦法，由中央主管機關定之。本法公布施行前已設立之博物館，得免依前項規定申請。主管機關應普查具博物館潛力未經設立登記之博物館，並列冊追

蹤輔導，以協助其辦理設立登記。第九條及第十四條有關公立博物館之
規定，於政府捐助之財團法人所設立之博物館準用之。」

　　除了公私立博物館外，中央目的事業主管機關，如原住民族委員會
自然可以設置原住民族博物館，如第 6 條：「為蒐藏、保存、研究原住
民族文獻、歷史與文物，中央目的事業主管機關應設置原住民族博物
館，推動原住民族文化永續發展。」

陸、博物館分級輔導

　　第 7 條：「中央主管機關應依據博物館設立目的、規模、典藏、研
究、展示及文化教育功能等要件，訂定分級輔導辦法。主管機關及目的
事業主管機關，除本法另有規定外，應對依第五條設立登記之公、私立
博物館，提供專業諮詢、相關技術協助、人才培育規劃及經費補助，以
維護博物館典藏品質、健全典藏管理制度、提升博物館之研究與策展能
量、擴大教育範圍。」

　　2015 年 12 月 31 日公布《博物館分級輔導辦法》第 5 條：「為增進
博物館蒐藏、保存、維護、研究、展示、教育推廣之能力，中央主管機
關得成立專家諮詢輔導團，個案協助公立博物館及依本法第五條第二
項完成設立登記之私立博物館，以發揮博物館專業性、公共性及多元
性。」第 6 條：「為促進博物館之專業營運效能，中央主管機關得推動
典藏研究、策展、經營管理、詮釋溝通、行銷推廣及公共服務等博物館
專業培訓。」

柒、強化博物館功能

　　第 8 條：「公立博物館人事應視其規模、特色與功能，衡平考量、

優予編制，置館（院）長、副館（院）長及其他各職稱之人員，必要時得比照教育人員之資格聘任。前項專業人員之聘任，另以法律定之。」

第9條：「博物館應本專業倫理，確認文物、標本、藝術品等蒐藏品之權源及取得方式之合法性。博物館應就典藏方針、典藏品入藏、保存、修復、維護、盤點、出借、註銷、處理及庫房管理等事項，訂定典藏管理計畫。公立博物館應將典藏管理計畫報目的事業主管機關備查。典藏品屬文化資產保存法指定或登錄之文化資產，前項相關事項並應依文化資產保存法及其相關法規之規定辦理。依第十六條完成認證之公立博物館，其典藏品之定期盤點，其期限、作業方式及應遵行事項之辦法，由中央主管機關會同財政部及審計部定之。」

第10條：「博物館應提升教育及學術功能，增進與民眾之溝通，以達文化傳承、藝術推廣及終身學習之目的。為達成前項目的，其方式如下：一、進行與其設立宗旨或館藏主題相關之研究。二、將研究成果轉化為展示內容或進行典藏。三、辦理教育推廣活動或出版相關出版品。」

第11條：「博物館為蒐藏、保存、修復、維護、研究、鑑定、展示、教育推廣、公共服務、人才培育及行銷管理等業務之需要，促進國內外館際合作交流、資源共享及整合，得成立博物館合作組織，建立資訊網路系統，或以虛擬博物館方式加強偏遠地區之博物館教育，主管機關及目的事業主管機關，並得提供必要協助。」

捌、公立博物館的財務管理

第12條：「公立博物館因營運需要，自籌財源達一定比例時，得依預算法設置作業基金，一切收支均應納入基金，依法辦理。基金來源如下：一、由政府循預算程序之撥款。二、門票及銷售收入。三、場地設備管理、推廣教育及產學合作收入。四、資產利用費、權利金及回饋金收入。五、受贈收入。六、基金之孳息收入。七、其他有關收入。

　　基金用途如下：一、展示策劃及執行支出。二、蒐藏、保存、維護支出。三、圖書資訊徵集、採編及閱覽支出。四、研究發展支出。五、教育推廣、公共服務、文創行銷及產學合作支出。六、公有文化創意資產管理維護、技術研發及人才培育支出。七、增置、擴充、改良固定資產支出。八、編制外人員人事支出，以自籌收入百分之三十為限，且其人員之權利義務事項，應納入契約中明定。九、銷售支出。十、管理及總務支出。十一、其他有關支出。」

玖、博物館補助、認證及評鑑

　　博物館之補助事項包括重要典藏品之專業修復或維護，如第13條：「博物館應辦理重要典藏品之專業修復或維護；必要時，得申請目的事業主管機關補助，但以依第十六條完成認證者為限。前項受補助之私立博物館典藏品所有權移轉前，應以書面通知提供補助之機關。除繼承者外，提供補助之機關得轉請主管機關協調性質相同之公立博物館依相同條件優先購買。前項經協調之公立博物館應於前項通知日起算一百二十日內回復，未回復者，視同放棄優先購買。違反第二項規定者，提供補助之機關得要求其返還補助金。」

　　對於有緊急搶救、修復或購置取得必要之重要文物，如第14條：「公立博物館對具有保存、研究、展示、教育價值之珍貴稀有或瀕臨滅失之藝術品、標本、文物等，有緊急搶救、修復或購置取得必要者，得申請目的事業主管機關補助或向上級機關請撥專款，並得採限制性招標方式辦理，但不得違反我國締結之條約及協定。」

　　國際展覽之文物，如第15條：「博物館因辦理展覽向外國、大陸地區或香港、澳門借展之文物、標本或藝術品，經目的事業主管機關轉中央主管機關認可展出者，於運送、保管及展出期間，不受司法追訴或扣押。」

應建立博物館評鑑及認證制度，如第 16 條：「中央主管機關為表彰專業典範，就典藏、研究、展示、教育、管理及公共服務等面向，應建立博物館評鑑及認證制度。中央主管機關得召開評鑑會，審議博物館之評鑑及認證等事宜。中央主管機關成立之評鑑會，應由各類型博物館研究、教育、展示、管理、法律及會計等學者專家組成。其評鑑結果應敘明理由，對外公開。評鑑會進行博物館評鑑時，應納入博物館自行研提之指標，並邀請被評鑑博物館相關類型博物館領域學者專家協助。博物館之認證指標、評鑑會之審議程序及其他相關事項之辦法，由中央主管機關定之。」

拾、博物館行銷的重要

2015 年 12 月 31 日公布《博物館分級輔導辦法》第六條：「為促進博物館之專業營運效能，中央主管機關得推動典藏研究、策展、經營管理、詮釋溝通、行銷推廣及公共服務等博物館專業培訓。」依上開條文，「行銷推廣」被列為重要的分級輔導事項。

從博物館行銷理論而言，當代博物館由於為數眾多，他們在教育文化、娛樂休閒、區域發展、社區凝聚等方面，都必須與其他各種不同的教育娛樂機構相互競爭；為達成上述目標，近年來博物館行銷逐漸扮演重要角色，博物館經營者必須加強文化行銷的核心能力，否則難以生存。Tobelem（1997）曾指出：隨著博物館經營的財務壓力愈來愈大，競爭者愈來愈多元，博物館必須舉辦各種不同形式的公關活動，以吸引顧客的光臨；同時，博物館的經費必須「自給自足」，故珍藏物品展覽、館內行政事務或文化行銷活動經費的募集、志願者的徵募等，在在都必須爭取捐贈者、文化消費者或一般民眾的認同。因此，目前博物館經營者不得不採取過去所不願去瞭解的經濟與行銷理論，國外許多博物館經營者已將博物館視為一項文化事業（cultural enterprises）加以經

營，而博物館長（curators）已經蛻變成為公司經理人，必須善用行銷技巧與方法，提升博物館知名度、提高博物館的顧客參訪率，以增加館內收入，以維持館藏的經營運作。

Stephen（2001）認為：傳統博物館行銷方式係從博物館管理者的專業角度出發，強調館藏物品的稀少性與參展環境的便利性與專業性，不太重視顧客感受與接受性，博物館成為珍貴物品的蒐集者與保護者（museum serves as a collector and preserver of objects），博物館甚至成為白領階級的特殊嗜好，成為有錢、有閑、有學問者的專屬知性休閒活動，至於一般民眾則無法享有。但當前博物館所扮演的公眾角色遠比過去博物館所堅持的觀點更為寬廣與民主，當前的博物館已是一個強調公共參與的非營利機構，主要功能是如何讓民眾積極參與博物館活動，以培養民眾對於館藏珍品的認同感，基此，教育與教化、休閒與娛樂成為當代博物館的重要功能。

雖然博物館行銷非常重要，但其應用必須注意不能脫離博物館的非營利與公益本質，誠如 McLean（1993）指出的，1980 年代以還，英國博物館學逐漸重視博物館行銷理論，唯大部分僅強調從企業管理領域中的營利行銷理論加以移植，然後應用到博物館行銷上；換言之，他們將適用於「營利性組織」對於「有形性產品」作為行銷物件，勉強地移植到「非營利性組織」的「抽象性產品」中，這種移植性的博物館行銷理論往往忽略了博物館本身的特性與本質，當然是不合適的；所謂「橘逾淮而為枳」，適用於「營利行銷」的理論未必適用於「非營利」的博物館行銷理論；因此，博物館行銷必須先對博物館本身的館藏特性進行系絡分析，然後以此為基礎去驗證博物館行銷理論的可行性。

基此，科特勒等人（Kotler, et al., 2008: 280-281）在《博物館行銷與策略：任務設計、觀眾建立、收入與資源創造》（*Museum Marketing and Strategy: Designing Missions, Building Audiences, Generating Revenue and Resources*）一書中指出：博物館行銷是一種有助於瞭解博物館消費者行為、影響其消費行為的環境因素、如何提升消費者滿意度與組織績

效的方法、探索觀眾行為的系統設計、蒐集、分析與報告。科特勒等人認為：由於博物館行銷是非常花費成本的，故在行銷之前，首先應該確定你要調查的議題為何？博物館經營者心目中希望透過此種調查得到何種資訊？最後得到的資訊可以為博物館經營者進行何種改進服務效率的建議？在博物館行銷學中，調查觀眾需求的方法甚為多元，諸如：展示評鑑、社群媒體分析、組織績效評量、焦點團體訪問、問卷調查、網路問卷等。

　　博物館在行銷的過程中，博物館經營者不僅扮演專業的策展人、教育者、博物館學者角色，而且也要與觀眾進行互動扮演教育、社交與人際關係的經驗，因此博物館的經營應該隨著社會環境的改變而有所變化，重視以「觀眾」為導向的行銷觀念，積極探究大眾的需求、滿足大眾的需要，並為大眾營建一個體驗感與價值感的參觀博物館之珍貴經驗。美國博物館學會強調：博物館行銷是一系列的努力，試圖建立民眾瞭解與鑑賞博物館的基礎，在一段時間之後，民眾會逐漸瞭解博物館創立的價值、其所收藏的文化遺產、所蘊含的知識與提供的服務，民眾瞭解得愈多愈深入，他們愈會充分使用與支持博物館。

　　科特勒（Kotler & Kotler, 2000）認為傳統上博物館館長有雙重任務，第一項任務是好好照顧珍貴文物，第二項任務是讓想要看這些文物的人能夠看到。如今，觀眾成為博物館非常重要的支持者，目前博物館已經設法觸及更廣泛的大眾，培養社群關係，俾能有效地與社會上存在的娛樂與教育活動提供者相互競爭。過去的博物館顧客大都是屬於少數的專業觀眾，如今博物館觀眾泛指更為廣泛的觀賞者與遊客。因此，博物館經營者必須扮演博物館功能整合者的角色，成功地整合珍藏、保存、教育、研究、教化、展覽等功能，使博物館更具價值性與競爭力。

自我評量

一、試從學理上與我國法制上界定博物館的概念與特質為何？

二、試說明博物館應設置專家委員會，其如何組成？有何重要任務？

三、博物館之類別為何？

四、博物館應該如何進行分級輔導？

五、《博物館法》對於強化博物館之功能有何相關規定？我國博物館是否達到該功能？

六、公立博物館必須重視財源的自給自足，您認為是否合理？應如何達成該目標？

七、有關博物館之認證及評鑑，現行《博物館法》法制有何規定？

八、博物館行銷有何重要性？其意義為何？

歷屆考題

1.　民國 104 年公布的博物館法，其中第 12 條「公立博物館因營運需要，自籌財源達一定比例時，得依預算法設置作業基金，一切收支均應納入基金，依法辦理。」請論述其立法精神，並舉例評析之。（106 年公務、關務人員升官等考試、106 年交通事業鐵路、公路、港務人員升資簡任考試）

2.　請任選我國一所地方文化館，說明其成立至今之效益，及其對地方產業的影響。（106 年公務、關務人員升官等考試、106 年交通事業鐵路、公路、港務人員升資簡任考試）

3.　為協助文化教育與推動地方藝術生根，近年內許多城市無不相繼創立地方「美術館」，或者規劃地方「博物館」。請論述對地方美術館與博物館策展的任務、對象及經營對策。（106 年特種考試地方政府公務人員考試）

4. 社區文物博物館如何結合產官學界的資源與力量，以建構及營造社區的生命共同體？（106 年公務人員普通考試）

5. 向社會大眾開放博物館資源是當前重要的文化任務，試以一地方文化館為例，說明文化行政機構如何規劃並推動相關工作。（105 年公務人員高考二級考試）

6. 我國「博物館法」甫於 104 年 5 月 25 日三讀通過，請說明立法內容和特色。（104 年公務人員高考三級考試）

7. 請說明「國際博物館日」（International Museum Day）的設立宗旨和活動主題。（104 年公務人員普通考試）

8. 國內各地目前許多博物館、文物館、社教館等被稱為參觀者稀少的「蚊子館」，試述這些館舍在經營上目前遇到的問題為何？（104 年公務人員特種考試關務人員考試、104 年公務人員特種考試身心障礙人員考試及 104 年國軍上校以上軍官轉任公務人員考試）

9. 博物館的價值與意義為何？新博物館學主張博物館應從「物」的保存轉移到「人」的溝通，博物館的存在價值與意義因而產生了根本的改變，是謂博物館的典範轉移，試從友善平權、綠能環保、社會企業、典藏管理、文創開發等面向分析討論之。（104 年公務人員高考二級考試）

10. 有人批評地方上常出現一些「蚊子館」，但另一方面又發現地方上普遍缺乏可用的藝文空間，請問您如何看待和解決這個矛盾現象？（103 年特種考試地方政府公務人員三等考試）

11. 非營利文化展館募款活動之功能為何？其募款方式可行途徑為何？又，應考量配合之措施為何？請說明之。（103 年公務人員普通考試）

12. 博物館立法之重要性為何？您認為規劃博物館法應考量之關鍵要素為何？請陳述之。（103 年公務人員普通考試）

13. 博物館如何成為城市文化觀光的行銷策略，請列舉二個案例說明其歷史背景、實施計畫及具體效益。（102 年特種考試地方政府公務人員考試）

14. 「博物館法」自 80 年代初由教育部研擬以來，歷經長時間研議，至今未能完成立法，請說明推動「博物館法」立法之必要性，並論述一部進步的「博物館法」所應具備的要旨與內涵。（101 年公務人員高等考試一級暨二級考試）

15. 我國某一公立文化機構，擬向典藏這幅世界名畫（如圖）的博物館，洽商借展事宜。請您撰擬一份簡明的「策展計畫綱要」，做為該機構內部會議提案討論的參考資料。（100 年公務人員高等考試一級暨二級考試）

16. 請從博物館的功能與營運管理角度，說明目前各地方原住民族文物館的一般經營管理策略，並指出其與現有之較大規模都會原住民族文物館營運策略的異同。（100 年公務人員特種考試原住民族考試）

17. 值此訴求「消費者滿意」的年代，公立文化藝術展演機構應如何促使觀眾「滿意」？以使展演機構得能永續發展，試闡述之。（100 年公務人員普通考試）

18. 公立文化藝術展演機構為何需要重視其「營運效益」？另公立文化藝術展演機構，又應如何鑑別其「施政績效」，試闡述之。（100 年公務人員高等考試三級考試）

19. 試論如何使鄉鎮圖書館成為轉動地方的社會運動基地？（99 年公務人員普通考試）

20. 博物館通常是殖民意識和政治權力的展現場域，國立臺灣博物館、國立歷史博物館、故宮博物院分別成立於日治和國民政府來台時期，相當典型地呈現文化與權力的辯證關係，試比較這三個博物館的成立意涵加以申論。（97 年公務人員高等考試三級考試）

21. 媒體經常批評政府很多文化設施是「蚊子館」，意思是說只有硬體卻很少人使用。但是如果不先有硬體，文化藝術的推廣就無法進行，使用率跟著也難以提升。您認為文化建設應該先有軟體還是硬體？為什麼？地方鄉村怎樣才能避免「蚊子館」的文化設施？（97 年公務人員特種考試身心障礙人員四等考試）

22. 美術館與民間畫廊的互動,應有何規劃、應用,請述其詳。(96年特種考試地方政府公務人員考試)

23. 許多文化研究都指出,文化藝術發展與政治和國家認同的關係密不可分,試以臺灣各類型國家博物館的定位和發展來說明這種現象,例如國立故宮博物院、國立歷史博物館、國立臺灣博物館、國立臺灣歷史博物館等等。(96年公務人員高等考試三級考試)

24. 博物館商店(Museum Store Association)的設置,有何意義?並說明臺灣博物館商店應用的狀況。(96年特種考試地方政府公務人員考試)

25. 就現況而言,我國的「非營利文化機構與藝術組織」可影響政府文化政策的途徑大致上會有那些?試請舉例說明之。(96年特種考試地方政府公務人員考試)

26. 評鑑制度對文化機構營運是否成功極為重要,應如何有效實施,請述其詳。(96年特種考試地方政府公務人員考試)

27. 中央或地方,有很多的「文物博物館」(公私立文物館、博物館、文化館等),都在追求永續經營的目標,如果你是館長的角色,請簡要回答下列問題:(96年公務人員高等考試三級考試)

    如何定位該館的文化價值觀?(5分)

    如何建立該館的文化品牌?(5分)

    如何強化該館的文化行銷?(5分)

    如何評估該館的文化績效?(5分)

    如何善用該館的文化人力?(5分)

28. 博物館百貨公司化與百貨公司博物館化的意涵為何,請舉例說明。(96年特種考試地方政府公務人員考試)

29. 在行政院文化建設委員會配合行政院「新十大建設——國際藝術及流行音樂中心計畫」政策,提出「衛武營藝術文化中心」等多項大型文化設施興建計畫的同時,試問:政府應如何推動「文化消費」與「觀眾拓展」計畫?(96年公務人員特種考試原住民族考試)

21
促進民間參與文化設施

壹、興起背景

貳、促參法與政府採購法的差別

參、促參的要件與方式

肆、成功案例分享

伍、文創園區促參模式的困境

陸、如何有效推動文化設施的促參？

本章導讀

　　文化設施的興建與營運需要民間資源的注入，本章先介紹促參法之背景、要件與方式，其次探討文化設施成功委外與失敗的案例，最後則提出如何推動文化設施的成功促參。

《海角七號》這部引起甚多觀眾迴響的本土電影，由馬如龍飾演的鎮長的一席話：「山也要BOT，現在連海也要BOT！」，可說是一針見血；對於文化人而言，BOT到底是夢魘或救星，有必要予以澄清。簡單來說，BOT意思是政府已經沒有錢編列預算興建公共建設，但政府有土地，因此提供一片空地，拜託企業財團投資興建出錢出力，蓋好由你們營運，營運收入都歸你們所有以償還你們出錢出力的成本；當然，該繳給政府的稅賦或該做的社會回饋還是要做的。簡言之，上述就是指促進民間參與制度（簡稱促參制度），其法律依據是《促進民間參與公共建設法（簡稱促參法）》。

壹、興起背景

政府何以需要民間參與公共建設？這是因為政府治理模式的改變：

一、**「大政府」的傳統統治時代**：過去的政府預算充足，公共事務單純，故政府可用預算興建許多公共建設，滿足民眾需求；基此，當時的口號是：「最好的政府是管理最多的政府。」由於當時的民智未開，訊息封閉，民主思想不甚普及，民眾思想單純，需求也簡單，政府只要編列100%的足額預算，為人民謀求最大福利即是最好政府。另一方面，當時政府高高在上，也不屑與企業為伍，因為公私部門的性質不同，基於「道不同不相為謀」，政府應該堅持統治者的優越地位，不宜任意將民間企業資金引入，以免造成政商掛勾的嫌疑。大政府實施的結果，造成政府財政府支出愈來愈大，而民眾需求卻有增無減，故如何一方面滿足民眾需求，另一方面又可以興建公共建設，乃成為政府最頭疼的問題。

二、**「小政府」的創新治理時代**：如今的政府則出現巨大的赤字預算，而民眾需求卻與日俱增，公共事務性質也愈趨繁雜，實非政府所能

獨治，必須與民間社會與市場形成夥伴關係，共同治理這個國家方可為功；故政府必須設法引進民間資金活水，給予優惠誘因，只要政府能夠建立公開透明的招商制度，自然可以避免政商掛勾的疑慮，以最小成本為人民謀求最大幸福。因此，「最好的政府是效能最佳、管理最少的政府」。

總之，促參制度，其興起背景是小政府的思維，世界各國政府普遍面臨赤字預算的困擾，沒有預算興建公共設施的經費與人力，只好引進民間企業注入公共建設，以協助政府投資、興建或營運管理的制度。

貳、促參法與政府採購法的差別

政府將部分不具公權力的公共事務委託給民間辦理，引進民間活水的管道有二種：《促參法》與《政府採購法》，但兩者性質不同，似有區別之必要，否則可能有人問：為什麼不用《政府採購法》，卻採用如此繁複的《促參法》？

《政府採購法》之目的是為了提升政府採購效率，減輕政府負擔；第3條稱：「政府機關、公立學校、公營事業辦理採購時，應該依本法之規定辦理。」又第2條定義採購是「指工程之定作、財物之買受、定製、承租及勞務之委任或僱傭等。」依此，採購通常係指工程性、財物性、勞務性或商業性的政府業務，無涉公權力之行使，對外採購的業務大都不是機關的主要核心業務，當然不會影響政府行使公權力。

什麼是《促參法》呢？簡單地用「屋主」與「建商」合建房屋的案例來說，屋主有土地，但建商有資金及營運技術，那麼兩人合作一起蓋房子吧。房屋完成後，屋主與建商各分配幾間房屋共謀合建的好處。如果我們將屋主看成是政府，將建商看成是促參企業，則《促參法》模式就是讓政府與企業一起合作推動公共建設的興建與營運，然後大家一起

享受好處；對政府而言，希望公共建設的興建有一定水準、服務品質高、民眾滿意度高；而對於促參企業而言，則是希望回收成本，謀求適當利潤，且能提升企業知名度及美譽度。

基此，促參模式是為了讓「供公眾使用且促進公共利益之公共建設」發揮更高的效率，讓民眾感覺更滿意，促參的政府業務通常都是大眾使用且符合公共利益之公共設施，如交通建設、環境污染防治設施、衛生醫療設施、社會及勞工福利設施等14類，而「文教設施」也是其中一類，故適用《促參法》。《政府採購法》的目的只是減輕政府負擔，提升政府施政能力，但《促參法》的目的比《政府採購法》更為積極，它希望能夠建構一個兼顧民眾利益、政府效益（節省興建與營運成本）與企業利益（獲取合理利潤、提高知名度與形塑企業品牌）的公共建設模式，不要老是由政府擔任主角，小部分業務委外的傳統模式。換言之，促參模式係採取公私夥伴的3P模式（Public-Private-Partnership，簡稱PPP），將傳統由政府自辦部分委外的公共建設興辦模式，開放給民間來負責投入資金興建及營運，透過民間的資金、創意及管理技術，讓公共服務品質更好；但這種營運期間不是毫無限制，仍可透過協商限定營運期限，期限完成後則必須另以新的促參模式加以營運。

簡言之，《政府採購法》與《促參法》的差別在於：（1）前者是政府將無涉公權力的業務委託民間處理，承包者必須依約忠實履行合約內容，不能有任何彈性；後者則是將公共建設當成是招商業務，既然是商務業務，則政府須與投資企業談判，一方面允許民間投入資金興建，但亦允許收費營運，但營運期間需受限制。（2）前者通常採「最低標」辦理，以價格高低作為決標之依據，雖然也可能採其他方式（如最有利標），但畢竟那是例外；試想羊毛出在羊身上，既然低價搶標，則廠商怎可能多支出成本做賠本生意？至於後者則是完全按照商業模式進行協議履約，較有彈性，但相對的投資風險也較高，發生爭議的機率也較大。（3）前者對於承包業者無任何獎勵誘因，是一種勞務付出與費用取得的一對一對價關係，相當單純；後者則政府通常會給予若干租稅優

惠、法規鬆綁或其他的獎勵措施，以增加其誘因。（4）前者的承包期間較短，後者則不一，通常都較長甚至長達數十年都可能有，須視談判的促參契約如何訂定？（5）前者委外的事務規模大小不拘，很多政府機關將清潔事務、文具用品等瑣碎業務外包給民間，也有機關將重大工程委外給廠商辦理；但後者則必須符合「重要」與「具一定規模」之公共建設，如醫院、文物館、文創園區等。（6）前者出發點是：政府委託民間辦理政府的雜事，後者則是拜託民間出錢興建及營運公共建設，出發點是民間是有創意的、有資金的；若能誘之以利，允許獲取適當利潤，是否能讓他們投入更多資金與想法，以達成公共建設的目標？特別是一些有自償性的公共建設項目（如文化設施、圖書館、停車場等），若能給予民間一定誘因，如租稅優惠、法規鬆綁及土地取得，是否更能讓三方均受益？

參、促參的要件與方式

一、要件

（一）　文化設施是可以促參的類別：哪些公共建設可以引進促參機制？根據《促參法》第3條：「指供公眾使用或促進公共利益之公共建設」，而「文教設施」列為第六項，故文化部門許多文化設施均可適用本法，委託民間企業辦理。

（二）　但該建設必須相當重要且需有一定規模：《促參法》認為既然要引進企業活水，規模就不能太小，至少其「性質重要且在一定規模以上之公共建設；其範圍，由主管機關會商內政部、財政部及中央目的事業主管機關定之」（第3條）。

（三）　通常該建設必須具有效益性、自償性、公益性，才適合以促參方式推動，否則宜由政府編列預算自行委外辦理。其中最

重要的是「自償性」,意指這些委託民間辦理的公共建設是一種「資本性」基礎設施,可以對外開放民間使用收費,然後用收到的費用經營該公共設施,如收費的文物館、醫院、文創園區等。

二、方式

《促參法》第8條:民間機構參與公共建設之方式如下:

(一) 由民間機構投資興建並為營運;營運期間屆滿後,移轉該建設之所有權予政府(Build-Operate-Transfer,簡稱 BOT)。

(二) 由民間機構投資新建完成後,政府無償取得所有權,並委託該民間機構營運;營運期間屆滿後,營運權歸還政府(Build-Transfer-Operate,簡稱無償 BTO)。

(三) 由民間機構投資新建完成後,政府一次或分期給付建設經費以取得所有權,並委託該民間機構營運;營運期間屆滿後,營運權歸還政府(Build-Transfer-Operate,簡稱有償 BTO)。

(四) 由政府委託民間機構,或由民間機構向政府租賃現有設施,予以擴建 、整建後並為營運;營運期間屆滿後,營運權歸還政府(Rehabilitate-Operate-Transfer,簡稱 ROT)。

(五) 由政府投資新建完成後,委託民間機構營運;營運期間屆滿後,營運權歸還政府(Operate-Transfer,簡稱 OT)。

(六) 為配合國家政策,由民間機構投資新建,擁有所有權,並自為營運或委託第三人營運(Build-Own-Operate,簡稱 BOO)。

(七) 其他經主管機關核定之方式。

肆、成功案例分享

　　依財政部推動促參司提供的歷屆金擘獎得獎名單分析，文化設施成功的案例不多，可能與文化行政人長於文化藝術，卻短於文化行政有關，更遑論具有商務性質的促參案，更令文化行政人畏懼；此外，文化設施的營運成功，必須要有良心、有專業、有理念的民間經營團隊，否則難以成案。茲臚列出成功案例供大家分享[1]：

一、國立傳統藝術中心園區 OT 案

　　第三屆金擘獎民間經營團隊優等獎。該中心位於宜蘭縣五結鄉冬山河下游，佔地 24 公頃，為國內第一個文化設施 OT 案，民間投資機構是統一蘭陽藝文股份有限公司，投資規模為 1.364 億元，主辦機關則是文化部國立傳統藝術中心，乃是文建會的第一個促參案。國立傳統藝術中心以傳統藝術的版權授與，結合內部「家庭遊憩中心」與外部通路的概念，順應不同題材及特殊季節文化脈動，安排動態活動、民藝街藝術教學及珍貴文物展出等展演，靈活運用傳統藝術的精髓創造利潤。每年遊客約 700 萬人次，且具有至少每人次 1,350 元的消費能力的主要市場邊緣，其每年基本潛在遊客量約 92 萬人次，故園區經營僅需擷取 50%的遊客即可經營。本案屬於委外的建築物部分，包括：傳統工藝坊、工藝傳習所、傳統小吃坊、臨水劇場設施、自行車服務站、第四期宿舍、雨天表演棚、文昌祠、戲台及廟廂、廣孝堂、黃舉人宅、員生餐廳、旅客服務中心及旅客服務廊等，戶外空間包括碼頭及內河道、臨水劇場、野外廣場及露天茶座等。本案給予 6 年的特許期間，定額權利金為每年500 萬元，6 年的特許期，可為國庫挹注 3,000 萬元，另外營收 1% 比例的權利金收入，估計政府有 1,798 萬元之收入。

1　以下所列各項成功案例，均屬已經成案且經營成果甚佳、曾獲金擘獎肯定的案例，現況可能不同。財政部推動促參司成果展示：https://ppp.mof.gov.tw/PPP. Website/Result/OT/result1/View1.aspx，2020/1/5 瀏覽。

二、臺南市政府文化局兩個 OT 促參案

（一）南市樹谷園區生活科學館及周邊設施民間參與營運招商案

第二十屆金擘獎民間團隊與政府機關經營「佳作」以及公益獎。臺南市政府委託聯奇開發股份有限公司樹谷分公司生活科學館辦理臺南市樹谷園區生活科學館 OT 案，範圍為樹谷園區服務中心用地，委託營運資產包括生活科學館展示及典藏之出土遺物，委託營運期間 20 年。民間機構以回饋作為經營理念，不收門票，展覽方式及手法具多元及獨特性，提供靜態 APP 展示及多媒體動態導覽，給民眾更有趣豐富的博物館體驗。

（二）市定古蹟原「林百貨」（文創百貨）委託民間經營案

第十五屆金擘獎政府機關團隊佳作獎。早在 1932 年，臺南市就有第一間有「銀座」之稱的「林百貨」，樓高六層（因第六層面積縮小，臺南人習慣稱為五層樓仔），乃是當時南部地區最大的百貨公司，加上擁有南部第一座電梯，成為現代百貨業的先驅。閒置多年後，由市府著手整修，透過「促參條例」，融入商業及公益行為，將為古蹟活化開啟另外一條道路。採 OT 模式經營，政府不需投資，民間投資額度 5 千 7 百萬元。轉型成為「文創工藝精品區及餐廳及咖啡輕食區」，同時提撥固定比例場地作為公益活動，除了讓古蹟活化經營可以自給自足外，還能降低公部門維護負擔，強化了古蹟公益性，延續老建築生命力，成為臺南市文化地景。

三、歷史建築臺中刑務所演武場委託民間經營管理 OT 案

第十三屆金擘獎民間經營與政府機關團隊優等，堪稱文化設施促參案的典型代表。執行機關為臺中市政府文化局，由財團法人道禾教育基金會承辦，採 OT 方式辦理。營運期間：自 2011 年 11 月 1 日起至 2017

年 1 月 29 日。臺中刑務所演武場於昭和 12 年（1937）8 月 12 日落成，係供司獄官習武（劍道、柔道）之用，為臺中市僅存日治時期之武道訓練場。演武場建築群包括演武場主體建築及東側附屬建築，主體建築依對稱型式建造，中央後側設有神龕，左側為劍道場，右側為柔道場。道禾基金會，以「心行傳習」的心法來規劃符合時代意義的「新六藝文化課程──劍道／弓道／　道／書道／圍棋／古琴」帶領學習者重新看見華人文化中最寶貴的資產。除代為維護及管理建物、附屬設備及事務機具，還提供常態經營項目，如示範表演（武術等）、導覽體驗、表演劇場、文化研習四大項與辦理主題展覽或藝文活動。該基金會必須付出「定額權利金及土地租金」及「經營權利金」。每年遊客數十萬人次，各界評價甚高，堪稱為文化設施促參案的代表。

四、淡水文化藝術教育中心 ROT 與 BOT 案

第十四屆政府機關團隊優等獎。由新北市政府委託財團法人雲門文化藝術基金會經營，委託營運期間自 2015 年 4 月 16 日至 2055 年 4 月 15 日，為首件文化藝術團體依《促參法》第 46 條自行規劃申請參與，結合 ROT 與 BOT 之文教開發案件，極具複雜性與挑戰性，推動過程涉及古蹟、用地爭議、徵收、交通及都市計畫等複雜開發議題，均與民眾、中央業務主管機關及府內各業務機關充分協處溝通，順利解決。本案除可促進文化觀光產業發展，培養藝文欣賞人口，並刺激淡水地區文化之成長，為藝文界與政府合作的最新方式，同時是藝文界主動參與政府重大建設之典範。

伍、文創園區促參模式的困境

一、臺灣文創園區的現況

2007 年行政院發表《挑戰 2008：國家發展重點計畫》，決定以活化文化資產設置創意文化園區，財政部所屬菸酒公賣局民營化後之閒置菸酒廠，包括臺北華山、花蓮、嘉義、臺中、臺南等五地成為首選，將「工業文化遺產」成為國家在工業發展後，活化再利用的典範。具體做法是：針對既有建築物現況與結構安全調查、測繪、修繕與園館營造，及特區周圍環境景觀改造。園區規劃成包含公園綠地、創意設計工坊及創意作品展示中心的創意文化特區等。因此，臺灣的文化創意園區，都屬於舊有建築物的活化復甦與再生利用，比較接近上海泰康路田子坊、建國路 8 號橋、1933 老場坊、莫干山路 M50 創意園等由老廠房改建而成的文創園區。

臺灣目前約有七個文創園區，文化部主管的五大文創園區加上臺北松山文創園區、高雄駁二藝術特區。每個園區的定位相當不同，臺北松山文創園區被指定為臺北市定古蹟；華山 1914 文創園區定位為跨界藝術展現與生活美學風格。臺中文化創意產業園區前身為臺灣公賣局第五酒廠的臺中舊酒廠，定位為臺灣建築、設計與藝術展演中心。嘉義文化創意產業園區以「傳統藝術創新」為發展主軸；臺南文化創意園區以食玩、遊樂、技藝三種創意生活加以推廣。花蓮文化創意產業園區則強調生態與生活並重的東部文化櫥窗；高雄駁二藝術特區原是港口倉庫，現成為南部藝術家的聚集地。

以 1914 華山文創園區[2] 的定位而言，被認為是「文化創意產業、跨界藝術展現與生活美學風格塑造」，以「酷」（時尚、前衛、實驗）與「玩」（玩樂、享樂、娛樂）為規劃主軸，突顯華山園區作為跨界創意的

2　華山文創園區網站：https://www.huashan1914.com/w/huashan1914/index，2020/1/5 瀏覽。

發揮空間，扮演媒合跨界藝術、產業互動的場所，建構異業、異質交流結盟的平台，並發展成文化創意產業人才的育成中心。華山整體發展相較於其他園區，較為完整且具有示範性，故後續主要執行重點為訂定相關規範法令及考核機制，透過橫向溝通協調促進整體發展。華山創意文化園區所見的建築物及設施。其前身為創建於 1914 年（大正 3 年）的日本「芳釀社」，戰後由國民政府接收，改名為臺灣省專賣局臺北酒工廠，園區定位為跨界藝術展現與生活美學風格。

本案曾榮獲第八屆民間經營團隊獎優等，由臺灣文創發展公司以 ROT 方式經營；後來社團法人臺灣電影文化協會以 OT 方式又榮獲第十二屆民間經營團隊優等以及公益獎，初期經營算是頗為成功。其最成功之處是舉辦甚多的藝文音樂活動，吸引甚多的年青藝文工作者入駐，但隨著入駐者以及遊客的增加，餐廳愈來愈多，引起各界的批判，紛紛質疑「餐廳林立是文創園區嗎？」同時，也出現多次的管理爭議，最後竟然發生難以置信的命案，本案自此就不再成為討論的案例。

臺北松山文創園區[3] 被指定為臺北市市定古蹟，轉型為臺北東區最具藝文氣息的秘密花園。園區中策劃獨立性國際設計大展，呈現不同設計領域與文化、藝術、社會交融成果。位於臺北市信義區的松山文創園區原為松山菸廠，建於 1937 年，前身為臺灣日治時期「臺灣總督府專賣局松山菸草工場」，1945 年更名為「臺灣省專賣局松山菸草工廠」，1947 年又更名為「臺灣省菸酒公賣局松山菸廠」，1998 年停止生產，2001 年由臺北市政府指定為第 99 處市定古蹟，並於 2010 年正式轉型定名「松山文創園區」。松山菸廠在戰後種植大量植栽，景觀優美，停產後已經成為臺北市東區最大的綠地。除松山文創園區，松山菸廠舊址目前還有臺北文創大樓及臺北大巨蛋，與松山文創園區分屬不同管理單位；臺北文創大樓為 BOT 模式獨立經營，不屬於松山文創園區營運範圍，兩者互不隸屬。臺北市長柯文哲對於松山文創園區曾掀起批判的浪

3　松山文創園區網站：http://www.songshanculturalpark.taipei/index.aspx，2020/1/5 瀏覽。

潮，希望能夠將園區導正為真正的文創園區，引起業界與市民的好感，可惜礙於民意壓力，最後僅以多收一點權利金草草收場，文創產業的經營反而沒有成為重大議題焦點而加以細膩的討論。

經營邁入第7年的花蓮文創園區，由於長期碰到困難未獲解決，尤其0206大地震後，梁柱、地板及牆面龜裂，負擔雪上加霜，終於在2019年8月7日發出熄燈號，提前解約關門大吉[4]。

二、臺灣文創園區的困境

臺灣文創園區的設置都是古蹟活化或舊建築物的再生利用，沒有以現代建築物或設備空間打造的現代化文創園區，其設置的定位主要是以文創產業為主的「消費經濟」，是一種B2C的經營型態，逐步發展成為青年人或文青的休閒娛樂場所，並非是一種B2B的經營型態，成為文創業者之間買賣交易，協力經營的場所，以形成產業聚落的園區型態。基此，若要檢討臺灣文創園區的永續經營問題，提供下列意見以供參考：

（一）首先必須要確定的是文創園區的定位應該為何？B2C或B2B？或者G2B，成為政府、文創企業、文化藝術工作者的平台？若採B2C模式，必然面臨文化消費者的客源問題；若是採B2B或G2B，必然面臨的現實問題是：文化部必須編列龐大的園區預算以支應文創園區的運作，可能嗎？

（二）文創園區若要採促參模式，根據過往經驗，以OT方式最為穩妥，且成功率較高，只要找到有熱誠、有理想的民間經營團隊，委外成功機率甚高。

（三）文創園區經營績效的衡量不能完全以「財務績效」為唯一指標，比重似可放少一些，而應著重於文化價值、認同價值、

---

4 〈花蓮文創園區場館緊閉傳熄燈 蕭美琴：營運公司經營碰到困境〉，Yahoo奇摩（即時新聞），2019年8月7日。2020/1/5瀏覽。

教育價值、社會價值等，現行促參法並未規定「一切向錢看」，完全追求自給自足的財務績效，請勿作繭自縛。

（四）園區廠商的入駐條件應以弱勢群體與新創業者為優先，且以免費提供為前提，此點應列入促參契約中加以規範，如此方符合《憲法》與《文化藝術獎助條例》照顧藝文工作者之本旨。至於進駐的成熟型文化企業則可依「在商言商」的原則協商收入與成本問題。

（五）文創園區不可能不設置餐廳，但應朝向「文化餐飲」方向徵求駐進廠商，如此將可避免外界批評文創園區成為餐飲休閒區的弊端。

（六）應加強對於文化消費者的藝文參與活動與文創商品消費行為的調查研究，以作為瞭解園區培養文化市場的成效、問題與趨勢。

陸、如何有效推動文化設施的促參？

　　促參制度並非是毒蛇猛獸，成功案例仍是所在多有，文化、教育、社會與經濟目標是可以兼顧的；事實上，其他許多案例都可以嘗試採用促參法，以活化資產，如各地的眷村。眷村文化是臺灣多元族群文化中的重要資產，曾在臺灣人民意義中扮演種要角色，隨著眷村改建為現代公寓，傳統的眷村建築與風貌已經成為不可多得的稀有記憶，必須予以保存，如臺北市的四四南村已經成功委外，其他如桃園市、臺南市、屏東市等許多面積甚廣的眷村，都陸續開放文創業者組織團隊予以創意經營，以活化資產。

　　如何有效推動文化設施的促參模式？謹提供下列條件以供參考：

一、成立堅強的促參經營團隊： 文化部門可依促參金額與規模大小、履

約管理工作範圍、專業複雜度與案件重要性，決定促參案件的專責小組成員。團隊成員應特別重視財經法律、政策行政、文化資產等專家學者之加入，使促參案件能有更多不同的角度思考。該團隊可以協助政府機關決定下列重大事項：第一、對擬促參案件進行初期可行性評估，基本上，適合促參案件的基本原則是：具重要性、規模性、公益性與自償性的文化設施。第二、對於促參市場要有基本的瞭解，包括：足以承辦促參案的文化企業業者是否存在？該文化企業是否有財力、有熱誠、有理想貫徹文化社會責任？興建完成後，是否會吸引民間或其他利害關係人的關注與支持？

二、**本於公私夥伴的精神推動促參案件：**主辦機關與民間團隊之權利義務應該以公益、合理、誠實、信用為原則，本於公私夥伴精神推動，《促參法》第 12 條規定：投資契約之訂定，應以維護公共利益及公平合理為原則；其履行，應依誠實及信用之方法。主辦機關必須放棄政府採購法的心態——政府最大，業者都是唯利是圖的「廠商」，促參是文化行政機關的「私經濟」行為，故促參法明文規定訴訟案件適用「民事訴訟法」而非「行政訴訟法」。

三、**招商文件的訂定要有誘因：**招商文件可用兩種模式：一是政府提案民間規劃，二是民間提案與規劃，但由政府審查，兩者均可視文化設施之實際狀況，經由促參經營團隊的充分討論後再做決定。必須注意的是，無論是何種招商模式必須要有充分誘因，否則難以吸引民間經營團隊投標，該誘因可參考促參法規定辦理。

四、**促參契約的訂定應更完整與合理：**促參契約的訂定是否完整與合理至為關鍵，所謂完整係指文化設施的經營是否涵蓋軟體與硬體？是否涵蓋短中長程計畫？是否涵蓋各種不同的利害關係人之需求？是否涵蓋以文化為主、其他為輔的績效評估面向？承辦的民間團隊是否認為合理且可接受？

五、**成立履約管理專責小組：**履約過程出現問題，乃是所有促參案件成敗的關鍵，故如何進行有效的履約管理方式非常重要。可採定期查

核與不定期抽查辦理，前者係要求得標廠商按日、按週、按月、按季辦理或提交年度營運績效報告，交由履約專責小組負責審核；後者則係不定期的抽查，以收督導之效果。亦可採記點制與評分制，明定遊戲規則，若有檢查違失或瑕疵時，要扣的點數或分數為何？年度查核總分必須要在多少分以上才算合格？如果表現卓越，有何獎勵（如再續約一次）？如果表現不及格，應如何要求改善？民間機構於興建或營運期間，如有施工進度嚴重落後、工程品質重大違失、經營不善或其他重大情事發生，主辦機關依投資契約及促參法規定辦理，要求定期改善；持續相當期間仍未改善者，終止投資契約。

六、**定期檢討修正促參案件：**在簽訂促參契約前，雙方可互相約定，簽約多久後可定期檢視契約實施期間、權利金或其他回饋文化活動的措施等調整，並建議雙方訂定具體量化指標，例如總體經濟、物價指數累計漲（跌）達一定幅度、財務本身漲幅達多少，或新技術新工法有變動等前提，即可啟動契約定期檢討。

自我評量

一、何謂促進民間參與文化設施？其與政府採購法有何不同？

二、若要將文化設施用促參方式辦理，應具備何種要件？您所熟悉的促參其方式有哪些？可否各舉一列加以說明。

三、請舉例說明成功的文化設施促參案例，其成功的經驗為何？應向政府提出何種政策建議，以推動成功的文化促參？

四、華山文創園區特色為何？其採用促參方式的利弊為何？您對華山文創的促參有何建議？

五、松山文創園區曾發生「假文創」的風波，說明其原委？您認為政府

應該採取怎樣的促參態度？

六、文化行政機關推動有效文化設施的促參應該注意哪些要件？

歷屆考題

1. 為提升文化服務水準，營造國民生活美學，近年來文化行政機關引進民間資金與創意推動文創園區的興建或營運，試選擇一個您所熟知的案例，從「促進民間參與公共建設法」角度檢討其得失為何？並提出如何建立既能符合公共文化效益，又能減輕政府財務負擔的促參機制之建議？（107年公務人員高等考試一級暨二級考試）

2. 在您過去的文化行政經驗中，請條列並說明目前政府採購法使用於藝文採購時所發生的問題？（106年公務、關務人員升官等考試、106年交通事業鐵路、公路、港務人員升資薦任考試）

3. 許多文化創意產業園區以BOT的方式，委託給外面的民間廠商進行經營，試問以BOT方式開發及經營文化園區的優點及缺點為何？（104年公務人員特種考試關務人員考試、104年公務人員特種考試身心障礙人員考試及104年國軍上校以上軍官轉任公務人員考試）

4. 試列舉出三個我國現以「OT」或「BOT」委外營運模式經營的公立文化藝術展演機構，並請評述其營運情況分別如何？（100年公務人員普通考試）

5. 文化事務「民營化」的理由為何？試就屏東海洋生物博物館及臺北當代藝術館的營運評論其優缺點。（97年特種考試地方政府公務人員四等考試）

6. 文化藝術行政工作經常需要依賴文化藝術工作者的協助與執行，文化藝術本身又有其特殊性，但是在政府採購法的規定下往往有所扞格，力不從心，甚至動輒觸法，造成執行上的困難。試就您個人經驗敘述一個案例並加以分析。（96年公務人員、關務人員升官等考試）

7. 文化單位在進行各種採購或工程招標時，應如何做好事前的經費評估政策，方能避免過度追加預算的弊端？請申論之。（96 年公務人員高等考試三級考試）

22
文化財務管理

本章導讀

　　首先介紹文化財務管理的重要性與原則，其次分別探討預算、獎補助、投融資信用保證、租稅優惠、募款捐助、觀眾研究等以及現行的文化財務政策。

壹、文化財務管理的重要性與原則

　　文化行政組織幾乎都面臨財源窘困的問題，因此，必須運用各種財務手段，募集相關的運作資金，否則文化組織的任務與目標就無法實現。

一、重要性

　　一般而言，文化行政組織體系的財務係以政府預算編列或基金補助為主，其他則可能是民間捐贈、計畫管理收入等，因此，如何妥善運用來自於納稅人的錢乃是文化行政人最應該注意的要點。必須要健全文化行政組織的財務制度：

（一）　依規定管理預算的使用、流向與範圍，這是公務員基本知識，勿庸再敘。

（二）　妥善處理「核心業務」與「附屬業務」之間的關係：這是文化政策制定者的職責，必須將其文化業務定位清楚，凡核心業務屬機關存亡的關鍵，應配置較大規模預算，至於附屬業務則下放給地方政府或外放給民間團體處理。

（三）　加強對單位預算的籌編、執行與稽核，以確保文化行政機關的業務發展計畫和任務得以順利達成。

（四）　拓寬資金來源管道、加強各類資金的管理：以文化部而言，在文創發展法逐漸落實後，「私經濟行政」的比重將愈來愈多，文化藝術界所不熟悉的文化治理或企業精神扮演角色愈來愈重要，這是何以成立文化內容策進院的主因。

（五）　依規定向主管機關呈報年度績效預算實施報告，並且力行財務公開制度，公告於網站上以供大家審閱提出政策建言。

二、原則

至於文化財務管理的四大原則是：

（一）　**量入為出原則：**有多少預算做多少事情，而非不自量力，先決定要做多少事、畫大餅再去找收入（量出為入）。簡言之，文化行政人對於財務管理的第一項原則是：「財務保守，文化積極」，意指對於納稅人的錢應該要謹慎使用，不能亂花錢，否則會被民眾認為是財大氣粗的敗家子，有違文化人的氣質。要採取保守穩健的態度，但在文化事務的推動上盡量利用社會資源，「以少做多」，啟發民間文化力，以豐富文化活動。

（二）　**文化效益原則：**文化行政的財務不能以一般行政機關角度為之，應以提升國民生活美學、提升國民文化品味為目標，故文化效益為最重要的管理原則，至於經濟與社會效益則次之，並非完全棄之不顧。

（三）　**透明公開原則：**依《文化基本法》及其他相關法令規定，文化預算更需要堅持公開、公平、透明原則，光明磊落，一切回歸用大公無私的愛心，經營臺灣文化環境與產業為出發點，而不是「暗藏玄機」，藉著文化預算的執行，以文化活動包裝政治人物的政績，民眾眼睛是雪亮的，最終將以選票否定其泛政治化行為。

（四）　**公民參與原則：**前述有關參與式預算已多所著墨，不再贅述，我國文化政策目標之一是強調文化參與、文化平權，故必須貫徹公民參與文化政策與行政的制度，使文化政策與行政的決定不至於太過專斷，無法反應藝文團體與文化消費的需求。

貳、文化預算

　　《中華民國憲法》第164條規定：「教育、科學、文化之經費，在中央不得少於其預算總額百分之十五，在省不得少於其預算總額百分之二十五，在市縣不得少於其預算總額百分之三十五。其依法設置之教育文化基金及產業，應予以保障。」依此可見文化預算也是政府預算中重要且列入憲法明文保障的項目之一；唯就實際狀況而言，目前文化部的預算僅占0.8%。若再加上其他部會可能編列的廣義文化事務預算，亦距離15%的目標甚遠。

　　《文化基本法》亦明確指出：國家應健全文化行政機關之組織、公務人力與公務預算，第21條：「國家應健全文化行政機關之組織，配置充足之人事與經費，並結合學校、法人、網絡、社群、非政府組織及文化藝術團體，共同推展文化事務。鄉（鎮、市、區）公所應指定文化行政專責單位或人員，負責文化事務之規劃、輔導及推動事宜。國家以文化預算對人民、團體或法人進行獎勵、補助、委託或其他捐助措施時，得優先考量透過文化藝術領域中適當之法人、機構或團體為之，並應落實臂距原則，尊重文化表現之自主。」依此，政府編列文化預算必須結合社會資源推動，不能完全依賴有限的預算，包括學校、法人、網絡、社群、非政府組織及文化藝術團體。其次，最基層的行政組織應編列文化行政人員之預算推動文化事務。政府以此預算進行獎補助、委託或其他捐助措施時，應貫徹臂距原則，尊重文化表現之自主。

　　該法亦要求地方政府亦應寬列文化預算，第24條：「各級政府應寬列文化預算，保障專款專用，合理分配及運用文化資源，持續充實文化發展所需預算。文化部應設置文化發展基金，辦理文化發展及公共媒體等相關事項。」

參、獎補助制度

　　目前有關獎補助制度可散見於各種政策，每年情況亦不相同，文化行政機關、文化機構、文化行政法人、公設財團法人都有不同的獎補助制度，此處僅列出重要的法令規定：

一、《文創發展法》

（一）　**為文創業者提供至少二十項的獎補助項目**：《文創發展法》第 12 條：「主管機關及中央目的事業主管機關得就下列事項，對文化創意事業給予適當之協助、獎勵或補助：一、法人化及相關稅籍登記。二、產品或服務之創作或研究發展。三、創業育成。四、健全經紀人制度。五、無形資產流通運用。六、提升經營管理能力。七、運用資訊科技。八、培訓專業人才及招攬國際人才。九、促進投資招商。十、事業互助合作。十一、市場拓展。十二、國際合作及交流。十三、參與國內外競賽。十四、產業群聚。十五、運用公有不動產。十六、蒐集產業及市場資訊。十七、推廣宣導優良文化創意產品或服務。十八、智慧財產權保護及運用。十九、協助活化文化創意事業產品及服務。二十、其他促進文化創意產業發展之事項。」

（二）　**發放藝文體驗券**：第 14 條：「為培養藝文消費習慣，並振興文化創意產業，中央主管機關得編列預算補助學生觀賞藝文展演，並得發放藝文體驗券。」目前訂定《學生觀賞藝文展演補助及藝文體驗券發放辦法》。

（三）　**文創商品之價差補助**：第 15 條：「為發展本國文化創意產業，政府應鼓勵文化創意事業以優惠之價格提供原創產品或服務；其價差由中央主管機關補助之。」目前訂定《文化創意事業原創產品或服務價差優惠補助辦法》。

二、《國家語言發展法》

　　政府應獎勵出版、製作、播映多元國家語言之出版品、電影、廣播電視節目及各種形式通訊傳播服務等，第 13 條：「為呈現國家語言之文化多樣性，政府應獎勵出版、製作、播映多元國家語言之出版品、電影、廣播電視節目及各種形式通訊傳播服務。政府捐助從事傳播之財團法人應提供國家語言多元服務，並得設立國家語言廣播、電視專屬頻道及各種形式通訊傳播服務。」

　　鼓勵法人及民間團體推廣國家語言，第 14 條：「政府得補助、獎勵法人及民間團體推廣國家語言。」

　　辦理國家語言能力認證，如客語認證，必要時可免徵、減徵或停徵，第 15 條稱：「中央目的事業主管機關應辦理各國家語言能力認證。中央目的事業主管機關辦理前項認證應徵收之規費，必要時得免徵、減徵或停徵。」

三、博物館相關法制

　　《文化基本法》第 10 條強調：政府應強化發展文教機構建設，文教機構包括甚多，本法列舉兩類：第一類是博物館事業，政府應健全其營運，以落實文化近用權：「國家為尊重、保存、維護文化多樣性，應健全博物館事業之營運、發展，提升博物館專業性及公共性，並應藉由多元形式或科技媒體，增進人民之文化近用，以落實文化保存、智慧及知識傳承。各級政府應建立博物館典藏制度，對博物館之典藏管理、修復及踐行公共化等事項採取適當措施。」

　　2017 年 1 月 6 日公布的《文化部博物館事業推展補助作業要點》，為提高博物館之專業性與國際競爭力，鼓勵、支持與協助公、私立博物館、國內大學校院及民間從事博物館相關事業之組織或團體等共同推動博物館事業之人才培育與國際交流，以增進博物館人員專業職能，表徵國家文化內涵，並服務專業社群，特訂定本要點。依此，補助對象有：

（1）直轄市政府、縣（市）政府、鄉（鎮、市）公所、公法人或公立學校設立之公立博物館。（2）完成設立登記之私立博物館。（3）國內公、私立大學校院。（4）從事博物館相關事業之教學、研究、教育推廣及經營管理之依法立案或登記之非營利法人或團體。

　　補助類別有二：（1）第一類：博物館人才培育及產學合作：鼓勵博物館結合大學院校或社會資源，提供博物館從業人員進修、專業提升及產學合作管道，強化專業治理基礎，進而加強博物館營運之專業效能，並發展成為地方知識中心。（2）第二類：博物館國際（兩岸）合作與交流：參與博物館之國際專業組織及會議、辦理博物館展會、巡迴展等。

肆、投融資信用保證

　　《文創發展法》第二章為文創事業經營者提供的獎補助規定，第19條規定：「中央主管機關應協調相關政府機關（構）、金融機構、信用保證機構，建立文化創意事業投資、融資與信用保證機制，並提供優惠措施引導民間資金投入，以協助各經營階段之文化創意事業取得所需資金。政府應鼓勵企業投資文化創意產業，促成跨領域經營策略與管理經驗之交流。」

　　目前訂定《文化創意產業優惠貸款要點》，貸款資金總額度為新臺幣二百五十億元。資金來源，由國家發展委員會中長期資金運用策劃及推動小組協調中華郵政股份有限公司提撥專款支應或由承辦金融機構自有資金支應。

　　本貸款對象為從事本法第三條第一項第一款至第七款、及第十五款之文化創意產業，且依公司法或商業登記法登記之文化創意產業業者，例如：一、視覺藝術產業。二、音樂及表演藝術產業。三、文化資產應用及展演設施產業。四、工藝產業。五、電影產業。六、廣播電視產業。七、出版產業。

貸款範圍及內容如下：（1）有形資產：指從事投資或創業活動必要取得之營業場所（包含土地、廠房、辦公室、展演場）、機器設備、場地佈景、電腦軟硬體設備（包含辦理資訊化之軟硬體設備）。（2）無形資產：指從事投資或創業活動必要取得之智慧財產權（包含專利權、商標權、著作財產權等）。（3）營運週轉金：指從事投資或創業活動時必要之營運資金。（4）新產品或新技術之開發或製造。（5）從事研究發展、培訓人才之計畫。

伍、租稅優惠

一、《文創發展法》

《文創發展法》第三章為文創工作者提供下列租稅優惠規定：

（一）　**鼓勵文創事業捐贈之抵免所得稅規定**：第26條：「營利事業之下列捐贈，其捐贈總額在新臺幣一千萬元或所得額百分之十之額度內，得列為當年度費用或損失，不受所得稅法第三十六條第二款限制：一、購買由國內文化創意事業原創之產品或服務，並經由學校、機關、團體捐贈學生或弱勢團體。二、偏遠地區舉辦之文化創意活動。三、捐贈文化創意事業成立育成中心。四、其他經中央主管機關認定之事項。」目前訂定《營利事業捐贈文化創意相關支出認列費用或損失實施辦法》。

（二）　**鼓勵文創產業創新之稅捐減免規定**：第27條：「為促進文化創意產業創新，公司投資於文化創意研究與發展及人才培訓支出金額，得依有關稅法或其他法律規定減免稅捐。」目前訂定《文化部審查文化創意產業研究發展活動支出適用投資抵減作業要點》。

（三）　**文創業者免徵進口稅捐規定**：第28 條：「文化創意事業自國外輸入自用之機器、設備，經中央目的事業主管機關證明屬實，並經經濟部專案認定國內尚未製造者，免徵進口稅捐。」

二、《文化藝術獎助條例》

該條例對於文化藝術事業提供甚多的租稅優惠規定：

（一）　**文教機構與文化財團法人**：第26 條：「經文教主管機關核准設立之私立圖書館、博物館、藝術館、美術館、民俗文物館、實驗劇場等場所免徵土地稅及房屋稅。但以已辦妥財團法人登記或係辦妥登記之財團法人興辦，且其用地及建築物為該財團法人所有者為限。」

（二）　**文化藝術捐助者**：第27 條：「捐贈國家文化藝術基金或省（市）、縣（市）文化基金者，視同捐贈政府。」

（三）　**具文化資產價值之文物捐贈**：第28 條：「以具有文化資產價值之文物、古蹟捐贈政府者，得依所得稅法第十七條第一項第二款第二目及第三十六條第一款規定列舉扣除或列為當年度之費用，不受金額之限制。前項文物、古蹟之價值，由目的事業主管機關認定並出具證明。」

（四）　**經政府指定之古蹟所有人**：第29 條：「經該管主管機關指定之古蹟，屬於私人或團體所有者，免徵地價稅及房屋稅。為維護整修古蹟所為第二十七條之捐贈，經捐贈人指定用途，並經目的事業主管機關認可者，不得移作他用。」

（五）　**文化藝術事業**：第30 條：「經認可之文化藝術事業，得減免營業稅及娛樂稅。前項認可及減免稅捐辦法及標準，由文建會會同財政部定之。」

陸、募款捐助

　　募款（fund raising）為文化行政組織基於文化目標，向政府、企業、基金會、非營利組織或個人發動籌募款項、物資或服務的活動，依此，募款的意義是：（1）募款對象是多元的，企業、基金會或資助型的非營利組織都是募款對象；（2）募款的形式不以金錢為唯一方式，雖然絕大多數還是希望以此方式為之，其他方式如物資或勞務都可算是募款方式；（3）募款的核心角色是表演者，為募款活動的重心，必須要依靠他們的吸引力，以換取贊助者的支持；（4）募款的對象是贊助者，可以分為長期性與臨時性的贊助者、大額與小額的贊助者；（5）募款要成功，還必須要靠傳播媒體的宣傳，形成吸睛的效果。政府機關舉辦的各種文化藝術活動，幾乎都可以看到募款捐助的案例。

　　一般民眾對於文化行政組織的募款呼籲，之所以有所回應並且願意捐助，主要是捐助動機可能來自於：（1）利他主義（altruism）：捐助的目的純粹是基於幫助他人，希望能對他人有幫助；（2）利己主義（self-interest）：捐助目的是為了減稅、迎合老闆或長官、自己的聲望、企業贏得認同；（3）社會交換主義（social exchange theory）：乃是一種捐贈經濟學，捐助者的捐款動機與非營利組織的資金需求與目的可以獲取所需，誠意交換，達成捐款目的。

　　進行文化募款必須依據2006年5月17日公布、2020年1月15日修正公布的《公益勸募條例》之相關規定，原則上，政府機關不能進行勸募，但行政法人財團法人皆可，第5條：「本條例所稱勸募團體如下：一、公立學校。二、行政法人。三、公益性社團法人。四、財團法人。」各級政府機關（構）得基於公益目的接受所屬人員或外界主動捐贈，不得發起勸募。但遇重大災害或國際救援時，不在此限。第8條規定：「勸募團體辦理勸募活動所得財物，以下列用途為限：一、社會福利事業。二、教育文化事業。三、社會慈善事業。四、援外或國際人道救援。五、其他經主管機關認定之事業。依此，經由勸募而來的款項可用於文化事務。」

柒、觀眾研究

　　我國表演藝術團體非常之多，但絕大多數都是依靠來自於政府的補（捐）助或個人、企業的捐助，就永續發展的生存而言，必然要拓展觀眾付費的市場，故如何協助表演團體售票給文化消費者，乃是文化政策重要課題。有鑑於此，2012 年 6 月 29 日訂定、2018 年 5 月 16 日修正的《藝文表演票券定型化契約範本》、《藝文表演票券定型化契約應記載及不得記載事項》顯示政府非常重視藝文表演團體的售票問題。

　　觀眾行為的研究是表演團體經營者必須修習一門課程。觀眾（audiences）是參與一場表演、一個藝術作品、一場音樂會、一款電子遊戲或一篇文學作品的一群人；觀眾擁有不同的角色，可能是一場表演的觀賞者、藝術作品的評論者、音樂會的聆聽者、電子遊戲的博奕者、文學作品的讀者等；觀眾以不同方式參與不同的文化活動，有些文化活動邀請觀眾完全參與，其他則部分的配合。

　　雖然對於某些表演藝術家而言，觀眾參與並非是好事，但在藝術品牌形塑過程中，如何透過觀眾參與以激活觀眾逐漸被加以應用。為了創造和加強品牌與消費者之間的特殊聯繫，表演藝術團體愈來愈關注觀眾參與的文化表演活動。因此，觀眾經常在表演中可以用第四面牆（fourth wall）的形式看到自己參與的戲劇，第四面牆是一面在傳統三壁鏡框式舞台中虛構的「牆」，觀眾透過這面「牆」可以看到戲劇設定的世界中的情節發展。第四面牆是現代現實主義劇的操作模式，讓藝術家將觀眾的注意力吸引到牆上，從而達到戲劇和喜劇效果。

　　近年來，藝術設計學界所出現參與式設計（participatory design），或稱為合作式設計（cooperative design 或 co-design），它是一種設計思考途徑，讓所有利害關係人（社區居民、協會代表、志工、教師、政府官員、地方耆宿、企業等），不只是擔任觀眾角色而已，還融入於產品設計過程中，以確保設計作品符合社區居民之需求。參與設計聚焦於產品設計過程，並不是一種設計風格，這種方式曾被應用於不同領域，如

軟體設計、都市設計、建築設計、景觀設計、產品設計、繪圖設計等，其目的是希望整夠創造一種環境更能回應住民與使用者的文化、情感、精神或實務需求，這是有別於過去藝術設計師，運用自己充滿信心的美學理念，以藝術家的專家手法，主動為社區的空白牆壁進行彩繪或塗鴉，由於社區民眾沒有此等審美理念，導致無法得到共鳴，最後竟然逐漸變成被居民嫌惡或拋棄的醜陋作品。

許多主張參與式設計的學者認為，若藝術家能夠採取此種合作設計模式，更能創造出許多創新性的概念與作品。1960~1970 年代之間，這種方法普及於歐洲國家，近年來，在臺灣掀起風潮的日本社區設計（Community Design）的創始者山崎亮（Yamazaki Ryo），他發現不能寄望政府官員以行政手段及專家意見解決社區的生存問題，凡是希望能為自己生活的地區盡一番心力，但不知道從何著手的人，應該要重新思考「社區」的概念，它不是一個被設計的空間，而是更要設計「人與人之間的連結」，藝術家要掌握這種連結，必須要先與社區居民一起生活，營造良好關係，慢慢瞭解其想法後共同構建社區之美。因此，社區設計師是強調參與式設計的人，而不是一位設計公園及庭園的景觀設計師而已（莊雅琇譯，2018）。

捌、現行文化財務政策

一、藝術銀行

「藝術銀行」的概念，是由政府購買藝術家的作品，並以出租的方式租賃作品給政府部門、公私立法人團體或民間企業。2013 年文化部以「自己的環境自己創造，自己的藝術家自己疼愛」的理念出發，推動「藝術銀行」，能讓臺灣的孩子隨時接觸藝術，浸潤在美學世界裡；也讓臺灣的公共空間，展示創作真跡，不再只有複製畫。重要的是，讓臺灣

的藝術家被看到，為我們的生活創造驚喜[1]！

藝術銀行可以分成兩種推動計畫：

（一）《藝術銀行作品租賃作業要點》

根據 2013 年 5 月 30 日訂定發布、2017 年 9 月 29 日修正的《藝術銀行作品租賃作業要點》：

1. **實施目的：** 為獎掖藝術創作，促進藝術發展，活絡藝術市場並培育藝術創作人才，推動藝術品之租賃流通，鼓勵國內、外對臺灣藝術創作之支持與欣賞。

2. **出租作品：** 作品係指國家美術館（簡稱國美館）執行藝術銀行計畫所購入之各類藝術作品。國美館應於藝術銀行官方網站提供出租作品清單、租賃費用及相關明細；同時提供專線服務電話，俾供申請人查詢。

3. **執行單位：** 國美館負責執行藝術銀行計畫，辦理購置及租賃等相關事宜，藝術銀行服務項目如下：（1）作品徵件：藝術銀行每年常態性進行作品購入計畫公開徵件，受理國內藝術家投件，購入通過審查之作品。（2）作品出租：藝術銀行針對承租人的需求及空間條件，提供客製化服務，從作品選件、空間評估及展示設計、經費估算等量身規劃；並代為處理作品包裝、運輸、保險、展示空間施作及佈卸展服務。

4. **承租方：** 各公私立機關（構）、學校、民間企業、公司行號、法人、團體等，均得為承租方。國美館應於藝術銀行官方網站提供出租作品清單、租賃費用及相關明細；同時提供專線服務電話，俾供申請人查詢。

5. **租期續租：** 申請人得以線上申請或電話向國美館提出申請，經

1　文化部／政府資訊公開／藝術銀行：https://www.moc.gov.tw/information_302_34001.html，2020/1/5瀏覽。

國美館評估展示場地符合標準同意出租者，應簽訂「藝術銀行作品租賃契約書」；其租期與續租規定如下：（1）租賃期間：同一作品，租期最短三個月，最長一年。（2）續租方式：承租方應於租賃期限屆滿十四天前通知國美館，辦理續租事宜。經國美館評估同意後得以續租。 同一作品租期超過一年者，得由國美館評估後同意續租。

6. **租金及其他費用計收方式：**（1）租金：每件作品租金費率，每月應為其購入價之一定費率，不滿一個月者，以一個月計算。（2）其他費用：作品保險、運輸、佈卸展及其他與租賃作品有關之費用，依實際發生情形，由承租方支付。相關規劃暨行政事宜，由國美館負責辦理。公益性質或配合政府政策之活動，其租金或相關費用得以個案方式優惠辦理。

（二）《藝術銀行計畫數位內容申請授權利用作業要點》

根據2014年7月30日發布、2017年10月30日修正發布的《藝術銀行計畫數位內容申請授權利用作業要點》：

1. **實施目的：**為有效利用藝術銀行計畫數位內容，鼓勵各界進行學術研究、推廣、教育、出版、衍生品設計及開發等用途。

2. **「藝術銀行計畫數位內容」之定義：**係指由藝術銀行購入作品，經著作權人授權文化部及本館使用所產生之數位圖檔或其他圖像資料。

3. **再授權規定：**文化部及本館取得授權使用之藝術銀行計畫數位內容，得以相同之授權範圍以非專屬授權之方式，再授權第三人為授權標的之利用。第三人利用藝術銀行計畫數位內容，應依本要點向本館提出申請，並經本館審查同意後利用之。

4. **付費規定：**應依「藝術銀行計畫數位內容授權利用報酬表」支付費用。其屬非營利者，應於成品標示「非賣品」或「贈閱」

標誌；其為隨交易附贈或間接營利性質者，屬營利使用。非營利使用有下列情形之一者，得以專案方式給予折扣或免費：（1）「申請單位」為政府機關者，每張影像以新臺幣五百元計；有特殊情形者，得再給予折扣或免費。但僅以政府機關為「發行單位」者，不適用之。（2）企業或個人捐助藝術銀行各項活動推廣者。（3）經文化部或本館核可具有推廣美術教育與文化傳承目的之申請案。

5. **其他規定：** 申請人取得本館所提供之藝術銀行計畫數位內容，應於三個月內返還或刪除；違反者，應負一切法律及賠償責任。但契約另有約定者，不在此限。依本要點申請利用之成品，應於適當處註明原作作者姓名、作品名稱及文化部藝術銀行計畫收藏等文字。利用藝術銀行計畫數位內容，申請人應於製作成品完成後一個月內，依附件二、附件三規定無償繳交固定數量成品供本館存參。未經文化部或本館同意擅自或逾越授權範圍利用藝術銀行計畫數位內容者，本館得依法請求損害賠償。但於文化部、本館或司法機關查獲前向本館補提申請者，得酌情從寬處理。

二、跨域合創

　　補助金額高達一千萬的「跨域合創計畫」，旨在鼓勵人文、藝術、文化資產、社區營造、工藝、動漫、影視、音樂等或跨前述領域之創製、策辦、研究、保存、維護、推廣、人才與技術交流培訓之跨國與跨域合作，進而深化跨文化對話與區域網絡，使臺灣文化持續在國際發光。

　　「跨域合創計畫」突破過去多以補助民間「個人或單一團體」的交流形式，升級至鼓勵國內藝文團體與國外專業藝文機構之間推展跨國與跨域的合創，進一步以促成跨國文化機構結盟為目標。兩國或兩國以上的單位共同創意、討論激盪、know-how 的交換、合作執行，最後到成

果的共同發表，藉此串連、整合國際機構的豐厚資源，建構長期永續的
國際交流網絡，讓臺灣可以有更多管道與國際對話[2]。

（一） **實施目的：**為鼓勵國內民間團體與國際藝文機構從事跨域文
化專業合作與交流，以開創文化創製多元面向、發展深化區
域連結網絡、促進合創成果的跨境流通傳佈。

（二） **補助計畫類別：**人文、藝術、社區營造、文化資產、工藝、
動漫、影視及流行音樂等，或跨前述領域之創製、策辦、研
究、保存、維護、推廣、人才與技術交流培訓。

（三） **補助對象：**依我國法令設立登記或立案之法人、公私立大專
校院、民間團體；政黨社團除外。

（四） **申請資格：**（1）所提計畫須已經申請人與跨域合作對象完成
簽署協議。（2）申請案之申請人及其合作對象，其中一方依
法首先設立之總機構（部）應設在我國，另一方之總機構
（部）應在其他國家或中國大陸、香港、澳門。（3）申請補
助額度須在新臺幣三百萬元以上至新臺幣一千萬元。（4）所
附計畫書應辦理之活動至少百分之五十須在我國執行。（5）
執行期限以二十四個月為限，計畫之開始日依補助契約約定
辦理。（6）申請補助之同一或類似計畫書未獲本部及其所屬
機關（構）或財團法人國家文化藝術基金會補助。

（五） **補助原則及項目：**（1）每一申請案之補助額度以不逾申請案
預算總經費百分之五十，且以新臺幣一千萬元為上限。（2）
經核定之補助計畫期間，於獲補助者及其合作對象所在國家
或中國大陸、香港、澳門因執行本計畫所發生之實際支出，
但不包括硬體建築、設備採購及投資費用等資本門支出。（3）
與計畫執行直接相關之人事費、旅運費及獲補助者及其合作

---

2 文化部「跨域合創計畫補助作業要點」：https://www.moc.gov.tw/information_
302_33668.html，2020/1/5瀏覽。

對象所在國家或中國大陸、香港、澳門生活費，但每一申請案人數應依核定之補助計畫實際需要編列，且不得逾計畫預估之總預算金額百分之五十。（4）擬委託第三人提供具高度專業性之勞務費用。（5）以補助金辦理採購，如構成符合政府採購法第四條規定之要件者，獲補助者應依政府採購法規定辦理；獲補助者向第三人採購之金額逾核定補助計畫預算總金額百分之五十，其超出部分不列入補助額度。（6）本要點所需經費預算須俟立法院審議結果而定，本部得視實際情況酌減或停止原核定補助，獲補助者不得請求補償或賠償。

自我評量

一、文化財務的管理有何重要性？其運用原則為何？

二、文化事務相關法規中對於文化預算編列有何規定？如何使文化預算有效率地運用？

三、現行《文創發展法》中對於文創業者的獎補助有何優惠規定？

四、現行《國家語言發展法》中對於國家語言的使用與發展有何獎補助規定？

五、現行《文創發展法》中對於文創業者的投融資信用保證有何規定？

六、現行《文創發展法》中對於文創業者的租稅優惠有何規定？

七、何謂募款？文化行政組織可以為文化活動進行募款嗎？法律依據為何？

八、民眾捐助藝文活動的動機類型為何？如何鼓勵民眾贊助藝文活動？

九、在表演藝術團體中，觀眾行為研究是值得開發的課題，請解釋其意義？如何開發群眾的觀賞藝術行為？

十、何謂參與式設計？有何益處？可否舉例說明？

十一、何謂藝術銀行？有哪些重要計畫？對於文化藝術工作者有何益處？

十二、何謂跨域合創計畫？請闡述其內容。

歷屆考題

1. 政府補助藝術文化可產生那些經濟、社會與政治的外部效益（external benefits）？只考慮藝術文化的外部效益會有何缺點？（107年公務人員高等考試三級考試）

2. 有關文化財務收支政策的理論有那四種論點？反應在票價上的作法又各有何不同？（106年特種考試地方政府公務人員考試）

3. 何謂「藝術銀行」？你認為對推動公民美學，活絡藝術市場有何幫助？（104年公務人員特種考試外交領事人員及外交行政人員、民航人員、原住民族及稅務人員考試）

4. 文化部近年推動「藝術銀行」的政策構想為何？並試述藝術銀行對視覺藝術產業之影響。（104年特種考試地方政府公務人員四等考試）

5. 文化部指出，跨域合創計畫即日起開始受理補助申請，希望累積2年的跨域經驗與能量，能激發臺灣與國際團隊間更多元、多檔次的跨界新作品。試述何謂「跨域合創計畫」？你對此計畫有何看法？（104年公務人員特種考試外交領事人員及外交行政人員、民航人員、原住民族及稅務人員考試）

6. 根據行政法人國立中正文化中心102年度之收支決算表，政府補助款占總數約55%，自籌業務收入款占總數約45%，請依據行政法人之設置精神評論此一比例之意涵。（103年公務人員高等考試二級考試）

7. 什麼是「藝術銀行」？請就你所知說明文化部「藝術銀行」計畫的目標和內容。（102 年特種考試地方政府公務人員考試）

8. 試述文化部於 102 年 5 月 30 日訂定發布的「藝術銀行作品租賃作業要點」之目的、法源、執行機關與執行方式為何？（102 年公務人員高等考試二級考試）

9. 對於未來臺灣將邁入少子化與老年化的時代，在文化預算與政策方針上，應該做何因應與準備，請舉例說明之。（101 年公務人員普通考試）

10. 如果我是地方政府的文化局（處）長，在推動文化事務與舉辦各項文化活動的同時，要如何開源與節流，一方面扶植文化藝術表演團隊，一方面也照顧到非表演類的藝文團體，請舉例簡要說明之。（101 年公務人員普通考試）

11. 文化是生活的一部分，它發生在我們每日生活的周遭和情境裡，因此與中央政府的層次距離較遠，反而是與地方政府較接近，請論述臺灣的地方政府在文化藝術發展中的角色和困境。（101 年公務人員高等考試一級暨二級考試）

12. 如何培育文化設計行銷之人才與建立通路，以促進地方文化觀光、旅遊、產業、品牌等發展，請舉例說明之。（101 年特種考試地方政府公務人員考試）

13. 請說明文化行政上「臂距模式」（arms length）之概念，並論述如何將其落實於臺灣的藝文補助政策。（101 年公務人員高等二級考試）

14. 以「藝術銀行」的概念，向青年藝術家徵集藝術作品，提供我國海內外企業界或駐外文化單位借展之需，請問可行性如何？試說明理由。（10 分）又如何能達成永續經營之目標？（101 年特種考試地方政府公務人員三等考試）

15. 在多元文化的臺灣社會，不患寡而患不均，身為地方政府文化單位主管機關，應如何開源節流，以及公平合理的將有限的文化經費用來補助扶持弱勢的藝文團體或表演團隊？請略抒己見。（101 年特種考試地方政府公務人員四等考試）

16. 目前我國每年之文化預算佔國家總預算之 1.5% 左右，相較於法國之文化預算佔國家總預算 1.0%，不可謂不高。但國人卻總認為我國之文化預算偏低。請分析：我國之文化預算確實偏低嗎？國家之文化預算應該如何編列，才是適當？（100 年公務人員升官等考試、100 年關務人員升官等考試）

17. 為行銷日月潭形象，擬訂定「101 年度『獎勵電影行銷日月潭』的宣傳補助計畫」，針對以日月潭為拍攝主景或以在地故事為劇情，並已進入後製作階段紀錄片、劇情片，進行行銷宣傳及院線放映計畫。請問此計畫應由政府那個單位負責最為妥當？也請您為該單位草擬簡明的補助辦法。（100 年公務人員高等二級考試）

18. 請以行政院文化建設委員會與財團法人國家文化藝術基金會為例，分析文化行政資源採取「再分配模式」或「自由競爭模式」的異同與關係。（100 年特種考試地方政府公務人員三等考試）

19. 政府舉辦文化展演活動是否採取收費迭有爭議，請就此抒發己見。（99 年特種考試地方政府公務人員考試）

20. 近年來政府積極透過主辦或與民間合辦的方式，以大型的展覽活動，向民間宣導和傳播國際性的高雅（或稱精緻）文化。試從文化政策的觀點，評論國家以預算（包括贊助和津貼）推動此類活動的正當性及其界限。評論時請特別針對其可能涉及的政策理念（及不同政策理念間的衝突）加以分析。（98 年特種考試地方政府公務人員三等考試）

21. 國家文化藝術基金會自 1996 年 1 月成立以來，自民間募得的款項至今仍不足新臺幣 1 億元（原計劃自民間籌募 40 億元）。試問：在

臺灣藝文捐贈風氣顯然不若西方社會的情況下，政府應如何促進臺灣藝術和文化的建設與發展？（96 年公務人員特種考試原住民族考試）

參考書目

文化部（2018），《2018 文化政策白皮書》。

文化部（2019），《2018 臺灣文化創意產業發展年報》。

文化部綜合規劃司（2017），《日本中介組織推動文化藝術與文化觀光情形參訪報告》。

王希（2000），〈多元文化主義的起源、實踐與局限性〉。《美國研究》，2：44-80。

丘昌泰（2008），〈族群、文化與認同：連鎖關係的再檢視〉。《國家與社會學報》，5 期，十二月，頁 1-36。

丘昌泰（2012），〈多元文化主義視野下的臺灣客家經濟：如何兼顧傳統與創新？〉。《客家文化多樣性與客家學理論體系建構國際學術研討會》，廣東梅州嘉應學院客家研究院，12 月 6-7 日。

丘昌泰（2013），《公共政策：基礎篇》，第五版。臺北：巨流圖書公司。

丘昌泰（2014a），〈寬頻社會與數位落差：公私夥伴的解決途徑〉。彭芸主編，元智大學電信小組校審，《數位包容與寬頻社會論文集》，頁 97-119。臺北：風雲論壇。

丘昌泰（2014b），《公共管理》，三版。臺北：智勝文化出版社。

丘昌泰（2017a），〈新媒體與文創知識產權保護的困局〉。《燕京創意文化產業學刊》，2016 年卷（總第七卷）：9-22。

丘昌泰（2017b），〈臺灣文創中的人本設計思維：以巷弄文創打造生活質感〉。丘昌泰、劉宜君主編，《文創產業發展與人才培育》，頁 1-16。桃園市政府文化局補助，新北：商鼎數位出版有限公司。

丘昌泰（2018），〈以社造翻轉地方：以 "六級產業" 推動地方創生〉。《兩岸文化創意產業高校研究聯盟第 18 屆白馬湖論壇》，2018 年 10 月 12 日－10 月 14 日，主辦單位：海峽兩岸文化創意產業高校研究聯盟。地點：杭州白馬湖建國飯店。

李佳玟（2004），〈壓迫與解放：美國種族主義中的認同政治（下）〉。《成大法學》，8：9-155。

洪泉湖（1999），〈從多元文化的觀點論公民養成〉。《公民訓育學報》，8：167-180。

洪泉湖（2005），《臺灣的多元文化》。臺北：五南書局。

莊致嘉、游騰林（2016），〈反省文化資本理論在臺灣的有效性：文化品味、教育和階級的關聯性及其變遷〉。《臺灣教育社會學研究》，16(1)：39-87。

莊雅琇譯（2018），山崎亮（Yamazaki Ryo）著，《社區設計的時代》。臺北：臉譜出版社。

陳志賢（2016），〈文化區異或文化雜食？──以 Bourdieu 觀點分析大高雄地區民眾藝文參與和階級再製〉。《新聞學研究》，126：47-92。

陳羚芝譯（2010），Pierre Moulinier 著，《44 個文化部：法國文化政策機制》。臺北：五觀藝術事業有限公司。

陳錦芬（2008），《探討日本國立大阪教育大學法人化之發展歷程與實施現況》。公務出國報告。

郭為藩（2009），《全球視野的文化政策》。臺北：心理出版社。

張國清（2000），《後現代情境》。臺北：揚智文化出版社。

葉興藝譯，沃特森（C. William Watson）著（2005），《多元文化主義》。吉林：人民出版社。

劉文山（2015），〈OTT 管制機關的挑戰〉。《OTT 科技創新與市場顛覆》。桃園：元智大學大數據與數位匯流創新中心。

鄭祥福（1999），《後現代主義》。臺北：揚智文化出版社。

鄭麗君（2015），《參與式預算：咱的預算，咱來決定》。臺北：青平台追蹤出版社。

謝世忠（1987），《認同的污名：臺灣原住民的族群變遷》。臺北：自立晚報社出版。

簡茂熙（2000），〈多元文化教育的論證、爭議與實踐：從自由主義與社群主義談起〉。但昭偉、蘇永明主編，《文化、多元文化與教育》，頁81-132。臺北：五南書局。

Adorno, Theodor W. and Horkheimer, Max. (1979). *Dialectic of Enlightenment*. London: Verso.

Anheier, Helmut & Rajisar, Y. (2008). *The Cultural Economy*. Thousand Oaks, CA; SAGE.

Barber, Bejamin R. (1984). *Strong Democracy: Participatory Politics for a New Age*. Berkeley: University of California Press.

Barker, C. & Jane, E. A. (2016). *Cultural Studies: Theory and Practice.* Thousand Oaks, CA: SAGE.

Barrett, S. & Fudge, C., eds. (1981). *Policy and Action.* London: Methuen.

Barzelay, M. (1992). *Breaking Through Bureaucracy: A New Vision for Managing in Government.* Berkeley, CA: University of California Press.

Beaman, Jean. (2016). "Citizenship as Cultural: Towards a Theory of Cultural Citizenship," *Sociology Compass*, 10: 849-857, DOI 10.1111/soc4.12415.

Bennett, T. (1998). *Culture: A Reformer's Science. St. Leonards.* NSW: Allen & Unwin.

Bookman, S. (2016). "Cultural Sociology: Brands," in David Inglis and Anna-Mari Almila, eds., 578-589, *Cultural Sociology.* Thousand Oaks, CA: SAGE.

Bouckaert, Geert & Halachmi, Arie. (1995). *The Enduring Challenges in Public Management.* San Francisco: Jossey-Bass Inc..

Bourdieu, P. (1984). *Distinction: A Social Critique of the Judgement of Taste.* MA: Harvard University Press.

Bourdieu, P. (1986). "The forms of capital," in J. Richardson, ed., 241-258, *Handbook of Theory and Research for the Sociology of Education.* Westport, CT: Greenwood.

Bourdieu, P. (1987). "What makes a social class? On the theoretical and practical existence of groups," *Berkeley Journal of Sociology*, 32: 1-17.

Bowman, S. & Wills, C. (2003). *We Media: How Audiences Are Shaping in the Future of News and Information.* Reston, VA: The Media Center, American Press Institute.

Box, Richard C. (1998). *Citizen Governance: Leading American Communities into 21st Centuries.* Thousand Oaks, CA: Sage.

Bryson, B. (1996). "Anything But Heavy Metal: Symbolic Exclusion and Musical Dislikes," *American Sociological Review*, 61: 884-899.

Burcaw, G. E. (1994). *Introduction to Museum Work.* 3rd. CA: Altamira Press.

Carothers, T., Barndt,W., Al-Sayyid, Mustapha Kamel. (1999/2000). "Civil Society," *Foreign Policy*. Washington, Winter, 117: 18-30.

Castells, M. (2010). *The Rise of the Network Society.* N.Y.: Wiley-Blackwell.

De Certeau, M. (1984). *The Practice of Everyday Life.* Berkeley: University of California Press.

Drache, D. & Froese, M. (2008). "The Local Creative Economy in the United States of America," in Helmut Anheier & Y. Raj Isar, eds., 52-66, *The Cultural Economy*. Thousand Oaks, CA; SAGE.

Du Bois, W. E. B. (2007). *The Soul of Black Folk*. Oxford: Oxford University Press.

Dunsire, Andrew. (1990). "Implementation Theory and Bureaucracy," in T. Younis, ed., 15-27, *Implementation in Public Policy*. Aldersjot, Hants: Dartmouth.

Dye, Thomas R. (1972). *Understanding Public Policy*. Englewood Cliffs, N.J.: Prentice-Hall.

Dye, Thomas R. (2016). *Understanding Public Policy*. 15th edition. London, UK: Pearson Education.

Elmore, Richard. (1985). "Forward and Backward Mapping," in K. Hanf and T. Toonen, eds., 33-70, *Policy Implementation in Federal and Unitary Systems*. Dordrecht: Martinus Nijhoff.

Engelhardt, Richard A. (2004). *Cultural Impact Assessments*. Charge de Mission and Senior Advisor, UNESCO.

European Commission. (2012). *Code of EU Online Rights*.

Eurostat, EC. (2018). *Guide to Eurostat culture statistics*. 2018 edition.

Fiske, J. (1989). *Understanding Popular Culture*. London: Unwin Hyman.

Foucault, M. (1980). *Power/Knowledge: Selected Interviews and Other Writings, 1972-1977*, Colin Gordon, ed. Brighton: Harvester.

Fox, C. J. (1987). "Bias in Public Policy Implementation Evaluation," *Policy Studies Review*, 7(1): 128-141.

Fox, Charles J. & Miller, Hugh T. (1995). *Postmodern Public Administration*. Thousand Oaks, London: Sage.

Gamham, N. (2005). "From Cultural to Creative Industries: Analysis of the implications of creative industries approach to arts and media Policy Making in the UK," *International Journal of Cultural Policy*, 15 Aug.: 15-30.

Gans, Herbert. (2008). *Popular Culture and High Culture: An Analysis and Evaluation of Taste*. New York City: Basic Books.

Giddens, A. (1989). *Sociology*. Cambridge: Polity Press.

Goldberg, David Theo. (1994). *Multiculturalism: A Critical Reader*. New York: The Blackwell.

Goodnow, F. J. (1900). *Politics and Administration: A Study in Government*. New York: Macmillan.

Gordon, John C. & Beilby-Orrin, Helen. (2006). *International Measurement of the Economic and Social Importance of Culture*. Draft: 2006-08-9. Statistics Directorate, Organization for Economic Co-operation and Development, Paris.

Gramsci, A. (1971). *Selection from the Prison Notebooks*. London: Lawrence & Wishart.

Griswold, W. (2003). *Cultures and Societies in a Changing World*. Thousand Oaks, CA: Pine Forge Press.

Hage, G. (2008). "Analyzing Multiculturalism Today," in Tony Bennett and John Frow, eds., 488-509, *Cultural Analysis*. CA; SAGE.

Hall, S. & Jefferson, T. (1976). eds. *Resistance Through Rituals: Youth Subculture in Post War*. London: Hutchinson.

Hebdige, Dick. (1988). *Hiding in the Light*. London: Comedia.

Held, D. & McGrew, A. (2007). *Globalization/Anti-Globalization*. Cambridge, UK: Polity Press.

Hood, C. (1991). "A Public Administration for All Seasons?" *Public Administration*, 69(1): 3-19.

Hoskins, Colin & Mirus, Rolf. (1988). "Reasons for the U.S. dominance of the international trade in television programs," *Media, Culture and Society*, 10: 499-515.

Hughes, Owen E. (1998). *Public Management and Administration*. New York: St. Martin's Press.

Jenkins, H. (1992). *Textual Poaches: Television Fans and Participatory Culture*. New York: Routledge.

Jones, A. (2006). *Dictionary of Globalization*. Cambridge, UK: Polity Press.

Kallen, Horace. (1915). "Democracy Versus the Melting Pot," *The Nation 100*, 2590 (18-25 February): 190-94, 217-220.

Kallen, Horace. (1924). *Culture and Democracy in the United States*. 1st Edition. New York: Routledge.

Kaplan, Abraham. (1973). "On the Strategy of Social Planning," *Policy Sciences*, 4(1): 41-61.

King, C. S. & Stivers, C. (1998). "Strategies for an Anti-government Era," in King and Stivers, eds., 195-204, *Government Is Us*. Thousand Oaks, London: Sage.

Kotler, N. and Kotler, P. (2000). "Can Museums be All Things to All People: Missions, Goals, and Marketing's Role," *Museum Management and Curatorship*, 18(3): 271-287.

Kotler, P., Haider, D. & Rein, I. (1993). "Marketing Places." *Futurist*, November-December: 14-21.

Kotler, Philip, Kotler, Wendy I., & Kotler, Neil G. (2008). *Museum Marketing and Strategy: Designing Missions, Building Audiences, Generating Revenue and Resources*. SF, CA: Jossey-Bass.

Lash, S. & Urry, J. (1993). *Economics of Signs and Space*. London: SAGE.

Lasswell, H. D. (1951). "The Policy Orientation," in D. Lerner and H. D. Lasswell, eds., 3-15, *Policy Sciences*. Stanford University Press.

Lasswell, H. D. (1971). *A Preview of Policy Sciences*. New York: Elsevier.

Lee, Francis L. F. (2008). "Hollywood movies in East Asia: Examining cultural discount and performance predictability at the box office," *Asian Journal of Communication*, 18(2):117-136.

Lewis, David. (2006). "Non-governmental Organizations," in C. Tate, ed, 205-209, *Governments of the World: A Global Guide to Citizen's Rights and Responsibilities*, Vol. 3. Detroit: Macmillan.

Lukes, S. (2004). *Power: A Radical View*. Basingstoke: Paigrave Macmillan.

Lynd, R. S. (1939). *Knowledge for What?* Princeton, N.J.: Princeton University Press.

Maguire, S. J. & Mathews, J. (2012). "Are We All Cultural Intermediaries Now? An Introduction to Cultural Intermediaries in Context," *European Journal of Cultural Studies*, 15(5): 551-562.

Marshall, T. H. (1950). *Citizenship and Social Class*. Cambridge, UK: University Press.

McAfee, Andrew & Brynjolfsson, Erik. (2012). "Big data: The management revolution," *Harvard Business Review*, 90(1): 60-68.

McGrew, A. G. & Lewis, P. G. (1992). *Global Politics: Globalization and the Nation State*. Oxford: Polity Press.

Mclaren, Peter. (1994). "White Terror and Oppositional Agency: Towards A Critical Multiculturalism," in David Theo Goldberg, ed., 45-74, *Multiculturalism: A Critical Reader*. New York: The Blackwell.

Mclean, F. Combe. (1993). "Marketing in Museums: A Contextual Analysis," *Museum Management and Curatorship*, 12: 11-27.

Merton, Robert K. (1949). "The Role of Applied Social Science in the Formation of Policy: A Research Memorandum," *Philosophy of Science*, 16(3): 161-181.

Miege, B. (1987). "The Logics of Work in the New Cultural Industries," *Media, Culture & Society*, 9: 273-289.

Moor, L. (2008). "Branding Consultants and Cultural Intermediaries," *The Sociological Review*, 56(3): 408-428.

Nye, Joseph. (2004). *Soft Power: The Means to Success in World Politics*. New York: Public Affairs.

Pal, Leslie A. (1992). *Public Policy Analysis: An Introduction*. Scarborough, Ontario: Nelson Canada.

Parsons, T. (1962). "Youth in the Context of American Society," *Daedalus*, 91(1): 97-123.

Partal, A. (2013). "Impact assessment: a tool to assist cultural sustainable development," *People and the Planet 2013 Conference Proceedings*. Melbourne: Global Cities Research Institute, RMIT University.

Partal, Adriana & Dunphy, Kim. (2016). "Cultural impact assessment: a systematic literature review of current methods and practice around the world," *Impact Assessment and Project Appraisal*, 34(1): 1-13, DOI: 10.1080/14615517.2015.1077600.

Peterson, R. A. (1992). "Understanding audience Segmentation: From Elite and Mass to Omnivore and Univore," *Poetics*, 21: 243-258.

Pratt, A. C. (2008). "Locating the Cultural Economy," in Helmut Anheier & Y. Raj Isar, eds., 42-51, *The Cultural Economy*. Thousand Oaks, CA; SAGE.

President's Council of Advisors on Science and Technology, Executive Office of the President, the White House. (2014). *Big Data and Privacy: A Technological Perspective*, May 2014.

Pressman, J. L. & Wildavsky, A. B. (1973). *Implementation: How Great Expectations in Washington Are Dashed in Oakland*. Berkeley, CA: University of California Press.

Putnam, Robert D. (1993). *Making Democracy Work: Civic Transitions in Modern Italy*. Princeton, N.J.: Princeton University Press.

Rimmerman, C. A. (1997). *The New Citizenship: Unconventional Politics, Activism and Service*. Boulder, CO: Westview Press.

Rivlin, A. (1971). *Systematic Thinking for Social Action*. Washington, DC: The Brookings Institution.

Robertson, R. (1992). *Globalization*. London and Newsbury Park, CA: SAGE.

Robertson, R. (1995). "Glocalization: Time-Space and Homogeneity-Hterogeneity," in M. Featherstone, S. Lash, and R. Robertson, eds., 25-44, *Global Modernities*. London: SAGE.

Sagniab, Burama K. (2004). "Framework For Cultural Impact Assessment International Network For Cultural Diversity (INCD)," *Cultural Impact Assessment Project*. http://www.dmeforpeace.org/sites/default/files/FRAMEWORK%20FOR%20CULTURAL%20IMPACT%20ASSESSMENT%20(INCD)_2004.pdf.

Salamon, Lester M. (1995). *Partners in Public Service: Government-Nonprofit Relations in the Modern Welfare State*. Baltimore: The John Hopkins University Press.

Schachter, H. Lauer. (1997). *Reinventing Government or Reinventing Ourselves?* Albany, State University of New York Press.

Schiller, H. I. (1969). *Mass Communications and American Empire*. N.Y.: Augustus M. Kelly.

Scott, A. J. (2008). "Cultural Economy: Retrospect and Prospect," in Helmut Anheier & Y. Raj Isar, eds., 307-323, *The Cultural Economy*. Thousand Oaks, CA; SAGE.

Scott, R. A. & Shore, A. R. (1979). *Why Sociology Does Not Apply: A Study of the Use of Sociology in Public Policy*. New York: Elsevier.

Smith, P. & Riley, A. (2009). *Cultural Theory: An Introduction*. 2nd edition. Oxford, UK: Blackwell Publishing.

Stephen, Awoniyi. (2001). "The Contemporary Museum and Leisure: Recreation as a Museum Function," *Museum Management and Curatorship*, 19(3): 297-308.

Taylor, C. (1992). *Multiculturalism and the Politics of Recognition*. New Jersey: Princeton University Press.

Taylor, F. W. (1911). *The Principles of Scientific Management*. N.Y.: Harper & Brothers .

Thomas, J. C. (1995). *Public Participation in Public Decisions: New Skills and Strategies for Public Managers*. CA: Jossey-Bass Publisher.

Tobelem, Jean-Michel. (1997). "The Marketing Approach in Museums," *Museum Management and Curatorship*, 16(4): 337-354.

Toffler, A. (1981). *The Third Wave*. New York: Bantam Books.

Tomlinson, J. (1999). *Globalization and Culture*. Cambridge, UK: Polity Press.

Tylor, E. (1871). *Primitive Culture*. London: John Murray.

UN. (1948). *The Universal Declaration of Human Rights*.

UNESCO. (1994). *Rethinking Development: World Decade for Cultural Development 1988-97*, P.6. Paris, UNESCO.

UNESCO. (2001). *World Day for Cultural Diversity for Dialogue and Development*. 21 May 2001.

UNESCO. (2001). *Universal Declaration on Cultural Diversity*. 2 November 2001.

UNESCO. (2005). *Convention on the Protection and Promotion of the Diversity of Cultural Expressions*. 20 October 2005.

UNESCO Conference of European Statisticians. (1986). *The UNESCO Framework for Cultural Statistics (FCS)*, a paper prepared by the Office of Statistics, UNESCO, CES/AC.44/11, 13 February 1986.

Waldo, D. (1948). *The Administrative State: A Study of the Political Theory of American Public Administration*. New York: Ronald Press Company.

Wampler, Brian. (2007). *Participatory Budgeting in Brazil: Contestation, Cooperation, and Accountability*. University Park, PA: Pennsylvania State University Press.

Wampler, Brian. (2012). "Participatory Budgeting: Core principles and Key Impacts, " *Journal of Public Deliberation*, 8(2): 1-15.

Warren, Giannina & Dinnie, Keith. (2018). "Cultural intermediaries in place branding: Who are they and how do they construct legitimacy for their work and for themselves?" *Tourism Management*, 66: 302-314.

Waters, M. (1995). *Globalization*. London: Routledge.

Weller, Patrick. (1994). "The Role of the Public Sector: International Trends and Challenges," in Ian Scott and Ian Thynne, eds., *Public Sector Reform: Critical Issues and Perspectives*. Hong Kong: AJPA.

Williams, R. (1976). *Keywords*. New York: Oxford University Press.

Willoughby, W. F. (1927). *Principles of Public Administration*. Baltimore: The Johns Hopkins Press.

Wright, D. (2016). "Cultural Consumption and Cultural Omnivorousness," in David Inglis and Anna-Mari Almila, eds., 567-577, *Cultural Sociology*. Thousand Oaks, CA: SAGE.

Wyszomirski, M. J. (2008). "The Local Creative Economy in the United States of America," in Helmut Anheier & Y. Raj Isar, eds, 199-212, *The Cultural Economy*. Thousand Oaks, CA; SAGE.

Young, I. M. (1990). *Justice and the Politics of Difference*. New Jersey: Princeton University Press.

Zangwill, Israel. (1909). *The Melting Pot*. New York: Macmillion.